历史选择了邓小平

Lishi Xuanze Le Deng Xiaoping

高屹／著

人民出版社
武汉出版社

（鄂）新登字08号

图书在版编目（CIP）数据

历史选择了邓小平 / 高屹著. — 增订本. — 北京：人民出版社；武汉：武汉出版社，2024.4（2024.6重印）

ISBN 978-7-5582-6633-1

Ⅰ.①历… Ⅱ.①高… Ⅲ.①邓小平（1904-1997）—生平事迹 Ⅳ.①A762

中国国家版本馆CIP数据核字（2024）第 064395 号

著　　者：	高　屹
责任编辑：	何小敏　　张双子
封面设计：	刘　勍
督　　印：	方　雷　代　湧
出　　版：	人民出版社　武汉出版社
社　　址：	武汉市江岸区兴业路136号　　邮　　编：430014
电　　话：	(027)85606403　　85600625
http://www.whcbs.com　　E-mail: whcbszbs@163.com	
印　　刷：	湖北新华印务有限公司　　经　　销：新华书店
开　　本：	787 mm×1092 mm　　1/16
印　　张：	28.25　　字　　数：530千字　　彩　　插：16
版　　次：	2024年4月第1版　　2024年6月第2次印刷
定　　价：	68.00元

关注阅读武汉
共享武汉阅读

版权所有·翻印必究
如有质量问题，由本社负责调换。

（上图）　1904年8月22日，邓小平出生在四川省广安县协兴乡牌坊村。16岁时离开家乡，远赴法国勤工俭学。

（上图） 1924年7月，邓小平与出席旅欧中国共产主义青年团第五次代表大会的代表合影。前排左四为周恩来、左一为聂荣臻、左六为李富春，后排右三为邓小平。

（右页图） 抗日战争爆发后，邓小平任八路军政治部副主任，不久担任129师政委。图为他策马奔赴抗战前线。

历史选择了邓小平（增订本）

（上图） 担任中共中央总书记时的邓小平。

（上图） 邓小平与毛泽东在一起。

（上图） 1975年，在毛泽东的住所，毛泽东、邓小平与工作人员合影留念。右坐者为汪东兴。↑

（左页图） 1963年春，邓小平与周恩来在颐和园后山赏花。←

（上图）　1979年1—2月，邓小平访问美国。图为邓小平在美国总统卡特于白宫南草坪为他举行的欢迎仪式上讲话。

（左页图）　1978年，在中国人民政治协商会议第五届委员会第一次会议上，邓小平当选为全国政协主席。

历史选择了邓小平（增订本）

（上图）　1981年8月，邓小平在新疆视察时与维吾尔族老人亲切交谈。

（右页图）　1981年9月，中共中央军委主席邓小平在华北某地检阅人民解放军陆海空三军部队，提出要建设一支强大的现代化、正规化的革命军队。

 历史选择了邓小平（增订本）

（上图） 1984年1月，邓小平在广东中山温泉与当地群众亲切互动。

（右页图） 1984年10月1日，邓小平出席庆祝中华人民共和国成立35周年阅兵式和群众游行活动。图为检阅部队后在天安门城楼发表讲话。

历史选择了邓小平（增订本）

（上图） 1992年1—2月，邓小平视察武昌、深圳、珠海、上海等地并发表重要讲话。图为邓小平在深圳仙湖植物园参观。

（上图）1993年11月2日，《邓小平文选》第三卷出版，中共中央作出关于学习《邓小平文选》第三卷的决定。图为11月9日，邓小平接见参加编辑《邓小平文选》第三卷的部分工作人员。

（上图） 中国社会主义改革开放和现代化建设的总设计师。

目录 CONTENTS

绪论　历史与历史的选择

002 // 我是中国人民的儿子，我深情地爱着我的祖国和人民

004 // 如果给政治上东山再起的人设立奥林匹克奖的话，我有希望获得该奖的金牌

006 // 我们共产党人的最高理想是实现共产主义，在不同历史阶段又有代表那个阶段最广大人民利益的奋斗纲领

010 // 我们真正的转折点是在1978年底召开的十一届三中全会

013 // 我们主要做了两件事，一是拨乱反正，二是全面改革

016 // 实事求是是马克思主义的精髓。要提倡这个，不要提倡本本

018 // 眼界要非常宽阔，胸襟要非常宽阔。要从大局看问题，放眼世界，放眼未来，也放眼当前，放眼一切方面

020 // 人总是要死的。哪一天我不在了，好像中国就丢了灵魂，这种看法不好

022 // 要在自己身体还健康、脑子还清醒的时候从领导岗位上退下来

第一章　邓小平与"文化大革命"

026 // 我一生最痛苦的当然是"文化大革命"的时候

031 // 邓小平临危受命,从周恩来手中接过了四个现代化的接力棒

034 // 要反对派性、恢复安定团结,不怕个人被打倒

039 // 铁路整顿成为邓小平抓整个国民经济建设整顿的突破口

047 // 邓小平告诫上海的马天水:批"唯生产力论",谁还敢抓生产

048 // 全党讲大局,把国民经济搞上去

056 // 军队建设要解决"肿""散""骄""奢""惰"五个字

059 // 科学技术叫生产力,科技人员就是劳动者

064 // 全面整顿是邓小平领导改革的一次尝试和预演

067 // 我是桃花源中人,不知有汉,何论魏晋

069 // 悼念周恩来、拥护邓小平、反对"四人帮"的"四五"运动

072 // "文化大革命"中我被打倒两次。这种经历并不都是坏事,使我有机会可以冷静地总结经验

第二章　邓小平与历史转折

078 // 在又一个面临重大选择的十字路口,中国向何处去

080 // 我出不出来没有关系,但天安门事件是革命行动

083 // "两个凡是"不符合马克思主义

086 // 《实践是检验真理的唯一标准》这篇文章是马克思主义的,是驳不倒的

096 // 邓小平"自告奋勇"抓科技和教育。他说:我愿做大家的后勤部长

099 // 教育，我是要一直抓下去的。教育部要思想解放，争取主动

106 // 邓小平提出：所有错案、冤案，人民和干部不满意的事，一起解决

108 // 北方谈话：邓小平"到处点火"

111 // 养三只鸭子就是社会主义，养五只鸭子就是资本主义，怪得很

114 // 邓小平的讲话是开辟新时期新道路、开创建设有中国特色社会主义新理论的宣言书

125 // 历史选择从这里作出，新时期从这里开始

第三章　邓小平和毛泽东

130 // 毛泽东曾说，邓小平在中央苏区是挨整的，是所谓毛派的头子

134 // 邓小平是以毛泽东为核心的党的第一代领导集体的重要成员

138 // 毛泽东指责邓小平：他什么事都不找我，对我是敬鬼神而远之

143 // 共和国第一冤案平反，邓小平对王光美说："是好事，是胜利。"

152 // "文化大革命"肯定是个错误，因为"文化大革命"确实没有给我们带来一点好处

156 // 与法拉奇直面交锋：天安门上的毛主席像，永远要保留下去

167 // 坚持四项基本原则，是实现四个现代化的根本前提

173 // 邓小平主持起草《关于建国以来党的若干历史问题的决议》，党在指导思想上的拨乱反正基本结束

第四章　邓小平与中国的第二次革命

184 // 如果现在再不实行改革，我们的现代化事业和社会主义事业就会被葬送

188 // 搞社会主义，中心任务是发展社会生产力

192 // 有邓小平、陈云的支持，万里心里有了底

194 // 农村改革步履艰难，关键时刻，邓小平说话了

197 // 农村改革推动了人民公社的解体

205 // 我们完全没有预料到的最大收获，就是乡镇企业发展起来了

207 // 要加大地方的权力，特别是企业的权力

213 // 改革是中国的第二次革命

219 // 改革是一场试验。判断的标准：三个有利于

222 // 十几年后人们才知道，1979年邓小平就说过：社会主义也可以搞市场经济

227 // 党的十三大召开前夕，邓小平提出：不要再讲计划经济为主了

230 // 我们提出改革时，就包括政治体制改革

234 // 发展社会主义民主，健全社会主义法制

第五章　邓小平与中国的对外开放

240 // 历史经验证明，关起门来搞建设是不能成功的

242 // 现在的世界是开放的世界，中国的发展离不开世界

244 // "拿来主义"不坏，必须吸收和借鉴人类社会创造的一切文明成果

246 // 中央没有钱，你们自己去搞，杀出一条血路来

251 // 厦门特区划得太小，要把整个厦门岛搞成特区

254 // 海南省委关于开发洋浦的决策是正确的，机会难得，不宜拖延

257 // 开放 14 个沿海城市

260 // 我们在内地还要造几个"香港"

263 // 对外开放是中国长期不变的基本国策

第六章　邓小平与中国现代化发展战略

268 // "百年图强""振兴中华"，是中华民族一个多世纪的主旋律

270 // 一切从社会主义初级阶段的实际出发

272 // 邓小平参观了日产公司后感慨地说：我懂得什么是现代化了

274 // "中国式的现代化"20 世纪的目标是小康

280 // 从新中国成立起用大约 100 年时间，分三步基本实现现代化

283 // 让一部分地区一部分人先富起来，带动并最终达到共同富裕

287 // 以重点带全局，实现现代化发展战略

288 // 巩固和发展民族团结，实现各民族共同繁荣和进步

289 // 合理开发和利用资源，注重自然生态和环境保护，为今后长时期的持续、稳定、协调发展打下基础

292 // 不加强精神文明的建设，物质文明的建设也要受破坏，走弯路

第七章　邓小平与科教兴国

300 // 依我看，科学技术是第一生产力

302 // 从"科学技术是生产力"到"科学技术是第一生产力"的重大飞跃和突破

304 // 科学是了不起的事情,要重视科学

308 // 教育是一个民族最根本的事业

310 // 教育要面向现代化,面向世界,面向未来

313 // 在方针问题、认识问题解决之后,还要解决体制问题

315 // 一定要在党内造成一种空气:尊重知识,尊重人才

318 // 李政道称邓小平为北京电子对撞机的"总设计师"

321 // 邓小平"决断"中国的"尤里卡"——"863"计划

323 // "一位老共产党员"情系"希望工程"

325 // 党中央确立"科教兴国"战略

第八章　邓小平与新时期中国外交战略和祖国统一

328 // 西方的政治家们纷纷猜测,邓小平究竟是个什么样的人物

330 // 现代化建设需要一个稳定的国内环境,也需要一个和平的国际环境

332 // 细心的世界观察家们发现,中国对战争与和平的看法逐渐发生了变化

335 // 中央军委主席邓小平宣布:人民解放军裁减一百万

338 // 和平与发展是当今世界两大问题

340 // 改变"一条线"战略,实行独立自主的和平外交政策

345 // 反对霸权主义、维护世界和平是我们对外政策的纲领

347 // 希望双方都珍视经过十年积累来之不易的中美关系

352 / / 邓小平为期一周的访日，掀起了一场令人激动的"邓旋风"

355 / / 推动中苏关系的"解冻"和正常化

359 / / 邓小平敏锐地预见到战后形成的世界政治格局行将结束，提出了建立国际新秩序的主张

361 / / 邓小平新时期外交战略思想的鲜明特点

363 / / "一国两制"是富有天才的创造

368 / / 香港、澳门问题的解决，是邓小平"一国两制"伟大构想的成功实践

373 / / "一国两制"是一个全新的理论概念和科学的战略思想

第九章　邓小平与20世纪80年代末90年代初的中国

376 / / 要放出一个信号：中国不允许乱

379 / / 政治风波之后，世界的目光再一次聚集到了邓小平身上

383 / / 邓小平告诉尼克松，结束严峻的中美关系要由美国政府采取主动

386 / / 冷静观察、稳住阵脚、沉着应付、韬光养晦、有所作为

390 / / 要聚精会神地抓党的建设，这个党该抓了，不抓不行了

394 / / 要两手抓，两手都要硬

396 / / 实现从领导岗位上退下来的夙愿

401 / / 邓小平身体力行，推动了干部队伍的年轻化和废除领导职务终身制的进程

405 / / 退休以后，我最终的愿望是过一个真正的平民生活

407 / / 邓小平打出一张"王牌"：把上海搞起来是一条捷径

410 / / 计划与市场之争又起波澜，"皇甫平"引起全国轰动

413 // 邓小平南方谈话——重大历史关头又一个解放思想、实事求是的宣言书

417 // 江泽民说：我比较倾向于使用"社会主义市场经济体制"这个提法

420 // 同党的七大一样，党的十四大在我们党的旗帜上又书写了新的内容

422 // 面向21世纪的历史性嘱托：《邓小平文选》

425 // 党的十五大以高举邓小平理论的伟大旗帜为标志载入史册

第十章　邓小平的战略思维

432 // 邓小平的战略思维是在长期革命、建设和改革的实践中磨砺而成的

434 // 邓小平的战略思维是辩证唯物主义与历史唯物主义立场观点和方法的生动体现

438 // 邓小平的战略思维是成功开辟中国特色社会主义道路和推动改革开放的定海神针

440 // 邓小平的战略思维永远是中国共产党人应该树立的思维方式

443 // 再版后记

绪 论

历史与历史的选择

邓小平，一个举世瞩目的名字，他走过了一个世纪，他开创了一个时代，他给人们留下了说不尽、道不完的话题……

一个人就是一部历史，不同的人生又书写着一部不同的历史。在漫长的人类历史发展进程中，不知涌现出了多少英雄豪杰，但是真正能够影响历史发展轨迹、改变一个国家和民族命运、开创一个崭新时代的伟人却寥若晨星。在波澜壮阔的20世纪，中国人民在前进道路上经历了三次历史性的巨大变化，产生了三位站在时代前列的伟大人物：孙中山、毛泽东、邓小平。在波澜壮阔的历史巨浪中，他们为救国救民、振兴中华孜孜以求，倾毕生精力于国家和民族的伟大事业，不但改变了中国，而且影响了世界，从而展示了多姿多彩的辉煌人生，实现了人生的最高价值。

邓小平的一生是伟大光辉的一生。他为共产主义事业和国家的独立、统一、建设、改革事业奋斗了七十多年，在中国革命和建设的各个历史时期都作出了重大贡献。他的一生瑰丽多姿，极具传奇色彩。在漫长的政治生涯中，他曾三次被打倒，又三次奇迹般地站了起来，而且一次比一次更加坚强，一次比一次更加引人注目，一次比一次更加走向辉煌。他的人生历程给人们留下了一部厚重的20世纪历史教科书。

20世纪70年代，在世界科技革命风起云涌和政治经济形势急剧变化的情况下，在中国经历了长期"左"的指导思想的影响，特别是"文化大革命"那场深重灾难之后，中国向何处去？在社会主义的前途和国家的命运面临选择的重大历史关头，历史选择了邓小平。是以邓小平为代表的中国共产党人背负起中华民族的希望，以其宽阔的眼界和无私的胸襟、卓越的才能和非凡的胆略，引导中国共产党开始走出对社会主义认识的误区，实现了伟大的历史性转折，开创了改革开放和集中力量发展社会主义生产力的历史新时期。在推进新时期的伟大进程中，邓小平领导中国共产党进行了以改革开放为标志的第二次革命，实现了马克思主义与中国实际相结合新的历史性飞跃，创立了邓小平理论，开辟了中国特色社会主义的新道路，使中国大踏步赶上了时代，为中国人民创造了前所未有的新生活。

我是中国人民的儿子，我深情地爱着我的祖国和人民

风云激荡的 20 世纪是一个极不平凡的世纪。对于中华民族来说，这更是一个既充满了痛苦和灾难，又充满了自豪和希望的世纪。在这个世纪一开始，中华民族就面临着两大历史任务：一个是求得民族独立和人民解放；一个是实现国家繁荣富强和人民共同富裕。而两大任务的归宿只有一个，就是跟上世界历史发展的趋势，走上现代化的道路。因此，百年图强、振兴中华无疑成为我们这个古老民族的主旋律。为了实现现代化，中华民族进行了不懈的努力和探索。20 世纪初，孙中山领导辛亥革命，推翻了统治中国两千多年的封建君主专制制度。他首先提出"振兴中华"的口号，开创了完全意义上的近代民族民主革命，并将中国现代化作为自己的奋斗目标。但是，辛亥革命未能改变旧中国的社会性质和人民的悲惨境遇。以毛泽东为代表的中国共产党人，领导中国人民经过大革命、土地革命战争、抗日战争和解放战争，推翻了帝国主义、封建主义、官僚资本主义三座大山，建立了中华人民共和国，并且从新民主主义走上社会主义道路，取得了建设社会主义的巨大成就。然而，由于我们对社会主义的认识不完全清醒，致使在现代化问题上走了弯路，付出了沉重的代价。在决定社会主义中国的前途命运和中华民族的兴衰成败的关键时刻，历史选择了邓小平。从 20 世纪 70 年代末起，邓小平把握历史和时代的脉搏，把中华民族从"文化大革命"的梦魇中拯救了出来，引导我们党果断地停止使用"以阶级斗争为纲"的口号，将全党全国的工作重点转移到以经济建设为中心的轨道上来，开始了以改革开放为标志的"第二次革命"，进入了社会主义现代化建设的历史新时期。改革开放使古老的中华大地发生了翻天覆地的历史性变化，社会主义在中国显示的蓬勃生机和活力，为全世界所瞩目。

邓小平，1904 年 8 月 22 日出生在四川省广安县协兴乡一个叫牌坊村的地方。16 岁那年他离开家乡去寻找救国救民的真理。若干年后，他成为中华人民共和国的开国元勋之一，随之又成为中国共产党第一代领导集体的重要成员，十一届三中全会后成为党的第二代领导集体的核心，被国内外公认为中国社会主义改革开放和现代化建设的总设计师。是什么动力使邓小平实现了如此辉煌

>> 绪论 历史与历史的选择

的人生？是始终不渝的共产主义理想和对祖国对人民赤诚的爱。20世纪20年代，年轻的共产党人邓小平在莫斯科中山大学学习时所写的自传中这样说："我能留俄一天，便要努力研究一天，务使自己对共产主义有一个相当的认识。""我来莫的时候，便已打定主意，更坚决地把我的身子交给我们的党，交给本阶级。"在近一个世纪的人生历程中，他把自己的一切都交给了他所追求的理想和事业，献给了他的祖国和人民。80年代初，他已是世界上最具有影响力的政治家之一，当英国培格曼出版公司准备出版他的文集并请他写序言时，他这样写道："我荣幸地以中华民族一员的资格，而成为世界公民。我是中国人民的儿子，我深情地爱着我的祖国和人民。"这简洁的语言道出了作者宽阔无比的内心世界，这朴素的文字揭示了他一生求索、愈挫愈奋的力量源泉，这平实的自白正是邓小平人生信念与实践的真实写照。通过这些话，国内外人士更加深刻地认识和理解了邓小平，更加深刻地感受和领悟到邓小平时代的中国发生历史性巨变的真谛。

★ 1921年3月，邓小平在法国时的留影。1925年5月，邓小平把这张照片赠给同在法国勤工俭学的柳溥庆。1965年，柳溥庆把照片还赠邓小平，并在照片背面写下赠言。柳溥庆（1900—1974年），新中国成立后任中国人民银行印刷厂总工程师，参与设计和负责印制第一套人民币。

如果给政治上东山再起的人设立奥林匹克奖的话，我有希望获得该奖的金牌

邓小平的一生波澜壮阔，充满传奇色彩。提起邓小平，人们就会说，是他引导中国人民真正走上了建设有中国特色社会主义的现代化道路，圆了中国一个多世纪以来求富求强的梦。同时，人们也会说，是他创造了20世纪世界政治历史上"三落三起"的政治传奇。为此，国外新闻媒体曾送给他一个雅号——"打不倒的东方小个子"，并对他的传奇人生表现出了极大的兴趣。1979年1月，邓小平访问美国时，一位美国记者问及他个人的这段经历，他幽默地说："如果给政治上东山再起的人设立奥林匹克奖的话，我有希望获得该奖的金牌。"

是的，在一个人的政治生涯中，竟然三次被打倒，又三次顽强地站了起来，

★ 1979年1月30日，邓小平出席美中关系全国委员会等团体联合举行的招待会。

这不能不说是一大奇迹。美国《时代周刊》1986年第一期刊文介绍1985年度世界风云人物邓小平时曾这样说："邓的长期革命生涯一直使传记作者们觉得不可思议：有过在战争和革命中冲锋陷阵的辉煌经历；有过了不起的政治胜利；有过屈辱的下台；也有过个人的成就和家庭的不幸。运用保存实力的手法和足智多谋的恢复能力，这位身高4英尺11英寸、意志顽强的政治家不仅靠忍耐挺过了难关，而且终于取得了最后的胜利。今天，在他年过八旬之际，他作为这个世界上人口最多的国家的领导人，站在了权力的巅峰上，成为他骄傲地称之为第二次革命的开创者。"连世界政治舞台上著名的"铁娘子"、英国前首相撒切尔夫人也赞叹道："在那种环境下生存下来，三次受到清洗并三次恢复元气，需要特殊品质。"人们在称颂邓小平创造了20世纪政治历史奇迹的同时，也为他那独特的人生风范和魅力所吸引所折服。那么，就他本人而言，是什么原因使邓小平能够创造这个奇迹并不断取得人生辉煌的呢？

  邓小平第三次复出时，已是73岁的老人。为中国革命和建设辛劳了几十年。当时，有人曾建议他不要再担负过于劳累的实际工作。但是，当历史和人民选择了他，当中国的历史发展和人民群众需要他的时候，他又毫不犹豫地挺身而出。在决定他复出的中央全会上，他深情地说："全会决议恢复我的工作，作为一个老共产党员，在我个人来说是高兴的。坦率地讲，出来工作，可以有两种态度，一个是做官，一个是做点工作。我想，谁叫你当共产党员呢？既然当了，就不能够做官，不能够有私心杂念，不能够有别的选择，应该老老实实地履行党员的责任，听从党的安排。"这是多么感人的肺腑之言，它道出了一位真正的共产党人无私的高尚情怀和坚定的理想信念。这种情怀和信念无论在什么情况下都没有动摇和改变。1984年3月，日本首相中曾根康弘访华时曾问邓小平，你最痛苦的是什么时候？邓小平回答说："我一生最痛苦的当然是'文化大革命'的时候。其实即使在那个处境，也总相信问题是能够解决的。前几年外国朋友问我为什么能度过那个时期，我说没有别的，就是乐观主义。"加拿大前总理特鲁多曾回忆说："1979年我有几个月下野了，那期间我又访问了中国，去了西藏。从西藏回到北京后我见到邓小平。我问他，我现在下野了，但希望重返政治舞台，你曾经有过这种经历，你的秘诀是什么？邓小平说，只有一个：忍耐。"这就是邓小平的秘诀，这就是邓小平的风格。忍耐，是一个大政治家的特殊品质，是一代伟人的人生积累。芬兰前首相索尔萨对邓小平这一点特别佩服。他说："我们芬兰语中有个特别的词汇：忍耐。含义是拥有崇高的信仰，对为之奋斗的事业充满信心。这个忍耐与信仰便是邓小平的财产。"坚定的共产主义信仰和忍耐的特殊品质铸就了邓小平的坚强性格,无论在什么困难的情况下,或是政治上遭到迫害,或是个人家庭遇到不幸,他都能坚强地挺过来,并始终保持乐观主义的精神。1988年他在会见一位外宾时曾说:"我参加共产党几十年了,如果从1922年算起,我在共产主义旗帜下已经工作了六十多年。这期间做了不少好事,也做了一些错事。人们都知道我曾经三下三上,坦率地说,下并不是由于做了错事,而是由于办了好事却被误认为错事。"他坚信党和人民,坚信历史的公正。信念、忍耐和乐观主义的有机结合使他能够一次次东山再起,愈挫愈奋,把坏事转变为好事,终于在古稀之年又创造了自己人生最辉煌的时期,把中国引入了与自己名字紧密相连的改革开放时代。

我们共产党人的最高理想是实现共产主义,在不同历史阶段又有代表那个阶段最广大人民利益的奋斗纲领

1920年,16岁的邓小平远渡重洋,到欧洲勤工俭学,寻求救国救民的真理。1923年他在法国参加旅欧中国少年共产党,从此,便走上了职业无产阶级革命家的道路。参加革命时,他就"打定主意":"更坚决地把我的身子交给我们的党,交给本阶级。"退休之前,他又慨然表示:"作为一个为共产主义事业和国家的独立、统一、建设、改革事业奋斗了几十年的老党员和老公民,我的生命是属于党、属于国家的。退下来以后,我将继续忠于党和国家的事业。"这话令人敬佩、催人奋进。

邓小平在1986年回答美国记者迈克·华莱士提问时曾说:"我是个马克思主义者。我一直遵循马克思主义的基本原则。马克思主义,另一个词叫共产主义。我们过去干革命,打天下,建立中华人民共和国,就因为有这个信念,有这个理想。我们有理想,把马克思主义基本原则同中国实际相结合,所以我们才能取得胜利。革命胜利以后搞建设,我们也是把马克思主义的基本原则同中国实际相结合。"

因为有了坚定的信念,邓小平才能够那样全身心地投入他所认定的事业。从百色起义到浴血太行,从挺进中原到决战淮海,从渡江战役到挥戈西南,从

>> 绪论　历史与历史的选择

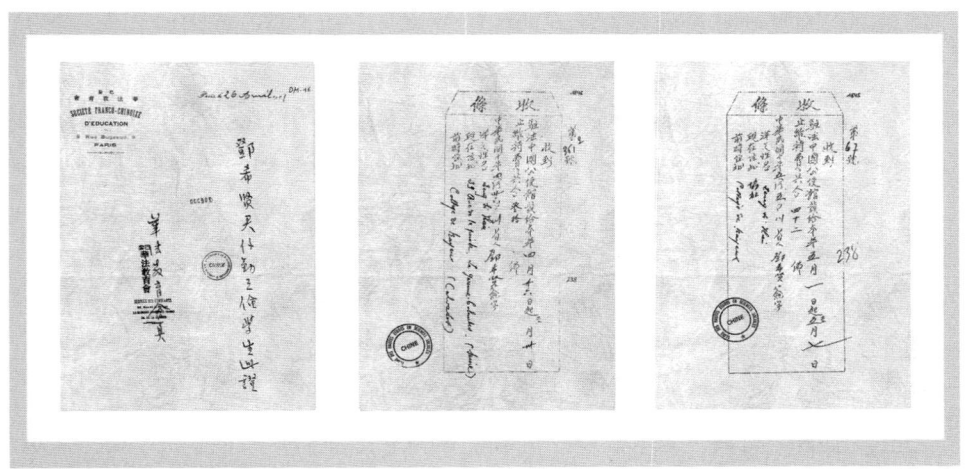

★　1921年邓小平领取华法教育会资助时签字的收据。

★　法国克鲁梭市施奈德钢铁厂。1921年4月，邓小平在这里当轧钢工。他后来说："我的个子小，就是因为年轻时干了重劳动。"

007

担任总书记的繁忙日子到被放逐江西的艰苦岁月，从主持全面整顿到领导拨乱反正，从改革开放的运筹帷幄到应对国际国内形势的风云突变，邓小平的名字始终与中国革命和建设那波澜壮阔的历史紧密相连，始终与社会主义在中国和在世界的命运交织在一起。他以自己的一生实践着自己的理想，他为自己的理想贡献了自己的一生。邓小平人生价值观的核心，就是共产主义信念和理想。在改革开放的新形势下，他更是特别强调这一点。他指出："现在中国提出'四有'，有理想、有道德、有文化、有纪律。其中我们最强调的，是有理想。根据我长期从事政治和军事活动的经验，我认为，最重要的是人的团结，要团结就要有共同的理想和坚定的信念。我们过去几十年艰苦奋斗，就是靠用坚定的信念把人民团结起来，为人民自己的利益而奋斗。没有这样的信念，就没有凝聚力。没有这样的信念，就没有一切。我们共产党人的最高理想是实现共产主义，在不同历史阶段又有代表那个阶段最广大人民利益的奋斗纲领。"

作为中国人民的儿子，邓小平视国家和人民的利益高于一切。他来自于人民，又将自己植根于人民的土壤。他了解他所处时代的人民的愿望和需求。人民群众是最讲实际的，他们并不着力追求超越自己所处历史发展阶段的那些虚无缥缈的东西，而是希望社会能够为他们的物质文化生活提供实实在在的东西。我们搞现代化，说切实一点，就是为了民富国强。当社会大多数人的温饱问题还没有解决的时候，我们以前曾妄谈要"跑步进入共产主义"，20世纪50年代还提出了在几年十几年之内超英赶美的口号。虽然愿望是美好的，但又不得不接受社会发展规律的惩罚。什么是社会主义？怎样建设社会主义？这是邓小平自1975年以来不断提出和反复思考的首要的基本理论问题。1975年邓小平主持全面整顿，针对当时"四人帮"大批"唯生产力论"的逆行，他指出：限制资产阶级法权，也要有个物质基础，这同"唯生产力论"是两回事。搞社会主义建设，不能不搞生产，不能不搞科学技术。批"唯生产力论"，谁还敢抓生产？1978年9月视察东北时，他提出要利用有利的条件加速发展生产力，指出："社会主义要表现出它的优越性，哪能像现在这样，搞了二十年还这么穷，那要社会主义干什么？"他强调，大力发展社会生产力是最大的政治，这是社会主义和资本主义谁战胜谁的问题。十一届三中全会以后，邓小平在总结历史经验教训和改革开放新经验的基础上，对这个根本问题进行了深入的思考，并作了比较系统的初步回答。什么是社会主义，怎样建设社会主义，这是一个至关重要但在以前又是讳莫如深的问题。邓小平发表南方谈话和《邓小平文选》

第二卷、第三卷出版后,人们的思想豁然开朗:新时期的思想解放,关键就是在这个问题上的思想解放。我们以往和现实的经验教训有许多条,最重要的一条,就是要搞清楚这个根本问题。1986年邓小平在会见贝宁总统克雷库时说:"文化大革命"中我被打倒两次。这种经历并不都是坏事,使我有机会可以冷静地总结经验。因为有了那段经历,我们才有可能提出现行的一系列政策,特别是怎样建设社会主义的问题。要解决这个问题,就要弄清楚什么是社会主义以及社会主义的主要任务是什么。社会主义一定要体现出优越于资本主义。如果还没有达到这一点,就要朝这个方向努力。努力的标志就是发展生产力和改善人民生活的速度。贫穷不是社会主义,更不是共产主义。我们长期没有解决这个问题。总起来看,这主要就是不完全懂社会主义。因此,我们提出的课题是:什么是社会主义和怎样建设社会主义?他指出:这个问题不光我们有,其他社会主义国家也没有解决这个问题。社会主义战胜资本主义要靠发展生产力。只有我们实现了在21世纪的发展目标,我们才可以大胆地说社会主义优于资本主义,现在我们还没有资格讲这个话,我们只能说,社会主义总的来说比资本主义优越,但要靠我们的发展来证明这一点。我们现在的主要任务就是发展自己。要发展自己就要坚持对内搞活、对外开放政策。

邓小平正是抓住了这个根本问题,明确地提出社会主义的根本任务,深刻地揭示社会主义的本质,把对社会主义的认识提高到新的科学水平。改革开放以来发生的历史性变化,就是我们党逐渐搞清楚这个根本问题的进程。

正确分析国情,邓小平和我们党作出了我国处于并将长期处于社会主义初级阶段的科学论断,指出了我国现阶段社会的主要矛盾是人民日益增长的物质文化需要同落后的社会生产力之间的矛盾。据此,他把中国人民引入了真正走向现代化的现实之路,第一次解决了实现民富国强的现代化的途径和步骤。他设计的现代化,是中国式的现代化,是以经济建设为中心、大力发展生产力的现代化,是社会主义物质文明和精神文明都搞好、经济社会全面发展的现代化,是不断满足人民日益增长的物质文化需要、以全体人民共同富裕为目标的现代化。实现这个现代化的根本途径是坚定不移地实行改革开放,战略步骤是分"三步走",即解决温饱—实现小康—到21世纪中叶达到中等发达国家的水平。在设计、领导改革开放和现代化建设的过程中,邓小平反复指出,正确的政治领导的成果,归根结底要表现在社会生产力的发展上,人民物质文化生活的改善上。他说,如果在一个很长的历史时期内,社会主义国家生产力发展的速度比资本主义国家慢，还谈什么优越性？我们要想一想，我们给人民究竟做了多少事情呢？我们一定要根据现在的有利条件加速发展生产力，使人民的物质生活好一些，使人民的文化生活、精神面貌好一些。所以，他总是时刻关注最广大人民的利益和愿望，把"人民拥护不拥护""人民赞成不赞成""人民高兴不高兴""人民答应不答应"作为观察和思考一切问题、制定各项方针政策的出发点和归宿，把"是否有利于发展社会主义社会的生产力，是否有利于增强社会主义国家的综合国力，是否有利于提高人民的生活水平"作为判断一切工作是非得失的根本标准。他要求党员和各级干部密切联系群众，树立正确的人生观、价值观和世界观，心中时刻想着人民，和人民群众一起长时期艰苦奋斗，实现我们的发展目标。他希望全体中国人对我们的国家要爱，要让我们的国家富强起来，大家共同努力，振兴中华民族。

我们真正的转折点是在1978年底召开的十一届三中全会

1976年，周恩来、朱德、毛泽东相继去世。中共中央政治局代表全党和全国人民的意志，一举粉碎了"四人帮"，从危难中挽救了党和国家，从而结束了"文化大革命"。当时，面对百废待举、百业待兴的局面，人们，包括老一辈革命家，都衷心拥戴毛泽东亲自选定的接班人，期待他能够带领大家拨乱反正，走出"以阶级斗争为纲"的藩篱，进行"四化"建设。然而，尽管这位当时主持中央工作的同志也想抓经济，搞建设，但却"坚持左的政治路线，又提出了错误的思想路线，叫做'两个凡是'"。拨乱反正举步维艰，平反冤假错案阻力很大，经济工作中求成过急和其他一些"左"倾政策在继续。历史在徘徊中前进。在历史与现实的比较中，人们越来越清楚地看到，由"照过去方针办"的领导人来领导纠正党内的"左"倾错误，特别是恢复党的正确路线和优良传统，是不可能的。经历了长期"左"的痛苦，特别是"文化大革命"那场深重灾难的中国人民，将期望投向了以邓小平为代表的中国共产党老一辈无产阶级革命家身上。中国共产党内马克思主义的力量和"两个凡是"的力量展开了较量，邓小平等老一辈革命家不负众望，在中国向何处去的历史转折关头，担负起历史的重任，以其卓越的才能和非凡的胆略，在极其困难的情况下，领导和推动了拨乱反正的工作，为我们党和国家一步步拨正了航向。

新时期的开创是以解放思想、实事求是为先导的。"两个凡是"，就是要将历史在"过去方针"中定格。当时尚未恢复工作的邓小平以极大的理论勇气和政治勇气，率先反对"两个凡是"，提出要"用完整的准确的毛泽东思想"指导我们事业的主张，实际上就是要把毛泽东晚年的错误和毛泽东思想严格区分开来。邓小平强调："两个凡是"不符合马克思主义。这是个重要的理论问题，是个是否坚持历史唯物主义的问题。他恢复党政军领导职务之后，即与叶剑英、陈云等老一辈革命家一起，呼吁恢复和发扬党的实事求是和理论联系实际的优良传统和作风，旨在解放人们的思想，突破长期"左"的指导思想和"两个凡是"的精神束缚，从而拉开了一场伟大的思想解放运动的序幕。正是在这样的背景下，一些理论工作者也力图对多年来指导思想上的大是大非问题给予哲学上的澄清。1978年5月，经胡耀邦亲自审定的《实践是检验真理的唯一标准》一文发表，在党内外引起了强烈反响，但也遭到了坚持"两个凡是"观点的人的非议、责难和压制，由此展开了一场关于真理标准问题的大讨论。在这场讨论的关键时刻，邓小平等老一辈革命家站出来给予了旗帜鲜明的支持。邓小平在不同的场合多次指出，那篇文章是马克思主义的，是驳不倒的，要求不要再"下通知""划禁区"。在邓小平等的支持下，真理标准的讨论进一步深入，并很快超出了思想理论界的范围，成为一场伟大的思想解放运动。邓小平曾指出：真理标准讨论是基本建设。这场讨论为重新确立党的解放思想、实事求是的思想路线奠定了基础。

新时期的开创是国际形势发展变化的客观要求。20世纪70年代以来，国际形势发展变化很快，科学技术的突飞猛进和新兴工业国家的崛起，国际间的竞争向以科技和经济实力为支柱的综合国力的较量转移，相互间经济联系进一步加深，改变着世界的政治格局和人们的思想观念。对中国来说，这既是挑战，也是机遇。1978年5月，邓小平在一次谈话时指出：现在我们的外贸，我们的管理，我们的经济政策，都受这些思想（指"两个凡是"）的影响，自己把自己的手脚束缚起来，很多事情都不敢搞。现在的国际条件对我们很有利。现在亚洲有的国家经济发展很快，我们难道就不能吗？我们的脑子里还都是些老东西，不会研究现在的问题，不从现在的实际出发来提出问题，解决问题，这样天天讲四个现代化，讲来讲去都是空的。在严峻的挑战和巨大的机遇面前，邓小平以大战略家的敏锐，认识到这是我们融入世界、振兴民族的极好机会，并积极推动了这个进程，使之成为开创社会主义建设新时期的有利条件。

新时期的开创是对社会主义建设经验教训的深刻总结和反思的结果。在致力于解决思想路线问题的同时，邓小平还在总结历史经验教训的基础上，提出了社会主义建设中一系列重大的理论和实践问题。1978年9月，邓小平访问朝鲜归来，在东北、天津等地进行了为期一周的视察。他先后发表了六次重要谈话，核心内容是冲破禁区，破除僵化，开动脑筋，实事求是，一切从实际出发，大力发展社会主义生产力。这次历史性的"北方谈话"，集中反映了邓小平在新时期前夜的理论思考。他一路"到处点火"，深刻地指出："外国人议论中国人究竟能够忍耐多久，我们要注意这个话。我们要想一想，我们给人民究竟做了多少事情呢？""国家这么大，这么穷，不努力发展生产，日子怎么过？我们人民的生活如此困难，怎么体现出社会主义的优越性？"正是在这次谈话中，他提出了党的工作重点转移的问题和体制改革的任务。邓小平说，我们国家的体制，包括机构体制，基本上是从苏联来的，是一种落后的东西。要实事求是，开动脑筋，要来一个革命。"北方谈话"实际上是邓小平不久后在中央工作会议上讲话的先声，对实现历史转折发挥了极其重要的作用。在此前后，邓小平、陈云、叶剑英、李先念还就改革和开放问题、计划经济和市场调节问题、民主与法制建设问题、历史重大是非问题等提出重要意见，这些都成为十一届三中全会和全会前召开的中央工作会议提出和讨论的重要问题。

随着时间的推移，到1978年底，以邓小平为代表的马克思主义的力量，已经逐步在党内和国家的政治生活中发挥了主导作用。正是在这种情况下，1978年底召开的十一届三中全会和全会前的中央工作会议改变了原定的议程，成为拨乱反正的会议；邓小平在中央工作会议上《解放思想，实事求是，团结一致向前看》的报告，实际上是十一届三中全会的主题报告，成为冲破"两个凡是"的禁锢，开辟新时期新道路，开创建设有中国特色社会主义新理论的宣言书。

十一届三中全会重新确立了党的思想路线、政治路线和组织路线。正如邓小平所说，全会对过去作了系统的总结，提出了一系列新的方针政策。中心点是从以阶级斗争为纲转到以发展生产力为中心，从封闭转到开放，从固守成规转到各方面的改革。历史转折的实现，标志着新时期的开始。

十一届三中全会实际上是在邓小平的主持下进行的，全会作出了重要的机构和人事变动，选举陈云为党中央副主席，形成了以邓小平为核心，以叶剑英、陈云、李先念等为主要成员的党的第二代领导集体。

这是人民的愿望，时代的要求，历史的选择。

我们主要做了两件事，一是拨乱反正，二是全面改革

在新时期，以邓小平为核心的党的第二代领导集体的历史建树是多方面的，其中最主要的是正确地解决了关系我们党和国家前途命运的两个重大课题，从而做出了两大历史性贡献。一个是领导全党总结新中国成立以来的历史经验，纠正"文化大革命"的错误，坚持科学地评价毛泽东的历史地位和毛泽东思想的科学体系；另一个是创立和发展邓小平理论，制定了党在社会主义初级阶段"一个中心，两个基本点"的基本路线，确立了党在经济、政治、外交、教育、科技、文化、军事、祖国统一、党的建设等方面的一整套方针政策，成功地开辟了在改革开放中实现社会主义现代化的新道路。

邓小平曾这样概括第二代领导集体在新时期的工作："我们主要做了两件事，一是拨乱反正，二是全面改革。"

进入新时期后，以邓小平为核心的党中央继续推进党的思想路线、政治路线、组织路线和清理重大历史是非的拨乱反正。我们党先后采取了一系列措施，平反了包括原国家主席刘少奇在内的一大批冤假错案，落实了有利于增强党的团结和调动一切积极因素的各项政策。1979年，经过党的十一届四中全会讨论通过，叶剑英在国庆三十周年的报告中，对新中国成立以来的重要历史是非进行了初步的清理，对党在过去工作中的错误作了自我批评，提出要在改革和完善社会主义经济制度的同时，改革和完善社会主义政治制度，加强民主和法制建设，建设高度的社会主义精神文明。这些，都是在解放思想、实事求是的基础上，在对"什么是社会主义，怎样建设社会主义"的深入思考和探索下进行的。

新时期刚开始，我们面临着一个极其重要的关键性问题，就是如何认识和评价毛泽东和毛泽东思想的问题。党的十一届三中全会冲破了个人迷信，批判了"两个凡是"，但是"左"的思想根源还没有完全消除，影响仍然存在。同时，党内外又出现了另外一种思潮，就是在要求纠正毛泽东晚年错误理论和

实践，否定"文化大革命"的同时，对毛泽东思想的历史地位发生怀疑和动摇，进而有人意图全盘否定毛泽东和毛泽东思想。面对这样的情况，邓小平和党中央领导集体以巨大的政治、理论勇气，排除了来自"左"、右两个方面的干扰，将毛泽东的晚年错误和毛泽东思想区别开来，坚持科学地评价毛泽东的历史地位和毛泽东思想的科学体系。为了统一全党的思想，邓小平主持起草并在1981年党的十一届六中全会通过了《关于建国以来党的若干历史问题的决议》，全面系统地总结了新中国成立以来历史的经验教训，根本否定了"文化大革命"和"无产阶级专政下继续革命"的理论；同时坚决顶住否定毛泽东和毛泽东思想的错误思潮，维护了毛泽东的历史地位，肯定了毛泽东思想的指导作用。《决议》标志着新时期党在指导思想上的拨乱反正基本完成，为我国进入全面改革的新阶段奠定了基础。

随着国内局势的发展和国际局势的变化，越来越显示出党作出这个重大决策的勇气和远见。

黑格尔曾经说过，谁道出了他那个时代的意志，把它告诉他那个时代并使之实现，他就是那个时代的伟大人物。历史进入20世纪70年代，在决定中国命运和中华民族前途的关键时刻，以邓小平为核心的党的第二代领导集体，代表人民的意志和时代精神，领导了以改革开放为标志的"第二次革命"。邓小平指出：旧的那一套经过几十年的实践证明是不成功的。过去我们搬用别国的模式，把自己封闭起来。历史在前进，我们却停滞不前，就落后了。二十年的经验，尤其是"文化大革命"的教训告诉我们，不改革不行，不制定新的政治的、经济的、社会的政策不行。十一届三中全会制定了这样的一系列方针政策，走上了新的道路。

改革开放从十一届三中全会起步，十二大以后全面展开。它经历了从农村改革到城市改革，从经济体制的改革到各方面体制的改革，从对内搞活到对外开放，社会主义物质文明和精神文明一起抓的波澜壮阔的历史进程。在这个进程中，以邓小平为核心的第二代领导集体领导我们党确定了一整套路线、方针和政策，作出了一系列重大的战略决策。其中主要有：确立了"一个中心，两个基本点"的基本路线，不断排除来自否定改革开放的"左"的干扰和否定四项基本原则的右的干扰，在坚持四项基本原则的基础上，把改革开放和现代化建设不断引向深入；从中国的国情出发，制定了分三步走、基本实现现代化的战略步骤和宏伟目标；不断破除旧的传统观念的束缚，逐步从过去社会主义只可以搞计划经济的模式中摆脱出来。从陈云、李先念提出计划经济和市场调节相结合和邓小平提出社会主义也可以搞市场经济，经过改革实践的发展和十二大、十二届三中全会、十三大的理论探索，特别是经过1992年邓小平的南方谈话，十四大确定我国经济体制改革的目标是建立社会主义市场经济。这是一个影响深远的伟大创举：兴办经济特区，开放沿海城市，对外开放逐渐向全国推进，基本形成了全方位、多层次、宽领域的对外开放格局；提出科学技术是第一生产力，把科技教育放在优先发展的战略地位，为党和国家实施"科教兴国"的战略打下基础；大力推进政治体制改革，发展社会主义民主，健全社会主义法制，努力建设社会主义民主政治，走依法治国的道路；作出和平与发展是当今世界两大主题的新判断，改变了"一条线"战略，调整了与美国、日本、欧洲国家和苏联等国的关系，实行独立自主的和平外交政策，为现代化建设创造了一个和平有利的国际环境；创造性地提出了"一国两制"的伟大构想，解决了历史上留下的香港、澳门问题，推动了祖国和平统一进程；作出了人民解放军裁军一百万的重大决策，提出了新时期国防和军队建设的指导思想，走一条中国特色的精兵之路，推动了军队革命化、现代化、正规化建设；巩固和发展了新时期爱国统一战线，尊重知识、尊重人才，充分调动了亿万人民投身社会主义现代化建设的积极性；重视社会主义精神文明建设，反对资产阶级自由化，确定了"两手抓，两手都要硬"的方针，强调物质文明和精神文明都搞好，才是有中国特色的社会主义；坚持加强和改善党的领导，加强党的思想建设、组织建设和作风建设，完善党和国家的领导制度；等等。这些，概括起来，就是改革开放，建设有中国特色的社会主义。坚持改革开放是决定中国命运的关键一招。在这个伟大的历史进程中，因为有这些正确的路线、方针、政策，有邓小平等老一辈革命家作中流砥柱，我们的党和国家经受了各种困难和曲折，特别是经受了20世纪80年代末90年代初国内外形势变化的巨大压力的考验，保证了我国改革开放的社会主义方向，取得了现代化建设的巨大成就。改革开放改变了中国，也影响了世界。

实事求是是马克思主义的精髓。要提倡这个，不要提倡本本

　　翻开《邓小平文选》一至三卷，一派朴实无华、清新自然的气息便会扑面而来。是的，邓小平的文章里并没有刻意建构一种什么体系的滔滔巨论，也没有那些引经据典、旁征博引的鸿篇说教，有的只是根据实际情况和具体问题而说出的实实在在的大白话，通俗易懂，文如其人。说文如其人，那么，邓小平是个什么样的人呢？了解一下邓小平的历史，研读一下邓小平的著作，回顾一下这些年来我们国家所走过的路，人们不难得出自己的结论。毛泽东曾经多次这样评价过邓小平：他这个人善于按辩证法办事，比较公道，既有原则性，又有灵活性。西方的许多政治家和评论家都习惯地把邓小平称为中国最大的现实主义者和务实派领导人。邓小平自己则这样回答外国客人：我是实事求是派。

　　求实、创新是邓小平一生最典型的人格本色。这对他来说，已经不仅仅是一种思想、工作作风，而是一种实实在在的处世性格。他的这种性格是在长期的斗争、工作实践和生活磨砺中形成的。这种性格也是他能够开创一个新的时代，为中国找到一条有中国特色社会主义道路的一个重要因素。可以想象，如果不是邓小平在改革前夜向全党发出"解放思想，实事求是"的历史性号召，我们就不可能冲破"两个凡是"的禁锢，实现党和国家的工作重点由"以阶级斗争为纲"到"以经济建设为中心"的历史性转变；如果不是邓小平正确地分析国情，提出走自己的路，建设有中国特色的社会主义，中国人民就不可能有今天的新生活，中国就不可能有今天改革开放的伟大成就和中华民族伟大复兴的光明前景。

　　实事求是，是无产阶级世界观的基础，是马克思主义的思想基础，也是我们中国传统文化中最可宝贵的优秀内涵。然而，要真正做到实事求是，却并不简单。"实事求是"这四个字在浩瀚的中国词汇中已经出现两千年了。然而，有谁会想到，当时史学家班固称道汉景帝儿子的学问时随意写出的这四个字，使两千年后掌握最先进思想武器的中国共产党人两度走出了绝境，实现了马克思主义在同中国革命和建设相结合的过程中的两次历史性飞跃。毛泽东坚持实事求是，把马克思主义的基本原理同中国革命的具体实际相结合，引导中国革

命取得了胜利；邓小平坚持实事求是，开辟了马克思主义在中国发展的新阶段，使中国走上了一条社会主义现代化建设的新路。

邓小平从不拘泥于传统，从不固守于本本，而是坚持一切从实际出发，解放思想，实事求是。把解放思想和实事求是结合起来，是他对实事求是思想路线的一大贡献。如果人们思想不解放，盲目迷信传统，动辄"拿本本来"，就不可能做到实事求是。这方面我们党的教训太深刻了。要真正做到实事求是，又必须要有创造精神，只有解放思想才能有生机和活力。在领导百色起义、创建和巩固太行抗日根据地、千里跃进大别山、指挥淮海决战的过程中，无不体现出邓小平的这种性格和品质。20 世纪 60 年代初，面对"大跃进"和人民公社化运动对农村经济的严重破坏，邓小平引用刘伯承在战争年代的一个形象说法"不管黄猫黑猫，捉住老鼠就是好猫"，力图尽快恢复农业生产，实际上就是要求人们解放思想，实事求是。改革前夜，邓小平向全党发出振聋发聩的声音："一个党，一个国家，一个民族，如果一切从本本出发，思想僵化，迷信盛行，那它就不能前进，它的生机就停止了，就要亡党亡国。"到了新时期，邓小平提出了什么是社会主义、怎样建设社会主义这一基本的理论问题，从一系列重要思想观点的提出，到每一项改革开放重大决策的制定，无不都是解放思想、实事求是的结果。他指出：社会主义建设没有固定的模式可照搬，我们必须从中国的实际出发，也就是从中国还处在社会主义初级阶段的实际出发，少说空话，多干实事，在改革开放中大胆地试，大胆地闯。他说：绝不能要求马克思为解决他去世之后上百年、几百年所产生的问题提供现成答案。列宁同样也不能承担为他去世以后五十年、一百年所产生的问题提供现成答案的任务。真正的马克思列宁主义者必须根据现在的情况，认识、继承和发展马克思列宁主义。正是这样，邓小平从当今中国和世界的实际出发，创造性地发展了马克思主义，把中国引上了与他的名字紧密相连的改革开放的新时代。从 20 世纪 70 年代中叶起，他以其特有的务实作风和创新精神，改变着中国，也影响着世界。美国前国务卿基辛格 80 年代末访华时对邓小平说："你一生中有几个时期是在集中思考一些问题，养精蓄锐，然后开始领导十亿中国人民走向未来，这是一项很了不起的工作。每次见到你，你上次所谈的一些事都已实现了。""我知道中国有人比你更年轻，但我不知道，在中国还有人比你更有活力。""你是中国改革的总设计师，你是世界上做的比说的多的少数几位政治家之一，你使中国发生了历史性变化。"改革开放以来，中国的变化令人振奋，举世瞩目。这种变化首先就体现在人民生活水平的提高上。

眼界要非常宽阔，胸襟要非常宽阔。要从大局看问题，放眼世界，放眼未来，也放眼当前，放眼一切方面

这是邓小平对第三代中央领导集体提出的要求，也是以他为核心的第二代领导集体所具备的无产阶级政治家的品格。

党的十一届三中全会形成的第二代领导集体，肩负着在中国革命和建设已取得的重大成就的基础上，带领中国共产党和中国人民走出对社会主义认识的误区，赶上时代潮流，摆脱贫穷和落后面貌的艰巨使命。正是这些具有丰富经验和治国才能的老一辈革命家，以其宽阔的眼界和胸襟，领导我们党和国家走上了新道路，为中国人民创造了新生活。

在新时期，邓小平和第二代领导集体观察、思考、决策问题，总是坚持解放思想、实事求是的思想路线，从国内、国际的大局出发，总结过去，立足现在，放眼未来，抓住"什么是社会主义、怎样建设社会主义"这个根本问题，研究新情况，分析新矛盾，作出新判断，提出新办法，解决新问题。他们提出和回答问题，都不是从小的角度讲的，而是从大局讲的。国际大局就是日新月异的科学技术对经济、政治、社会生活产生巨大影响的新形势，和平与发展是当今世界两大主题的新特征，要创造和利用和平有利的国际环境；国内大局就是我国现在处于并将长时期处于社会主义初级阶段这一基本国情和解放生产力、发展生产力是社会主义的根本任务，要通过改革开放实现社会主义现代化。每当面临国际形势的重大变化和国内改革开放的重要关头，他们总是高屋建瓴，把握全局，及时提出指导方针，作出重大决策，表现出非凡的智慧和胆略。

第二代领导集体是稳定成熟、坚强有力的领导集体。以毛泽东为核心的第一代领导集体领导党和人民夺取了中国革命的胜利，建立了新中国，并取得了建设社会主义的巨大成就。以邓小平为核心的第二代领导集体领导的新的革命就是在这个基础上进行的，是它的继承和发展。在第二代领导集体中，邓小平、陈云曾是第一代领导集体的重要成员，叶剑英、李先念和三中全会以后进入这个集体的其他主要成员，也都是久经考验的老一辈革命家，他们组成了我

们党历史上第二代稳定成熟的领导集体。邓小平曾说,毛泽东思想教育了我们整整一代人。我们这一代人就是在毛主席的领导下成长起来的。这些老一辈革命家对马列主义、毛泽东思想的理解和把握是非常系统全面的。毛泽东在探索和领导社会主义建设的过程中经历了曲折,发生了失误,晚年在理论和实践上的错误是严重的。邓小平指出:"这一代的前期是好的,后期搞了'文化大革命',变成一场灾难。"邓小平提出,第二代领导集体的任务,就是恢复毛泽东的那些正确的东西,把他已经提出,但是没有做的事情做起来,把他反对错了的改正过来,把他没有做好的事情做好。当然我们也有发展,而且还要继续发展。正是在总结和借鉴以往历史经验教训的基础上,以邓小平为核心的第二代领导集体领导了中国的改革开放这场新的革命。在这场革命中,没有割断历史,没有丢马克思列宁主义,没有丢毛泽东思想。

党的十一届六中全会在通过了《关于建国以来党的若干历史问题的决议》和中央主要领导成员的组织调整后,新当选的中共中央主席胡耀邦在讲话中说:"粉碎'四人帮'之后,政治局和常委的同志都在各自的岗位上作出了贡献。但是,贡献大一些、多一些的,还是老一辈革命家。拿常委来说,是叶剑英、邓小平、李先念、陈云四位同志。小平同志因为经验特别丰富,精力很充沛,加上长期斗争建立起来的巨大威望,他起的作用就更突出些。""本来,按全党大多数同志的意愿,中央主席是要由小平同志来担当的。""这不是什么秘密。连外国人都知道,小平同志是中国党的主要决策人。有时候他们还用另外一个词,叫'主要设计者'。"

邓小平说:"我们这个第二代,我算是个领班人,但我们还是一个集体。"

这个集体是一个民主、团结的集体,保持了老一辈革命家的优良传统和作风。他们始终能够正确地对待自己,正确地处理个人与党和人民的关系问题,总是以党、国家和民族的利益为重,顾全大局。第二代领导集体始终体现了集体领导的原则,重大决策都通过集体讨论决定。在改革开放的成就面前,他们总是强调集体的作用;对于我们党在探索社会主义建设道路的过程中所出现的失误,他们又主动承担自己的责任,做到了襟怀坦白,无私无畏。

人总是要死的。哪一天我不在了，好像中国就丢了灵魂，这种看法不好

在百年图强、振兴中华的交响乐中，继孙中山、毛泽东之后，邓小平为什么能在他人生最后四分之一的旅途中，在中国这个令人心潮澎湃的历史大舞台上指挥奏响了中国式现代化建设的雄伟乐章？这绝不是历史的偶然。

时代造就伟大的人物，人民选择自己的领袖。邓小平早年投身于中国革命的伟大洪流，在戎马倥偬的战争年代战功卓著，在治理西南地区的党政军领导岗位上成绩斐然，在身系全党建设重任的总书记任内日理万机，在力排"四人帮"干扰、致力于全面整顿的艰苦岁月里果断坚毅，展示了作为领袖人物的雄才大略。自党的十一届三中全会起，中国共产党形成了第二代中央领导集体，曾为以毛泽东为核心的党的第一代中央领导集体的重要成员的邓小平，被拥戴为第二代领导集体的"领班人"，即这个领导集体的核心。尽管他坚持不当第一把手，推荐相对年轻的同志到党和国家的主要领导岗位，但他在新时期的巨大作用是历史性的，是无法替代的。在党的十一届三中全会以来的路线形成与发展中，在改革开放现代化建设局面的开拓中，在各项重大决策的制定中，邓小平以马克思主义者的理论勇气、求实精神、丰富经验和远见卓识，做出了重大贡献。他是中国社会主义改革开放和现代化建设的总设计师，是邓小平理论的主要创立者，是第二代领导集体当之无愧的"领班人"。他不仅以他所创立的光辉理论指引着中国人民前进的方向，而且以他在长期人生实践中锤炼出来的崇高品格和风范感召着人们。他来自人民，热爱人民，尊重群众，时刻关注人民群众的利益和愿望；他尊重实践，实事求是，善于把握时代发展的脉搏和契机，总是从中国的现实和当代世界发展的特点出发去总结新经验，创造新办法，探索新路子；他目光远大，胸襟开阔，无私无畏，不屈不挠，不顾个人安危，不计荣辱进退，总是以大局为重，从国家和人民的根本利益着眼来观察和处理各种重大问题；他信念坚定，意志坚强，崇尚实干，在关键时刻果断作出科学决策，表现出非凡的胆略和勇气。所有这些，都是邓小平能够成为一个时代旗帜的内在原因。

>> 绪论 历史与历史的选择

邓小平之所以能够成功,能够为人民所爱戴,还有一个重要的原因,就是他始终能够正确对待自己,正确对待个人与党和人民的关系问题。早在第三次复出之前,他就借用毛主席的话说过:我这个人犯过不少错误。我死了,如果后人能够给我以"三七开"的估计,我就很高兴、很满意了。他指出,这是个是否坚持历史唯物主义的问题。以后,他在讲改革开放所取得的成就时还这样说过:永远不要过分突出我个人。我所做的事,无非反映了中国人民和中国共产党人的愿望,党的这些政策也是由集体制定的。在"文化大革命"前,我也是党的主要领导人之一,那时候的一些错误我也是要负责的,世界上没有完人嘛。在评价毛泽东同志的历史功过时,他坚持历史唯物主义的立场,在指出毛泽东同志的缺点和错误的同时,坚定地维护了毛泽东和毛泽东思想的历史地

★ 邓小平一家20世纪50年代合影。伴随着共和国成长的脚步,孩子们都逐渐长大了。左起:邓楠、邓林、卓琳、邓榕、邓小平、邓朴方、邓质方。

位，并主动承担个人的责任，表现出了一个真正共产党人的高风亮节。他说：人总是要死的。哪一天我不在了，好像中国就丢了灵魂，这种看法不好。他历来反对别人为他写传，要求人们不要夸大个人的作用。他说，改革开放的成功是集体搞成的，我个人做了一点事，但不能说都是我发明的。其实很多事是别人发明的，群众发明的，我只不过把它们概括起来，提出了方针政策。

要在自己身体还健康、脑子还清醒的时候从领导岗位上退下来

邓小平既是一位伟人，也是一位凡人，最难能可贵的是他有一颗普通人的平常心。他不信神也不造神。他始终把自己作为人民的儿子，而不是人民的救世主。他喜欢打桥牌，喜欢看足球，更喜欢在大海里游泳。他认为在大自然里游泳自由度大一些，有股气势。在他的晚年，他希望自己从政治舞台上慢慢消失，希望自己能像普通人一样到处走一走，看一看，希望能有更多的时间在家享受天伦之乐。

邓小平晚年最为关注的一个问题，是实现党中央领导层的新老交替。从第二代领导集体建立之日起，他就把培养接班人作为第一位的战略任务，并身体力行，带头废除实际存在的领导职务终身制，推进党中央领导层的新老交替。1980年5月，邓小平在一次谈话中就指出：废除领导干部职务终身制、领袖终身制的问题，我们这代人活着的时候，非解决不可。从80年代中期起，叶剑英、邓小平、陈云、李先念等先后退出中央政治局和常委会，为向新一代领导人的过渡创造条件。总结我们党和其他社会主义国家的历史经验和教训，邓小平多次说过，一个党、一个国家的命运，如果建立在一两个人的声望上是很不健康、很危险的。他多次表示要在自己身体还健康、脑子还清醒的时候从领导岗位上退下来。在主持建立第三代领导集体的过程中，他反复强调，中国问题的关键在于共产党有一个好的政治局，特别是好的政治局常委会。国家的命运、人民的命运需要这样一个领导集体。真正关系到大局的是这个事。当他看到十三届四中全会选出的以江泽民为核心的党中央已卓有成效地开展工作时，毅然在1989年十三届五中全会上辞去了担任的中央军委主席这最后一个职务。

★ 这是一个充满了温馨和亲情的大家庭。全家人无论老幼,都亲切地把邓小平称为"老爷子"。

在第二代领导集体向第三代领导集体顺利过渡的过程中,邓小平发挥了决定性的作用。这一重大举措,在我们党的历史上和国际共产主义运动史上,都是开创性的,对保持党和国家的长治久安,把中国特色社会主义事业不断推向前进具有极其重要和深远的意义。

同毛泽东、周恩来等伟大历史人物去世一样,1997年2月邓小平的去世,也在中国人民心中产生了极大的震动。然而,与以往不同的是,人们能够冷静而理智地面对这一无情的事实。外国观察家曾这样分析,失去了邓小平的中国人痛心但不担心,悲伤而不迷茫。在邓小平开创的改革开放和现代化建设中获得新生的中国,已经走向成熟和理性。因为人们看到,邓小平虽然离开了,但他把一个充满希望和活力的国家留给了后人。人们有信心,中国一定会把邓小平开创的伟大事业继续进行下去。这种信心来自于我们有中国特色社会主义这面伟大的旗帜,有一个高举这面旗帜领导我们前进的坚强的党中央领导集体。

邓小平是中国的,也是世界的。在中国,他把自己定位为人民的儿子,在世界，他把自己定位为以中国人民的一员而成为世界公民。邓小平有大海一般的胸怀。按照中国人的生肖，他属龙。他与大海有着不解之缘。大海是他革命生涯的起点。1920年他远渡重洋去欧洲，是大海帮助他开阔了眼界和视野。在以后漫长的人生历程中，他以大海般的胸怀和气魄，一次次掀起了中国融入世界现代化潮流的巨澜。1997年2月19日，他走完了最后的人生之旅。在捐献角膜、解剖遗体之后，他的骨灰又撒入了浩瀚的大海，实现了一个彻底的唯物主义者的无私情怀。

这就是邓小平，我们知道的一个真实的人生故事。

我哪天去，哪天走，
不关紧要。
自然规律违背不得，
你们要想透这个问题。

——邓小平

第一章 邓小平与『文化大革命』

《易》曰:"穷则变,变则通,通则久。"任何重大的社会变革都是以深重的社会危机为前提的。

俗话说:"时势造英雄。"任何伟大历史人物的历史作用,都是他所处的特定历史时代所赋予的。

20世纪70年代以来,中国发生了以改革开放为标志的"第二次革命",历史推出开创新时代的世纪伟人邓小平,这其中有中国社会矛盾的发展,特别是有"文化大革命"那样深刻的社会背景。

为什么在决定中国命运和中华民族前途的关键时刻,历史选择了邓小平?这当然与邓小平在长期革命和建设中表现出的非凡才能有关,更与他在"文化大革命"中两次被打倒的特殊经历有必然的联系。正是通过"文化大革命",历史让中国人民更多地认识和了解了邓小平。

我一生最痛苦的当然是"文化大革命"的时候

1984年3月,日本首相中曾根康弘访华时曾问邓小平:你一生中最高兴的是什么?最痛苦的是什么?邓小平坦言:在我一生中,最高兴的是解放战争的三年。我一生最痛苦的当然是"文化大革命"的时候。

"文化大革命"是共和国历史上的一场噩梦,它给中华民族带来了深重的灾难,也使邓小平两次被打倒,身心受到了严重的摧残。

1965年11月10日,《文汇报》发表了姚文元的《评新编历史剧〈海瑞罢官〉》一文,实际上点燃了"文化大革命"的导火线。

这场运动一开始,矛头首先就直指从中央到地方的各级"党内那些走资本主义道路的当权派"。在巨大的政治风暴来临之前,包括刘少奇、周恩来、邓小平等党和国家领导人在内,都很难真正领会和跟上毛泽东的思路。所谓"老革命遇到了新问题"一语,真实地反映了他们当时的心态。1966年5月中央政治局会议和1966年8月党的八届十一中全会的相继召开,拉开了历时十年的"文化大革命"的帷幕。在八届十一中全会上,印发了毛泽东的《炮打司令部——我的一张大字报》。大字报把中央内部关于"文化大革命"指导思想和领导方法上的不同,以及以往工作指导方针上的分歧,说成是两条路线、两个司令部的斗争。所谓的党内另一个资产阶级司令部,实际上就是指刘少奇、邓小平等主持中央日常工作的一些领导人。这张大字报一发表,斗争对象便不断升级,主要锋芒对准了"刘邓资产阶级司令部"。与此同时,红卫兵运动风起云涌,全国各地"踢开党委闹革命",无政府主义狂潮泛滥。到1966年底,出现了"天下大乱"的局面。

1966年12月25日,在张春桥的授意下,清华大学造反派由蒯大富指挥,上街示威游行、张贴标语、大字报、散发传单,公开喊出了打倒刘少奇、邓小平的口号。从此,国家主席刘少奇、党的总书记邓小平被公开批判,并失去了人身自由。随后,造反派又多次组织批斗活动,对他们进行揪斗、围攻和凌辱。

中南海含秀轩,即邓小平的住所,成为被监管的地方。没有经过任何组织程序,邓小平被强行剥夺了作为一名党员干部的职务和公民的权利,家人也

>> 第一章 邓小平与"文化大革命"

★ 1984年8月22日,《人民日报》发表毛毛的文章《在江西的日子里》。毛毛将文章作为生日礼物送给父亲。邓小平看后,在报纸上写下:"看了,写得真实。"

因此而受到了株连。

邓小平作为党内"第二号最大的走资本主义道路的当权派"被打倒。说来非常荒唐，加给他的主要罪名不过是反对个人崇拜和宣扬了"不管白猫、黑猫，能逮住耗子就是好猫"的"唯生产力论"。1969年10月，林彪发布"一号命令"后，在战备疏散的名义下，邓小平、卓琳夫妇同继母夏伯根被押送到江西，在南昌的新建县拖拉机修造厂被监督劳动。由于周恩来的关心和巧妙安排，邓小平住在了离工厂不远的南昌步兵学校一个被称为"将军楼"的小楼里。这一住，就是三年。

"文化大革命"是毛泽东发动和领导的。对于这一全局性、长时间的"左"倾严重错误，毛泽东负有主要责任。只有正确认识和检讨毛泽东晚年的错误，才能打开我们通向未来的大门。毛泽东在领导中国共产党夺取全国政权、建立社会主义制度的过程中，不愧为伟大的无产阶级革命家。但是，在建设社会主义的探索过程中，取得了伟大成就，却也走了弯路，犯了错误。出现错误，症结在于背离了他自己倡导的实事求是路线，没能认清中国处于社会主义初级阶段的国情和发展社会主义的生产力是压倒一切的历史课题。他追求空想的、纯洁的、完善的社会主义。一方面，脱离实际地追求社会主义建设的高速度；另一方面，又把很多社会主义初级阶段的题中应有之义作为修正主义、资本主义批判。在他犯严重错误的时候，还始终认为自己的理论和实践是马克思主义的，是为巩固无产阶级专政所必需的。这是他的悲剧所在，也是导致持续十年的"文革"内乱的直接原因。

"文化大革命"的发生有其历史的必然性，它是我国社会政治矛盾和体制弊端的必然结果，也是探求中国自己的社会主义道路的努力走入歧途的产物，是错误理论指导下的错误实践。毛泽东在晚年全局上一直坚持"无产阶级专政下继续革命"的错误理论和"阶级斗争为纲"错误实践，使他在晚年偏离了马克思主义的正确路线，不可能再承担领导中国建设有中国特色社会主义的使命。"文化大革命"以"天下大乱"达到"天下大治"的尖锐形式，解决党内外思想认识和工作方式上的问题，相当充分地暴露出党和国家体制机制等方面存在的弊端，并且提供了永远不允许重犯"文化大革命"或其他类似严重错误的深刻教训。这就为历史提供了一种选择，即在毛泽东身后，谁来科学地总结"文化大革命"的教训，领导中国人民探索出一条有中国特色社会主义的道路，实现中华民族的伟大复兴？

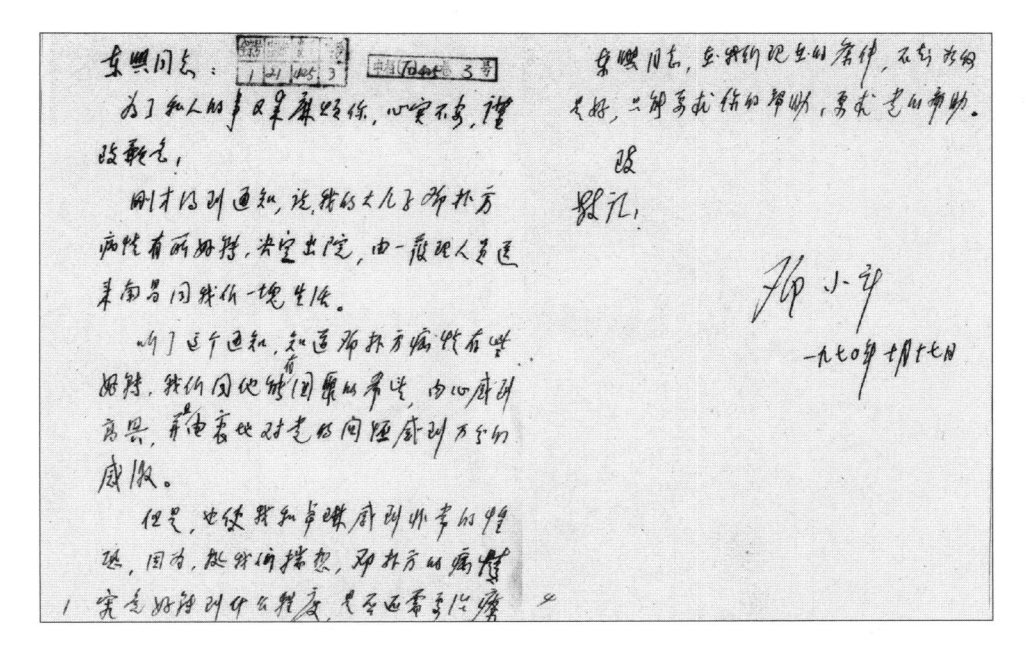

>> 第一章 邓小平与"文化大革命"

★ 1970年10月17日，邓小平致信汪东兴，请求将受迫害致残的儿子邓朴方留在医院继续治疗。↑

★ 1971年2月3日，邓小平致信汪东兴，请求将邓朴方接到江西护理。→

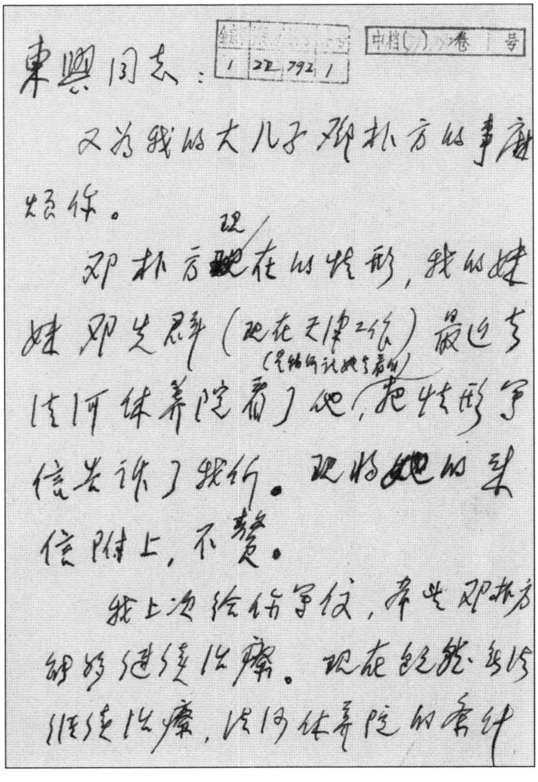

★ 邓小平致信汪东兴。↓

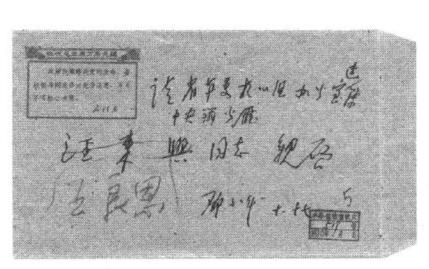

★ 下放到农村劳动的孩子们陆续来到江西邓小平身边。图为邓小平一家和前来探望的妹妹邓先群、妹夫栗前明合影。

"文化大革命"前，在如何建设社会主义的问题上，我们党内长期存在着不同思想的尖锐对立和斗争。党的八大二次会议通过社会主义建设总路线之后，开始背离党一向倡导的实事求是的原则，党内"左"倾思潮开始占据了主导地位，"文化大革命"则把这种极"左"思潮发展到了极致。持续十年的内乱，不仅使民生凋敝，冤狱遍地，问题如山，使人民生活在压抑和失望之中，而且也使传统的政治经济体制受到了极大的冲击。

"文化大革命"在发动之初曾经受到刘少奇、邓小平、彭真等党内健康力量的反对。但是，由于体制上的弊端和毛泽东的错误，终于使这场内乱一发不可收拾。党的各级组织和共和国各级政权一度陷入全面瘫痪，很多德高望重的开国元勋和各级干部被打倒。上至国家主席，下至敢于坚持真理的普通党员如张志新等人，都被迫害致死。国家陷入严重的政治危机和社会危机，民主和法制遭到肆意践踏，生产和生活受到严重破坏，演进成为一场由领导者错误发动,被反革命集团利用,给党、国家和各族人民带来严重灾难的内乱。

随着"文革"的深入和破坏的加剧,特别是林彪事件之后,广大干部群众开始对这场浩劫进行反思,很多人开始觉醒并自觉地抵制这场"史无前例"的浩劫。

邓小平临危受命,从周恩来手中接过了四个现代化的接力棒

1971年"九一三事件"发生,林彪自我暴露和毁灭,在客观上宣告了"文化大革命"理论和实践的失败。在全国范围内,群众的"革命"狂热急剧下降,

★ 1973年8月,邓小平在中国共产党第十次全国代表大会上当选为中央委员。左为邓颖超。

对"文化大革命"的疑虑却与日俱增。毛泽东本人也受到了很大震动，他开始意识到"文化大革命"的某些错误，提出开展批林整风运动，在感情上与周恩来、叶剑英等老同志重新接近，提出要为"二月逆流"平反。1971年1月10日，毛泽东穿着睡衣亲自参加了陈毅的追悼会，肯定了陈毅是一个好同志，并再次提出要为"二月逆流"平反，"要是林彪的阴谋搞成了，是要把我们这些老人都搞掉的"。他还说，邓小平和刘少奇不一样，属于人民内部矛盾。

这就发出了起用一批被打倒的老同志的信号。一个新的契机出现在已被打倒的邓小平面前。在场的周恩来随即暗示陈毅的子女把毛泽东对邓小平的这个评价传出去。

1972年的秋天，在江西劳动的王震回到了北京，向中央汇报了邓小平在江西劳动的情况，并力劝毛泽东早日起用邓小平。几乎与此同时，邓小平给毛泽东写了一封信，揭发批判了林彪的罪行，并作了一些自我分析。1972年8月14日，毛泽东对这封信作了批示：

★ 1972年8月，毛泽东对邓小平来信的批示。

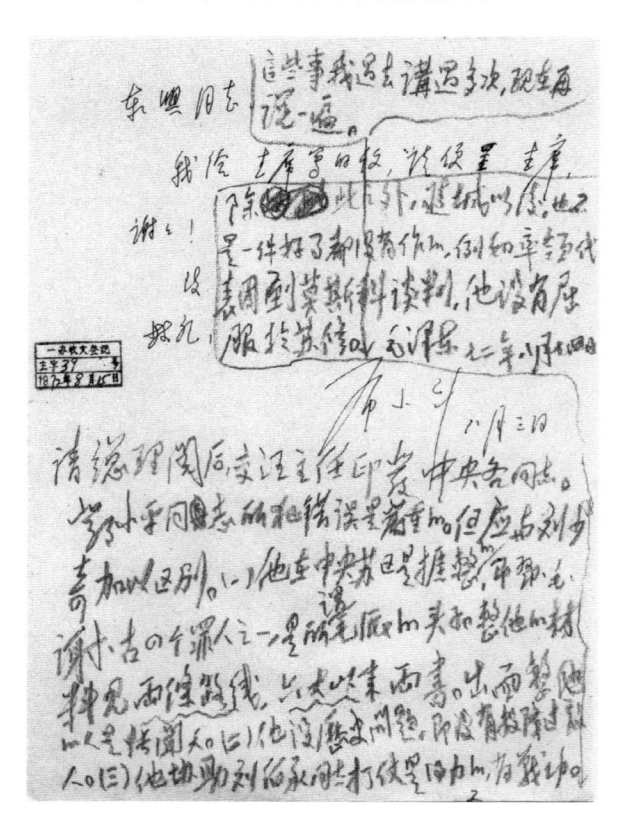

请总理阅后，交汪主任印发中央各同志。邓小平同志所犯错误是严重的，但应与刘少奇加以区别。

（一）他在中央苏区是挨整的，即邓、毛、谢、古四个罪人之一。是所谓毛派的头子。整他的材料见《两条路线》《六大以来》两书。出面整他的人是张闻天。

（二）他没历史问题。即没有投降过敌人。

（三）他协助刘伯承

同志打仗是得力的，有战功。除此之外，进城以后，也不是一件好事都没有作的，例如率领代表团到莫斯科谈判，他没有屈服于苏修。这些事我过去讲过多次，现在再说一遍。

周恩来当机立断，于毛泽东作出指示的第二天，即8月15日，在中央政治局会议上传达了指示的全部内容，同时以中央的名义通知江西省委，宣布邓小平立即解除监督劳动，恢复党组织生活，让他做一些调查研究工作，从而为"解放"邓小平做了准备。

1973年2月，邓小平回到了离开三年多的北京。

1973年3月10日，根据毛泽东、周恩来的提议，中共中央发出通知，决定恢复邓小平的组织生活和国务院副总理的职务。

1973年8月，在党的第十次全国代表大会上，邓小平当选为中央委员，开始协助周恩来领导国民经济工作。

1973年12月，毛泽东在中央政治局会议上，谈八大军区司令员对调时，提出邓小平参加中央政治局和军委工作，他这样说邓小平：

"现在，请了一个军师，叫邓小平。发个通知。当政治局委员、军委委员。政治局是管全部的，党政军民学，东西南北中。我想政治局添一个秘书长吧，你不要这个名义吧，那就当个参谋长吧！"

"我们现在请了一位总参谋长。他呢，有些人怕他，但他办事比较果断。他一生大概三七开。你们的老上司，我请回来了，政治局请回来了，不是我一个人请回来的。你（邓小平）呢，人家有点怕你。我送你两句话，柔中寓刚，绵里藏针。外面和气一点，内部是钢铁公司。过去的缺点，慢慢地改一改吧。不做工作，就不会犯错误。一做工作，总要犯错误的。不做工作本身也是一个错误。"

12月22日，根据毛泽东的提议，中央决定：邓小平为中央政治局委员，参加中央领导工作，待十届二中全会开会时追认；邓小平为中央军委委员，参加军委领导工作。

1974年4月10日，作为出席联合国大会第六届特别会议的中国代表团团长，复出的邓小平首次出现在国际舞台上。面对不同国家、不同民族、不同肤色的代表，身着中山装，留着短平头的邓小平气定神闲，侃侃而谈，精辟地阐述了毛泽东有关三个世界划分的理论，给国际舞台留下了深刻的印象，获得了巨大的成功。

1974年10月，面对利用"风庆轮"事件无理挑衅的"四人帮"，邓小平进行了坚决的斗争，显示了在原则问题上的钢铁般的性格。

1974年12月，毛泽东指出：邓小平人才难得，政治思想强。他作出了让邓小平主持中央工作的政治决断。

1975年1月5日，邓小平被任命为中共中央军委副主席兼总参谋长。1月10日，党的十届二中全会选举他为政治局常委、党中央副主席。1月17日，四届人大一次会议任命他为国务院第一副总理。在短短的半个月里，邓小平被赋予党、政、军的重任，显示了党和毛泽东对他的高度信任。

四届人大重申了三届人大的宏伟目标："在本世纪内，全面实现农业、工业、国防和科学技术的现代化，使我国国民经济走在世界的前列。"

目标是明确的，可惜，作这个报告的人——八亿人民的总管家周恩来总理，却因病魔的折磨无法亲自领导向这个宏伟目标的进军之旅了。一方面，在"文化大革命"冲击下，中国的政治、经济、思想文化等领域几乎是瓦砾一片，百废待兴；另一方面"四人帮"和康生等人正虎视眈眈，纠集力量准备反击，以维护他们的既得利益和所谓"文化大革命"的成果。

周恩来急需一位强有力的助手，主持中央和国务院的日常工作，继续推动全国形势的稳定发展，主持这项功在当代、利在千秋的伟业。这个人要有卓越的能力并熟悉各方面的情况；同时要有权威，能被各级干部，特别是高层领导干部所接受；另外还要有胆识，敢和江青等人斗一斗，敢于顶住各方面的压力。

他把接力棒交给了50年前曾一同留法勤工俭学的邓小平。

经周恩来提议，毛泽东批准，邓小平顶着江青等人的敌视和"左"倾势力的压力，开始全面领导"文化大革命"后期的党、政、军的各项工作，可谓是临危受命。

要反对派性、恢复安定团结，不怕个人被打倒

说邓小平受命于危难之时，是恰如其分的。由于毛泽东在全局上仍然坚持"文化大革命"的"左"倾错误，江青、张春桥等人继续进行干扰和破坏，

社会秩序混乱，生产下降。许多地区、部门和单位长期存在的派性，在"批林批孔"运动中重新泛滥。一些地区经常发生武斗，甚至发生抢夺枪支、组织民兵进行武斗的严重事件。"四人帮"及其党羽插手的地区，派性、武斗等问题更加严重。我国整个的政治、经济、文化形势依然是十分严峻的。

1975年6月2日，中共中央批转的江苏省关于徐海地区问题的报告中反映的情况就很有代表性："许多领导干部陷进了资产阶级派性的泥坑。在相当多的单位中，不是用党性掌权，而是用'派性'掌权。这一派上了台整那一派；那一派掌了权又整这一派。几经反复，裂痕很深。""近几年来，那些用派性掌权的同志，又借各种运动之机整另一派的干部和群众。'批林批孔'运动一来，原来掩盖的矛盾爆发了""坏人就趁机兴风作浪，浑水摸鱼""打着'揭盖子'的旗号，欺骗、拉拢少数群众，向无产阶级专政进行疯狂进攻，妄图趁机推翻各级党的领导"。这个报告比较典型地反映了当时全国一些地区的状况。

★ 1975年1月，邓小平担任中共中央副主席、国务院副总理、中央军委副主席、中国人民解放军总参谋长。周恩来病重以后，在毛泽东支持下，邓小平主持党、国家和军队的日常工作。

为了发展国民经济,实现"四化"的宏伟目标,首先必须消除这种严重的混乱局面,实现安定团结。很显然,要开始对各方面的工作进行整顿,与"左"倾错误和"四人帮"展开一场短兵相接的斗争是不可避免的。

要对"文化大革命"以来所形成的严重混乱局面加以整顿,可以说是千头万绪,情况极其复杂,任务是非常艰巨的。

在深入分析"文化大革命"危害的基础上,邓小平根据当时的形势,紧紧抓住了派性严重、社会动荡和工农业生产停滞、国民经济混乱、人民群众生活水平下降的这两个主要矛盾,提出要以实现安定团结和把国民经济搞上去作为整顿的目标。他认为实现安定团结的政治局面又是把国民经济搞上去的必要前提和重要的外部条件,因此,邓小平提出整顿要从反对派性、增强党性入手,要坚决同派性作斗争。

派性是"文化大革命""左"倾错误的产物。在"文化大革命"中,派别组织遍布全国,派别活动渗透到社会各个领域,有些地区甚至是派别专政。搞派性的人,用派别利益来取代党和国家的整体利益,制造事端,破坏团结,不顾大局,我行我素。而"四人帮"又正是利用一些人的派性,结党营私,以售其奸。派别活动普遍频繁,成为社会动乱的主要表现之一,又是产生社会不安定因素的重要根源。闹派性已经影响了"四化"建设的大局,成为全面整顿工作首先需要加以解决的问题。

对此,邓小平严正指出:现在闹派性已经严重地妨害我们的大局……这是大是大非问题。这个问题不解决,光解决具体问题不行。现在解决各地区、各部门的问题,都要从反对派性、增强党性入手。

邓小平对闹派性的人作了深入的分析。大概有这样两种情况:一种是被派性迷住心窍的人。几年派仗打昏了头,马克思主义不见了,毛泽东思想不见了,共产党也不见了。要对他们进行教育,教育过来,既往不咎,再不转弯,严肃处理。另一种是少数坏人,各行各业、各个省市都有那么一些,他们利用派性浑水摸鱼,破坏社会主义秩序,破坏国家经济建设,在混乱中搞投机倒把,升官发财。他说,对这种人要坚决处理,该调的调,该批的批,该斗的斗,不能慢吞吞的,总是等待。

邓小平认为:对派性这样一个大是大非问题,各级领导要有一个明确态度,就是坚决反对,还要发动群众起来共同反对,造成声势,把反对派性的斗争搞好。

邓小平强调反对派性,一个重要的方面就是要求广大党员、干部要增强党性。他明确提出要恢复党的优良传统和作风。

1975年,在中央读书班第四期上,邓小平发表了重要讲话,提出要恢复党的一系列原则和作风。他说:"毛泽东同志在七大的政治报告里,提出了理论联系实际、密切联系群众、自我批评三大作风。延安整风时,毛泽东同志作了《改造我们的学习》《整顿党的作风》等报告。那时是整顿三风:一是整顿学风,反对主观主义;二是整顿党风,反对宗派主义;三是整顿文风,反对党八股。这是毛泽东同志总结了党的历史经验提出来的。在这一系列党的原则中,反对宗派主义,也就是反对派性,增强党性,是很重要的一条。'三要三不要'中讲团结,反对分裂,与延安整风时反对宗派主义是一个精神。党员要按照党的章程办事,遵守党的纪律,不能搞宗派主义,树山头、垒山头,或者站到这个山头、那个山头。如果这样,党就分裂了,就没有战斗力了。延安整风就是解决这些问题,在思想一致的基础上,把全党团结起来。没有那次整风,打败日本侵略者,打败蒋介石,是不可能的。现在解决各地区、各部门的问题,都要从反对派性、增强党性入手。过去在革命战争年代,各方面的红军,各个革命根据地的干部,形成各个山头,那是自然形成的。如果说'文化大革命'初期的两派也是自然形成的话,那末,现在还搞两派,性质就不同了。毛泽东同志讲,要安定团结。让少数人继续在那里闹,能安定团结吗?"

他特别强调:"反对派性,把毛泽东同志树立的优良作风发扬起来。这个问题,全党同志要注意,特别是中央委员、高级干部,更要注意。"

其次,邓小平认为,必须认真落实党的政策,只有这样,才能根除派性,实现安定团结的局面。"文化大革命"以来,"左"倾错误路线的盛行,严重混淆了两类不同性质的矛盾,制造出许多冤假错案。而派性的长期存在,又使许多政策得不到落实,许多问题得不到解决。

为了恢复社会秩序,实现安定团结,使尽可能多的人心情舒畅地参加"四化"建设,邓小平反复强调必须认真落实党的政策。他以徐州地区抓"五一六"问题为例指出:"落实政策是一个很重要的问题。清查'五一六',徐州市搞了六千多人,这是很吓人的数字。搞了那么多人,不给他们落实政策,能把群众的积极性调动起来吗?"1975年中共中央作出落实干部政策的决定后,他积极推动贯彻执行,甚至不怕压力,不惧风险,敢于触动一些"文化大革命"中"钦定"的、早已作出结论的大的冤案。

1975年在一次政治局会议上,他曾明确提出:所谓"六十一人叛徒集团"

的问题必须解决，把登"反共启事"的问题归咎于他们是不公道的。但由于"四人帮"的阻挠，这一冤案当时未能平反。

为了把党的政策全面细致深入地落实好，邓小平多次指出："我们讲落实政策，不仅要解决戴上帽子的那些人的问题，而且要解决他们周围受到牵连的人的问题。"在落实政策时，对"虽然没有戴帽子，但是批评或者斗争过他们，伤了感情"的人，及"老工人、技术骨干、老劳模"，要加以"特别注意"，以便把各方面的人的积极性都充分调动起来。

另外，邓小平认为，必要的规章制度和组织纪律是保证社会秩序稳定的起码条件。因此，要彻底清除派性，实现安定团结的政治局面，还必须恢复和健全必要的规章制度，加强组织纪律性。所以，他反复强调，必要的规章制度一定要恢复和健全，组织纪律性一定要加强。

那么，如何恢复和健全规章制度呢？

邓小平提出：关键是建立责任制。现在许多地方都存在无人负责的现象，积重难返，非突出抓一下不可。同时，要做好思想政治工作，改革不合理的规章制度，使各项规章制度的执行成为广大群众的自觉行动。

邓小平深知在当时真正恢复和健全各项规章制度、加强组织纪律性的任务是十分艰巨和复杂的，会有很多困难和阻力，因此特别强调要严格执行，要采取有力的措施。他多次指出："执行规章制度要严一点。要有一点精神，不要怕挨批判，不要怕犯错误。你不严，规章制度就恢复不起来。"

最后，也是最关键的。邓小平认为，要根除派性，实现安定团结的局面，就要整顿各级领导班子，加强领导班子的建设。"整顿的核心是党的整顿。只要抓住整党这个中心环节，各个方面的整顿就不难。""整党主要放在整顿各级领导班子上，农村包括公社、大队一级的，工厂包括车间一级的，科研机构包括研究室一级的，这样解决问题比较快。领导班子整顿好了，党员的问题就容易解决了。"

面对当时严峻的形势，在领导班子问题上，邓小平反复强调要通过整顿，建设一个敢字当头的领导班子。他说："一定要建立敢字当头的领导班子。……你要斗派性，没有敢字当头的领导班子就根本不可能；要建立必要的规章制度，要落实政策，没有这样的领导班子也搞不成。"

为了整顿和调整好各级领导班子，邓小平提出："解决领导班子的问题，主要是配备好一、二把手，一、二把手敢字当头，就可以把队伍带起来。"为此，邓小平提出要选党性好、作风好，敢于负责、能解决问题，不怕被打倒，有实际工作经验的干部进入领导班子。

1975年，邓小平在人民大会堂东大厅接见钢铁工业座谈会代表的讲话中着力强调，"要找一些不怕打倒的人"，要找那些敢于坚持原则，有不怕个人被打倒的精神，敢于负责，敢于斗争的人进入领导班子。"中央支持他们，省委支持他们。"

邓小平紧紧抓住反对派性、实现安定团结局面这一主要矛盾，从上述几个方面，提出一系列具体措施和办法，意志坚定，旗帜鲜明，针对时弊，切中要害，反映了全党和全国人民消除动乱、实现安定团结的强烈愿望，为以经济建设为中心的整顿工作的全面展开奠定了坚实的基础。

铁路整顿成为邓小平抓整个国民经济建设整顿的突破口

在反对派性、力图恢复安定团结的局面的同时，邓小平把主要精力放在抓国民经济建设上面。针对这一时期国民经济各部门、各领域的混乱和停滞局面，大刀阔斧地进行整顿，并以经济工作的整顿带动科技、文教事业整顿的展开，领导和推动着全面整顿的深入进行。

邓小平领导的全面整顿是从对当时严重混乱的工业交通的整顿开始的，而铁路运输的整顿正是整个工业交通整顿的突破口。

铁路运输，被人们喻为国民经济的大动脉。如果大动脉出了毛病，那么东西南北中各处各地，工农商学兵各行各业，都会受到严重影响。

在"文化大革命"中，铁路运输受到了严重冲击。在问题严重的1974年，"批林批孔"以后许多铁路局已经处于半瘫痪状态，主要干线严重堵塞。全年运输减产53%，货运量比上年下降12%。铁路运输已经成为国民经济中的一个突出的薄弱环节，这个问题不解决，国民经济各部门的整顿、发展就无望。邓小平选择整顿铁路作为突破口，无疑是极为正确的，同时也充满了风险。这步棋下好了，会带动全盘活起来；下不好，后果则难以预料。

担负"开路先锋"重任的铁道部长，是邓小平的老部下万里，他是在四届人大一次会议上刚刚被任命此职的。

1975年1月28日，刚刚上任10天的万里，将自己对铁路的调查情况向邓小平作了汇报：

一是徐州、南京、南昌、太原等铁路局运输堵塞，阻碍津浦、京广、陇海、浙赣四条大干线的畅通，严重地危及整个工业生产和一些城市人民的生活。

二是运输生产下降。"文化大革命"以来，全国铁路职工总数和机车、车辆、线路等装备都有所增加，可是运输生产不但没有随着增加，反而大幅度下降。1964年平均日装车5万辆左右，现在只有4万辆左右（有时只有3万多辆），减少了1万多辆，按实际能力，应达到6万辆左右。

三是事故惊人。1964年全年发生重大事故和大事故88起，1974年多达750多起。

四是机车车辆损坏严重。去年全国铁路机车完好率只有60%，大部分机车不能按期维修，不少机车是带病作业。

万里接着说：铁路问题复杂，不仅有体制问题，恐怕派性是个更重要的问题。解决铁路问题难度较大，要在进一步调查研究的基础上争取半年解决问题。

邓小平听完汇报后，明确表示，要用最快的速度、最坚决的措施，迅速扭转形势，改变面貌。他立即指示铁道部代中央起草一份关于解决铁路问题的文件，并要求文件中要写清楚有关方针政策。

根据邓小平的指示，万里立即会同国家计委副主任房维中组织人员，开始起草中共中央关于加强铁路工作的决定的文件。

邓小平对这个文件的起草十分重视，当文件初稿完成送他审阅时，他亲笔加上这样一段话："对于少数资产阶级派性严重、经过批评和教育仍不改正的领导干部和头头，应该及时调离，不宜拖延不决，妨害大局。对严重违法乱纪的要给予处分。"这段话的要害是提出了反对"资产阶级派性"，并把它写进了中共中央文件。

很快，文件经中央政治局讨论通过，于1975年3月5日下发到县团级。这就是有名的中央九号文件——《关于加强铁路工作的决定》。

九号文件的特点是，解决铁路问题旗帜鲜明，态度坚定，措施具体有力。文件开宗明义指出：铁路运输当前仍是国民经济中的一个突出的薄弱环节，不能适应工农业生产发展的需要，不能适应加强战备的需要。文件下发后，人们把它概括为"一个突出，两个不适应"。

为了迅速改变这种状况，文件作出了五条决定。主要是：

——全国所有铁路单位都必须坚决贯彻执行毛主席提出的"还是安定团结为好"的方针，落实十届二中全会和四届人大提出的各项任务，掀起社会主义建设的新高潮。

——实行全国铁路以铁道部领导为主的管理体制，重申：全国铁路必须由铁道部统一管理，铁路运输必须由铁道部集中指挥，铁路职工必须由铁道部统一调配，铁路的政治工作和运输指挥工作必须统一起来。

——省、市、自治区党委要继续加强对铁路工作的指导。各铁路单位的政治运动和地区性的社会活动，仍由有关的省、市、自治区（党委）统一部署。对于当前极少数问题较多，严重影响全国铁路运输的单位，有关省、市、自治区党委必须采取有力措施，限期加以解决，不能再拖。铁路部门要更好地依靠地方党委，牢固树立与地方商量办事的作风，搞好同沿线群众的关系。

——建立健全必要的规章制度，加强组织纪律性，确保运输安全正点。要发动群众，首先把岗位责任制、技术操作规程、质量检验制度、设备管理和维修制度等建立健全起来。这些制度，是必需的，没有不行，有了不执行是不允许的。

——整顿铁路运输秩序，同各种破坏行为作斗争，加强无产阶级专政。铁路运输是否畅通，关系到发展国民经济和加强战备的全局。对于一切破坏活动，都要严惩。各地党委要认真掌握政策，严格区分和正确处理两类不同性质的矛盾。

在九号文件下发的当天，邓小平在中央召开的各省、市、自治区党委主管工业的书记会议上发表了重要讲话，他说："现在有一个大局，全党要多讲。"这个大局就是四届人大提出的发展国民经济的两步设想，就是要把我国建设成为具有现代农业、现代工业、现代国防和现代科学技术的社会主义强国，全党全国都要为这个伟大目标而奋斗。

接着，他分析了全国工业的形势，尖锐地指出：当前工业生产的形势不好，值得引起注意。"现在有的同志只敢抓革命，不敢抓生产""这是大错特错的"。邓小平着重强调了要加强集中统一领导、建立健全必要的规章制度和增强组织纪律性、坚决反对派性这三条方针。他还明确指出：解决铁路问题的经验，对其他工业部门会有帮助。

一个文件，一个讲话，全面整顿的第一战就这样打响了。

从 3 月 5 日开始，铁道部党的临时领导小组连续召开了三次会议，研究部署整顿铁路工作。

3 月 9 日，全国工业书记会议一结束，万里带着中央九号文件和工业书记会议精神，会同江苏省委负责人亲赴徐州。设在徐州的铁路分局，在"文化大革命"中是重灾区。在各种场合，万里反复宣讲中央九号文件和工业书记会议的精神，一再强调要迅速改变局面，把铁路运输搞上去，并限期在 3 月底之前解决问题。

批判派性，抓坏头头，平反冤案，仅仅 10 天，昏天黑地的徐州初见晴日。阻塞严重的津浦、陇海两大干线在徐州枢纽实现了畅通，长期欠产的运输计划 4 月份提前了 3 天完成。"畅通无阻，四通八达，安全正点，当好先行"不再仅仅是口号，更成为实践与行动。据万里后来说，徐州问题解决之快，是他始料不及的。

3 月 22 日，万里回到北京。25 日，国务院召开全体会议，由万里汇报传达贯彻中央九号文件解决徐州问题的情况。

会议的最后，邓小平作了总结。他说：中央九号文件下发之后，铁路运输迅速好转，对各行各业都有很大影响和推动。他们的主要经验，就是只要放手发动群众，同派性进行坚决斗争，生产就能搞上去。铁道部门这方面做得很突出，徐州的经验比较典型。这些经验值得大家很好学习。铁道部门也要开个会，检查一下九号文件贯彻落实的情况，总结一下经验。对那些闹派性的单位，不能再等待下去，要采取坚决果断措施，限期解决。

4 月份之后，万里又把主要精力放在了郑州铁路局。在郑州局进行艰难整顿的同时，铁道部对几个问题严重的路局也相继进行了整顿。他们在有关省、市委的配合下，在大力宣传和发动群众的基础上，调整班子，逮捕一小撮坏人，调离一批坏头头，平反冤案，恢复和健全规章制度，使全国铁路运输的形势迅速好转。全国铁路平均日装车数创造了历史最高水平，列车安全正点率也大大提高。火车也能够正点了，中国的老百姓实实在在看到了整顿的成果。

铁路的整顿立竿见影，对全国工交战线产生了重要影响。首战告捷，邓小平的整顿工作得到了全党和全国人民的拥护。

铁路运输连接东西，贯通南北，铁路的整顿立即对全国发生了重要影响，它使一切推诿与塞责暴露于光天化日之下。"过去一谈问题，就是铁路运输的影响，似乎一切问题都是由于铁路运输造成的，一切罪过都是铁路的。"邓小平在3月下旬的国务院全体会议上对各部门的负责人说，"现在铁路上去了，你们怎么办？"

3月下旬的国务院会议，专门检查研究中央九号文件的贯彻情况。在听取了铁道部长万里的情况介绍后，会议明确指出：中央九号文件的精神，除体制问题外，也适用于一切工业部门。

这样，在铁路整顿的带动下，整顿工作迅速在整个工交战线开展起来。随着整顿的开展，全国工业生产开始打破停滞不前的局面，原油、原煤、化肥、水泥、发电量、内燃机、铁路货运量都呈迅速增长的趋势。1—4月份，全国工业总产值比1974年同期增长19.4%。

在交通、能源状况得到改善后，邓小平认为解决钢铁工业问题的条件已经成熟。5月8日，中央召开钢铁工业座谈会，实际上是总结推广铁路部门和徐州的经验，以"铁"促"钢"，对冶金部门进行全面整顿，特别是要着手大力解决严重欠产的钢铁工业问题。因为，1—4月，钢产量与计划要求相比，累计欠产195万吨。相较之下，钢铁工业问题愈来愈突出。会上，鞍钢、武钢、包钢、太钢四家大型钢厂受到严厉批评。这四家钢厂由于领导班子不团结，少数人闹派性，严重挫伤了工人群众生产的积极性，四厂欠产约占全国欠产量的一半。

5月21日，邓小平在国务院会议上就整顿钢铁工业发表了重要意见。5月29日，他又到钢铁工业座谈会上作了《当前钢铁工业必须解决的几个问题》的讲话。在会议的讲话中，他首次提出了著名的"三项指示为纲"。同时，他还初步总结了整顿工作的经验，明确提出了整顿钢铁工业的四条方针：

一、必须建立一个坚强的领导班子。

二、必须坚决同派性作斗争。

三、必须认真落实政策。

四、必须建立必要的规章制度。

在会议召开期间的5月22日，中共冶金工业部核心小组向中央提交了《关于迅速把钢铁工业搞上去的报告》，指出了钢铁工业上不去的现状，分析了钢铁工业上得慢的原因，提出了把钢铁工业迅速搞上去的六点意见。

6月4日，中共中央发出《关于努力完成今年钢铁生产计划的批示》，即中发1975年13号文件，批转了冶金部这一报告。针对当时钢铁生产计划完成情况欠佳的事实，指示各省、市、自治区党委必须加强对钢铁工业的领导，指出，只要领导认真抓了，欠产多的几个大型钢铁企业，也会迅速改变面貌。

这次会议以后，工交部门的整顿迅速向前深入发展，并推进到其他领域，全面整顿的浪潮形成。6月底，经过近一个月的整顿，钢铁生产的形势有了好转。全国钢的平均日产量超过了全年计划平均日产水平，开始补还欠账。7月，中央转发国务院关于上半年工业生产情况的报告。报告指出："三月以来，工业生产和交通运输一个月比一个月好，原油、原煤、发电量、化肥、水泥、内燃机、纸及纸板、铁路货运量等，五、六月份创造了历史上月产的最高水平。军工生产的情况也比较好。""全国工业总产值，上半年完成全年计划的47.4%。""上半年，全国财政收入完成全年计划的43%，收支平衡，略有节余。"

在此期间，伴随着整顿工作的初步开展，在政治局内围绕着所谓反经验主义的问题，邓小平与"四人帮"进行了一场新的政治较量。

1975年，根据毛泽东关于理论问题的指示，全国开始了所谓"学习无产阶级专政理论"的运动。姚文元、张春桥以学习理论为名相继发表了《论林彪反党集团的社会基础》和《论对资产阶级的全面专政》两篇文章，鼓吹资产阶级法权是产生新的资产阶级分子的经济基础和"全面专政"的谬论，并别有用心地提出"经验主义是当前主要危险"的口号，大肆进行宣传，再次把矛头指向周恩来，特别是邓小平。

对"四人帮"的挑衅和干扰，邓小平进行了坚决而又富于策略的斗争。他就张春桥、江青提出"反经验主义为纲"的问题向毛泽东请示，提出了自己的看法，引起了毛泽东的重视。毛泽东随后在新华社关于报道学习理论问题的请示报告上批示："提法似应提反对修正主义，包括反对经验主义和教条主义，二者都是修正马列主义的，不要只提一项，放过另一项。""我党真懂马列的不多，有些人自以为懂了，其实不大懂，自以为是，动不动就训人，这也是不懂马列的一种表现。"接着，毛泽东又召集在京的中央政治局委员谈话，对江青等人搞"四人帮"和搞"反经验主义"的活动提出了严厉批评，反复强调安定团结的方针和"三要三不要"的原则。

根据毛泽东的批示和指示，4月27日、5月27日、6月3日，中央政治局召开会议对江青等人进行了严肃的批评。邓小平主持了后两次会议。邓小平、叶剑英和李先念在发言中批评"四人帮"自1973年底以来多次违背主席指示另搞一套，批评他们闹宗派、搞小圈子、突击发展党员，对江青等人所谓会议是对他们"突然袭击"和"围攻"的说法给予了有力的驳斥，明确指出：你们的问题40%也没有讲到，有没有20%都难讲。当时其他一些政治局委员也发言对"四人帮"提出批评。像政治局这样连续开会，对江青一伙严肃批评，在"文化大革命"以来还是第一次，这对长期以来骄横跋扈的"四人帮"来说是个沉重的打击。此后，他们的活动不得不有所收敛。

邓小平等在政治局内与江青一伙进行的这场政治较量，挫败了"四人帮"借学习理论煽动反经验主义的阴谋，保证了整顿工作的初步开展，"为全面整顿打开了通路"。

在此期间，邓小平还采取有力措施，在落实政策、解放干部方面采取了重大步骤。

根据毛泽东早些时候关于尽快结束审查，把人放出来的意见，在周恩来的支持下，邓小平主持推动中共中央于4月作出决定，除与林彪集团有关的审查对象和其他少数人外，对绝大多数被关押的受审者予以释放。其中属于敌我问题的，有劳动能力的分配工作或劳动，丧失劳动能力的养起来，有病的安排医院治疗；属于人民内部矛盾的，妥善安置，补发工资，分配适当工作，是党员的恢复组织生活，搞错了的进行平反；对于尚不能作结论的，问题先在内部挂起来，以后分别由中组部和总政会同有关机关再作结论。待释放、交接、作结论工作结束后，中央专案组即自行撤销。根据中央的决定和毛泽东的指示，长期被关押的高级干部三百多人被释放出来，其中一些还陆续分配了工作。这是在"文化大革命"条件下落实干部政策、解放干部的一次重大举动，是周恩来长期斗争和邓小平直接推动的结果，对于促进安定团结和使形势朝着较为有利的方向发展，起到了积极的作用。

上半年工业生产情况的好转，说明邓小平主持国务院工作以来，对工业战线实行的整顿方针是卓有成效的，是完全正确的。对此甚感欣慰的邓小平，并不满足于此。他说：前一段解决铁路问题、钢铁问题，都是一个一个地解决，光这样不行，还要通盘地研究。经他提议，从6月16日起到8月11日止，国务院召开了计划工作务虚会，研究今后经济工作的路线、方针、政策，为编制第五个五年计划和十年长远规划做准备。

在讨论了如何加快经济发展问题后，从7月2日起，会议转入第二阶段，分为理论、体制、钢铁、工业和企业管理、基本建设、机械工业规划、改进计划工作、轻工农林商业、文教、科技十个小组，进行专题研究。为了从根本上解决整个工业的问题，给整个工业战线的全面整顿提供一个基本指导思想，务虚会决定制定一个全面整顿工业的文件,这就是7月中旬国家计委开始起草的《关于加快工业发展的若干问题》。

起草工作先由主管工业和计划的副总理余秋里主持,接下来又由副总理纪登奎抓。初稿于8月初写成,共十四条。

8月10日,国务院开会讨论工业条例。邓小平在会上发表了重要讲话。他首先肯定了20世纪60年代国民经济调整时制定的《工业七十条》。这个文件在"文化大革命"中受到了批判,很多人不敢提它。邓小平认为,过去的《工业七十条》,基本上是好的,是修改的问题,不是要废除。他还提出了七条具体意见:

一、确立以农业为基础,为农业服务的思想。

二、要把引进新技术、新设备、扩大进出口作为一个大政策。

三、加强企业的科学研究工作。这是多快好省地发展工业的一个重要途径。

四、整顿企业管理秩序。

五、抓好产品质量。

六、恢复和健全规章制度,关键是建立责任制。

七、坚持按劳分配原则。他明确指出,"如果不管贡献大小、技术高低、能力强弱、劳动轻重,工资都是四五十块钱……这怎么能调动人们的积极性?"

会后,这个文件的修改即在胡乔木的主持下进行。修改后的文件全文从原稿的十四条增加到十八条。修改稿完成后,9月交给在北京召开的二十个企业座谈会讨论;10月又拿到出席农村工作座谈会的十二个省、市委书记中去征求意见,得到普遍赞同,认为这是一个十分适时的文件,符合实际情况,有了这样一个"意识",进行整顿有所遵循,加快发展工业就有指望了。大家都希望尽快使它成为正式文件下发执行。

在听取文件意见的基础上,胡乔木等人又对文件作了一个较大的调整和修改,于10月25日完成。全文共二十条,简称《工业二十条》。

《工业二十条》对工作总纲、党的领导、依靠工人阶级、整顿企业管理、两个积极性、统一计划、以农业为基础、大打矿山之仗、挖潜革新改造、基本建设要打歼灭战、采用先进技术、增加工矿产品出口、各尽所能按劳分配、关心职工生活、又红又专、纪律、工作方法和工作作风、思想方法十八个问题作了规定。

《工业二十条》可以说是在当时的历史条件下,对1961年邓小平主持定稿的《工业七十条》的继承和发展。它集中体现了1975年邓小平主持中央工作以来一系列讲话的精神，概括了国务院务虚会讨论的成果和工业战线初步整顿的经验，批判了"四人帮"散布的一些谬论，提出整顿企业、加快工业发展的方针、政策和措施，是一个力图在经济战线上治理"文化大革命"之乱的纲领性文件。

本来，这个文件准备交给正在北京召开的全国计划会议讨论后下发，但这时形势突变，开始"批邓、反击右倾翻案风"了。这个文件也就压了下来，既未能交付全国计划会议讨论，也终于未能形成正式文件下发。但是，它的主要精神已经在整顿中得到一定程度的贯彻，对当时工业的整顿产生了直接的积极影响。粉碎"四人帮"后，中共中央为指导工交战线的拨乱反正，于1978年4月20日作出的《关于加快工业发展若干问题的决定（草案）》，即《工业三十条》，则是同1975年的那个条例一脉相承的。

邓小平告诫上海的马天水：批"唯生产力论"，谁还敢抓生产

"文化大革命"一场浩劫，把中国的一切都搞乱了。社会主义究竟应该是个什么样子？人们的思想上以前就不甚清楚，"文化大革命"中就更乱了。虽然毛泽东也曾发觉"革命"把生产搞乱了，提出要"抓革命，促生产"，但是在当时情况下，谁敢抓生产？因为谁要去抓生产，就会被冠以"唯生产力论"的帽子，遭到批判，甚至会被打倒。在那些是非颠倒的日子里，"唯生产力论"帽子满天飞，使得人心惶惶，国民经济已濒崩溃，人民生活水平更趋低下。

邓小平临危受命，在极其困难的情况下，主持了全面整顿，首先是经济生产领域整顿的工作。他以毛泽东提出"把国民经济搞上去"的指示为契机，力图从理论上冲破"唯生产力论"对人们思想的禁锢。

1975年3月5日，在为解决铁路问题召开的中共省、市、自治区委员会主管工业的书记会议上，邓小平发表了重要讲话。这个讲话以《全党讲大局，把国民经济搞上去》为题，以后被收入《邓小平文选》第二卷。1998年11月出版的《邓小平思想年谱》又补充收入了以下这样一段非常重要的讲话："现

在学习毛主席关于理论问题的指示,限制资产阶级法权,也要有个物质基础,不然怎么过渡到共产主义?各取所需,是要有丰富的物质基础嘛。这同'唯生产力论'是两回事。"在当时那样一种政治环境中,敢于说这样的话,显示出邓小平巨大的政治勇气和理论勇气。

1975年5月21日,邓小平主持召开国务院办公会议,讨论钢铁工业座谈会文件。邓小平在会上又针对"四人帮"大批"唯生产力论"的问题,尖锐地指出:我们反对"唯生产力论",但是搞社会主义建设,不能不搞生产,不能不搞科学技术。我们强调劳动生产率,强调科学技术,不能算作"唯生产力论"。如果不讲这些,还能谈得上社会主义总路线吗?我们总是要把革命和生产都搞好才行。

1975年6月10日,邓小平在陪外宾到上海参观访问期间,专门找当时担任上海市革命委员会副主任的马天水谈话。他本希望这位卖身投靠"四人帮"的"老革命"能认清形势,回心转意。在谈话中,邓小平说:中国这么多人口,国民经济搞不上去怎么行?我们一定要搞上去。批"唯生产力论",谁还敢抓生产?现在把什么都说成是资产阶级法权,多劳多得是应该的嘛,也叫资产阶级法权吗?搞生产究竟应当用什么东西作为动力?殊不料,这次谈话随即就被马天水向张春桥等人告发,并成为"四人帮"攻击邓小平的"炮弹"。

围绕"唯生产力论",邓小平与"四人帮"展开了针锋相对的争论和较量。粉碎"四人帮"后,邓小平1977年10月在会见加拿大林达光教授时回顾这场争论说:"四人帮"否认生产力的重要,认为只要上层建筑的问题、所有制的问题解决了,就能进入共产主义。谁提发展生产力,就被说成是"唯生产力论"。这是我们同"四人帮"的重大争论之一。如果不是生产力发展到物质极大丰富,怎么能实现按需分配,怎么能进入共产主义?马列主义没有"唯生产力论"这个词。这个词不科学。

全党讲大局,把国民经济搞上去

十年"文化大革命",把中国带到了民族危亡的深渊。作为一个为国家、民族、人民的事业奋斗了几十年的老一辈革命家,一个有治国安邦雄才大略的领导人,邓小平在此时此刻,不能不重新思考和提出事关生死存亡的重大理论和实践问题。

邓小平对历史经验教训的总结和反思,应该说,在"文革"中第一次被"打倒"时就开始了。他在江西省新建县望城岗监视居住的日子里,早上步行到新建县拖拉机修造厂劳动并与工人深入了解情况,回到住所每日都读书至深夜。那几年,他读了大量的马列书籍,读了"二十四史"以及古今中外的其他书籍。也正是在这里,在他"每日都读书至深夜"和晨光中舒动筋骨、长时踱步的反复思索中,新思路已在他的头脑中酝酿产生。

1975年,邓小平开始主持中央日常工作,率先实现突破旧模式、旧框框,领导了全面整顿。

由于历史的原因,当时邓小平不能提出以经济建设为中心,但他在主持中央工作,领导各条战线整顿的开始,就以高屋建瓴、势如破竹的革命魄力,抓住毛泽东提出要安定团结,把国民经济搞上去的指示的时机,最早也是最坚决地论述了发展国民经济的重要性,这实际上就是提出把全党工作重心重新转移到经济建设上来。

1975年3月,当整顿的序幕刚刚拉开时,邓小平在中共省、市、自治区委员会主管工业的书记会议发表讲话。指出:"现在有一个大局,全党要多讲。大局是什么?三届人大一次会议和四届人大一次会议的政府工作报告,都讲了发展我国国民经济的两步设想:第一步到一九八〇年,建成一个独立的比较完整的工业体系和国民经济体系;第二步到二十世纪末,也就是说,从现在算起还有二十五年时间,把我国建设成为具有现代农业、现代工业、现代国防和现代科学技术的社会主义强国。全党全国都要为实现这个伟大目标而奋斗。这就是大局。"《工业二十条》和《论总纲》的前言,都明确提出,要响应党的十届二中全会和四届人大的号召,在20世纪内全面实现四个现代化,使我国国民经济走在世界前列。

显然,邓小平在这里提出并反复强调的四个现代化问题,是从作为全党全国的战略目标和战略任务的高度上提出的,是从全党工作的大局提出的,是作为"纲"提出的。也就是说一切都要从现代化建设的大局出发,都要服务于这个大局。

正是从这一基本思想出发,《工业二十条》指出:要大力发展国民经济的基础农业,各工业部门都要把支援农业现代化作为自己的重要任务。要大力发展社会主义工业,"社会主义工业是我国国民经济的领导力量,只有加快工业的发展,才能有力地支援农业,带动整个国民经济的发展;才能有力地增强国防,做好反侵略战争的准备;才能进一步加强无产阶级的物质基础,更好地支援世界人民的革命战争"。它强调指出:"工业的发展速度问题,是一个重大的尖锐的政治问题,全党全民都要在努力发展农业的同时,为加快工业发展速度而斗争。"

★ 邓小平在整顿中强调,要安定团结,把国民经济搞上去。全面整顿在短时间内收到显著的成效,得到了周恩来等的有力支持和全国人民的衷心拥护。全国形势明显好转。

针对当时盛行的以"革命"压生产，只抓"革命"不抓生产的"左"倾错误，《工业二十条》等文件明确指出：不注意生产，不努力搞好生产，把生产放在可有可无、可重可轻的地位，也是要不得的，没有社会生产力的强大发展，社会主义制度是不能充分巩固的，决不能把革命统帅下搞的生产，当做"唯生产力论"和"业务挂帅"来批判。我们要把"抓革命、促生产、促工作、促战备"的方针落实到一切工作中去，做出显著效果。

很清楚，邓小平重视现代化问题，强调以四个现代化为大局，主张大力发展生产力，都是针对"文化大革命"以来所坚持的"以阶级斗争为纲"这一"左"倾错误路线的，是力图对"文化大革命""左"倾错误的根本性的纠正。

邓小平不仅以极大的勇气与"左"倾路线作坚决的斗争，重新明确提出实现四个现代化的宏伟目标，为了切实把国民经济搞上去，实现现代化的目标，他还运用高超的斗争艺术和手段，提出用毛泽东的"三项指示"作为当时一切工作的纲领。

1975年7月，邓小平指出："前一个时期，毛泽东同志有三条重要指示：第一，要学习理论，反修防修；第二，要安定团结；第三，要把国民经济搞上去。这三条指示互相联系，是个整体，不能丢掉任何一条。这是我们这一时期工作的纲。"

"三项指示"中，包括学习理论、反修防修这一条在内。邓小平这样提，是有着策略上的考虑的。这样做，首先是为了争取毛泽东的同意；其次是为了适应当时一般干部群众的觉悟程度和认识水平；最后也是为了更有利于同推行极"左"路线的"四人帮"作斗争。

同时，邓小平反复强调"三项指示"是一个不可分割的整体，要全面认识和理解。反对那种当时流行的把学理论同批判所谓党内资产阶级联系起来，把反修防修与批判所谓"资产阶级法权"联系起来的做法。

另外，也是最重要的，邓小平把"三项指示"的重心放在了"把国民经济搞上去"这一条上，实际上特别突出强调的是把国民经济搞上去。他认为学习理论是为了促进安定团结，促进生产发展。强调批判派性，坚决打击一小撮破坏安定团结的坏人，实现安定团结的政治局面，是为把国民经济搞上去提供一个稳定的基础和外部条件，把经济建设的停滞作为一个严肃的政治问题去解决。强调通过全面整顿来维护安定团结的局面，促进生产的发展，把国民经济搞上去。显然，作为一个整体并作了特定解释的"三项指示为纲"，与毛泽东在三个不同场合提出的三项指示内容本身，在本质上是有重要区别的。

因此，"三项指示为纲"，不仅把自八届十中全会提出无产阶级与资产阶级的矛盾是社会主义主要矛盾的理论以来，特别是"文化大革命"以来，一直在党的指导思想和方针政策中无足轻重的安定团结和经济建设提高到纲的地位，是对长期以来"左"的指导思想的一次重大突破，实际上是对"以阶级斗争为纲"的否定。而且，"三项指示为纲"这个提法，是适合当时历史条件的正确口号，是原则性和灵活性的高度统一。

在1975年整顿的过程中，改革开放当时还不可能提出来，只能叫整顿，实际内容不但包含了改革，也包含了开放。根据邓小平的讲话精神，国家计委、国务院政研室和中国科学院分别起草了《关于加快工业发展的若干问题》（即《工业二十条》）、《论全党全国各项工作的总纲》（即《论总纲》）和《科学院工作汇报提纲》（即《汇报提纲》）三个重要文件，对此作了全面阐述。

第一，《论总纲》等文件旗帜鲜明地提出要把国民经济搞上去。在《论总纲》中，强调了无产阶级专政的目的是为了保卫全体人民进行和平劳动，将我国建设成为一个具有现代农业、现代工业、现代国防和现代科学技术的社会主义国家。同时也强调指出，马克思主义认为，生产力和生产关系、实践和理论、经济基础和上层建筑诸种矛盾，在总的历史发展中，生产力、经济基础，一般表现为主要的决定作用，谁不承认这一点，谁就不是唯物论者。《论总纲》还批判了那种"一听到抓好生产、搞好经济建设，就给人家戴上'唯生产力论'的帽子，说人家搞修正主义"的极"左"观点。在论述这个问题之后，鲜明地提出了"革命就是解放生产力，革命就是促进生产力的发展"，因此，"必须用心研究我国社会主义建设的客观规律，按照农、轻、重的次序，把农业放在第一位，安排好各个经济部门的比例关系，进行综合平衡，做出统一的国家计划，付之执行"。

以上论述，是对新中国成立以来，特别是1957年以来社会主义革命和建设经验的总结，更是对"文化大革命"理论的批判，虽然在当时有许多话不能说得更明确，但是其思想和观点是世人皆知的。

第二，明确地重申了"生产力标准"。《论总纲》指出，"列宁说过：政治教育的成果，只有用经济状况的改善来衡量。毛主席也说过：中国一切政党的政策及其实践在中国人民中所表现的好坏、大小，归根结底，看它对中国人民的生产力是否有帮助及其帮助之大小，看它是束缚生产力，还是解放生产力。区别真马克思主义和假马克思主义，区别正确路线和错误路线，区别真干革命和假干革命，区别真干社会主义和假干社会主义，区别干部所做成绩是好是坏，是大是小，归根到底，只能，也只应按照列宁和毛主席提出的这个标准来衡量。"

在当时"以阶级斗争为纲"压倒一切的形势下，重申这一体现唯物史观的科学标准，是需要政治勇气和理论勇气的。这反映了邓小平坚持真理、不畏压力的献身精神。

第三，提出从实现现代化大局出发进行企业整顿，这实际上是提出了工业管理体制改革的思想。

1. 要建立强有力的生产管理指挥系统，负责管理指挥企业的日常生产活动，保证生产的正常进行。

2. 改革管理体制，调动中央和地方两个积极性。该下放的企业，要坚决下放给地方管理，除了跨省、市的铁路、邮电、航运、油田等少数关键企业、关键建设项目和专业施工队伍由中央各部为主管理外，其余的企业、事业和建设单位还没有下放的或者由中央部委代管的，都应当根据条件，"逐步下放给地方管理，或实行中央、地方双重领导，以地方为主"。

3. 要把质量、品种、规格放在第一位，质量不合格的产品，物资部门和商业部门有权拒绝收购。

4. 精兵简政，做好编制定员和劳动定额工作，减少非生产人员和脱岗人员，提高工时利用率。

5. 加强企业管理，"严格规章制度"。要建立健全生产管理制度，包括岗位责任制、考勤制度、技术操作规程、质量检查制、安全生产制、经济核算制。其中岗位责任制是企业规章制度的核心，要把建立责任制"作为整顿企业管理的重要一环"。每个工人、技术员都要有明确的职责，使遵守规章制度成为群众的自觉行动。

第四，强调科学技术的先进与否是提高生产效率的重要条件和实现社会主义现代化的关键。明确科学技术是生产力，提出科技工作应处理好如下问题：

1. 生产斗争与科学实验的关系问题。科学来源于生产，又指导生产、促进生产。科研要走在前面，推动生产向前发展。

2. 政治与业务的关系问题。既要有坚强的政治领导，又要有切实具体的业务领导。党政领导干部，既要懂政治，又要有业务和科学技术知识，朝又红又专的方向努力。

3. 专业队伍和群众动力的关系。发展科学技术要靠两支队伍，一支是专业队伍，一支是群众队伍。"两条腿走路，发挥两个积极性"。要更好地发挥专业队伍在群众科学实验运动中的骨干作用。要向群众普及科学知识，向生产领域推广科研成果。

4. 重视科学实验。生产斗争不能代替科学实验。必须在实验室里进行的实验研究，不能到生产现场去试验研究。绝不能不加区别地要求任何科学研究工作都要实行"以工厂、农村为基地"的三结合。不宜笼统地提"开门办科研"的口号。

5. 理论研究和应用研究的关系问题。在搞好大量应用研究的同时，要重视和加强理论研究工作。不能把理论研究与"三脱离"等同起来。生产部门要着重解决生产中提出的科学技术问题。科学院的研究所和部分高校，有条件、也有责任多搞一些理论研究。

6. 科技战线要大力加强学术活动，广泛开展学术交流。鼓励学术上不同意见的争鸣和讨论，改变学术空气不浓和简单地以行政命令方法处理学术交流问题的状况。"不能把资本主义国家、修正主义国家的科学家的学术观点都说成是资产阶级的、修正主义的，随意加以否定。"

7. 自力更生和学习外国长处的关系。要把基点放在自力更生上，同时，"又不能变成闭关自守，变成排外"。大力加强科技情报工作，做到知己知彼，在人家已有的基础上前进，避免别人走过的弯路，迎头赶上。

第五，强调学习鲁迅的"拿来主义"，引进外国先进的技术和设备，为社会主义建设服务。

1975年8月，邓小平在国务院讨论国家计委起草的《关于加快工业发展的若干问题》时，针对"四人帮"污蔑对外开放是"崇洋媚外"的谬论，鲜明地提出要虚心学习外国一切先进的东西：世界上工业落后的国家要赶上工业先进的国家，都要采用最先进的技术，我们也要这样做。要坚持学习与独创相结合的方针，学习外国一切先进的优良的东西，有计划、有重点地引进国外的先进技术，为我所用，以加快国民经济的发展速度。要争取多出口一点东西，换点高、精、尖的技术和设备回来，加速工业技术改造，提高劳动生产率。因此，要千方百计地增加出口。

邓小平还提出"煤炭也要考虑出口，还可以考虑同外国签订长期合同，引进他们的技术装备开采煤矿，用煤炭偿付。这样做好处很多：一可增加出口，二可带动煤炭工业技术改造，三可容纳劳动力。这是一个大政策"。这个重要思想的提出，说明邓小平是从世界范围考虑问题，时刻关注世界形势的变化的。虽然毛泽东也是如此，但是，邓小平在这方面无疑是敢于突破前人的。而且，对我国接下来全面实施对外开放产生了重要的积极影响。

第六，提出反对平均主义，强调按劳分配的原则。"文化大革命"期间，平均主义盛行一时，极大地影响了广大群众的社会主义积极性。邓小平不畏逆境，鲜明、果敢地提出要反对平均主义。他在多次讲话中重申，要"坚持按劳分配原则"。他认为："如果不管贡献大小、技术高低、能力强弱、劳动轻重，工资都是四五十块钱，表面上看来似乎大家是平等的，但实际上是不符合按劳分配原则的。"为此，一方面要逐步改革现行的工资制度，对高温、高空、野外等劳动条件差、劳动强度大的工种，实行岗位津贴；另一方面要正确处理个人利益和集体利益、当前利益和长远利益的关系，不能把按劳分配和各尽所能分开。

第七，要实现四个现代化，大力发展社会生产力，必须重视科学技术和教育。《汇报提纲》提出："科研要走在前面，推动生产向前发展。……没有现代化的科学技术，也就不可能有工业、农业、国防的现代化。"

教育也是关系整个现代化水平的大问题。邓小平在听取关于科学院工作的汇报时指出：科技事业要后继有人，中心是办好教育。"我们有个危机，可能发生在教育部门，把整个现代化水平拖住了。"教育在整个现代化中的作用，首先在于它是科技发展的基础和保障。教育培养不出高质量的人才，科技就出不了高水平的成果；教育不能源源不断地向科技战线输送人才，科学研究的领域就难以拓展，整个科技队伍就会后继乏人。从更长远更广阔的视角来看，教育的发展涉及整个民族文化素质和文明程度的提高，教育的发达程度在相当大的程度上决定着一个国家的整体现代化的发展水平。

因此，如果教育不发展，不仅直接影响科学技术的发展，而且会拖住整个国家现代化发展进程，从而使我国的社会主义建设事业出现危机。邓小平关于教育关系整个现代化水平的论述，把教育与整个国家的兴旺发达连在一起，在当时举国上下弥漫着"读书无用论"的情况下，极大地提醒了全党全国人民高度重视教育的发展。

邓小平的上述思想，是对当时我国各行业存在的弊端的革故鼎新。综观这些思想，实际上有一个一以贯之的红线，这就是马列主义、毛泽东思想一贯强调的实事求是思想。

军队建设要解决"肿""散""骄""奢""惰"五个字

在以工业交通为中心的经济工作的整顿不断深入发展的同时，其他领域、其他方面的整顿也取得进展。

整顿军队是邓小平抓全面整顿的开端。1975年1月19日，邓小平在各大军区负责人座谈会上根据毛泽东军队要整顿的指示，提出了军队整顿的问题。同月25日，他在总参机关团以上干部会议上讲话时对军队整顿的任务和要求发表了重要意见。提出军队的整顿，一个是要提高党性，消除派性；一个是要加强纪律性。1975年6月24日至7月15日，中央军委召开扩大会议，着重讨论了酝酿已久的军队整顿问题。这是继解决铁路问题之后，邓小平等采取的又一步具有战略眼光的举措。

"文化大革命"以来，军队建设遭到很大破坏。"批林批孔"运动中江青一伙又妄图插手军队，他们一方面私自给许多单位写信、送材料，派人抓点；另一方面又煽动对军队"放火烧荒"，点名攻击军队领导机关。江青还曾以政治局名义强令《解放军报》变相停刊达6个月之久。争夺军队成为双方斗争的一个焦点。

为了消除林彪、"四人帮"对军队工作的恶劣影响，1975年1月，邓小平在总参机关团以上干部会议上发出"军队要整顿"的号召。中央九号文件发出后，军工企业即按此文件精神开始整顿，国防工办也采取"调虎离山"的办法，把各主要企业的造反派头头送到北京开会、办学习班，使生产形势发生了很大的变化。

7月14日，邓小平在军委扩大会议上的讲话中尖锐地提出，军队建设要解决"肿""散""骄""奢""惰"五个字，军队领导班子要解决"懒""散""软"的问题。

邓小平指出，所谓"肿"，就是人数多，军费开支大多花在吃饭穿衣上面了。所谓"散"，就是有派性和组织纪律性差，总有少数人喜欢垒点山头，喜欢搞那么一个小圈子,喜欢那些吹捧自己的人、听自己话的人,任人唯亲。所谓"骄",就是军队"支左",权力大得很,大权在握,加上其他一些原因,在军队的一部分人中,滋生了骄气。有的甚至不只是骄气,而是骄横,影响了军队内部、军政、军民的团结。所谓"奢",就是追求资产阶级生活方式,闹享受,闹待遇,有的甚至公私不分,违反政策。所谓"惰",就是有些高级干部革命意志衰退,追求个人利益,不注意保持革命晚节。有的人小病大养,无病呻吟;有的人工作不努力,不深入基层,不亲自动手,靠秘书办事,官僚主义;还有的人怕字当头,不敢办事,不敢讲话,怕讲错了挨批。

邓小平指出:军队的整顿就是要重点解决这些方面的问题。为此必须实行精简整编;加强组织纪律性;加强军政、军民和军队本身的团结;恢复我党我军的优良传统;并且要首先自上而下地调整好领导班子。他特别提出:

一、整顿和准备打仗是军队工作的纲。

二、抓编制,抓装备,还要抓战略,要按次序来抓。在没有战争的条件下,要把训练放在战略问题的一个重要位置上。

三、需要开一个全军政治工作会议,加强军队党的工作和政治工作。

7月15日,叶剑英作了总结讲话,就军队整顿问题作了具体部署。

邓小平、叶剑英的讲话为军队整顿指明了方向。尤其重要的是,这次会议还向部分军队高级干部传达了毛泽东对"四人帮"的多次批评,严肃指出,绝不容许野心家插手军队,搞阴谋活动,从而在根本上打击了"四人帮"争夺军队的种种图谋,为最终粉碎"四人帮"的篡权阴谋做了重要准备。后来,老将军杨成武在回忆这次会议时,就深有感触:

会上,邓小平同志发表了《军队要整顿》的重要讲话,对"四人帮"作了坚决有力的回击。叶剑英同志针对"四人帮"煽动派性,把全国搞得乌烟瘴气的问题,作了重要的发言,叶剑英尖锐地指出:"现在搞资产阶级派性,就是搞资本主义,搞修正主义。"又说:"军队要高度的集中统一,决不允许有资产阶级派性存在。要使广大干部战士认识资产阶级派性的反动性和危害性,警惕阶级敌人浑水摸鱼,乘机进行反革命破坏。"叶剑英在发言中,还非常气愤地脱稿讲话,揭露了反革命分子江青插手军队,妄图把军队搞乱的阴谋诡计。他对大家说:你们要注意,现在有的人到处送书、送材料、写信,把部队思想搞乱了。你们要抵制。以后没有军委的同意,任何人不得这么做。会上,徐向前、聂荣臻也都作了重要的讲话,一致赞同小平同志、剑英同志的意见。

接着，叶剑英亲自给各大军区、军种的领导同志打招呼，他一个军区一个军区、一个军种一个军种地分别找司令员、政委谈话，传达毛泽东同志的指示。他跟同志们说：毛主席说现在有个"上海帮"，你们要注意警惕，稳定部队，把部队掌握好。

紧接着，叶剑英同志就全力贯彻军委扩大会议精神。头一项重要工作是根据毛泽东同志和军委的部署，调整配备全军各大单位的领导班子，这是为粉碎"四人帮"采取的强有力的组织措施。叶剑英同志亲自拟定了调整各大单位领导班子的"六人小组"人员，亲任组长。他还亲笔写了这个名单向毛泽东同志报告。毛泽东同志批准后，叶剑英就带领"六人小组"紧张地进行工作，很快地对各大单位的领导班子进行了调整。

7月20日至8月4日，经中央批准，又召开了国防工业重点企业会议，讨论军工企业的整顿问题。8月3日，邓小平、叶剑英、李先念等到会讲话。

邓小平在讲话中再次重申："第一，一定要建立敢字当头的领导班子。……怕字当头，不干工作，小病大养，无病呻吟，这样的领导干部，索性请他好好休息，不然占着茅坑不拉屎怎么行？领导班子问题一定要抓紧解决，要找一些能够办事、敢于办事的同志来负责。"

"第二，一定要坚持质量第一。这个问题很重要，特别是军工产品。……质量问题与建立规章制度有关。没有必要的责任制度，质量难于保证，这方面要很好地整顿。同时，也要请管国防工业的同志把科研工作抓紧，因为现在确实有好多军工产品，由于技术没有过关而不能正常生产。要发挥科技人员的积极性，要搞三结合，科技人员不要灰溜溜的。不是把科技人员叫老九吗？毛主席说，'老九不能走'。这就是说，科技人员应当受到重视。……这对于我们事业的发展将会是很有意义的。"

"第三，一定要关心群众生活。这个问题不是说一句话就可以解决的，要做许多踏踏实实的工作。……群众对生活方面的议论是相当多的，不要以为都是讲怪话。我们党和国家一定要关心群众生活，现在应该提出这个问题了。"他具体提出调5亿斤粮食给一些城市，养500万头猪，甚至可以考虑办现代化的养鸡场。

叶剑英的讲话指出：现在有大野心家、小野心家，他们争权夺利，搞得党不安宁。这个讲话事实上是不指名地批判了江青一伙。

李先念在讲话中提出要建立和健全总工程师、总会计师的责任制，保证企业的正常生产秩序。

邓小平、叶剑英和李先念的讲话在全国引起了强烈的反响。军工企业自当年3月起在国防工办领导下进行整顿并取得初步成效，生产情况明显地全面好转。

科学技术叫生产力，科技人员就是劳动者

在抓军队整顿的同时，邓小平开始了对科技教育工作的整顿。

"文化大革命"以来，我国的科技事业受到严重摧残，"批林批孔"运动更加剧了这种状况。当时主要的科研机构如中国科学院、国防科委等一些单位处于瘫痪、半瘫痪状况，广大科技人员被视为"臭老九"而大批下放，科研工作几乎无法进行。为了尽快改变这种与发展国民经济、实现"四化"的要求极不适应的状况，邓小平提出必须对科技工作进行整顿，尽快把科研搞上去，使科研工作走在前面。

早在5月下旬，邓小平在中央批准国防科委的战略导弹武器规划时，就批评了七机部的派性斗争，要他们限期整顿。邓小平指出，七机部现在这两派闹派性，不要说社会主义，连爱国主义也没有。对七机部的问题要限期解决，只等一个月。

按照军委的部署，正在外地治疗腿伤的国防科委主任张爱萍应召回京。叶剑英亲自找他谈话后，他抱伤出征了。他拄着拐杖，上飞机，下基层，奔走在混乱不堪的国防科工战线。在七机部，他号召每一个共产党员挺身而出，把混乱局面扭转过来。他疾言厉色地说：在问题面前讲客气，就是对党犯罪。

6月30日，中央批发了国防科委关于解决七机部问题的报告。此后，张爱萍率工作组采取断然措施进行整顿，使这个当时有名的"老大难"单位出现了较为正常的科研、生产和工作秩序。

7月，中央批准了国务院关于中国科学院要整顿、要加强领导的报告，随后就派胡耀邦、李昌、王光伟到中国科学院主持工作，要求他们尽快提出整顿科学院工作的意见。

胡耀邦来到科学院，就旗帜鲜明地提出："科研机关不搞科研怎么行？……

科学院就是科学院，不是生产院、教育院、白菜院、土豆院，科学院就是搞科学的，是搞自然科学的。""科学院就是搞科学研究，这个风要吹起来。""刮八级不行，得刮十二级台风。""我们搞了五十四年。二十八年搞了一个事情，推翻三座大山。解放后二十六年打下了一个社会主义的基础，保证江山不改变颜色。现在搞第三个伟大目标，沿着社会主义方向，在本世纪末实现四个现代化。""四个现代化实现不了，我们的子孙会骂的……行政工作、政治思想工作，都要围绕这个转。""实现四个现代化是我们伟大的新长征。"

在对科学院进行调查研究的基础上，根据邓小平的多次指示，胡耀邦主持写出了《关于科技工作的几个问题（汇报提纲）》（讨论稿）。汇报提纲共分六个部分：

一、关于充分肯定科技战线上的成绩问题；

二、关于科技工作的组织领导问题；

三、关于力求弄通主席提出的科技战线的具体路线问题；

四、关于科技战线知识分子政策问题；

五、关于科技十年规划轮廓的初步设想问题；

六、关于院部和直属单位的整顿问题。

这个《汇报提纲》力图系统地阐述毛泽东的正确科技思想，澄清党的科技政策和知识分子政策，提出了在科技界纠正"左"倾错误的许多重要意见。经过院内外广泛征求意见，修改了两遍后，将第三稿上报。

邓小平看后，于8月26日找胡乔木，专门商谈修改科学院《汇报提纲》的问题。邓小平说，这个文件很重要，要加强思想性，多讲道理。但不要太尖锐，道理要站得住、攻不倒。邓小平要胡乔木同胡耀邦他们一起议论一下，并要胡乔木亲自动手修改。在此之前，胡耀邦也在8月18、19两日在科学技术规划小组内召开两次会议，听取有关部门对《汇报提纲》的意见。

按照邓小平的指示，胡乔木着手主持修改《汇报提纲》，9月2日改好。这一稿是第四稿，改题为《科学院工作汇报提纲》，把原来的六部分改为三部分：

一、中国科学院科研工作的方向任务。肯定二十六年来中国科学院"取得了很大成绩"，指出科研工作如不加快赶超世界先进水平的进程，就会影响整个国民经济和国防建设发展的速度，提出作为我国自然科学研究的综合性中心，中国科学院今后十年根本任务的三个方面是：协同各有关部门，积极承担国民经济和国防建设中若干重大科研任务；开辟一批新兴的科学技术领域；大力发展基础科学研究。

二、坚决地、全面地贯彻执行毛主席的革命科技路线。这一部分从十个方面引用毛泽东关于科学技术工作的论断和指示,还辩证地分析了政治与业务、群众路线与专业队伍、理论与实际、对知识分子的教育与使用、哲学与自然科学五个方面的相互关系,说明必须系统地、准确地宣传毛主席的革命科技路线,防止和克服任何偏离、割裂或曲解。

三、关于科学院的整顿问题。提出整顿的5项内容:(1)结合实际,认真学习,揭露矛盾,开展批评和自我批评;(2)认真落实党的知识分子政策和干部政策;(3)增强无产阶级党性,批判和消除资产阶级派性;(4)调整和健全领导班子;(5)整顿机构。

9月3日,邓小平同政研室七位负责人一起读《毛泽东选集》的选篇时,胡乔木把修改后的这一稿面交邓小平。邓小平看后表示满意,并说:这个文件很重要,不单管科学,而且可以适用于文化教育各部门。由此谈到教育工作。邓小平指出:教育方面存在不少问题,现在教师积极性不高,学生也不用心学,教学质量低,这样下去怎么能实现"四个现代化"?

这次会议后,即将《科学院工作汇报提纲》印发有关同志征求意见,准备讨论。

9月26日下午,邓小平主持国务院会议,听取胡耀邦等的汇报,讨论《科学院工作汇报提纲》。政研室负责人胡乔木等参加。

会上,邓小平讲了许多重要意见。他强调科研工作要走在国民经济的前面。他说:如果我们的科学研究工作不走在前面,就要拖整个国家建设的后腿。他引用马克思关于科学技术是生产力的论点,说:"科学技术叫生产力,科技人员就是劳动者!"

他指出:"科研工作能不能搞起来,归根到底是领导班子问题""领导班子,特别要注意提拔有发展前途的人"。班子要有管党的、科研的、后勤的三部分人。"科研人员中有水平有知识的为什么不可以当所长?""要让党性好的组织能力强的人搞后勤。"他指出,"要给有培养前途的科技人员创造条件,关心他们,支持他们,包括一些有怪脾气的人。首先要解决这些人的房子问题,家庭有困难的也要帮助解决。"

邓小平还论述了教育整顿问题,强调"要后继有人,这是对教育部门提出的问题"。他特别提到"要解决教师地位问题",还对办好科技大学、办好各种刊物等具体问题作了指示。邓小平要求对《科学院工作汇报提纲》做一些修改，写清科技队伍的范围和人数，把国防工业包括进去；把哲学与自然科学的关系写清楚；具体问题增补一点。先送毛主席，印发政治局，批准后用这个文件充分发动群众。

按照邓小平的讲话和讨论时的意见，胡乔木等很快又修改了一遍。9月28日，《科学院工作汇报提纲》修改完成后即送毛泽东审阅。

这时，毛远新刚在9月27日同毛泽东谈过他对邓小平主持的整顿工作不满意的意见。对《科学院工作汇报提纲》中引用的"科学技术是生产力"这句话，毛泽东在审阅时表示不记得曾经说过。邓小平知道后即向胡乔木作了传达。经核查，毛泽东在1963年听取聂荣臻汇报十年规划谈话时曾有过科学技术是生产力的内容，指出："科学技术这一仗，一定要打，而且必须打好。……不

★ 1975年9月，在全国农业学大寨会议上，邓小平的讲话遭到江青几次干扰。邓小平与"四人帮"的斗争达到了白热化。图为邓小平在大寨虎头山上。

搞科学技术，生产力无法提高。"《汇报提纲》并引用马克思关于这一论点的论述作为"科学技术是生产力"这句话的注释。

其实，毛泽东这种否认是表达他对《科学院工作汇报提纲》的不满，当然也有对邓小平的不满。等到毛泽东于10月下旬把《科学院工作汇报提纲》退回，胡乔木再作修改，邓小平已经在政治局内受到错误的批判了，因而，《科学院工作汇报提纲》最后一次修改稿（第六稿）就压在邓小平处，始终未能与全国人民见面。至于1976年8月"四人帮"拿出来大张挞伐的，不过是这个文件最初的一个讨论稿。

所幸，毛泽东虽然否认自己讲过科学技术是生产力的话，但并没有否认自己讲过"老九不能走"。这是他在5月3日的中央政治局会议上讲的。正是有了这句话，教育工作的整顿就显得师出有名、理直气壮多了。

早在四届人大期间，周恩来、邓小平等就对"四人帮"对迟群的提拔作了否定，任命老干部周荣鑫为教育部部长。随着整顿在各方面的开展，周荣鑫在教育部门根据中央进行整顿的精神做了许多工作。他多次召开部内外干部教师座谈会、汇报会，反复强调要全面研究马列和毛泽东的教育理论，重提两年前周恩来纠"左"时提出的许多重要意见，还对当时教育界存在的老师挨骂、学生不读书的现象提出了严肃的批评。

这些讲话一时广为流传，受到广大教师和学生家长的欢迎。

10月，教育部开始起草教育工作汇报提纲，准备经中央批准后对教育进行彻底整顿。后来由于周荣鑫受到迟群一伙的迫害，这个汇报提纲未能成稿。

《科学院工作汇报提纲》虽然因邓小平主持的1975年整顿中断而没有批准下发，但这个文件所根据、所论述的邓小平关于整顿与发展科技事业的指导思想和方针政策，反而因为受到错误批判而格外显露出它的光芒。粉碎"四人帮"以后，邓小平刚开始恢复工作，就立即紧紧抓住科学和教育这两个环节，旗帜鲜明地继续1975年被中断的事业，使新时期科技与教育事业得到蓬勃发展，取得了丰硕的成果。应该说，1978年全国科学大会制定的《1978年至1985年全国科学技术发展纲要（草案）》是《科学院工作汇报提纲》在新的历史条件下的发展，而1975年整顿中的《科学院工作汇报提纲》，正是后来科技、文化、教育部门拨乱反正的一个先导。

全面整顿是邓小平领导改革的一次尝试和预演

随着工交、军队、科技各方面整顿的开展,邓小平决定把整顿推向国民经济的基础农业和其他领域上来。

9月至10月,国务院先在山西省昔阳后在北京召开了农业学大寨会议,同时提出了农业整顿的任务。

邓小平在会议的讲话中首次明确提出了要进行全面整顿的任务。他说:"毛主席讲过,军队要整顿,地方要整顿。工业要整顿,农业要整顿,商业也要整顿,我们的文化教育也要整顿,科学技术队伍也要整顿。文艺,毛主席叫调整,实际上调整也是整顿。"

邓小平着重强调了搞好农业的重要性:实现"四个现代化",关键是农业的现代化,更费劲的也是农业现代化。他提醒人们"必须认真注意这个问题"。"如果农业搞得不好,很可能农业拉了我们国家建设的后腿。"此外,邓小平还在当时召开的农村工作座谈会上发表了许多重要意见,进一步阐述了全面整顿的问题,对农业整顿和其他各方面的整顿都起了强有力的推动作用。

根据这次会议的精神,全国各地区很快抽调了上百万干部到农村帮助社队进行整顿,开始掀起了农业生产高潮。为了调整党在农村的经济政策,中央还强调不能把社员正当的家庭副业当做资本主义去批判。所有这些,调动了农民生产的积极性,对农业生产起到了促进作用。应当指出的是,农业整顿当时强调的是学大寨,虽然就其重视农业、坚决要把农业搞上去这一面来讲,具有重要的意义,但这一主题毕竟是有局限的,再加上农业整顿起步不久即为"反击右倾翻案风"所打断,因而未能像工交、军队等方面的整顿那样取得比较明显的成效。

抓住毛泽东提出要调整文艺政策的契机,邓小平不失时机地开始对文艺工作进行整顿。首先他重提"百花齐放"的方针,强调"要搞百花齐放,不要一枝独放"。后又根据毛泽东批示,解放了被江青一伙禁演的《创业》《海霞》《万水千山》《长征组歌》等一些有影响的节目也陆续公演,使文艺领域开始出现了新气象。

为了打破"四人帮"在宣传理论领域的一统天下，邓小平采取了另起炉灶的办法，这就是根据他的建议，国务院于6月设立了政治研究室。其主要成员为胡乔木、吴冷西、胡绳、熊复、于光远、邓力群等著名的理论工作者。国务院政研室当时进行了许多调查研究，参加了编辑《毛泽东选集》第五卷的工作和许多重要文件的起草工作，包括《论总纲》《工业二十条》和《汇报提纲》，很快成为邓小平进行理论宣传斗争的得力助手。

国务院政研室工作最重要的一个方面就是代管学部。6月29日，邓小平向胡乔木交代，政研室一定要把哲学社会科学学部管起来，并立即要中央组织部提出学部领导机构人选，同时委托一位副总理召集国务院政工组、办公室和教育部等机关单位开会，把重新确定的对于学部的管理分工正式通知执行。

7月6日，中央组织部和国务院政工组发表学部领导机构名单，由郭沫若任主任，主持学部工作。7月下旬，工宣队、军宣队被送走，下乡下厂的研究人员和工作人员全部撤了回来，学部各个研究所的业务工作逐步恢复起来。

按照安定团结、落实政策的方针，国务院政研室开列了科技教育界、文化艺术界、新闻出版界人士出席1975年国庆招待会的名单。学部有21人出席，包括专家学者18人，领导干部3人。此举引起强烈反响，认为国庆招待会体现了安定团结的方针，体现了落实知识分子政策的精神。学部政工组将出席招待会的有关学者的反映整理成简报，胡乔木看后感到有代表性，即报邓小平并建议转呈毛泽东。毛泽东于10月16日写下了批语："打破'金要足赤，人要完人'的形而上学错误思想。可惜未请周扬、梁漱溟。"这一批语，进一步促进了知识分子政策和干部政策的落实。

在这场争夺理论宣传阵地的斗争中，最有意义的是邓小平明确提出了要正确宣传毛泽东思想的问题。他在农村工作座谈会上说："我总觉得现在有一个很大的问题，就是怎样宣传毛泽东思想。林彪把毛泽东思想庸俗化的那套做法……是割裂毛泽东思想。""这个问题，现在实际上并没有解决。""恐怕在相当多的领域里，都存在怎样全面学习、宣传、贯彻毛泽东思想的问题。毛泽东思想紧密联系着各个领域的实际，紧密联系着各个方面工作的方针、政策和方法，我们一定要全面地学习、宣传和实行，不能听到风就是雨。"这个问题的提出，一针见血地点到了多年来存在于我国政治生活中的症结，打中了"左"倾错误的要害，实际上已涉及了理论宣传和党的思想路线这个根本性的问题。

就这样，在邓小平的直接领导下，以整顿经济工作为中心的全面整顿工

作迅速开展起来,并逐渐发展到意识形态领域,形成了一个整体,取得了一系列明显的效果:

国民经济由停滞下降迅速转向回升,1975年全国工农业总产值达到4467亿元,按可比价格计算,比上年增长11.9%。其中,工业总产值3207亿元,增长15.5%;农业总产值1260亿元,增长3.1%。在工农业产品产量方面,粮食产量达到5690亿斤,比上年增长3.36%,创历史最高水平;钢产量2390万吨,增长13.16%;原煤4.82亿吨,增长16.71%;原油7706万吨,增长18.83%;发电量1958亿度,增长17.39%;铁路货运量8.9亿吨,增长12.9%。财政收入815.6亿元,比1974年增长32.5亿元。

科学、教育、文艺等领域开始打破严重沉寂混乱的局面,出现了新气象。

各级党的领导,尤其是党对军队的领导得到加强,各条战线的生产、工作秩序逐渐好转,许多地区的严重派性和武斗受到抑制,落实干部政策及其他方面政策的工作取得较大进展,全国的社会秩序逐渐趋向安定团结。

整顿带来的明显变化,充分证明了邓小平实行整顿的方针政策是正确的,使长期遭受"文化大革命"苦难的广大干部群众看到了希望,看到了光明。

在全面整顿不断展开的同时,邓小平围绕着把国民经济搞上去这一中心任务,提出了一系列带有战略性和全局性的思想和主张,并产生了深远的影响。

历史已经证明,这次全面整顿具有深远的历史意义。它是在"文化大革命"时期党和人民反对"左"倾错误和"四人帮"的一场重大斗争,有力地加速了"文化大革命"走向终结的进程。从更深远的角度来讲,实际上为十一届三中全会以后的改革做了准备。

邓小平主持领导的全面整顿工作的深入发展和所取得的成就,特别是围绕着实现"四个现代化"的宏伟目标,重新提出并反复强调经济建设是全党的大局,以及就实现安定团结的政治局面和把国民经济搞上去所提出的一系列方针政策,得到了全党全国人民的热烈拥护。

中国要实现现代化,除改革开放之外,别无他途。说起改革,有人曾做过统计,说它是当今中国使用最多的词汇之一。改革已深深地渗透于中国社会生活的各个方面,它深刻地改变了中国,也影响了世界。那么,中国的改革源于何时,其行程怎样?人们似乎仍莫衷一是。

追根溯源,改革实际上从1975年就开始了。发生在那时的全面整顿,可以说是邓小平领导改革的一次尝试和预演。

对此，邓小平本人曾有过明确论述。1987年10月，他在会见匈牙利客人时这样说："说到改革，其实在1974年到1975年我们已经试验过一段。1973年周恩来总理病重，把我从江西'牛棚'接回来，开始时我代替周总理管一部分国务院的工作，1975年我主持中央常务工作。那时的改革，用的名称是整顿，强调把经济搞上去，首先是恢复生产秩序。凡是这样做的地方都见效。"

为期九个月的整顿，邓小平围绕把国民经济搞上去这个核心，坚持并发展了许多马克思主义的基本观点，实际上开始了拨乱反正的行程。整顿符合人民群众的根本利益，得到了人民群众的拥护，从而取得了显著的效果。虽然，这次改革的尝试由于触动了毛泽东晚年的错误，后来在毛泽东的反对下遭受了暂时的挫折，邓小平本人也再一次被"打倒"，但它反映了历史的潮流和人民的愿望，加速了"文化大革命"的终结。作为中国改革的先声，1975年的整顿功不可没。正是有了1975年的全面整顿，才使全党和全国人民认识到了邓小平的伟大，从而也就为历史在它面临重大转折的关键时刻作出的慎重选择，提供了理论上的和实践上的依据。

我是桃花源中人，不知有汉，何论魏晋

邓小平主持的全面整顿，初步扭转了"文化大革命"造成的混乱局面，各方面工作取得了很大成绩，从而赢得了党心、军心、民心。

看到自己的亲密战友卓有成效的工作，重病在身的周恩来感到极大的安慰。他在医院里对外宾说，现在邓副总理已经全面担负起责任。当时曾参加周恩来治疗小组的北京医院副院长吴蔚然这样回忆：

1975年下半年，9月份的时候，周总理在三〇五医院进行最后一次比较大的手术，虽然不是为了根治他的疾病，目的是为了减轻他的痛苦。那天手术，在总理已经用了麻醉前镇静药躺在平车上，我们把他慢慢地从走廊推到手术室去的过程中，当时中央领导同志，包括小平同志，都在走廊里头目送总理到手术室去。在平车将要到达手术室门口距离很近的时候，总理突然问："小平同志在吗？"当时我们就赶紧把话轻轻向后传过去。小平同志就走过来，俯身在总理的头旁。总理紧握着小平同志的手，很激动而且声音很大。出乎我们的意

料，声音讲得很高，说："过去一年多的工作，证明你比我强得多。"

然而，这却使"四人帮"感到如芒刺在背，坐立不安，他们为了摆脱困境，不断加紧活动，先是利用毛泽东发动的"评《水浒》"运动开始反扑，影射邓小平领导的全面整顿工作是"转变到右倾机会主义，即投降主义方面了"；后又通过毛泽东的联络员毛远新向毛泽东作歪曲情况的汇报，竭力否定工农业、科技教育、思想文化等方面经过初步整顿所取得的成绩。

本来，毛泽东在全局上是始终坚持"文化大革命"的路线方针政策的，是绝对不允许对"文化大革命"采取任何形式的否定的。他之所以支持邓小平主持中央工作，是希望邓小平在肯定"文化大革命"的前提下，恢复全党全国的安定团结，把国民经济搞上去。当邓小平主持各条战线的整顿，实质上是对"文化大革命"的错误理论和一系列政策进行否定时，就不仅遭到江青、张春桥、姚文元等人的强烈反对，毛泽东自然也是不能允许的。

或许是为了进一步考验邓小平，毛泽东提出由邓小平主持作一个肯定"文化大革命"的决议，总的评价是"三分错误，七分成绩"，希望在"文化大革命"问题上统一认识。但邓小平却婉言拒绝了。他说："由我主持写这个决议不合适，我是桃花源中人，不知有汉，何论魏晋。"从而表明了不赞成作这样一个决议的明确态度。这使毛泽东对他大为不满，对他的处理和批评也逐步升级。

伴随着初冬的风雪，一场针对邓小平的政治运动又开始了。

从1975年10月起，毛泽东在同毛远新等人的谈话中发表了一系列"最新指示"。针对邓小平提出的以"三项指示为纲"的全面整顿，毛泽东重申："社会主义社会有没有阶级斗争？什么'三项指示为纲'，安定团结不是不要阶级斗争，阶级斗争是纲，其余都是目。"他还说："文化大革命是干什么的？是阶级斗争嘛。""一些同志，主要是老同志思想还停止在资产阶级民主革命阶段，对社会主义革命不理解，有抵触，甚至反对。对'文化大革命'两种态度，一是不满意，二是要算账，算'文化大革命'的账。""搞社会主义革命，不知道资产阶级在哪里，就在共产党内，党内走资本主义道路的当权派。走资派还在走。"毛泽东还直接针对邓小平说："他这个人是不抓阶级斗争的，历来不提这个纲。还是'白猫、黑猫'啊，不管是帝国主义还是马克思主义。"

在毛泽东对邓小平和全面整顿态度转变的同时，"四人帮"打着学好无产阶级专政理论的旗号，号召"破除资产阶级法权"、反对经验主义，煽动打"土围子"，借以攻击周恩来、邓小平等具有丰富经验的党和国家领导人。

1975年11月，毛泽东听信"四人帮"的诬告，决定停止邓小平的工作。不久，毛泽东又以邓小平转交清华大学党委副书记刘冰的两封反映"四人帮"的代理人迟群和谢静宜问题的信为由，硬说刘冰的信的矛头是指向他的，邓小平偏袒和支持刘冰，以此为由发动了一场"批邓、反击右倾翻案风"的运动。

这个运动，中断了全面整顿的进程。整顿中提出的正确的政策措施全部遭到否定，刚刚出现的稳定和好转的形势被破坏，一大批执行正确方针的干部受到打击，全国重新陷入混乱。经过近十年的动乱，干部和群众的认识有了很大进步。邓小平主持的整顿工作的成效有目共睹，人心思治，党心思治，"批邓、反击右倾翻案风"既违背事理，又违背人心，一开始就受到了广泛的抵制。这种状况使广大干部和群众更加厌恶"文化大革命"，更加看清了"四人帮"祸国殃民的面目，对邓小平的雄才伟略和宽广胸怀有了更深刻的认识，结束"文化大革命"，实现四个现代化的理想已经深入人心。人们的怀疑和不满如即将爆发的火山，随时准备喷涌而出。

悼念周恩来、拥护邓小平、反对"四人帮"的"四五"运动

1976年1月8日，在"文化大革命"中苦撑危局的周恩来同志逝世。周恩来是深受人民爱戴的老一辈无产阶级革命家，尽管他在"文化大革命"中处于非常困难的地位，但仍然顾全大局、忍辱负重，为维持正常的工作，尽量减少动乱造成的损失，保护大批受迫害的党内外人士作了坚持不懈的努力，费尽了心血。由于他同林彪、江青反革命集团进行了坚决的斗争，曾遭到各种形式的打击，他的逝世引起全国各族人民无比的悲痛，人们把摆脱"文革"灾难、争取国家光明前途和实现四个现代化的强烈愿望都寄托在对周总理无尽的哀思之中，自发地进行了大规模的群众悼念活动。

自3月下旬起，全国各大城市自发掀起悼念周恩来总理、声讨"四人帮"的高潮。丙辰清明（4月4日）这一天，首都和各地来京的群众，不顾"四人帮"一再发出的禁令，先后有二百余万人次汇聚于天安门广场，群情激奋，声势浩大，旗帜鲜明地支持邓小平，斗争锋芒直指"四人帮"。

天安门事件是全国人民自觉抵制"文化大革命"和"以阶级斗争为纲""无

产阶级专政下继续革命"理论，反对"四人帮"倒行逆施的集中表现，它体现了人民追求国家和社会主义美好前途的强烈愿望。这场伟大的群众运动，是在以周恩来、邓小平等为代表的党内健康力量和正确思想影响下发生的。尽管邓小平在组织和行动上与这个伟大运动没有任何联系，但是，他的思想和作为却是人民心中的一面旗帜。已经持续近十年的"文化大革命"，对于人民来说，真可谓水深火热，激起广大干部群众越来越大的憎恶，人们把恢复社会秩序和党的正确方针的希望寄托在周恩来、邓小平等老一辈革命家身上。他们代表人

★ 1976年1月，周恩来总理与世长辞。邓小平痛失从1920年底起并肩战斗的兄长和战友。在追悼大会上，邓小平代表中共中央致悼词。

★ 由于整顿的深入,势必系统地纠正"文化大革命"的错误,1975年底,在"批邓、反击右倾翻案风"运动中,邓小平再度受到错误批判。1976年4月5日,天安门广场发生悼念周总理,反对"四人帮",拥护邓小平的群众运动。"四人帮"乘机诬陷。邓小平再一次被撤销党内外一切职务。

民愿望的努力,却一再遭到"四人帮"的阻挠和破坏,使人民对"四人帮"产生更加强烈的怒火,终于在天安门事件中像火山一样喷涌而出。这个抗议运动,实质上是拥护以邓小平为代表的党的正确领导,反对"文化大革命"和"以阶级斗争为纲"的错误指导思想,鲜明地表现了人心的向背。它为粉碎"四人帮"反革命集团、结束"文革"、开创改革开放的新时期奠定了伟大的群众基础。

4月4日这天晚上,在"批邓、反击右倾翻案风"运动中,由毛泽东指定任国务院代总理并主持中央日常工作的华国锋主持召开中央政治局会议,讨论连日来天安门广场发生的事态。在江青等人的左右下,会议把百万群众的正义行动定为反革命事件,并决定当晚清理天安门广场的花圈和标语。毛远新将中央政治局的决定和会议情况写成书面报告,毛泽东圈阅了这份报告。群众对此非常气愤。4月5日,广场上的群众同民兵、警察和部队发生严重冲突。晚上9时30分,万余名民兵和警察对手无寸铁的群众进行了镇压。4月7日,由毛泽东提议、中央政治局通过,华国锋任中共中央第一副主席、国务院总理;撤销邓小平党内外一切职务,保留党籍,以观后效。邓小平抵制极"左"路线的努力再一次受到挫折,在"文化大革命"中他再一次被打倒。

1976年真是新中国成立以来少有的多事之秋。"四五"天安门事件之后,

"四人帮"在全国到处追查与天安门事件有牵连的人和事，到处追查"政治谣言"，煽动"批邓、反击右倾翻案风"，反革命帽子满天飞，全国笼罩在一片白色恐怖之中。7月6日，党和国家重要领导人朱德逝世。他对"批邓"至死转不过弯，带着对国家前途深深的忧虑、愤恨与不平离开了人世。7月28日，唐山、丰南大地震夺去了24万人的生命。9月9日，一代伟人毛泽东逝世。中国人民陷入悲痛和茫然之中。

　　毛泽东是中国共产党和中国人民的伟大领袖，是近代以来中国伟大的爱国者和民族英雄，是他领导中国人民站起来了，建立了新中国，进行了社会主义建设。但是，他晚年却在探索中犯了错误，特别是发动了"史无前例"的"文化大革命"。严重困扰着毛泽东，使他至死无法解脱的还是"文化大革命"问题，1976年6月15日，病情加重的毛泽东同华国锋等人谈话时说："人生七十古来稀，我八十多岁了。人老总想后事，中国有句古话叫盖棺论定，我虽未盖棺也快了，总可以论定了吧！我一生干了两件事，一是与蒋介石斗了那么几十年，把他赶到那么几个海岛上去了。抗战八年，把日本人请回老家去了。打进北京，总算进了紫禁城，对这些事持异议的人不多。……另一件事你们都知道，就是发动'文化大革命'。这事拥护的人不多，反对的人不少，这两件事没有完，这笔遗产得交给下一代。怎么交？和平交不成就动荡中交，搞得不好，后代怎么办，就得血雨腥风了。你们怎么办，只有天知道。"

"文化大革命"中我被打倒两次。这种经历并不都是坏事，使我有机会可以冷静地总结经验

　　"文化大革命"对于中华民族来说，是一场"史无前例"的大劫难，对于邓小平本人来说，也是一段极其痛苦的人生经历。然而，伟人与常人不同的根本点就在于是否能够走出困境，把握未来，把坏事变为好事，走向人生新的辉煌。

　　十年"文革"，使邓小平身心受到极大折磨和摧残，但也为他在未来中国政治舞台上发挥的作用创造了条件，奠定了新的政治基础和群众基础。

　　让我们来看看邓小平是怎样看待和论述"文化大革命"的。

第一章 邓小平与"文化大革命"

1978年12月13日,邓小平在著名的《解放思想,实事求是,团结一致向前看》的讲话中说:"关于文化大革命,也应该科学地历史地来看。毛泽东同志发动这样一次大革命,主要是从反修防修的要求出发的。至于在实际过程中发生的缺点、错误,适当的时候作为经验教训总结一下,这对统一全党的认识,是需要的。文化大革命已经成为我国社会主义历史发展中的一个阶段,总要总结,但是不必匆忙去做。要对这样一个历史阶段做出科学的评价,需要做认真的研究工作,有些事要经过更长一点的时间才能充分理解和作出评价,那时再来说明这一段历史,可能会比我们今天说得更好。"

在主持起草《关于建国以来党的若干历史问题的决议》的过程中,邓小平多次就"文化大革命"问题发表意见。他指出:"'文化大革命'的十年,毛泽东同志是犯了错误的。""'文化大革命'的确是一个大错误。""'文化大革命'同以前十七年中的错误相比,是严重的、全局性的错误。它的后果极其严重,直到现在还在发生影响。说'文化大革命'耽误了一代人,其实还不止一代。"

1980年8月,在会见意大利女记者奥琳埃娜·法拉奇时,邓小平指出:"搞'文化大革命',就毛主席本身的愿望来说,是出于避免资本主义复辟的考虑,但对中国本身的实际情况作了错误的估计。首先把革命的对象搞错了,导致了抓所谓'党内走资本主义道路的当权派'。这样打击了原来在革命中有建树的、有实际经验的各级领导干部,其中包括刘少奇同志在内。毛主席在去世前一两年讲过,文化大革命有两个错误,一个是'打倒一切',一个是'全面内战'。只就这两点讲,就已经不能说'文化大革命'是正确的。毛主席犯的是政治错误,这个错误不算小。另一方面,错误被林彪、'四人帮'这两个反革命集团利用了。"在谈到如何才能避免或防止再发生诸如"文化大革命"这样的事情时,邓小平说:"这要从制度方面解决问题。我们过去的一些制度,实际上受了封建主义的影响,包括个人迷信、家长制或家长作风,甚至包括干部职务终身制。我们现在正在研究避免重复这种现象,准备从改革制度着手。我们这个国家有几千年封建社会的历史,缺乏社会主义的民主和社会主义的法制。现在我们要认真建立社会主义的民主制度和社会主义法制。只有这样,才能解决问题。"

1980年9月,邓小平在会见日本公明党访华团时,就如何评价"文化大革命"时指出:"现在大体上可以说,'文化大革命'肯定是个错误,因为'文化大革命'确实没有给我们带来好处。"

1981年2月14日，邓小平为英国培格曼出版公司编辑出版的《邓小平副主席文集》英文版作序。《序言》指出："六十年代中期以后的'文化大革命'，使我国人民遭到了一场巨大的浩劫。我们的国家经历了一场严峻的考验。"

1982年9月30日，在会见美国前国务卿基辛格时，谈到国内情况时说："实际上我一九七四年主持国务院的工作，一九七五年主持党和政府的工作。一年时间我就垮下来了。今天回顾这段历史是很有意义的。就是这十年的波折启发了我们。"

1984年3月25日，在会见日本首相中曾根康弘时，客人提出让邓小平谈谈个人的经历。邓小平说："我自从十八岁加入革命队伍，就是想把革命干成功，没有任何别的考虑，经历也是艰难的就是了。""建国以后我的情况你们就清楚了，也做了大官，也住了'牛棚'。""建国以后，成功的地方我都高兴。有些失误，我也有责任，因为我不是下级干部，而是领导干部，从一九五六年起我就当总书记。那时候我们中国挂七个人的像，我算是一个。所以，在'文化大革命'前，工作搞对的有我的份，搞错的也有我的份，不能把那时候的失误都归于毛主席。至于'文化大革命'，那是另外一回事。我一生最痛苦的当然是'文化大革命'的时候。其实即使在那个处境，也总相信问题是能够解决的。前几年外国朋友问我为什么能度过那个时期，我说没有别的，就是乐观主义。"

1984年10月10日，在会见联邦德国总理科尔时，邓小平指出："中国现在发生的变化主要是从一九七八年底开始的，我指的是我们党的十一届三中全会。那次全会总结了历史经验，决定了一系列拨乱反正的政策。其实，拨乱反正在一九七五年就开始了。那时我主持中央党政工作，提出了一系列整顿措施，每整顿一项就立即见效，非常见效。这些整顿实际上是同'文化大革命'唱反调，触怒了'四人帮'。他们又一次把我轰下了台。"

1986年9月2日，邓小平接受美国哥伦比亚广播公司"六十分钟"节目记者迈克·华莱士的独家电视采访。在回答记者提问时，邓小平指出："我们经历了'文化大革命'。关于共产主义，'文化大革命'中有一种观点，宁要穷的共产主义，不要富的资本主义。我在一九七四年、一九七五年重新回到中央工作时就批驳了这种观点。正因为这样，当然还有其他原因，我又被打下去了。"谈到"文化大革命"时自己的遭遇，邓小平说："那件事，看起来是坏事，但归根到底也是好事，促使人们思考，促使人们认识我们的弊端在哪里。毛主席经常讲坏事转化为好事。善于总结'文化大革命'的经验，提出一些改革措施，从政治上、经济上改变我们的面貌，这样坏事就变成了好事。为什么我们能在七十年代末和八十年代提出了现行的一系列政策，就是总结了'文化大革命'的经验和教训。"

同年12月14日，在会见贝宁总统克雷库时邓小平说："'文化大革命'中我被打倒两次。这种经历并不都是坏事，使我有机会冷静地总结经验。因为有了那段经历，我们才有可能提出现行的一系列政策，特别是提出怎样建设社会主义的问题。……总起来看，这主要就是不完全懂社会主义。因此，我们提出的课题是：什么是社会主义和怎样建设社会主义？"

1987年4月26日，在会见捷克斯洛伐克总理什特劳加尔时，邓小平指出：

★ 邓小平领导中国共产党总结新中国成立以来的历史经验，根本否定了"文化大革命"的错误实践和理论，同时坚决顶住否定毛泽东和毛泽东思想的错误思潮，坚持科学评价毛泽东的历史地位和毛泽东思想的科学体系。1981年6月，党的十一届六中全会通过由他主持起草的《关于建国以来党的若干历史问题的决议》，标志着党在指导思想上的拨乱反正基本完成。这次会议决定邓小平任中央军委主席。图为邓小平在全会上讲话。

"一九七八年我们党的十一届三中全会确定了现行的方针政策。这八年多，我们的事情干得比较好。过去耽误太多，特别是'文化大革命'的十年，自己找麻烦，自己遭灾，不过教训总结起来很有益处。现在的方针政策，就是对'文化大革命'进行总结的结果。最根本的一条经验教训，就是要弄清楚什么叫社会主义和共产主义，怎样搞社会主义。搞社会主义必须根据本国的实际。我们提出建设有中国特色的社会主义，相信你们是理解的。""'文化大革命'当中，'四人帮'更荒谬地提出，宁要贫穷的社会主义和共产主义，不要富裕的资本主义。""结果中国停滞了。这才迫使我们重新考虑问题。考虑的第一条就是要坚持社会主义，而坚持社会主义，首先要摆脱贫穷落后状态，大大发展生产力，体现社会主义优于资本主义的特点。"

1988年9月5日，在会见捷克斯洛伐克总统胡萨克时，邓小平指出："每个党、每个国家都有自己的历史，只有采取客观的实事求是的态度来分析和总结，才有好处。""总结历史，不要着眼于个人功过，而是为了开辟未来。过去的成功是我们的财富，过去的错误也是我们的财富。我们根本否定'文化大革命'，但应该说'文化大革命'也有一'功'，它提供了反面教训。没有'文化大革命'的教训，就不可能制定十一届三中全会以来的思想、政治、组织路线和一系列政策。"

从邓小平这些鞭辟入里的论述我们可以看到，"文化大革命"这场噩梦给中国人民造成了深重的灾难，但另一方面，它又为历史和人民提供了一个新的选择。

历史不堪重负，人民开始觉醒。冬天即将过去，春天就要来临。"文化大革命"后的中国必将会走上一条新的道路，时代必将会推出其新的代表人物。

这个新的道路就是通过改革开放实现社会主义现代化的中国特色社会主义道路。

这个新的代表人物就是中国社会主义改革开放和现代化建设的总设计师——邓小平。

第二章 邓小平与历史转折

　　1978年底，在中国面临向何处去的重要历史关头，中国共产党召开了十一届三中全会，实现了新中国历史上具有深远意义的伟大转折。实现伟大历史转折的标志，是历史作出了郑重的选择，即形成了以邓小平为核心的中国共产党第二代中央领导集体。从此，我们党和国家进入了改革开放和集中力量进行社会主义现代化建设的历史新时期，中国人民走上了一条建设有中国特色社会主义的新道路。

　　中国之所以能在这个时候结束长期"左"的指导思想的束缚和"文化大革命"后两年徘徊的局面，与以往社会主义实践过程中积累的经验教训，特别是"文化大革命"那场灾难的沉痛教训有直接关系，是历史反思的必然结果。而伟大历史转折的实现，是与邓小平这个名字紧密联系在一起的。

　　这段历史并不是一帆风顺的，它是两年间中国共产党内马克思主义的政治力量和"两个凡是"的政治力量较量的结果，是在历史和现实的比较中中国人民历史性选择的结果。在这场较量中，邓小平以其杰出的才能和勇气，以一个伟大政治家的敏锐、坚毅和不屈不挠的精神，始终把握历史发展的走向，取得了主动权，为顺利实现伟大历史转折发挥了不可替代的作用。

在又一个面临重大选择的十字路口,中国向何处去

1976年9月9日,中国共产党和中国人民的伟大领袖毛泽东与世长辞。

毛泽东的去世,在饱受煎熬的中国人民心中又一次带来了巨大震撼,他们感到悲痛,感到迷惘,没有了毛泽东和周恩来后的中国将向何处去?人们仿佛少了主心骨。

1976年这个龙年真是给中国带来了太多的悲伤,然而,中国人民在这一年也看到了黎明前的曙光。

毛泽东去世后,祸国殃民的"四人帮"加紧了夺取党和国家最高权力的步伐。江青以毛泽东夫人自居凌驾于中央政治局之上,带领"四人帮"加快了抢班夺权的步伐。9月11日,王洪文撇开中央办公厅值班室,在中南海另设值班室,并通知各地,企图切断中央同各地的联系。他们还通过毛远新伪造毛泽东的所谓临终嘱咐"按既定方针办",公然以党内正统自居。对"四人帮"篡党夺权的露骨活动,叶剑英等老一辈革命家深感忧虑。他们通过各种渠道互通信息,酝酿解决"四人帮"问题的办法。时任党中央第一副主席、国务院总理的华国锋在"四人帮"咄咄逼人的进攻面前,意识到解决"四人帮"已是刻不容缓。他不记个人安危,勇敢担当责任,发挥关键性作用,和叶剑英、李先念共同研究,并征得中央政治局多数同志的同意,于1976年10月6日采取断然措施,对"四人帮"实行隔离审查。消息传开,举国欢腾,亿万人民举杯同庆胜利。

华国锋和党中央执行党和人民的意志,采取断然措施,一举粉碎"四人帮",挽救了党,挽救了社会主义事业,党和国家事业的发展翻开了新的一页。华国锋在粉碎"四人帮"这场关系党和国家命运的斗争中起了决定性作用,党和人民不会忘记他作出的重要贡献。

粉碎以江青为首的"四人帮",可谓大快人心。深受"文化大革命"之害的广大干部和群众,包括老一辈革命家,都发自内心地感激以华国锋为首的党中央,都衷心地拥戴毛泽东亲自选定的接班人。1976年10月10日,邓小平也致信党中央和华国锋,对这场伟大斗争的胜利表示由衷的高兴和支持。

粉碎了"四人帮",结束了令人窒息的"文化大革命",实现了党和人民的共同愿望。喜庆之余,面对当时百废待兴、百业待举的局面,人们期待党能带领大家拨乱反正,走出"以阶级斗争为纲"的藩篱,进行"四化"建设。然而,现实的回应则是积重难返。

粉碎"四人帮"后,当时摆在人们面前现实而又紧迫的问题,就是怎样认识"文化大革命",如何评价毛泽东晚年的理论和实践,中国应该走什么道路才能实现四个现代化。在这些大是大非问题上,是坚持以实事求是的马克思主义立场、观点和方法果断地停止"文革"路线,还是继续停留在"过去方针"上徘徊?

1977年2月7日,《人民日报》、《红旗》杂志、《解放军报》,即十多年来被视为神圣的"两报一刊"发表了经汪东兴决定、报华国锋批准的社论《学好文件抓住纲》,公开提出"凡是毛主席作出的决策,我们都坚决维护;凡是毛主席的指示,我们都始终不渝地遵循"(即"两个凡是")的方针。一个月后,华国锋在中央工作会议上再次强调了这个方针,其实质就是要把毛泽东晚年的思想和路线延续下来。

"两个凡是"犹如一盆冷水泼向人们喜庆的心头,人们的心又紧缩了、下沉了。

在坚持"两个凡是"的同时,当时的中央领导人在经济上继续坚持"左"的指导思想,沿用"大跃进"的办法搞建设,掀起了一股盲目"跃进"的热潮,提出了一系列不切合中国实际的工农业生产指标,坚持农业以粮为纲、工业以钢为纲的方针,盲目上项目,搞"跃进"。一年中造成国家财政大量赤字,整个国民经济处在徘徊的困难局面中。

拨乱反正举步维艰,平反冤假错案阻力很大,经济工作中急于求成和其他一些"左"倾政策在继续,人民群众对此很不满意。在历史与现实的比较中,人们越来越清楚地看到,由"照过去方针办"的领导人来领导纠正党内的"左"倾错误,特别是恢复党的正确路线和优良传统是不可能的。经历了长期"左"的痛苦,特别是"文化大革命"那场深重灾难的中国人民,将期望寄予在以邓小平为代表的中国共产党一代杰出人物身上。

历史在徘徊中前进,在又一个面临重大选择的十字路口,中国向何处去?邓小平等老一辈革命家不负众望,在转折关头,担当起历史的重任,显示出了卓越的才能和非凡的胆略,为我们党和国家一步步拨正了航向。

我出不出来没有关系，但天安门事件是革命行动

粉碎"四人帮"后，邓小平能否尽快出来工作，天安门事件能否有个新的说法，是党和人民面临的两件大事，也是国外舆论普遍关心的问题。

在这个问题上很快就出现了严重的意见分歧。

就在粉碎"四人帮"的第二天，叶剑英提出，应该赶快让邓小平出来工作，此后他又多次向华国锋提出这个问题。叶剑英说，小平同志具有治党治国的全面经验，是我们党内难得的人才。毛主席、周总理多次赞扬过他。现在，党内、军内的大多数同志和全国人民强烈要求小平同志出来工作。我们应该顺应民心，顺应潮流，尽快把小平同志请出来。在一次政治局会议上，叶剑英顶着压力，再次提出这个问题："我建议小平同志出来工作，我们在座的同志总不会害怕他吧？参加了政治局，恢复了工作，总不会跟我们挑剔吧？"为了便于邓小平阅看文件和以后出来工作，叶剑英安排邓小平一家搬到了北京西郊的西山居住，并委派自己的秘书送文件给邓小平。

1976年10月12日，叶剑英的儿子叶选宁前去看望胡耀邦。胡耀邦对他说，祝贺你爸爸同华主席他们一道为我们党和国家立下了不朽的功勋。现在我们的事业面临着中兴，中兴伟业，人心为上。什么是人心？我说有三条：第一是停止批邓，人心大顺；第二是冤案一理，人心大喜；第三是生产狠狠抓，人心乐开花。务必把这个话带给你爸爸。你能够想办法见到华主席，也把这个话转告给他。

在自己的问题尚未解决的情况下，胡耀邦敢于讲这样的话，是有勇气和远见的。

当时，全国人民都热切期盼邓小平出来工作，要求果断停止"批邓、反击右倾翻案风"，以便全党上下齐心协力，搞好揭批"四人帮"的斗争。

然而，让邓小平出来工作和为天安门事件平反阻力不小。在中国的各新闻媒体上，"批邓、反击右倾翻案风"之声仍不绝于耳。

在有人看来，"批邓、反击右倾翻案风"是毛泽东亲自决定的；把天安门事件定为"反革命事件"，是中央政治局会议通过并由毛泽东批准的，因此，

无论广大干部群众如何强烈要求,这两个既定的案件是绝不能平反的。

1977年3月中央召开工作会议,在起草会议报告时,叶剑英几次提出,对涉及邓小平的内容和提法要写得好一点,以利于他快一点出来工作。并且说,天安门事件是个冤案,必须平反。然而,这些正确意见并未被采纳。

广大人民群众对坚持"两个凡是"、阻挠邓小平复出越来越不满,人们开始采取行动,呼吁让邓小平尽快出来工作。1977年1月,寒风凛冽的北京长安大街,十几位热血青年公开刷出大标语,要求让邓小平出来工作,要求为天安门事件平反。同月8日,一位名叫邓可的青年,也给一位政治局委员贴了两张大字报,对其错误说法提出批评意见。随后,在北京市委、市革委会门前也出现了一些大字报,要求为天安门事件平反,"坚决拥护邓颖超为人大委员长"和"坚决拥护邓小平为国务院总理",等等。全国不少地方都出现了一些同样内容的大字报,表达了人民的正义呼声。

对此,以"追查政治谣言"为名,在1977年2月到3月间,中共中央五号、六号文件和国务院三十号文件三个文件先后发出。文件规定,对写大字报、大标语的人要坚决逮捕法办,"对少数罪大恶极、不杀不足以平民愤的,要坚决杀掉"。在这种情况下,一些地方又制造了一些错捕、错判的新的冤假错案。

在人民的正义要求一再遭到粗暴压制的紧急关头,党内的老一辈革命家陈云、王震勇敢地站了出来,公开要求让邓小平出来工作,为天安门事件平反。

在1977年3月召开的中央工作会议上,陈云顶住压力,在小组发言时明确提出了自己的观点。他说:"我对天安门事件的看法:(一)当时绝大多数群众是为了悼念周总理。(二)尤其关心周恩来同志逝世后党的接班人是谁。(三)至于混在群众中的坏人是极少数。(四)需要查一查'四人帮'是否插手,是否有诡计。""邓小平同志与天安门事件是无关的。为了中国革命和中国共产党的需要,听说中央有些同志提出让邓小平同志重新参加党中央的领导工作,是完全正确、完全必要的,我完全拥护。"

王震,这位转战南北、戎马倥偬的老将军生性耿直,他在会上的讲话坚决干脆。他说:邓小平政治思想强,人才难得,这是毛主席讲的,周总理传达的。1975年,他主持中共中央和国务院工作,取得了巨大成绩。他是同"四人帮"斗争的先锋。"四人帮"千方百计卑鄙地陷害他。天安门事件是广大人民群众反对"四人帮"的强大抗议运动,是我们民族的骄傲。谁不承认天安门事件的本质和主流,谁实际上就是替"四人帮"辩护。

陈云、王震的发言义正词严，虽然遭到人为的压制，没有登在会议的简报上，但得到了与会大多数同志的赞同，致使华国锋在讲话中的基调也不得不有所松动。

华国锋在讲话中说：最近一个时期，在党内和群众中围绕着邓小平同志的问题和天安门事件的问题有不少议论。在这样一些问题上，我们要站得高一些，看得远一些，要有一个根本的立足点，这就是要高高举起和坚决维护毛主席的伟大旗帜。……"批邓、反击右倾翻案风"，是伟大领袖毛主席决定的，批是必要的。"四人帮"批邓另搞一套，对邓小平同志进行打击、诬陷，是其篡党夺权阴谋的重要组成部分。粉碎"四人帮"后，中央决定当时要继续提"批邓、反击右倾翻案风"的口号，是经过反复考虑的。这样做就从根本上打掉了"四人帮"及其余党和其他反革命势力利用这个问题进行反革命煽动的任何借口，从而有利于稳定全国的局势，有利于对"四人帮"斗争的全局。对邓小平同志的功过，毛主席早有明确的全面的评价。1973年邓小平同志重新工作后，是有成绩的，也犯有错误。应当遵照毛主席提出的批是要批的，但不应一棍子打死的指示精神，对邓小平同志采取"惩前毖后，治病救人"的方针，帮助他改正错误。经过五个多月揭批"四人帮"的斗争和多方面工作，解决邓小平同志的问题，条件逐步成熟。中央政治局的意见是，经过党的十届三中全会和党的第十一次代表大会，正式作出决定，让邓小平同志出来工作，这样做比较适当。总之，问题正在解决，要做到瓜熟蒂落，水到渠成。……在"四人帮"迫害敬爱的周总理，压制群众进行悼念活动的情况下，群众在清明节到天安门去表示自己对周总理的悼念之情，是合乎情理的……这时候，确有极少数反革命分子把矛头指向伟大领袖毛主席，乘机进行反革命活动，制造天安门广场反革命事件。但是，应当肯定，当时去天安门广场的绝大多数群众是好的，是悼念周恩来总理的，其中许多人是对"四人帮"不满的，反对的。不能把他们，包括纯属反对"四人帮"而被拘捕过的群众说成是参加了天安门广场的反革命事件。1976年12月5日中央曾就此问题发出过通知，应该说，这方面的实际问题已经解决了。我们的同志应该警惕"四人帮"余党和反革命分子的阴谋，不要在天安门事件这样一些问题上再争论了。

显然，以上的说法竭力维护"文化大革命"的理论和路线，坚持"两个凡是"的立场没有改变。然而，今天我们可以清楚地看到，这一方针与想结束"文化大革命"、发展经济的目的是相悖的。思想路线不改变，各方面的拨乱反正工作都难以顺利进行，在"无产阶级专政下继续革命"的旗帜下，在"两个凡是"的禁锢下，要结束"文化大革命"、发展经济，无疑是缘木求鱼。

会后，迫于压力，华国锋派汪东兴、李鑫到邓小平处谈话，提出要邓小平在出来工作之前写个文件，写明"天安门事件是反革命事件"。这理所当然地遭到邓小平的拒绝。邓小平严正地说："我出不出来没有关系，但天安门事件是革命行动。"

人民的正义要求是无法压服的。在老一辈革命家的坚决呼吁下，在广大人民群众的不断催促下，经过长达9个月的斗争，终于在1977年7月召开的党的十届三中全会上，中央作出了《关于恢复邓小平同志职务的决议》。会议一致通过恢复邓小平中共中央委员，中共中央政治局委员、常委，中共中央副主席，中共中央军委副主席，国务院副总理，中国人民解放军总参谋长的职务。

邓小平的再次复出，顺应了党心民意，意味着一个新的时代就要真正开始了。

"两个凡是"不符合马克思主义

面对在"两个凡是"方针的指导下，各方面拨乱反正工作举步维艰的局面，党内外许多同志毅然起来抵制"两个凡是"这一无形的"紧箍咒"。

率先起来反对的是尚未恢复工作的邓小平。1977年4月10日，邓小平写信给华国锋、叶剑英和党中央，提出："我们必须世世代代地用准确的完整的毛泽东思想来指导我们全党、全军和全国人民，把党和社会主义的事业，把国际共产主义运动的事业，胜利地推向前进。"这封信虽没有直接批评"两个凡是"的方针，但是提出了用完整的准确的毛泽东思想来指导我们事业的正确主张，实际上已把毛泽东晚年的错误与毛泽东思想严格分开。

5月3日，中共中央转发此信，肯定了邓小平的正确意见。

5月24日，邓小平同王震、邓力群谈话时明确指出"两个凡是"不行。他说："前些日子，中央办公厅两位负责同志（指汪东兴、李鑫——作者注）来看我，我对他们讲，'两个凡是'不行。按照'两个凡是'，就说不通为我平反的问题，也说不通肯定一九七六年广大群众在天安门广场的活动'合乎情

★ 在广大党员和人民群众的迫切要求下，在叶剑英、陈云等老一辈无产阶级革命家的推动下，1977年7月，党的十届三中全会决定恢复邓小平的中共中央副主席、国务院副总理、中央军委副主席、中国人民解放军总参谋长的职务。图为邓小平在全会上讲话，针对"两个凡是"，指出必须完整地准确地理解毛泽东思想。

理'的问题。把毛泽东同志在这个问题上讲的移到另外的问题上，在这个地点讲的移到另外的地点，在这个时间讲的移到另外的时间，在这个条件下讲的移到另外的条件下，这样做，不行嘛！毛泽东同志自己多次说过，他有些话讲错了。他说，一个人只要做工作，没有不犯错误的。又说，马恩列斯都犯过错误，如果不犯错误，为什么他们的手稿常常改了又改呢？改了又改就是因为原来有些观点不完全正确，不那么完备、准确嘛。毛泽东同志说，他自己也犯过错误。一个人讲的每句话都对，一个人绝对正确，没有这回事情。他说：一个人能够'三七开'就很好了，很不错了，我死了，如果后人能够给我以'三七开'的估计，我就很高兴、很满意了。这是个重要的理论问题，是个是否坚持历史唯物主义的问题。彻底的唯物主义者，应该像毛泽东同志说的那样对待这个问题。马克思、恩格斯没有说过'凡是'，列宁、斯大林没有说过'凡是'，毛泽东同志自己也没有说过'凡是'。"邓小平还强调：我提出准确的完整的毛泽东思想科学体系，不赞成"两个凡是"，是经过反复考虑的。这是能否坚持辩证唯物主义的重要的理论问题。此时的邓小平还没有恢复职务，处在那么微妙的地位上敢于如此直率地讲话，这正是邓小平在长期革命斗争和复杂的政治环境中锤炼出来的特殊性格和大无畏精神。

"准确的完整的毛泽东思想科学体系"论断的提出，在当时国内外均引起异常强烈的反响。随后，一些突破"两个凡是"的文章在思想理论界开始出现。

《人民日报》发表了一篇披露天安门事件真相、认定天安门事件是革命事件的文章。

《中国青年》杂志复刊第一期刊登了有关天安门事件中的诗词及天安门事件中一位英雄的文章。

北京外国语学院"童怀周"小组的成员毅然编辑出版了《天安门革命诗文选》上下卷，一时成为人们竞相抢购、供不应求的畅销书。

邓小平在恢复职务后的党的十届三中全会的闭幕式上，针对"两个凡是"，再次强调指出："要对毛泽东思想有一个完整的准确的认识，要善于学习、掌握和运用毛泽东思想的体系来指导我们各项工作。只有这样，才不至于割裂、歪曲毛泽东思想，损害毛泽东思想。"他认为："不能够只从个别词句来理解毛泽东思想，而必须从毛泽东思想的整个体系去获得正确的理解。"他还强调："对我们党的现状来说，我个人觉得，群众路线和实事求是特别重要。"他还列举了知识分子这个一谈就陷入自我矛盾的"毛主席的主张"。他说："毛泽东同志历来重视知识分子的作用，同时也非常注意知识分子要好好地改造世界观。这是从爱护出发，是为了更好地调动他们的积极性，发挥他们的作用，使他们能够好好地为社会主义事业服务。'四人帮'把知识分子一概称为'臭老九'，并且还说这是毛主席说的。应该承认，毛泽东同志曾经把他们看作是资产阶级的一部分。这样的话我们现在不能继续讲。但是从整个革命和建设过程来看，毛泽东同志是重视知识分子的作用的。他在一九七五年，还针对'四人帮'的诬蔑，提出'老九不能走'。"

与此同时，其他老一辈革命家也纷纷发表文章，呼吁恢复和发扬党的实事求是等优良传统和作风。

聂荣臻在《红旗》杂志上发表了题为《恢复和发扬党的优良作风》的文章，提出要坚持用正确的态度对待马克思列宁主义、毛泽东思想，强调实事求是的思想是毛主席留给我们党的最宝贵的理论遗产，"一切正确思想，都以时间、地点、条件为转移，否则就变成形而上学"。

徐向前在《人民日报》发表的题为《永远坚持党指挥枪的原则》一文中指出："我们一定要恢复和发扬我们党的实事求是的优良作风，做老实人，说老实话，办老实事，永远对党忠诚老实。"

陈云在《人民日报》发表的《坚持实事求是的革命作风》一文中指出："实事求是，这不是一个普通的作风问题，这是马克思主义唯物主义的根本思想路线问题。"

邓小平等老一辈革命家不厌其烦地反复强调"完整的准确的毛泽东思想科学体系"和发扬实事求是的优良作风，旨在解放人们的思想，突破旧思维定式的精神束缚，从而拉开思想解放运动的序幕。

《实践是检验真理的唯一标准》这篇文章是马克思主义的，是驳不倒的

思维方式、思想观念的改变，不是一朝一夕能解决的，它需要一个过程，需要一段时间。因此，尽管邓小平提出"完整的准确的毛泽东思想科学体系"这一命题，但有的领导人还是认为与"两个凡是"精神不一致，要求其修改；尽管党的十届三中全会在组织上恢复了邓小平的职务，但是，当时会议领导人发言的主基调还是"两个凡是"的方针；尽管在党的十一大政治报告中宣告了"文化大革命"的结束，但是，报告认为这"决不是阶级斗争的结束，决不是无产阶级专政下继续革命的结束"，报告还是肯定了"文化大革命"的错误理论、政策和口号。历史就这样令人难以捉摸地摇摇摆摆地前进着。

历史在徘徊，人们的思想充满迷惘。拨乱反正工作虽然取得了一些进展，但是，由于"两个凡是"方针的影响而难以深入下去；濒于崩溃的国民经济虽然有了一定程度的恢复，但是，新的"洋跃进"热潮又存在大起大落的隐忧。人们不满于这种状况，开始了认真的反思。随着"完整的准确的毛泽东思想科学体系"的反复阐释和恢复党的优良传统和作风的倡导，人们的思想也渐渐活跃起来。不少报刊，就教育上的"两个估计"问题、老干部和"走资派"问题、所谓的"文艺黑线"问题、"批邓、反击右倾翻案风"问题等等，展开了热烈

讨论。举国上下要求从各方面拨乱反正的呼声越来越高,要求为冤假错案平反的情绪也越来越强烈。这些促使人们从更高层次上思索——判断路线和思想是非的根本标准究竟是什么?衡量真理的价值坐标又究竟在哪里?思索、探讨,终于引发了一场规模宏大、影响深远的关于真理标准问题的大讨论。

1977年12月,中央党校内一千多名高中级干部学员在邓小平批评"两个凡是"、倡导实事求是的思想指导下,按照胡耀邦提出的要完整地准确地理解毛泽东的有关指示和要把实践作为检验路线是非的标准这两条原则,认真地研究和总结"文化大革命"的经验教训。中央党校《理论动态》编辑部的同志也开始酝酿撰写有关真理检验标准的文章。

1978年3月26日,《人民日报》在第三版上发表了署名"张成"的题为《标准只有一个》的文章。文章提出"真理的标准只有一个,就是社会实践"。

同年5月9日,中央党校的内部刊物《理论动态》刊登了经胡耀邦亲自审定,由南京大学哲学系教师胡福明写第一稿,经《光明日报》和中央党校《理论动态》编辑部及理论界有关同志共同研究讨论,历时7个月,十易其稿的《实践是检验真理的唯一标准》一文。5月11日此文又在《光明日报》上以'特约评论员'名义发表。次日,《人民日报》《解放军报》及《解放日报》等全文转载,接着全国绝大多数省、市、自治区的报纸也相继转载,并成了有关真理标准问题的大讨论的导火线。

这篇文章约七千字,共分四个部分:"检验真理的标准只能是社会实践""理论与实践的统一是马克思主义的一个最基本的原则""革命导师是坚持用实践检验真理的榜样""任何理论都要不断接受实践的检验"。从小标题上就可看出,该文论述了检验真理的标准是社会实践,理论和实践的统一是马克思主义最基本的原则,革命导师是坚持用实践检验真理的榜样,说明任何理论都要不断接受实践的检验。文章针对现实,强调指出:现在,"四人帮"及其资产阶级帮派体系已被摧毁,但是,"四人帮"套在人们身上的精神枷锁还远没有完全粉碎。毛主席在第二次国内革命战争时期曾经批评过的"圣经上载了的才是对的"这种倾向依然存在。无论在理论上或实际工作中,"四人帮"都设置了不少禁锢人们思想的"禁区",对于这些"禁区",我们要敢于去触及,敢于去弄清是非。科学无禁区。凡有超越于实践并自奉为绝对"禁区"的地方,就没有科学,就没有真正的马列主义、毛泽东思想,而只有蒙昧主义、唯心主义、文化专制主义。社会主义对于我们来说,有许多地方还是未被认识的必然王国。我们要完成这个伟大的任务,面临着许多新的问题,需要我们去认识,去研究。躺在马列主义、毛泽东思想的现成条文上,甚至拿现成的公式去限制、宰割、裁剪无限丰富的飞速发展的革命实践,这种态度是错误的。我们要有共产党人的责任心和胆略,勇于研究生动的实际生活,研究现实的确切事实,研究新的实践中提出的新问题。只有这样,才是对待马克思主义的正确态度,才能够逐步地由必然王国向自由王国前进,顺利地进行新的伟大的长征。论文在当时发表,其鲜明的倾向性和强烈的针对性是显而易见的。

一石激起千层浪。此文一发表,即在党内外引起了强烈的反响,有反对不解的,有赞同支持的。凡盼望天安门事件早日得到平反、盼望早日冲破"两个凡是"的思想桎梏的人读了此文,奔走相告,欣喜之情溢于言表。他们期望此文能推动各项工作真正拨乱反正。然而,接踵而至的却是责难。就在《人民日报》转载这篇文章的当天晚上11时,在报社值夜班的一位负责人便接到一个电话,指责"这篇文章犯了方向性的错误"。次日,新华社负责人也接到一个指责新华社转发《实践是检验真理的唯一标准》一文的电话。

5月17日,当时担任中共中央副主席的汪东兴在一个小会上点名批评此文和5月5日《人民日报》发表的根据邓小平的意见撰写的理论文章《贯彻按劳分配的社会主义原则》。他说:"理论问题要慎重。特别是《实践是检验真理的唯一标准》和《贯彻按劳分配的社会主义原则》两篇文章,我们都没有看过。党内议论纷纷,实际上是把矛头指向主席思想。我们的党报不能这样干,这是哪个中央的意见?要坚持、捍卫毛泽东思想。要查一查,接受教训,统一认识,下不为例。当然,对于活跃思想有好处,但《人民日报》要有党性,中宣部要把好关。"

5月18日,当时的中宣部部长张平化在中宣部召开的各省市文教书记和宣传部长座谈会上,就《实践是检验真理的唯一标准》一文说:"我就听到了两种相反的意见。一种意见说文章很好,另一种意见说很不好。我也还没有完全摸透。""大家可以看看,小范围可以议论议论,发表不同意见,不要认为《人民日报》登了,新华社发了,就成了定论,有不同意见是好事情,可以活跃思想,展开辩论。不仅这篇文章,还有另外的文章,《人民日报》批'顶峰论',还有一些文章,省市委同志有不同意见都可以议论,有不同意见可以向我们反映,中宣部研究问题可以活跃些,对中宣部工作有帮助。毛主席生前对省市委负责同志讲,不论从哪里来的东西,包括中央来的,都要拿鼻子嗅一嗅,对不对,不要随风转。"

有人指示中央宣传部对这场讨论"不表态""不介入"。

《红旗》杂志作为党中央的理论刊物,对这场讨论却一直保持沉默。沉默的态度引起海内外一片疑虑,究竟是何道理?读者纷纷投书编辑部。汪东兴对他们说:"你不要怕孤立。怕什么!不要怕。《红旗》不参加这场讨论。"

6月15日,汪东兴召集中宣部和中央直属新闻单位的负责人开会。他说,特约评论员文章可要注意,有几篇不是那么恰当。不要图一时好过。他认为,宣传上的不足之处,国内外敌人会利用……,宣传的关把得不紧,被敌人利用是不得了的事。

7月,汪东兴到山东视察,对山东负责同志讲到关于真理标准问题时说:一不要砍旗,二不要丢刀子,三不要来个一百八十度的大转变。

在这场大讨论的关键时刻,邓小平等老一辈革命家站出来旗帜鲜明地予以支持,使天平一下就倾向《实践是检验真理的唯一标准》一方。

5月30日,邓小平在同胡乔木等人谈准备在全军政治工作会议上讲话的内容问题时,有针对性地说:只要你讲话同毛主席的不一样,同华主席的不一样就不行,这不是一种孤立的现象,是当前思潮的一种反映。他强调:毛泽东思想最根本的最重要的东西就是实事求是。现在发生了一个问题,连实践是检验真理的标准都成了问题,简直是莫名其妙!不但军队有这个问题,现在我们的外贸、管理、经济政策,都受到这些思想的影响,自己把自己的手脚束缚起来,很多事情都不敢搞。

6月2日,邓小平在全军政治工作会议上发表讲话。他首先讲了实事求是。他说,实事求是就是一切从实际出发,就是理论与实际相结合,同时批评说:"我们也有一些同志天天讲毛泽东思想,却往往忘记、抛弃甚至反对毛泽东同志的实事求是、一切从实际出发、理论与实践相结合的这样一个马克思主义的根本观点,根本方法。不但如此,有的人还认为谁要是坚持实事求是,从实际出发,理论和实践相结合,谁就是犯了弥天大罪。他们的观点,实质上是主张只要照抄马克思、列宁、毛泽东同志的原话,照抄照转照搬就行了。要不然,就说这是违反了马列主义、毛泽东思想,违反了中央精神。他们提出的这个问题不是小问题,而是涉及到怎么看待马列主义、毛泽东思想的问题。"随后,邓小平以毛泽东的革命经历讲述了毛泽东是如何坚持实事求是、理论联系实际的原则的。他说,毛泽东同志"坚决反对在共产党内讨论问题的时候,开口闭口拿本本来，以为上了书的就是对的这种错误的心理"，他强调"一定要肃清林彪、'四人帮'的流毒，拨乱反正，打破精神枷锁，使我们的思想来个大解放"。

7月21日，邓小平对中宣部负责人要求不要再"下禁令""设禁区"了，不要再把"刚开始的生动活泼的政治局面拉向后退"。次日，他在同胡耀邦谈话时又指出：《实践是检验真理的唯一标准》这篇文章，是马克思主义的。争论不可避免，争得好。

8月19日，邓小平在同文化部负责人黄镇谈话时指出：我说过《实践是检验真理的唯一标准》这篇文章是马克思主义的，是驳不倒的，我是同意这篇文章的观点的，但有人反对，说是反毛主席的，帽子可大啦。另一篇是关于按劳分配问题的文章，我看了，先念同志也看了，提过意见，也是马克思主义的文章。要让人说话。可是现在刚刚讲了一下，就说是针对毛主席的，那怎么行呢？

9月9日，李先念在国务院务虚会上说："林彪、'四人帮'的破坏把包括理论和实践的关系在内的许多理论问题搞乱了，造成思想混乱，必须予以澄清。""实践是检验真理的唯一标准。凡是经过长期社会实践证明是符合客观规律、符合大多数人利益的事，就坚决地办、坚持到底。我们的一切政策计划、措施是否正确，都要以能否为人民群众谋利益作为标准来检验。"李先念对真理标准问题的讨论表示了支持。

8月，谭震林应《红旗》杂志约稿，写了一篇纪念毛主席诞辰85周年的文章。文章的第四部分写的就是有关实践是检验真理的唯一标准的问题。10月，此文送到编辑部引起争论，总编辑坚持要删去第四部分，派人征求谭震林意见遭到拒绝。谭震林表示，文章中的材料可以动，观点不能动。实践标准的讨论是全党的大事。告诉某某，这样做丢不了党籍，住不了牛棚。有谁来辩论找我好了。对这篇文章我想了两个月，想出了两句话：凡是实践证明是正确的，就要坚持；凡是实践证明是错误的，就要改正。

总编辑拗不过谭震林，只好于11月16日将谭震林的文章送审。华国锋、邓小平、李先念看后同意《红旗》发表此文。邓小平、李先念均写了批语。邓小平写道："我看这篇文章好，至少没错误。改了一点，如《红旗》不愿登，可转《人民日报》登。为什么《红旗》不卷入？应该卷入。可以发表不同观点的文章。看来不卷入本身，可能就是卷入。"李先念的批语是："我看了这篇文章，谭震林同志讲的是历史事实，应当登，不登，《红旗》太被动了，《红旗》已经很被动了。"总编辑接到这些批语，依然不敢做主，再次请示汪东兴。

此时汪东兴又能怎么办？答复：那只好这样。于是，谭震林的文章才得以发排，于《红旗》第12期刊出。谭震林的加入，使《红旗》也不再沉默。

9月16日，邓小平在听取中共吉林省委常委汇报工作时，又一次批评"两个凡是"，支持实践是检验真理的标准的观点。他说："现在党内外、国内外很多人都赞成高举毛泽东思想旗帜。什么叫高举？怎么样高举？大家知道，有一种议论，叫做'两个凡是'，不是很出名吗？凡是毛泽东同志圈阅的文件都不能动，凡是毛泽东同志做过的、说过的都不能动。这是不是叫高举毛泽东思想的旗帜呢？不是！这样搞下去，要损害毛泽东思想。毛泽东思想的基本点就是实事求是，就是把马列主义的普遍原理同中国革命的具体实践相结合。""所谓理论要通过实践来检验，也是这样一个问题。现在对这样的问题还要引起争论，可见思想僵化。根本问题还是我前边讲的那个问题，违反毛泽东同志实事求是的思想，违反辩证唯物主义、历史唯物主义的原理，实际上是唯心主义和形而上学的反映。"

10月14日，在听取总政治部余秋里等汇报时，邓小平说：叶剑英提议召开理论务虚会，索性摆开来讲，免得背后讲，这样好。实事求是这个问题很重要，不仅领导机关要这样，就是一个小企业、一个生产队也要这样。叶帅说，要把《实践是检验真理的唯一标准》这篇文章印发到全国去。实践是检验真理的唯一标准，这本来是马克思主义的基本原则问题，是常识，也有人不赞成，这样的人不是太少，甚至连按劳分配也有人说是错的。要允许发表不同的意见，真正做到三不主义。

由于老一辈革命家的支持，真理标准问题的讨论很快由北京向全国各地辐射，由思想理论界向各行各业辐射。

摧毁一种旧的价值坐标，建立一种新的价值坐标，确非易事。对"两个凡是"，大多数人并不反感，尤其是对以马列主义为指导思想更是深信不疑。所以不少人在讨论中，对实践是否是检验真理的唯一标准提出了疑问，他们并不怀疑实践是检验真理的标准，但认为马克思主义也应当是检验真理的标准，因为马克思主义是放之四海而皆准的嘛！针对这种疑问，《人民日报》约请中国社会科学院哲学研究所的邢贲思同志写了《关于真理的标准问题》一文作了解答。该文写道："一些同志所以把马克思主义也当做真理的标准，从认识上讲是混淆了真理和真理的标准两个问题。"马克思主义是真理，"但是正如任何真理不能由自己来证明一样，马克思主义也不能自己证明自己，它本身需要由实践来证明。同时，马克思主义也不能作为检验别的真理的标准"。"把马克思主义是革命实践的指针，混同于马克思主义是真理的标准。这是两个不同的问题。""从哲学上讲，承认马克思主义对于革命实践的指导作用，也就是承认理论认识对于实践的反作用，承认这种反作用，决不能否认实践所起的根本的决定作用，不能用这种反作用来代替实践是真理的标准问题。"

《解放军报》在当时的军委秘书长罗瑞卿的支持下，也以"特约评论员"名义发表了题为《马克思主义的一个最基本的原则》的长文，对当时的对实践标准的责难作了分析和批判。针对某些出于私利的反对者，文章写道："除了人们的思想往往落后于实际这一点外，还因为有一部分人的利益或多或少地同这些旧口号联系在一起的缘故。这些人，他们口头上说的是担心某些旧口号、旧提法的修改会导致整个革命和整个理论的否定（显而易见，这不过是一种天方夜谭式的饰辞），实际上是害怕自己某种个人的东西会因此受到损害。"针对那些若把实践作为检验真理的唯一标准，那么把毛泽东思想、毛主席的话摆在什么位置的责难，文章指出："对于说这种糊涂话的人，除了上面所说的可供他们思考以外，这里，只需再反问他们一句：毛主席说过，只有千百万人民的革命实践，才是检验真理的尺度"（《新民主主义论》），"此外再无别的检验真理的办法"（《人的正确思想是从哪里来的？》）。你们把毛主席这个教导摆在什么位置？怎样才算是按照毛主席的教导办事？"此文是在胡耀邦及罗瑞卿的支持下发表的。此文发表前，罗瑞卿不仅仔细看过三遍，提了不少修改意见，要求文章无懈可击，而且在去联邦德国治病前，还特地打电话给报社负责人说："这篇文章如果要挨打，我愿先挨五十大板。"

自然科学家也投入了这场讨论。5月中旬，国家科委、中国科学院、中国科协党组在方毅主持下召开了联席会议，讨论有关真理标准的问题，并作出决定：支持它，支持这场讨论。在这个问题上，要旗帜鲜明。当时的国家科委的一位副主任还说了一句笑话："在这个问题上，自然科学虽不是主力，但我们也要敲敲锣鼓。"

之所以说这是句笑话，是因为在当时的中国，只有科学界在科研时不以"两个凡是"为真理。"实践是检验真理的唯一标准"在科学界被认为是天经地义的命题，是不成问题的问题。自然科学家们之所以要为这场讨论"敲敲锣鼓"，是他们感受到了这场讨论在中国社会发展中的分量。

7月11日，社会科学界在北京召开关于理论和实践关系问题的讨论会。

在 7 月 24 日的闭幕式上，周扬以中国社会科学院顾问的身份讲话。他说，真理标准问题的讨论，意义重大。这个问题不仅是一个理论问题，而且关系到思想路线、政治路线问题，也是关系到党和国家的前途和命运的问题。因为离开了实事求是，离开了理论和实践的统一，离开了千百万人民群众革命实践的检验，就是离开了辩证唯物论的认识论，离开了马克思主义和毛泽东思想的轨道。周扬再一次强调科学无禁区的问题。他说，如果给科学设置禁区，那就是扼杀科学，宣布科学的死亡，就是阻碍着人类从必然王国向自由王国飞跃。科学无禁区，是不是否定或削弱党对科学事业的领导呢？当然不是。开放禁区就正是体现了党对科学的正确领导。加强党对科学的领导，不是设置禁区，不是压制科学的自由讨论，而是给科学研究指明正确的方向，制定正确的科学政策，采取正确的方法来领导科学事业，包括开展学术的自由讨论，鼓励独立的见解、独立的创造，等等。会议结束，许多省市代表回去作了传达，把真理标准问题的讨论推向全国。这次会议可说是这场大讨论的一个高潮。

到 1978 年底，关于真理标准问题的讨论已在全国理论界、学术界、新闻界等部门广泛展开。据不完全统计，截至 1978 年底，中央和各省市报刊登载的关于真理标准问题讨论的专文达 650 篇之多。

在理论界、舆论界讨论得热火朝天的同时，各省、市、自治区党委的负责同志也没有置身圈外，他们经过深思熟虑，逐渐亮出了自己的观点。

最早表态的是中共辽宁省委第一书记任仲夷和中共黑龙江省委第一书记杨易辰。

任仲夷在辽宁省委主办的理论月刊《理论与实践》1978 年第八、九期合刊上发表题为《理论上根本的拨乱反正》的文章，认为："实事求是，这是一面照妖镜。在它面前，一切伪理论、伪科学、假左骗局，都会原形毕露。有了实事求是这个武器，禁区可以突破，思想可以解放，工作可以高速度地前进。联系我们的实际工作想一想，实事求是这个问题，确实太重要了。""坚持实事求是，必须承认实践高于认识，实践是检验真理的唯一标准……如果不承认实践是检验真理的唯一标准，不尊重社会实践，那就不可能坚持实事求是。强调实践高于认识，实践是检验真理的唯一标准，是不是贬低了马列主义、毛泽东思想呢？恰恰相反，这正是捍卫了马列主义、毛泽东思想的根本观点。有的同志认为毛泽东思想是检验真理的标准。这种看法是不对的。"任仲夷的这篇文章态度干脆，观点鲜明。

中共黑龙江省委于8月召开扩大会议，讨论真理标准和民主集中制两个问题。这两个问题，当时之所以还是令人望而生畏的问题，并不在于问题的理论难度，而在于当时人们心有余悸——怕高悬着的"反毛泽东思想""否定'文化大革命'""否定群众运动""否定解放军支左""否定新生事物"五顶大帽子有朝一日扣到自己头上。会议最后通过讨论达成共识，一致认为只有坚持实事求是，才能破除这"五怕"；坚持实践是检验真理的唯一标准，就能辨别真伪，分清是非。8月3日，新华社详细报道了这次会议的内容，首都各报都在头版显著位置上予以登载。

此后，各省、市、自治区的第一书记和各大军区的主要负责人，纷纷在各种会议上发表讲话，支持实践是检验真理的唯一标准的观点。新华社播发了这些消息。按新华社报道的时间，依次为：

1978年：

8月27日	汪　锋	中共新疆维吾尔自治区委第一书记
9月10日	廖志高	中共福建省委第一书记
9月19日	习仲勋	中共广东省委第二书记
9月24日	铁　瑛	中共浙江省委第一书记
	李丰平	中共浙江省委书记
9月27日	江渭清	中共江西省委第一书记
10月3日	刘子厚	中共河北省委第一书记
10月5日	谭启龙	中共青海省委第一书记
10月8日	王　铎	中共内蒙古自治区委第一书记
10月11日	霍士廉	中共宁夏回族自治区委第一书记
10月12日	赵紫阳	中共四川省委第一书记
10月14日	陈丕显	中共湖北省委第一书记
10月17日	陈伟达	中共天津市委第一书记
	黄志刚	中共天津市委第二书记
10月21日	许家屯	中共江苏省委第一书记
10月23日	乔晓光	中共广西壮族自治区委第一书记
10月26日	马　力	中共贵州省委第一书记
11月1日	白如冰	中共山东省委第一书记

11月3日	王　谦	中共山西省委第一书记
11月5日	宋　平	中共甘肃省委第一书记
11月7日	彭　冲	中共上海市委第三书记
11月13日	王恩茂	中共吉林省委第一书记
11月15日	安平生	中共云南省委第一书记
11月15日	任　荣	中共西藏自治区委第一书记
11月22日	段君毅	中共河南省委第一书记
12月6日	毛致用	中共湖南省委第一书记

1979年：

6月14日	万　里	中共安徽省委第一书记
6月14日	林乎加	中共北京市委第一书记
10月9日	李德生	沈阳部队党委第一书记
10月19日	许世友	广州部队党委第一书记
	向仲华	广州部队党委书记
10月30日	肖　华	兰州部队第一政委
	韩先楚	兰州部队政委
11月10日	李志民	福州部队政委
	廖汉生	南京部队第一政委
	聂凤智	南京部队司令员
	杜　平	南京部队政委
11月22日	吴克华	成都部队司令员
	孔石泉	成都部队第二政委
	刘志坚	昆明部队党委书记、政委
	李克忠	昆明部队党委副书记、副政委
11月23日	刘　震	新疆部队司令员

11月24日　北京部队党委中心学习组和机关部门负责人一起座谈讨论真理标准问题

11月24日　武汉部队党委常委学习讨论

全国各省、市、自治区及大军区的负责人，大部分都表态支持实践是检验真理的唯一标准的观点。他们的发言均联系当时全国及本地区的实际情况，高度评价这场讨论的理论意义和现实意义,特别强调其政治意义。

党政军领导对一个理论问题的讨论如此关注,且主动、公开表态支持,在中华人民共和国的历史上,在中国共产党的历史上,在中国人民解放军的历史上都属罕见,然而在当时的历史环境中又是理所当然的。因为,关于真理标准问题的讨论已越出理论问题的范围,成为重大的政治问题。

"实践是检验真理的唯一标准"的观点,犹如巨石,激起了层层波浪;犹如春风,吹醒了冬眠于"两个凡是"中的人们;犹如磁铁,吸引了全国各地、各领域的人们。它已经在绝大多数人心中取代了权力标准、蒙昧主义、唯心主义的地位,拉开了一场规模巨大、影响深远的思想解放运动的帷幕。人们的思想在真理标准问题的大讨论中逐渐获得了解放。

邓小平"自告奋勇"抓科技和教育。他说:我愿做大家的后勤部长

在1975年主持全面整顿的过程中,科技、教育战线的整顿是一个重要方面。邓小平关于整顿和发展科技、教育的论述,以及对科技、教育战线混乱局面的整顿,给人们留下了深刻的印象。虽然那次全面整顿使邓小平在政治上再一次被打倒,然而他在人民心中,特别是在广大知识分子心目中的形象更高大了。

粉碎"四人帮"后,邓小平在人民的拥戴下再次复出。复出前,这位中国人民的儿子再次袒露了自己的胸怀:出来工作,可以有两种态度,一个是做官,一个是做点工作。我想,谁叫你当共产党的呢?既然当了,就不能够做官,不能够有私心杂念,不能够有别的选择。

要拨乱反正,搞现代化建设,赶上世界先进水平,从何处着手呢?经过反复、深刻的思索,邓小平坚定而有力地说:"要从科学和教育着手。"

1977年,再次复出的邓小平破例向中央提出了一个请求:分管科技和教育工作。对此,中央同意了。

1977年5月12日,尚未恢复工作的邓小平同中国科学院方毅、李昌谈话,针对科教战线的落后状况和存在的问题,强调要抓科技和教育。他指出,我们和国外的科技水平比,在很多方面差距拉大了。现在是问题成堆,要从问题堆

里找长远的、解决根本问题的东西。一个时期,说科技人员是"臭老九",连发明权都没有。整个国家赶超世界先进水平,科学研究是先行官。5月24日,他同王震、邓力群谈话,在指出"两个凡是"不符合马克思主义的同时,还着重强调:"我们要实现现代化,关键是科学技术要能上去。"他急切地说:"靠空讲不能实现现代化,必须有知识,有人才。没有知识,没有人才,怎么上得去?科学技术这么落后怎么行?"他提出:"一定要在党内造成一种空气:尊重知识,尊重人才。""科技和教育,各行各业都要抓。"

重新回到中央领导岗位上以后,在致力于恢复和确立党的实事求是的思想路线的同时,邓小平把自己的全部身心都倾注于发展我国的科技教育事业上。科技、教育战线的拨乱反正成为邓小平推动整个拨乱反正工作的突破口。

"不抓科学、教育,四个现代化就没有希望。"这是邓小平反复向人们讲的一个道理。

他广泛深入地进行调查研究,视察科研机构,会见科技教育专家,了解和展望世界各国科技发展动向,召集和出席科学和教育工作座谈会,听取各方面的意见,商讨振兴和发展科技大计。在党中央最高领导层中,是邓小平以极大的勇气和求实精神,深刻阐明了科学技术在现代化建设中的地位和作用,系统地提出了党在新时期发展科学技术的基本构想。

1978年3月18日,是中国科学技术发展史上具有重大意义的日子。

这一天,科学技术界一次空前的盛会——全国科学大会在北京人民大会堂开幕了。这次大会从筹备到召开,都是在邓小平的亲自主持和领导下进行的。

在大会开幕式上,邓小平作了长篇重要讲话。参加了这次大会的著名作家马识途当时作了这样的记述:

"邓副主席讲话,字字句句是那么明确、亲切,大家屏息听着,生怕漏掉一个字。每讲到精彩之处,随之而起的是雷鸣般的掌声,响彻会堂,掌声中还夹杂着赞叹声。"

"我本想记住鼓掌的次数,但是因为次数太多,我自己也忘乎所以了。陪伴掌声的又是多少无声的笑和擦不尽的眼泪呀。"

从这些简洁、朴实的文字中,我们也许还能部分地感受到与会代表聆听邓小平讲话时的气氛。

"四个现代化,关键是科学技术的现代化。没有现代科学技术,就不可能建设现代农业、现代工业、现代国防。没有科学技术的高速度发展,也就不可能有国民经济的高速度发展。"——这是邓小平对科学技术在现代化建设中地位和作用的准确概括。

"科学技术是生产力。"

"知识分子是工人阶级自己的一部分。"

"能不能把我国的科学技术尽快地搞上去，关键在于我们党是不是善于领导科学技术工作。"

"我愿意当大家的后勤部长。"听到这句话，参加大会的代表们无不为之动容，这是邓小平尊重知识、尊重人才的真实感情的流露。

邓小平的这个讲话是在他自己亲自指导下起草的。在讲话征求意见时，有人提出知识分子的地位不能提得过高，毛主席曾经说过他不记得说过"科学技术是生产力"这个话，建议作适当修改。邓小平明确指出，稿子不改。毛主席是说过他不记得说过"科学技术是生产力"这个话，但他也没有说过他没有说过这个话，他的讲话里有这个意思。

在这次大会上，邓小平再次抨击了林彪、"四人帮"用"脱离政治"的罪名来打击科技人员，给努力钻研业务的科技人员扣上"白专"帽子的行径，提出科技人员应当把最大的精力放到科学技术工作上去。对此，坐在台下的陈景润感触最深。

陈景润是新中国知识分子中的一个优秀代表人物。长期以来，他一心扑在科学研究上，在解析数论领域"哥德巴赫猜想"的研究上取得重大突破，研究水平居世界领先地位，其成果被誉为"陈氏定理"。就是这样一位杰出的科学家，"文革"中却被说成是"白专"典型而受到批判。1975年9月，邓小平在听取胡耀邦等人的汇报时就明确指出，陈景润究竟算是"红专"还是"白专"？这样的人中国有一千个就了不得。说什么"白专"，只要对中华人民共和国有好处，就比闹派性、拉后腿的人好得多。粉碎"四人帮"后，邓小平亲自过问，使陈景润破格从一般研究人员直接晋升为一级研究员，并对他的住房、医疗等问题给予了具体的指示，使他能够更好地集中精力从事研究工作。每次提起这些往事，重病缠身的陈景润都感激不已。

聆听着邓小平的讲话，望着那坚毅而慈祥的面容，黄昆的心情也难以平静。

黄昆是我国著名的半导体物理学专家，中国科学院的学部委员。他原是北京大学教授，"文革"中受到批判，无法从事本专业的研究和教学工作。1975年9月，邓小平在听取胡耀邦等人汇报时，曾专门提到过他。邓小平说：

黄昆是搞半导体的，北京大学叫他改行教别的，他不会，科学院半导体所请他作学术报告，反映很好。他说这是业余研究的。这种用非所学的人是非常多，应当发挥他们的作用，不然对国家是最大的浪费。他是学部委员、全国知名的人，为什么不叫他搞本行？北大不用他，可以调到半导体所当所长，给他配党委书记，配后勤人员。由于邓小平的关心，黄昆又得以从事专业研究。然而，在"批邓、反击右倾翻案风"中，黄昆迫于"四人帮"的压力，就此写了一篇"批邓"文章，在报纸上公开发表。粉碎"四人帮"后，黄昆因为写过那篇文章而受到许多人的批评，自己也背上了沉重的包袱。邓小平了解到这个情况后，1977年5月12日向前去看他的方毅、李昌说：黄昆写那篇文章的包袱，可以解除了，他那时不批不行嘛！邓小平再次建议调黄昆到半导体所当所长，配个党委书记，并托方、李二人给黄昆带个口信，不要背包袱。

像陈景润、黄昆这样受到邓小平亲自关怀的专业人才还有很多。人们从中感受到了邓小平爱惜人才的无私情结和像大海一样的宽阔胸怀。

邓小平的讲话和全国科学大会的召开，推动了向科学技术现代化进军的热潮，迎来了中国科学的春天。

教育，我是要一直抓下去的。教育部要思想解放，争取主动

1977年8月，历经十年浩劫的教育战线终于拨正了它的航向，像一个久病初愈的患者，开始焕发出青春的活力。

8月8日，秋高气爽的北京城，沐浴着金色的阳光，庄严的人民大会堂内传出阵阵的欢声笑语。再次复职还不到半个月的邓小平，神采奕奕地在这里同来自全国的三十多位著名科学家、教授和教育部门的负责同志畅谈着教育界的拨乱反正问题。

大厅里，传出邓小平那洋溢着满腔激情的声音：

"这次召开科学和教育工作座谈会，主要是想听听大家的意见，向大家学习。外行管内行，总得要学才行。我自告奋勇管科教方面的工作，中央也同意了。我们国家要赶上世界先进水平，从何着手呢？我想，要从科学和教育着

手。"

短短的几句话,激起了在座的科学家和教授们无限的感慨。多少年来他们没有这样地与中央领导心贴心地交换过发展我国教育事业的意见,没能好好地向中央领导倾诉过自己对我国教育事业的忧虑了啊!

在那知识越多越反动的岁月里,知识分子都噤若寒蝉,只有老老实实、埋头改造,除了附和"左"倾教条外,哪里还敢透露自己的困惑,诉说自己的冤屈呢?又有谁真正关心过他们的疾苦,听取过他们的心声呢?今天,在"文革"中同样遭受过不幸的邓小平就坐在他们中间,这又怎能不令他们激动万分呢?

在当时教育战线"两个估计"阴魂未散的情况之下,邓小平却力主狠抓教育,尊重知识分子,这充分表现了他的远见卓识和敢于同错误思想作斗争的伟大气魄。

7月,重新走上领导岗位的邓小平,主动提出了分管教育和科技工作,尽管他知道"科学、教育是难搞的"。当时"四人帮"虽被粉碎,但教育界仍然还笼罩着"两个估计"的阴影,特别是华国锋还在坚持着"两个凡是",阻碍着教育战线的拨乱反正。

然而,邓小平却以一个政治家的战略眼光,冒着再丢"乌纱帽"的风险,勇敢地挑起了科技、教育战线拨乱反正的历史重担。

对于历经劫难的老科学家、老教授们来说,召开这样富有历史意义的座谈会确实来之不易,他们盼望了多少年,如今终于等到了教育战线柳暗花明的时刻。

座谈会上,科学家和教授们畅所欲言,倾诉着自己憋了10年之久的心里话。长春光机所研究员王大珩列举大量事实控诉了"四人帮"残酷迫害科技人员的罪行;大学教授们要求中央澄清新中国成立以来17年教育战线到底是红线还是黑线的问题;中科院学部委员、武汉大学教授查全性等人建议高等学校恢复高考招生制度,把好人才培养的第一关;医学家黄家驷建议给推荐和保送上大学的工农兵学员补上基础课;还有人呼吁改善知识分子待遇……

从8月4日至7日,专家、教授们一气畅谈了4天,邓小平总是每天上午8点半准时到会倾听,中午稍事休息,直到晚上华灯齐上才离开。他听到了老教授们发自肺腑的心声后,受到了很大的震动和启发,并不时与专家们交流互动,拨乱反正的决心更加坚定,思路也更加明晰。

8月8日,邓小平在座谈会最后一天发表了《关于科学和教育工作的几点意见》，即著名的"八八讲话"。

千头万绪之中，他首先谈起了对教育战线十七年的估计问题：

"对全国教育战线十七年的工作怎样估计？我看，主导方面是红线。应当肯定，十七年中，绝大多数知识分子，不管是科学工作者还是教育工作者，在毛泽东思想的光辉照耀下，在党的正确领导下，辛勤劳动，努力工作，取得了很大成绩。特别是教育工作者，他们的劳动更辛苦。现在差不多各条战线的骨干力量，大都是建国以后我们自己培养的，特别是前十几年培养出来的。如果对十七年不作这样的估计，就无法解释我们所取得的一切成就了。"

接着，话题转到了调动知识分子的积极性问题，他说："就今天的现状来说，要特别注意调动教育工作者的积极性，要强调尊重教师。我国科学研究的希望，在于它的队伍有来源。科研是靠教育输送人才的，一定要把教育办好。"

"对于终身为教育事业服务的人，应当鼓励。我建议，明年开个全国教育大会，总结交流办学经验，奖励有成就的大学、中学、小学教师。这样的会多年没有开了。"

谈到教育制度和教育质量问题，邓小平指出，教育还是要两条腿走路，要加强师资培训工作，树立好的学风。他特别提出："今年就要下决心恢复从高中毕业生中直接招考学生，不要再搞群众推荐。从高中直接招生，我看可能是早出人才、早出成果的一个好办法。"邓小平在座谈会上拍板恢复在"文化大革命"中被中断了的高等学校招生制度，是这次座谈会上最令人兴奋和激动的决策。

谈到后勤工作，邓小平要求后勤工作要为科研和教育服务，要甘当无名英雄，切切实实地为教育工作者解决一些具体问题。

邓小平的讲话，像一股和煦的春风吹拂着老科学家和教授们的心房，热烈的掌声伴随着激动的泪水在庄严的人民大会堂内久久回响。从邓小平的讲话里，老科学家和教授们依稀看到了我国教育事业已走出乌云的笼罩，迎来了充满希望的曙光。

然而曙光的来临却倍加艰辛。

8月13日，教育部根据邓小平的指示，在北京饭店召开了第二次全国高等学校招生工作会议，历时44天。

44天，每一天都交织着是与非、进与退、得与失的人生辩证法，在黎明降临之前，所有的人都无法超越黑夜的过滤。

会议在沉重的气氛中进行。教育要上去，就必须改革现有的高考招生体制，而改革高考招生体制，就必须先搬开那个拦路虎——"两个估计"。可是否定"两个估计"，势必要触犯"两个凡是"的戒条——这是个令人望而生畏的"禁区"。

会议就这样日复一日地争论着，谁也不敢迈出关键性的一步。最后，《人民日报》的记者穆杨实在难以忍受这种毫无结果的折磨，于是他召集曾参加过1971年全国教育工作会议的同志座谈，并写了一个关于"两个估计"出笼经过的《情况汇报》，把它送交给邓小平，希望邓小平能打破这种僵局。

邓小平得知这一情况后，非常重视。他知道要扭转长期形成的轻视知识、轻视知识分子的现象，仅靠一两次讲话是解决不了问题的，还必须在思想理论上正本清源，并采取相应的措施予以保障。

1977年9月19日上午，邓小平专门召见了刘西尧等教育部的主要负责同志，就教育战线的拨乱反正问题进行了一次极其严肃的谈话。

他首先拿起了一份打印材料开了口：

"最近《人民日报》记者找了六位参加过1971年全国教育工作会议的同志座谈，写了一份材料，讲了《全国教育工作会议纪要》产生的经过，很可以看看。《纪要》是姚文元修改、张春桥定稿的。当时不少人对这个《纪要》有意见。《人民日报》记者写的这份材料说明了问题的真相。"

显然，邓小平要拿《纪要》开刀。明白了此意的刘西尧，脸上露出了一丝让人不易察觉的惊讶。

作为教育部部长，刘西尧有自己难以言状的苦衷，邓小平的"八八讲话"，使他感触良多，觉得"震动很大，赶超有望"。但是"两个估计"又是毛泽东画圈同意的，而党的最高领导人仍旧坚持"两个凡是"，因而要抛弃《纪要》，他又感到"心有余悸"。

邓小平仿佛看穿了刘西尧迟疑不决的心事，于是单刀直入地开口说道：

"建国后的十七年，各条战线，包括知识分子比较集中的战线，都是以毛泽东同志为代表的路线占主导地位，唯独你们教育战线不是这样，能说得通吗？《纪要》是毛泽东同志画了圈的。毛泽东同志画了圈，不等于说里面就没有是非问题了。"

他毫不含糊地指出："《纪要》引用了毛泽东同志的一些话，有许多是断章取义的。《纪要》里还塞进了不少'四人帮'的东西。对这个《纪要》要进行批判，划清是非界限。"

他望了望面前的刘西尧等人，加重语气批评道：

"你们的思想没有解放出来。你们管教育的不为广大知识分子说话，还背着'两个估计'的包袱，将来要摔筋斗的。现在教育工作者对你们教育部有议论，你们要心中有数。要敢于大胆讲话。"

邓小平语气愈来愈重。

"教育部要争取主动。你们还没有取得主动，至少说明你们胆子小，怕又跟着我犯'错误'。我知道科学、教育是难搞的，但是我自告奋勇来抓。不抓科学、教育，四个现代化就没有希望，就成为一句空话。抓，要有具体政策、具体措施，解决具体的思想问题和实际问题。你们要放手去抓，大胆去抓，要独立思考，不要东看看，西看看。把问题弄清楚，该怎么办就怎么办。该自己解决的问题，自己解决；解决不了的，报告中央。教育方面的问题成堆，必须

★ 1977年，在邓小平的推动和决策下，中国恢复了中断11年之久的大学招生考试制度。全国有570万青年参加了考试。图为恢复高考后的第一批大学新生在听课。

★ 1978年3月18日，邓小平在全国科学大会开幕式上发表讲话。他指出："四人帮"肆意摧残科学事业、迫害知识分子的那种情景，一去不复返了。图为在科学大会上，邓小平与数学家陈景润亲切握手。

理出个头绪来。现在群众劲头起来了，教育部不要成为阻力。教育部首要的问题是要思想一致。赞成中央方针的，就干；不赞成的，就改行。"

邓小平指出："教育要狠狠地抓一下，一直抓它十年八年。我是要一直抓下去的。"他在讲话的最后说："总之，教育部要思想解放，争取主动。过去讲错了的，再讲一下，改过来。拨乱反正，语言要明确，含糊其辞不行，解决不了问题。办事要快，不要拖。"这番言词严厉的话语，极大地震动了教育部门的负责同志。

如果说刘西尧等人在"八八"讲话前后还囿于"两个凡是"，而对邓小平的正确主张持疑虑和观望态度的话，那么，在"九一九"谈话后，有了邓小平的坚决支持，他们便很快放弃了过去的立场，开始大张旗鼓地清算"两个估计"的错误影响。

粉碎"四人帮"后，人们普遍关注的一个大问题，就是高等学校招生如何进行。就高校招生改革问题，有关方面曾多次召开会议专门讨论研究，但意见很不一致。是否恢复全国统一的高考招生制度，改变"文革"中推荐工农兵上学的办法为从社会上直接招考学生，在当时是非常棘手的问题。9月6日，邓小平就高校招生问题致信华国锋、叶剑英、李先念、汪东兴，指出：招生问题很复杂。据调查，现在北京最好中学的高中毕业生，只有过去初中一年级的水平（特别是数学），所以至少80%的大学生，须在社会上招考，才能保证质量。根据邓小平的指示，教育部又对恢复高考问题进行了认真的研究，并提出了具体安排和意见。10月3日，邓小平在教育部《关于一九七七年高等学校招生工作的意见》的请示报告等文件上批示："此事较急""建议近几日内开一次政治局会议，连同《红旗》杂志关于教育的评论员文章（前已送阅）一并讨论。"10月21日，教育部在北京召开全国高等学校招生工作会议。这次会议确定并经国务院批准，从1977年起，高等学校招生制度进行改革，恢复统一考试制度。这一年，全国共有570万青年报名参加高考，27万多名经考试录取的青年跨入了大学校门。这是中国在结束"文化大革命"后具有长远意义的重大事件。

1977年11月，教育部以大批判组的名义，同时在18日的《人民日报》和第12期的《红旗》杂志上发表了题为《教育战线的一场大论战——批判"四人帮"炮制的"两个估计"》，揭批了"四人帮"炮制"两个估计"、摧残教育事业的反动罪行。

接着教育部开展了一系列卓有成效的拨乱反正工作：

一是清除中小学教材中"四人帮"控制的写作班子，如署名池恒、程越、梁效、初澜、江天、齐永红、罗思鼎、秦怀文、翟青等的文章和一切有关内容，肃清其流毒和影响。

二是恢复高等学校招生制度，实行德智体全面衡量，重本人表现，统一考试，择优录取。废除"文革"期间工农兵学员的"群众推荐、领导批准、学校复审"招生办法。

三是为教育界的冤假错案平反，落实知识分子政策。

四是工宣队撤出学校，恢复学校的正常教学秩序。

五是恢复和办好重点学校，确定全国第一批重点大学88所，其中恢复原有的 60 所，新增加 28 所。

六是恢复和建立研究生院和研究生制度。

1979 年 3 月 19 日，中共中央根据邓小平的意见，决定撤销 1971 年 8 月 13 日转发的《全国教育工作会议纪要》。

这样，像梦魇一般缠绕在知识分子心头多年的《纪要》最终烟消云散了，和煦的春风再次吹拂着教育园地含苞待放的花蕾。

邓小平提出：所有错案、冤案，人民和干部不满意的事，一起解决

长期"以阶级斗争为纲"的"左"的错误，特别是"文化大革命"对广大干部和群众实行残酷斗争、无情打击，造成错案、冤案遍及中华大地的后果。如果不清理和平反这些冤假错案，就调动不了广大干部和群众的积极性，就不可能团结一致地进行"四化"建设。

粉碎"四人帮"后，不仅受害者及其亲人盼望早日能够得到平反和昭雪，广大干部群众也要求中央能够及时采取措施，解决历史遗留问题。

然而，人们要求平反冤假错案的强烈愿望却受到了"两个凡是"的困扰。

人们希望邓小平的冤案能够平反，也把自己平反的希望寄托于邓小平。

邓小平没有辜负广大干部和群众的希望。

1977 年 4 月，邓小平在复出之前就向华国锋派来与之谈话的汪东兴、李鑫明确表示：我出不出来没有关系，但天安门事件是革命行动。他说："两个凡是"不行。按照"两个凡是"，就说不通为我平反的问题，也说不通 1976 年广大群众在天安门广场的活动"合乎情理"的问题。

邓小平第三次复出后，在极其困难的情况下，与陈云、胡耀邦等人一道，推动了当时的平反冤假错案工作。时任中共中央组织部部长的胡耀邦，更是冲在了第一线。

著名文学家老舍在"文化大革命"中遭到残酷迫害，因不堪受辱，自沉于北京的太平湖。1977 年，老舍夫人胡絜青给中央写信，要求为老舍平反，并作出结论。这年 8 月 13 日，邓小平对此作出批示："对老舍这样有影响的人，

应当珍视，由统战部或北京市委作出结论均可，不可拖延。"

1977年8月10日，邓小平在万毅将军要求恢复工作的申诉信上批示："既无政治历史问题，就应作恰当安排，他过去有贡献。"

1977年10月2日，在会见港澳同胞国庆代表团和香港知名人士时，邓小平说：说什么"海外关系"复杂不能信任，这种说法是反动的。我们现在不是海外关系太多，而是太少。"四人帮"胡说什么"地、富、反、坏、侨"，把华侨同地、富、反、坏并列起来，这种错误政策一定要纠正过来。

1977年12月6日，在原五机部副部长吴皓的妻子要求落实政策的来信上，邓小平指示："请中组部对这类事要关心，实事求是地对每件事作出恰如其分的结论，这不只是对本人，对家属亲友都是关系很大的，拖不是办法。"

1977年12月25日，在原西藏自治区党委书记、"文革"中被诬为"六十一人叛徒集团"成员的王其梅的妻子王先梅的申诉信上，邓小平批示："请东兴同志批交组织部处理。王其梅从抗日战争起做了不少好事。他的历史问题不应影响其子女家属。建议组织部拿这件事做个样子，体现毛主席多次指示过的党的政策。"

粉碎"四人帮"后，许多人向中央写信，要求为著名史学家、原北京市副市长吴晗尽快做出正确结论。然而，在"两个凡是"错误指导思想下，有关部门直到1978年2月才作出"吴晗反党反社会主义的问题性质严重""作人民内部问题处理"的所谓结论。吴晗亲属拒绝接受这种结论，并要求重新审查。为此，邓小平亲自批示："吴晗应该平反。"此后，吴晗的冤案才得以平反昭雪。

1978年6月25日，邓小平在一封有关所谓"六十一人叛徒集团"案的申诉材料上批示："这个问题总得处理才行。这也是一个实事求是的问题。"

类似上述这样的批示、指示、谈话还有很多。与此同时，邓小平还积极支持胡耀邦等人推动平反冤假错案的努力。胡耀邦在中央党校复校后担任常务副校长期间，先后组织了《把"四人帮"颠倒了的干部路线是非纠正过来》和《毛主席的干部政策必须认真落实》等文章，发表于当时的《人民日报》，从而为平反冤假错案工作做了舆论准备。1977年12月，胡耀邦接任中央组织部部长后，在邓小平、陈云等老一辈革命家的支持下，更是大刀阔斧地带领中组部的同志进行落实干部政策和平反冤假错案的工作，并取得了很大成绩。

在邓小平等老一辈革命家的推动下，在广大人民群众的期待和呐喊中，1978年11月，北京市委决定为天安门事件平反。11月25日，邓小平在同中央政治局常委听取北京市委和团中央负责人关于天安门事件平反问题的汇报时指出：天安门事件平反后，群众反映强烈，大家很高兴，热烈拥护，情况是很好的。当然也出现一些问题。我们的工作要跟上去。他还说：有些历史问题，不解决就会使很多人背包袱，不能轻装前进。林彪、"四人帮"破坏造成的一些遗留问题，都可以逐步解决。解决这些问题是为了创造一个安定团结的稳定局势，把各种积极因素调动起来。

1978年11月26日，邓小平在会见日本民社党第二次访华团时，就国内形势回答了民社党委员长佐佐木良作提出的问题。谈到天安门事件的平反问题时，邓小平说：有错必纠是毛主席历来提倡的。对天安门事件处理错了，当然应当纠正。如果还有别的事情过去处理不正确，也应该实事求是地加以纠正。他指出：过去"四人帮"不让发表不同意见，结果激起了1976年清明节人民的义愤。天安门事件确实没有任何组织，完全是群众自发的啊！关于"文化大革命"问题，邓小平说：我们处理这些问题就是要把过去的问题了结一下，使全国人民团结一致向前看。所有错案、冤案，人民和干部不满意的事，一起解决。了结了这些问题，大家心情就舒畅了，一心一意向前看，搞四个现代化。

3天后，邓小平又会见了由委员长竹入义胜率领的日本公明党访华团。他对客人们说：对过去有些事情，群众不满意的，也确实有错的，要按照毛主席实事求是、有错必纠的方针，把它纠正过来，把那些冤案、错案了结了。大的就是天安门事件这样的问题，错了就改嘛，改了就完了。对有些人，过去搞得不对的，搞过了的，要改过来，比如对彭德怀同志的评价。这样去引导全党、全国人民一心一意奔向四个现代化。

邓小平对平反冤假错案工作的推动，对于冲破"两个凡是"的束缚，实现历史性的伟大转折发挥了重要作用。

北方谈话：邓小平"到处点火"

1978年9月，应朝鲜劳动党中央委员会总书记、朝鲜国家主席金日成的邀请，邓小平率中国党政代表团赴朝参加朝鲜国庆30周年活动。9月13日，邓小平离朝回国。

邓小平没有直接返京，而是在东北三省和唐山、天津等地视察了一个星期。他先后听取了这些地方党政等领导的工作汇报，视察了大庆油田、鞍钢、开滦煤矿等企业，并发表了6次重要谈话。近10万言的谈话形成了对中国未来走势有深远影响的"北方谈话"。

邓小平走一路讲一路，按他自己的话来说，是沿途"到处点火"。这把"火"，是启迪人们解放思想、冲破禁区、实事求是、开拓前进之火，是引导中国实现伟大历史转折之火。这把"火"，集中反映了历史转折前夜邓小平对如何建设社会主义的理论思考。

9月13日清晨，邓小平与随行的彭冲、黄华等人到达辽宁省的重工业城市本溪。稍事休息，即与辽宁省和本溪市的领导同志座谈。在谈到本溪钢铁公司的建设问题时，邓小平说，要到发达的国家去看看。过去我们对国外的好多事情不知道，也不可能知道，知道还有罪嘛！我们应当去看看人家是怎样搞的。短短几句话，便道出了过去实行封闭僵化政策给国家和企业带来的危害，揭示了我们与外部精彩世界日新月异发展的巨大差距。

9月14日，邓小平又赶赴黑龙江，视察大庆油田，深入广大石油工人中间，详细了解大庆的生产和生活情况。第二天，在听取黑龙江省委常委汇报工作时，邓小平明确地提出了改革现行经济体制和政治体制的问题。他说，我们现在的体制不适应现代化建设。从总的状况来说，我们国家的体制，包括机构体制等，基本上是从苏联来的，是一种落后的东西，人浮于事，机构重叠，官僚主义发展。"文化大革命"以前就这样。一件事人多了，转圈子。有好多体制问题要重新考虑。邓小平这些关于改革现有体制的思想，在不久后他作的《解放思想，实事求是，团结一致向前看》的讲话中又有了更加全面的阐述和发展。

"北方谈话"中讲得最多、分量最重的是9月16日邓小平在长春听取吉林省委常委汇报工作时的谈话。邓小平指出：现在摆在我们面前的问题，关键还是实事求是、理论与实际相结合、一切从实际出发。这是政治问题，是思想问题，也是我们实现四个现代化的现实问题。一切从实际出发，我们的事业才有希望。在这次谈话中，内容涉及许多方面，但核心是冲破禁区，破除僵化，解放思想，实事求是，大力发展社会主义社会生产力。邓小平指出：思想僵化，就不可能实现四个现代化。世界天天在发生变化，新的事物不断出现，新的问题不断出现，我们关起门来不行，不动脑筋永远陷于落后不行。邓小平提出，要实事求是，开动脑筋，要来一个革命。他说：怎样高举毛泽东思想旗帜这是

★ 1978年9月14日，邓小平在大庆油田视察，与工人们亲切交谈。

个大问题。"两个凡是"不是高举毛泽东思想的旗帜，这样搞下去，要损害毛泽东思想。毛泽东思想的基本点就是实事求是，就是把马列主义的普遍原理同中国革命的具体实践结合起来。毛泽东思想的精髓就是这四个字。所谓理论要通过实践来检验这样的问题还要引起争论，可见思想僵化。邓小平还指出：我们是社会主义国家，社会主义制度优越性的根本表现，就是能够允许社会生产力以旧社会所没有的速度迅速发展，使人民不断增长的物质文化生活需要能够得到满足。按照历史唯物主义的观点来讲，正确的政治领导的成果，归根到底要表现在社会生产力的发展上，人民物质生活的改善上。邓小平告诫说：外国人议论中国人究竟能够忍耐多久，我们要注意这个话。我们要想一想，我们给人民究竟做了多少事情呢？所以，我们一定要根据现在的有利条件加速发展生产力，使人民的物质生活好一些，使人民的文化生活、精神面貌好一些。这次谈话的主要内容，以《高举毛泽东思想旗帜，坚持实事求是的原则》为题，被收入《邓小平文选》第二卷。

9月17日，在沈阳听取辽宁省委常委汇报工作时，邓小平再次谈了以上内容，并强调说：马克思主义认为，归根到底要发展生产力。我们太穷了，太落后了，老实说对不起人民。我们现在必须发展生产力，改善人民生活条件。一个是实事求是，一个是怎样高举，一个是怎样发展生产力。同日，在听取沈阳军区常委汇报工作时，针对全国性的揭批林彪、"四人帮"运动已经进行了近两年，取得了相当大成就的基本事实，邓小平指出：运动不能总这样搞下去，不能只搞运动。他提出，有些单位搞得差不多了就可以结束，转入正常工作。这实际上是向全党提出了工作重点战略转移的问题。在这次"北方谈话"后十多天，邓小平即更加明确地提出了这一历史性的任务。

9月18日，邓小平视察鞍山钢铁公司并发表讲话，提出要用先进技术和管理方法改造企业。9月20日，在视察天津期间，听取天津市委常委汇报工作时，邓小平再次强调各地要解放思想，开动机器，因地制宜地发展生产。在这次讲话中，他反复强调，要按照经济规律管理经济，要革命，不要改良。他指出：现在我们的上层建筑非改不行。实际上是向地方和基层下达了改革的动员令。

历史性的"北方谈话"，内容非常丰富，已经包含了改革开放许多新理论、新政策。在当时中国那样一种特定的历史环境中，"北方谈话"无疑起了为新时期的到来进行全面思想动员的作用，对推动全国范围的思想解放具有重大意义。

如果说，1992年邓小平视察南方为形成"南方谈话"这个改革开放的"宣言书"而提供了前提的话，那么，我们也可以说，1978年邓小平的北方之行和"北方谈话"，则是不久后邓小平《解放思想，实事求是，团结一致向前看》这个"宣言书"的试演和先声。

养三只鸭子就是社会主义，养五只鸭子就是资本主义，怪得很

在致力于解决思想路线问题的同时，邓小平考虑的另一个重要问题就是确立一个什么样的政治路线问题，也就是尽快摆脱"两个凡是"的束缚，结束徘徊的局面，把党和国家的工作重点转移到以经济建设为中心的轨道上来的问题。

1982年9月18日，邓小平在陪同金日成去四川访问途中谈到了当时的一些情况。他说，1978年我从朝鲜访问回来，在东北三省沿途又讲了思想路线问题。只有解决好这个问题，才能提出新的正确政策，首先是工作重点的转移，还有农村政策、对外关系政策以及相应的一整套建设社会主义的政策。我在东北三省到处说，要一心一意搞建设。国家这么大，这么穷，不努力发展生产，日子怎么过？我们人民的生活如此困难，怎么体现社会主义的优越性？我们干革命几十年，搞社会主义三十多年，截至1978年，工人的月平均工资只有四五十元，农村的大多数地区仍处于贫困状态。这叫什么社会主义优越性？因此，我强调提出，要迅速地坚决地把工作重点转移到经济建设上来。

把党的工作重心转移到现代化建设上来，既是广大人民群众的强烈愿望，也是历史发展的必然要求。邓小平以大战略家的睿智和敏锐，抓住并推进了这个转移。

在1978年视察东北时，邓小平就比较明确地提出了工作重点转移的问题。实际上，在此之前的一些谈话中，他就有了这样的思想。

1978年9月17日，他在沈阳军区同李德生等人谈话时，就明确地提出，有些单位"揭批查"运动搞得差不多了，就可以转入正常工作。他还说：我是到处点火，在这里点了一把火，在广州也点了一把火，在成都也点了一把火。

邓小平点的"火"，烧向了"两个凡是"，点燃了振兴中华民族的希望。

广州之火，点于1977年底。为筹备这年12月在广州召开的中央军委全体会议，军委主要领导人先在这里研究了会议的文件。邓小平提出，文件应以什么为纲，怎么才叫做工作的纲，这个问题值得研究。他指出，揭批"四人帮"可以叫纲，但这是暂时的。我们还有长远的考虑。之后，他明确地讲，看起来现在以揭批"四人帮"为纲可以，但是很快就要转，要结束，要转到经济建设上来。

成都之火，点于1978年2月。在出访尼泊尔之前，邓小平途经成都作短暂停留。2月1日，在听取中共四川省委汇报工作时，邓小平指出：农村和城市都有个政策问题。我在广东听说，有些地方养三只鸭子就是社会主义，养五只鸭子就是资本主义，怪得很！农民一点回旋余地没有，怎么能行？农村政策、城市政策，中央要清理，各地也要清理一下，自己范围内能解决的，先解决一些，总要给地方一些机动。

1978年9月的"北方谈话"，更加明确地提出了改革和工作重点转移的历史性任务。胡耀邦在 1980 年 11 月 19 日中央政治局会议上曾回顾说:"1978年 9 月份,小平同志在东北提出全党工作的着重点的转移,为三中全会的方针,为今后党的工作方针,作出了决策。"

从东北等地返京后,10 月 3 日,邓小平找胡乔木、邓力群、于光远谈准备在工会九大的致词问题。邓小平说:这次我在沈阳军区讲,揭批"四人帮"总有个底,总不能还搞三年五年吧!要区别一下哪些单位可以结束,有百分之十就算百分之十,这个百分之十结束了,就转入正常工作,否则你搞到什么时候?我们要把揭批"四人帮"的斗争进行到底。但是,总不能说什么都是"四人帮"搞的,有些事情还要自己负责。

10 月 11 日,邓小平代表党中央在工会九大开幕式上致词。他在讲话中指出:"很明显,……我们一定要把揭批'四人帮'的斗争进行到底。但是同样很明显,这个斗争在全国广大范围内已经取得决定性的胜利,我们已经能够在这一胜利的基础上开始新的战斗任务。"这里虽然没有使用工作重点转移的提法,但是,很明显,邓小平讲的"开始新的战斗任务",实际上就是指工作重点转移。

到了这个时候,邓小平关于把党的工作重点转移到经济建设上来的思想已经形成,而且把这个问题提出来的时机也已成熟。所以,当他在中央政治局常委会上提出这个问题时,也就比较顺利地取得了一致意见。

邓小平的主张很快在全党上下得到积极响应。11 月,中共黑龙江省委书记杨易辰在省内的一次会议上指出:现在,我们面临的一个主要问题,就是将实现四个现代化作为我国当前和今后的中心任务,这要求全党为这个中心任务的顺利实现,做好一切准备。

事实上,我们党在解放初期就已经开始将党的工作重心逐步转向经济建设。1951 年 2 月 18 日,毛泽东在为中共中央起草的党内通报中指出:"三年准备、十年计划经济建设的思想,要使省市级以上领导干部都明白。……必须从各方面加紧进行工作。"这一指示,充分说明党中央已经把注意力放到经济建设方面,并要把这种认识付诸实践。

随着党中央和毛泽东的积极探索,全党工作重心向经济建设的转移取得重大进展。党的八大政治报告正式提出:"现在,革命的暴风雨已经过去了,新的生产关系已经建立起来,斗争的任务已经变为保护社会生产力的顺利发展。""党和全国人民当前的主要任务,就是要集中力量……把我国尽快地从落后的农业国变为先进的工业国。"1958年1月，毛泽东更是明确地指出："从今年起……把党的工作的着重点放到技术革命上去。"这里所说的"技术革命"，主要是指经济建设。

然而，也就在此后不久，由于诸多因素的影响，毛泽东在指导思想上产生了一系列"左"的错误，并逐渐形成了"以阶级斗争为纲"的思想，结果使经济建设工作一再受到干扰和冲击。1975年，刚刚复出工作的邓小平，依据毛泽东"把国民经济搞上去"的指示，提出以"三项指示为纲"，试图使经济建设尽可能成为党的工作重心的一部分。可惜，这种想法依然为毛泽东所不容，邓小平再度被赶下台。

历史的经验表明，问题的关键不在于是否提出实现工作重点转移，而在于在什么样的指导思想下，怎样实现工作重点的转移。

1978年底的中国，在邓小平解放思想、实事求是的思想指导下，经过真理标准讨论的启迪，人们的思想已经发生了重大变化，"照过去方针办"已不能解决现实经济、政治、社会问题，工作重点转移已成为时代的必然要求。

随着党内以邓小平为代表的马克思主义力量逐步发挥主导作用，实现这一伟大的历史性转移的日子就要到来了。

邓小平的讲话是开辟新时期新道路、开创建设有中国特色社会主义新理论的宣言书

1978年邓小平在中央工作会议上《解放思想，实事求是，团结一致向前看》这篇讲话，是在"文化大革命"结束以后，中国面临向何处去的重大历史关头，冲破"两个凡是"的禁锢，开辟新时期新道路、开创建设有中国特色社会主义新理论的宣言书。

人们都知道，邓小平的这篇讲话，实际上是讲话后召开的具有伟大历史意义的党的十一届三中全会的主题报告。

1978年底改变中国命运的历史场面又浮现在我们眼前。

为了为党的十一届三中全会做准备，1978年11月10日，中共中央在北京召开工作会议。参加会议的有各省、市、自治区和各大军区的主要负责人及

中央党、政、军各部门和群众团体的主要负责人,共212人。华国锋在开幕会上宣布,会议的主要议题是讨论经济问题:(一)讨论如何进一步贯彻执行以农业为基础的方针,尽快把农业生产搞上去;讨论《关于加快农业发展若干问题的决定》和《农村人民公社工作条例(试行草案)》两个文件。(二)商定1979年、1980年两年国民经济计划的安排。(三)讨论李先念在国务院务虚会上的讲话。同时又宣布了临开会前中共中央政治局作出的决定,在讨论上述议题之前,根据邓小平的提议,首先讨论从1979年1月起实现全党工作重点向社会主义现代化建设转移的问题,并把这个问题列为会议的中心思想。三个议题的内容限于经济工作范围内,而会议的中心思想显然已突破了议题的范围。因为要实现工作重点的转移,首先必须要解决政治思想路线问题。

会议开始后,与会代表提出了范围广泛的问题。大多数同志最为关注的是要彻底纠正"文化大革命"的错误,为一些重大冤案平反等问题。在当时情况下,许多老一辈革命家冲破阻力,率先就思想路线的拨乱反正发表了自己的意见。特别是11月12日陈云在东北组的发言使会议气氛更趋活跃。他在发言中不是简单地对工作重点转移表示拥护,而是抓住了实现这一转移的前提条件——安定团结的政治局面,提出了既事关安定团结,又最能引起全党大多数同志共鸣的平反冤假错案问题。他指出,干部和群众对党内是否能安定团结,是有所顾虑的。对有些遗留的问题,影响大或者涉及面很广的问题,是需要由中央考虑和作出决定的。接着他提出中央应给予考虑和决定的六个问题:(一)薄一波等六十一人所谓叛徒集团等问题;(二)在"文化大革命"中被错定为叛徒的一大批干部的问题;(三)陶铸、王鹤寿同志的冤案问题;(四)彭德怀同志的问题;(五)天安门事件问题;(六)康生的罪行问题。这六个问题,实际上都涉及要纠正"文化大革命"及以前的"左"倾错误这一根本问题,因此,陈云发言后,群情激昂,发言踊跃。大家完全赞成陈云提出的问题和要求,并进一步提出了其他一些重大案件的平反问题。大家认为,这些过去遗留的问题不解决,就不能达到真正的安定团结,不利于调动一切积极因素,从而真正把党和国家的工作重点转移到社会主义现代化建设上来。

会议的深入大大超出原先的计划和预期,许多与会者道出了压藏在心中许久的声音。中共中央政治局认真研究了大家的意见后,及时作出决定,并于11月25日,由华国锋代表中央政治局在会上宣布:(一)为天安门事件平反。中央认为天安门事件是革命的群众运动,应该彻底平反。(二)"反击右倾翻案风"是错误的。中央政治局决定,"反击右倾翻案风"的有关文件全部撤销,责任由中央承担。(三)关于所谓"二月逆流"。因这个案件受冤屈的所有同志,一律恢复名誉,受牵连和受处分的一律平反。(四)关于薄一波等六十一人问题,现已查明是一起重大错案,中央决定为这一重大错案平反。(五)怀疑彭德怀里通外国没有根据,应予否定。(六)陶铸同志被定为叛徒是不对的,应予平反。(七)杨尚昆同志过去被定为阴谋反党、里通外国是不对的,应予平反。(八)康生、谢富治民愤很大,对他们进行揭发批判是合情合理的。(九)一些地方性重大事件,中共中央决定一律由各省、市、自治区党委根据情况实事求是地予以处理。中央还决定,各中央专案组结束工作,全部案件移交中央组织部。今后不再采取成立专案组审查干部的办法。这几项采纳大家意见的决定,极大地鼓舞了与会者,如春回大地,大家感到丢了多年的党内民主传统又回来了,心情十分舒畅。

乍一看,华国锋提出的三项议题与"中心思想"是一致的,但稍加思考,矛盾就显现出来了。从上面的分析中可以看出,实现党的工作重点的转移,首先要确立正确的指导思想。而华国锋在开幕会上仍然强调"要阶级斗争、生产斗争、科学实验三大革命运动一起抓"这一毛泽东的观点。在他看来,所谓工作重点的转移,就是仍然在"无产阶级专政下继续革命的理论"的指导思想下,坚持"以阶级斗争为纲",只是调整一下具体工作的部署,尽快地将他所提出的一系列跃进指标和计划付诸实施,根本不存在什么指导思想转变的问题。所以,按照他的设想,用两三天的时间讨论一下工作重点转移的问题就够了。整个会议准备开 20 天。

显然,按照这样的设想,这次党的全会无法对"文化大革命"中及其以前的"左"倾错误进行彻底纠正,无法实现党的指导思想的根本转变,也就无法展开全面的拨乱反正,无法结束近两年的徘徊局面,党的工作重心的转移实际上也就成了一句空话。这与以邓小平为代表的党内大多数人的主张显然是不相符的,也满足不了广大人民群众的愿望。

不管人们是否意识到了这一点,当中央工作会议决定对工作重心转移问题进行讨论的时候,这两种对立观点之间的冲突实际上已经是不可避免的了。从某种意义上说,这种冲突决定了党和国家未来的历史走向。在这一关键时刻,许多老一辈革命家挺身而出,主动而又策略地把会议的主题引向了指导思想的根本转变,使这次会议真正变成了一次拨乱反正和提出新的指导方针的重要会议。

波澜起伏。11月27日，会议已按原定日程转入对两年国民经济计划和李先念在国务院务虚会上讲话的讨论。在大组讨论中，有个别人对实践是检验真理的唯一标准问题的讨论提出了不同的看法，不赞成将这场讨论看做是政治问题、路线问题，是关系国家命运的问题。这些人在发言中既认为关于真理标准问题的讨论是有益的，又担心这样会引起国内外对安定团结政治局面的担忧，认为现在报刊文章中提出的"来一个思想解放运动""反对现代迷信"等口号，虽然并非完全不包含合理的内容，但如果把它们当做思想工作、宣传工作中的纲领性的口号，那就要十分慎重。

这样的发言在简报上登出后，一下又将与会人员的注意力拉回到政治问题上，会议的中心议题又回到了关于"两个凡是"和真理标准问题的讨论。两百多名中共高级干部又一次认真讨论了该问题。有的同志发言说：真理标准问题虽然是马列主义的常识问题，但有极其重要的意义。这个原则不明确，思想就不能够解放，干部和群众的创造性就会受到压抑。缺乏一个最后明辨是非的客观标准，遇有分歧就难以统一认识，不利于安定团结。有的说：只有坚持实践是检验真理的唯一标准，才能真正实事求是地总结二十多年来经济工作中正反两方面的经验，纠正错误的东西。有的说……绝大多数同志均肯定了实践是检验真理的唯一标准，对坚持"两个凡是"观点的同志提出了尖锐的批评。

经过大家的批评、帮助，一些曾经受"两个凡是"观点影响，对这场讨论的意义认识不足的同志，都先后承认了错误，作了自我批评。提出和推行"两个凡是"的领导人，也程度不同地作了自我批评。

12月13日，华国锋在会上发言说，1977年3月中央工作会议时他曾讲过："凡是毛主席作出的决策，都必须维护；凡是损害毛主席形象的言论，都必须制止""后来发现，第一句话，说得绝对了；第二句话，确实是必须注意的，但如何制止也没有讲清楚，当时对这两句话，考虑得不够周全。现在看来，不提'两个凡是'就好了"。"至于1977年2月7日两报一刊社论中提出的'两个凡是'，就更加绝对，更为不妥。以上两处关于'两个凡是'的提法虽不尽相同，但在不同程度上束缚了大家的思想，不利于实事求是地落实党的政策，不利于活跃党内思想。我的讲话和那篇社论，虽然分别经过政治局讨论和传阅同意，但责任应该主要由我来承担。"汪东兴也在会上作了书面检查。这当然并不表示华国锋等人已经彻底改正了"两个凡是"的错误，但这种态度无疑是宣布党中央已坚决抛弃和否定了"两个凡是"的主张,因而受到代表的普遍欢迎。

中央工作会议刚开始,邓小平因按原定日程在泰国、马来西亚和新加坡访问。11月14日,邓小平回国后的当天,中共中央政治局常委就开会批准了北京市委关于天安门事件平反的决定。随后,在邓小平的主导下,中央政治局又对一系列重大历史遗留问题提出了意见。

随着中央工作会议讨论内容的深入,特别是代表们对"两个凡是"错误的严厉批评,"左"的指导思想已失去了中央领导工作的主导权,而邓小平的主导地位更加凸显。

针对会议中讨论的各种问题和倾向,特别是针对毛泽东的一些倾向问题,邓小平多次发表重要谈话,从而及时、正确地把握了会议发展的方向。

1998年11月,在纪念党的十一届三中全会二十周年之际,中共中央文献研究室编辑出版了《邓小平思想年谱(1975—1997)》,第一次公开发表了邓小平这一时期几次重要谈话的内容。从中我们可以看到中国最高政治层在那几天发生的急剧变化。

11月25日,中央政治局常委听取中共北京市委和团中央几位负责人汇报天安门事件平反后群众的反映和北京市街头大字报的情况,并发表了一些重要意见。邓小平指出：天安门事件平反后,群众反映强烈,大家很高兴,热烈拥护,情况是很好的。当然也出现一些问题。我们的工作要跟上去,要积极引导群众,不能和群众对立。我们一定要高举毛主席的伟大旗帜。毛主席的旗帜是全党全军全国各族人民团结的旗帜,也是国际共产主义运动的旗帜。现在,有的人提出一些历史问题,有些历史问题要解决,不解决就会使很多人背包袱,不能轻装前进。有些历史问题,在一定的历史时期内不能勉强去解决。有些事件我们这一代人解决不了的,让下一代人去解决,时间越远越看得清楚。有些问题可以讲清楚,有些问题一下子不容易讲清楚,硬要去扯,分散党和人民的注意力,不符合党和人民的根本利益。现在报上讨论真理标准问题,讨论得很好,思想很活跃,不能说哪些文章是对着毛主席的,那样人家就不好讲话了。但讲问题,要注意恰如其分,要注意后果。迈过一步,真理就变成谬误了。毛主席的伟大功勋是不可磨灭的。外国人问我,对毛主席的评价,可不可以像对斯大林评价那样三七开？我肯定地回答,不能这样讲。党中央、中国人民永远不会干赫鲁晓夫那样的事。现在中央的路线,就是安定团结,稳定局势,搞社会主义现代化。国际上也十分注意我们国内局势是不是能够保持稳定。引进新技术，利用外资，你稳定了，人家才敢和你打交道。安定团结是实现四个现代化的必要政治条件，不能破坏安定团结的局面。这是中央的战略部署，这是大局。我们处理任何问题，都要从大局着眼，小局服从大局，小道理服从大道理。不搞什么新运动，不要提中央没有提的什么运动。要引导群众向前看。平反工作，中央和各地都在抓紧处理，都是有领导、有步骤地进行的。林彪、"四人帮"破坏造成的一些遗留问题，都可以逐步解决。解决这些问题是为了创造一个安定团结的稳定局势，把各种积极因素调动起来。

11月26日，邓小平会见日本民社党第二次访华团，在谈到天安门事件问题时，邓小平指出：过去对天安门事件的评价是不对的，北京市委肯定天安门事件是广大群众悼念周总理、反对"四人帮"，是革命行动，这是我们中央批准的，实际上就是我们中央表示的态度。不久前《人民日报》发表了一篇评论员文章《实事求是，有错必纠》，国际上反响很大。这篇文章主要是针对天安门事件讲的。有错必纠是毛主席历来提倡的。对于天安门事件处理错了，当然

★ 两个希望对自己的评价是"三七开"就很满意的伟人。

应该纠正。如果还有别的事情过去处理不正确,也应该实事求是地加以纠正。勇于纠正错误,这是有信心的表现。当然,解决这样复杂的问题总要有一个过程,现在时机成熟了。有人有一个错觉,以为重新评价天安门事件,又要乱。其实不会,人民是可以信任的。我们的群众经过"文化大革命",绝大多数人,包括青年人,辨别是非的能力提高了,关心国家命运,这点是了不起的。过去"四人帮"不让人民发表不同意见,结果激起了1976年清明节人民的义愤。天安门事件确实没有任何组织,完全是群众自发的啊!反映了人民的觉悟水平、政治水平。群众是最希望安定团结的局面的。现在不但中央的领导,地方的领导也一样,都一心一意要搞四个现代化。搞四个现代化没有安定团结的局面是不行的。

11月27日,邓小平同华国锋、叶剑英、李先念、汪东兴听取中央工作会议各组召集人的汇报时,作了插话。邓小平指出:毛主席的伟大功勋是不可磨灭的。没有毛主席,就没有新中国。毛主席的伟大,怎么说也不过分,不是拿语言可以形容得出来的。毛主席不是没有缺点错误的,我们不能要求伟大领袖、伟大人物、思想家没有缺点错误,那样要求就不是马克思主义者。毛主席讲马克思、列宁写文章就经常自己修改嘛。对毛主席的缺点错误,这个问题是不能回避的,在党内还是讲一讲好。外国人问我,对毛主席的评价,可不可以像对斯大林评价那样三七开?我肯定地回答,不能这样讲。党中央、中国人民永远不会干赫鲁晓夫那样的事。

同日,邓小平会见美国专栏作家罗伯特·诺瓦克。关于中国现在是否也正在考虑对政治制度进行某些改革,比如采用西方那种竞选制度、干部通过选举产生等问题,邓小平说:整个制度我们同西方不一样,你们叫议会制,我们是人民代表大会制,这个制度不会改变。我们现在制度中存在的上层建筑不适应生产力发展的状况要改变。比如我们最近决定工厂的车间主任、班组长要通过选举的方法产生,工人参加管理的方式要改进,要用经济规律来管理经济。我相信,现在的制度如果搞得好,在某些方面加以适当改革,我们这个制度比你们那个制度做起事来要便利得多。我们过去有些东西是学苏联的,那些东西看来是落后了。关于中国是否采用南斯拉夫工人自治的形式的问题,他说:国与国的情况有很多不一样,各有各的特点,各有各的发展体制。当然,我们要研究他们的经验,但是不能简单地吸收别人的经验,要根据自己的条件来决定。根本的一点,是要承认自己落后,承认现在很多方法不对头,需要改,要承认这一点，并且找出适当的方法。关于对毛泽东、毛泽东思想的评价，他说：中国人民都知道，没有毛泽东主席就没有新中国。这个历史是抹不掉的。毛主席从来就提倡把马列主义的真理同中国革命的具体实践相结合，不是照抄照搬某句话。毛主席历来反对本本主义。我们对待毛泽东思想也是一样。你们大概注意到了，我们提倡要完整地、准确地掌握和运用毛泽东思想。因为有些问题毛主席在世时不可能提出。按照马列主义的原理，我们不能要求任何伟大的人物、伟大的领袖每句话在任何时候都是适用的。

11月29日，邓小平在会见由委员长竹入义胜率领的日本公明党第七次访华团时说：要搞四个现代化，就要创造一个良好的政治气氛，求得一个安定团结的政治局面，使党内外广大群众心情舒畅。对过去有些事情，群众不满意的，也确实有错的，要按照毛主席实事求是、有错必纠的方针，把它纠正过来，把那些冤案、错案了结了。大的就是天安门事件这样的问题，错了就改嘛，改了就完了。对有些人，过去搞得不对的，搞过了的，要改过来，比如对彭德怀同志的评价。这样去引导全党、全国人民一心一意奔向四个现代化。实际上，我们现在议的就是怎么样万众一心搞四个现代化，中心议题就是这个。

12月1日，邓小平会同李先念与正在参加中央工作会议的许世友、李德生、任仲夷、万里等九人谈话。邓小平指出：历史问题只能搞粗，不能搞细。一搞细就要延长时间，这就不利。要以大局为重。现在确有大局问题。国际、国内，主要是看安定不安定。要给人民、给国际一个安定团结的形象。凡是有损于这个，极为不利。过去的问题过去了。为什么有精力不考虑怎样把经济搞上去？我同日本公明党说，向后看也是为了向前看。清华几个青年贴大字报说：反周民必反，反毛国必乱。这个话水平很高。邓小平在谈话中还告诉大家，中央已确定政治局成员"只上不下"的原则。

没有对中国历史和现实的深刻认识，没有对国内外大局的战略把握，没有一个大政治家的魄力和勇气，也就没有这些指导这次会议、指导中国未来发展的谈话。从这些谈话中可以看出，当时我们确实面临着不少事关重大且又不能不给以科学回答的问题。突出的有：天安门事件平反后，怎样对待它的社会作用和影响；真理标准讨论是否已完成其历史使命；解决历史遗留问题时，如何处理好与毛泽东的历史地位、保持安定团结局面的关系；怎样才能保持全党，特别是党中央的团结，以顺利实现工作重点的战略转移，等等。对这些问题的系统回答，历史地落在了邓小平身上。

★ 邓小平在党的十一届三中全会前夕召开的中央工作会议闭幕会上作《解放思想，实事求是，团结一致向前看》的讲话。这个讲话实际上是三中全会的主题报告，是开辟新时期新道路、开创中国特色社会主义新理论的宣言书。图为邓小平和华国锋（左三）、叶剑英（左四）、李先念（左五）、汪东兴（左一）在会议主席台上。

由于邓小平在党中央领导层主导地位的逐步确立，为中央工作会议作总结讲话的任务也就自然地应由他来承担。因为会议过程中与原来议题发生了改变，所以，邓小平讲话的准备也几经反复，会议召开前至会议前期准备的一个讲话稿，因为会议议题的改变而不再适用，邓小平又亲自组织对讲话稿进行了重大修改。

12月2日，邓小平约胡耀邦等人谈讲话稿的问题。谈话过程中，他拿出了自己亲自拟定的一个提纲，并对提纲所列内容进行了详尽的说明。这个弥足珍贵的提纲手稿，1997年由当时参与讲话起草工作的于光远提供，影印刊载于《百年潮》杂志1997年第4期。邓小平手拟的提纲列了七个方面的问题：

一、解放思想，开动机器。强调：实事求是，理论和实际相结合，一切从实际出发。实践是检验真理的唯一标准争论的必要。

二、发扬民主，加强法制。民主集中制的中心是民主，特别是近一时期。提出：政治与经济的统一，目前一时期主要反对空头政治。主张：民主选举、民主管理（监督）。权力下放，自主权与国家计划的矛盾，主要从价值法则、供求关系（产品质量）来调节。

三、向后看是为的向前看。提出：解决遗留问题要快，要干净利落，时间不宜长。安定团结十分重要，要以大局为重。犯错误的，给机会。总结经验，改了就好。

四、克服官僚主义、人浮于事。用经济方法管理经济,扩大管理人员的权力。党委要善于领导,机构要很小。

五、允许一部分先好起来。这是一个大政策。干得好的要有物质鼓励。

六、加强责任制,搞发展。从引进项目开始,请点专家。

七、新的问题。提出:人员考核的标准。多出人员的安置。开辟新的行业。

后来邓小平在正式的讲话中将七个问题归纳为四个问题。

12月13日,在中央工作会议闭幕会上,邓小平发表了《解放思想,实事求是,团结一致向前看》这篇开创新时代的宣言书。他向全党和全国人民发出了解放思想,实事求是,团结一致向前看,一心一意搞建设的号召,并从四个方面进行了深刻阐述。

首先,解放思想是当前的一个重大政治问题。他指出:解放思想,开动脑筋,实事求是,团结一致向前看,首先是解放思想。只有思想解放了,我们才能正确地以马列主义、毛泽东思想为指导,解决过去遗留的问题,解决新出现的一系列问题,正确地改革同生产力迅速发展不相适应的生产关系和上层建筑,根据我国的实际情况,确定实现四个现代化的具体道路、方针、方法和措施。

"在我们的干部特别是领导干部中间,解放思想这个问题并没有完全解决。不少同志的思想还很不解放,脑筋还没有开动起来,也可以说,还处在僵化或半僵化的状态。"

★ 邓小平拟的在中央工作会议闭幕会上的讲话提纲手迹。

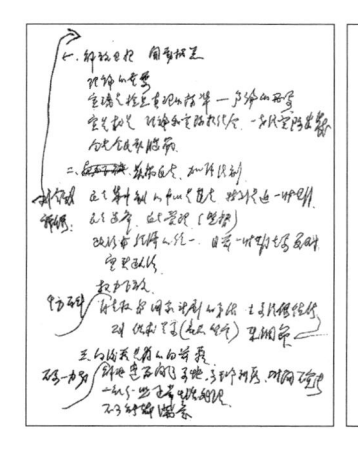

在分析了产生思想僵化的原因及其危害后，他进一步指出："不打破思想僵化，不大大解放干部和群众的思想，四个现代化就没有希望。"

"目前进行的关于实践是检验真理的唯一标准问题的讨论，实际上也是要不要解放思想的争论。大家认为进行这个争论很有必要，意义很大。从争论的情况来看，越看越重要。一个党，一个国家，一个民族，如果一切从本本出发，思想僵化，迷信盛行，那它就不能前进，它的生机就停止了，就要亡党亡国。"

"从这个意义上说，关于真理标准问题的争论，的确是个思想路线问题，是个政治问题，是个关系到党和国家的前途和命运的问题。"

在这里，邓小平已不是一般地谈论解放思想、端正思想路线的重要性，而是把解放思想同当前的政治任务，同党和国家的命运紧密联系起来，作为解决一切问题的前提条件，从而使人们进一步明确了做一切工作应当遵循的指导方针。

其次，民主是解放思想的重要条件。邓小平指出："解放思想，开动脑筋，一个十分重要的条件就是要真正实行无产阶级的民主集中制。我们需要集中统一的领导，但是必须有充分的民主，才能做到正确的集中。当前这个时期，特别需要强调民主。因为在过去一个相当长的时间内，民主集中制没有真正实行，离开民主讲集中，民主太少。"他着重讲了发扬经济民主的问题。他说："现在我国的经济管理体制权力过于集中，应该有计划地大胆下放，否则不利于充分发挥国家、地方、企业和劳动者个人四个方面的积极性，也不利于实行现代化的经济管理和提高劳动生产率。应该让地方和企业、生产队有更多的经营管理的自主权。"他还强调："为了保障人民民主，必须加强法制。必须使民主制度化、法律化，使这种制度和法律不因领导人的改变而改变，不因领导人的看法和注意力的改变而改变。""更重要的是维护党规党法，切实把我们的党风搞好。"这实际上是指明了我国民主政治建设的具体途径。

再次，处理遗留问题为的是向前看。邓小平强调，我们的原则是"有错必纠"。凡是过去搞错了的东西，统统应该改正。这是解放思想的需要，也是安定团结的需要。目的正是为了向前看，为了实现全党工作重心的顺利转移。

最后，讲研究新情况，解决新问题。邓小平指出："要向前看，就要及时地研究新情况和解决新问题，否则我们就不可能顺利前进。"当前，尤其要注意研究和解决管理方法、管理制度、经济政策这三方面的问题。他再次提出要对现行的经济管理体制进行改革，要善于学习和采用外国的先进管理方法。"现在，我们的经济管理工作，机构臃肿，层次重叠，手续繁杂，效率极低。政治的空谈往往淹没一切。这并不是哪一些同志的责任，责任在于我们过去没有及时提出改革。但是如果现在再不实行改革，我们的现代化事业和社会主义事业就会被葬送。"这些论述，正是解放思想的具体体现。

邓小平的这篇讲话，不仅对与会同志在讨论中提出的正确意见作了肯定和总结，而且为党的工作重心转移后所面临的重大任务提出了具体的指导方针和原则，这实际上为即将召开的党的十一届三中全会正式作出具有历史意义的工作重心转移的重大决策做了充分准备，成为会议的主题报告。

历史选择从这里作出，新时期从这里开始

1978年12月18日，中国共产党十一届三中全会在北京召开。由于中央工作会议为这次全会打下了坚实的基础，所以，全会进展得非常顺利。

这是一次改变中国命运的历史性会议。

这次会议的主要任务是确定把全党的工作重点转移到社会主义现代化建设上来。全会对坚持唯物主义的思想路线问题展开了深入的讨论，高度评价了关于真理标准问题的讨论，坚决地批判了"两个凡是"的错误方针，确定了解放思想、开动脑筋、实事求是、团结一致向前看的指导方针。全会认为必须教育全党和全国人民，历史地、科学地认识毛泽东的伟大功绩，完整地、准确地掌握毛泽东思想的科学体系，并在新的历史条件下加以发展。全会讨论了党的政治路线问题，及时地、果断地停止了使用不适用于社会主义社会的"以阶级斗争为纲""无产阶级专政下继续革命"的错误理论，结束全国范围内的大规模的揭批林彪、"四人帮"的群众运动，把全党的工作着重点和全国人民的注意力转移到社会主义现代化建设上来。全会在深入讨论加快农业发展的问题时，认为全党目前必须集中主要精力把农业尽快搞上去。同意将《中共中央关于加快农业发展若干问题的决定（草案）》和《农村人民公社工作条例（试行草案）》发到各省、市、自治区讨论和试行。全会讨论和原则同意1979年、1980年两年的国民经济计划安排，建议国务院修改后提交五届人大二次全体会议讨论通

★ 1978年12月召开的党的十一届三中全会重新确立了马克思主义的思想路线，决定把党和国家的工作重点转移到经济建设上来，作出了实行改革开放的重大决策。经过这次会议，邓小平成为党的第二代中央领导集体的核心。图为邓小平在党的十一届三中全会上讲话。

过。全会讨论了"文化大革命"中发生的一些重大政治事件，审查和解决了党的历史上一大批重大冤假错案和一些重要领导人的功过是非问题。全会决定加强社会主义民主和法制，健全党规党法和民主集中制。

邓小平曾说过，"文化大革命"给我国带来很多问题，直到我们党的十一届三中全会才把局势扭转过来，制定了适合中国国情的思想路线、政治路线和组织路线，并相应地制定了一系列新的政策。

党的十一届三中全会是一个光辉的标志，它表明中国从此进入了社会主义事业发展的新时期。

为什么新时期从这次全会开始，而不是从别的历史事件比如说从粉碎"四人帮"为开端呢？

粉碎"四人帮"，结束"文化大革命"，从而为社会主义的中国实现历史性的转折提供了契机。然而当时党的领导人却没有抓住这个契机，坚持过去"左"的指导方针，又提出了"两个凡是"的错误指导思想，使中国出现了两年徘徊的局面。党的十一大在揭批"四人帮"、动员全国建设现代化强国方面，是有历史贡献的，但是，十一大是在肯定"文化大革命"的前提下宣布"第一次无产阶级文化大革命"结束的，是坚持以指导"文化大革命"的理论——"无产阶级专政下继续革命的理论"为党的指导思想的，因而不可能真正实现历史要求于我们党从"文化大革命"造成的困境中摆脱出来，开辟新道路、开创新局面的转折。

经过十一届三中全会，邓小平抓住了这个契机，我们党才结束了粉碎"四人帮"之后的徘徊局面，实现了历史的伟大转折。所以，十一届三中全会成为新时期的伟大开端。

十一届三中全会重新确立了党的思想路线。思想路线的拨乱反正是各方面拨乱反正的前提和先导。党的十一届三中全会根据邓小平关于解放思想，实事求是，团结一致向前看的精神，严肃批评了"两个凡是"的观点，高度评价了关于实践是检验真理的唯一标准的讨论，认为这对于促进全党同志和全国人民解放思想、端正思想路线，具有深远的历史意义。12月22日通过的全会公报肯定了这一点。全会决定抛弃"以阶级斗争为纲"的指导思想，重新恢复和确立解放思想、实事求是的思想路线，明确指出，必须进一步继承和发扬毛泽东同志所倡导的马克思主义学风，坚持唯物主义的思想路线。只有解放思想，努力研究新事物、新问题，坚持实事求是、一切从实际出发、理论联系实际的原则，我们党才能顺利地实现工作重点的转移，才能正确解决实现四个现代化的具体道路、方针、方法和措施，改革同生产力迅速发展不相适应的生产关系和上层建筑。全会还提出，必须完整地准确地掌握毛泽东思想的科学体系，对"文化大革命"的错误要在适当的时候作为经验教训加以总结。全会明确提出

了解放思想，开动脑筋，实事求是，团结一致向前看的指导方针。

十一届三中全会制定了新的政治路线。这是最根本的拨乱反正。全会作出了把党的工作重点转移到社会主义现代化建设上来的决策，从而将我们党长期以来未能实现的工作重心转移的任务胜利完成了。将党的工作重心转移到社会主义现代化建设上来这一战略决策，正确地把握了时机，顺应了历史发展的要求，反映了人民的心愿，使被"左"倾错误耽误了二十年之久的社会主义现代化建设重新恢复了生机，为全国人民同心同德、全力以赴地进行社会主义现代化建设开辟了广阔的道路。

十一届三中全会制定了新的组织路线。组织路线的拨乱反正包括多方面的内容，要从中央贯彻到各级，是一个较长的过程。但是，全会形成了以邓小平为核心的党中央第二代领导集体，从而使正确的思想路线和政治路线在党的最高领导层有了有力的组织保证，这是最重要的成果。

新时期从这里开始，是因为这次全会实现了"三个转变"，即：从"以阶级斗争为纲"转到以发展生产力为中心，从封闭转到开放，从固守成规转到各方面的改革。

新时期从这里开始，是因为党在思想、政治、组织等领域的全面拨乱反正，是从这次全会开始的；伟大的社会主义改革开放，是由这次全会揭开序幕的；建设有中国特色社会主义的新道路，是以这次全会为起点的；邓小平理论，是在这次全会前后开始逐步形成和发展起来的。

十一届三中全会作出了重要的机构和人事变动，增选陈云为党中央副主席，增选邓颖超、胡耀邦、王震为中央政治局委员。全会实际上形成了以邓小平为核心，以叶剑英、陈云、李先念等为主要成员的党的第二代坚强有力、稳定成熟的领导集体。从这次全会起，面对着世界科技革命突飞猛进和经济社会迅速发展的新的形势，以邓小平为核心的党的第二代中央领导集体，承担起新的艰巨的历史使命，背负起民族振兴、国家富强、人民幸福的希望，领导中国共产党和中国人民开始了在改革开放中实现社会主义现代化的新的革命，走上了一条中国特色社会主义的新的道路。新的形势，新的使命，新的革命，新的道路，我们的党和国家进入了改革开放和集中力量进行社会主义现代化建设的历史新时期，中国人民迈开了追赶时代潮流的新步伐。

第三章 邓小平和毛泽东

在20世纪马克思主义同中国实际相结合的长期过程中，中国共产党领导中国人民进行了艰苦卓绝的斗争，进行了两次伟大的社会革命，实现了两次历史性的飞跃，造就了两位伟大人物：毛泽东和他的战友、事业继承者邓小平。中国由此也开始了与毛泽东和邓小平的名字紧密相连的两个崭新的时代。

毛泽东与邓小平都是有博大胸怀的政治家，他们之间有着许多相似之处，有过类似的经历，有过相互的理解和支持，有过亲密的合作和深厚的友谊，但也发生过分歧、矛盾和冲突。毛泽东对邓小平十分器重，赞誉他"人才难得"，并作为接班人培养，但又对邓小平有时不太听话不满，甚至在"文化大革命"中两次将其打倒。邓小平对毛泽东一直非常推崇和敬重。他多次说过，毛泽东思想教育了我们整整一代人。我们这一代人就是在毛主席的领导下成长起来的。毛泽东在晚年犯了错误，邓小平在抵制和纠正毛泽东晚年错误、特别是"文化大革命"那样全局性错误的同时，又坚持反对全盘否定毛泽东和毛泽东思想，反对把毛泽东的晚年错误与其个人品质联系在一起，旗帜鲜明地维护毛泽东的历史地位，科学地评价毛泽东思想。

邓小平作为继毛泽东之后开创新时期的掌舵人，他同毛泽东和毛泽东时代是什么关系呢？用邓小平的话说：就是恢复毛泽东的那些正确的东西，把他已经提出但是没有做的事情做起来，把他反对错了的改正过来，把他没有做好的事情做好。当然我们也有发展，而且还要继续发展。

毛泽东曾说，邓小平在中央苏区是挨整的，是所谓毛派的头子

毛泽东与邓小平最初结识，是在1927年中共"八七"会议上。当时毛泽东作为中共中央候补委员参加会议，邓小平是作为中央秘书在会议上担任记录和会务工作的。毛泽东说"政权是由枪杆子中取得的"那句名言，就是邓小平记录在案的。这一年，毛泽东34岁，邓小平23岁。会后，毛泽东返回湖南组织秋收暴动，邓小平则随中央机关迁往上海，不久出任中央秘书长。

4年后，邓小平和毛泽东重逢于中央苏区，在这里两个人都经历了一次政治磨难。

邓小平是1931年的夏天，经中央批准前往苏区的。他由上海乘船，经广东、福建到达江西瑞金。同行的有一位浙江籍我党早期女活动家，叫金维映，到达瑞金后，他们结成了夫妻。

毛泽东是中央苏区的主要创建人之一。1929年1月，为了打破国民党军队的"围剿"，毛泽东、朱德等率红四军主力开始由井冈山向赣南转移，留彭德怀率红五军坚守井冈山。经过一年多的艰苦斗争，毛泽东、朱德率领红四军先后开辟了赣南、闽西革命根据地，在这里建立了苏维埃政权。经过三次反"围剿"的胜利，后来，赣南、闽西及周围的革命根据地连成了一片，形成了包括21个县、250万人口的中央苏区，建立了比较巩固的中央革命根据地。

1931年秋天，毛泽东与中央苏区的几位领导人项英、朱德等转战来到瑞金，筹备中华苏维埃第一次全国代表大会的事宜，同时检查地方工作。当时，中共瑞金县委书记就是邓小平。

邓小平在担任瑞金县委书记期间，经过调查研究，迅速纠正了以往"左"的领导造成的滥捕滥杀的错误，为前一个时期蒙受冤屈的干部群众平反，召开全县苏维埃代表大会，广大群众的积极性重新调动起来了，局面大为改观。这位年轻县委书记的精明能干，给毛泽东留下了深刻的印象。后来，邓小平调至会昌任县委书记，随之担任中共会（昌）寻（乌）安（远）中心县委书记。他善于打开局面、兴利除弊，有组织有计划、坚定果断地开展工作，很得毛泽东

>> 第三章 邓小平和毛泽东

★ 领导百色起义时期的邓小平。

★ 到达陕北后的邓小平。

★ 1936年红军长征到达陕北后,红一军团和红十五军团的部分领导干部在陕西淳化县合影。右起:邓小平、徐海东、陈光、聂荣臻、程子华、杨尚昆、罗瑞卿、王首道。

的赏识。

然而，中央苏区的工作却受到了以王明为代表的"左"倾路线的严重干扰和破坏，以毛泽东为代表的正确主张和实行的正确政策受到了严厉的批判，许多干部受到了"残酷斗争"和"无情打击"。毛泽东曾先后几次遭到排挤，以至被错误地撤销职务，剥夺了在红军的领导权。

1933年1月，中共临时中央局迁入苏区，26岁的博古成为中央苏区的最高领导，因为他是王明指定的中共临时中央政治局总负责人。博古到苏区后，认为任弼时对毛泽东的"错误思想"批得不够，贯彻极"左"路线不得力，因而将他贬到湘赣区做省委书记。接着，博古等人就发起了批判执行毛泽东正确路线的福建省委代理书记罗明的斗争，目的是想通过批判"罗明路线"进一步消除毛泽东的影响——名义上是批判罗明，实际上是批判毛泽东。

邓小平在中央苏区，因为坚决贯彻毛泽东的正确路线，拥护和支持毛泽东的正确主张，也遭到了王明"左"倾教条主义者的批判和排挤。继福建反"罗明路线"之后，从1932年2月下旬开始，"左"倾领导者又在江西苏区开展了所谓反"江西罗明路线"，即反邓、毛、谢、古的斗争，对坚持毛泽东正确主张、抵制王明"左"倾错误的邓小平、毛泽覃、谢唯俊、古柏等进行了错误的批判和打击。

邓小平当时任江西省会（昌）寻（乌）安（远）中心县委书记，半年后调任江西省委宣传部长；毛泽覃曾任苏区中央局秘书长和永丰、吉安、泰和中心县委书记；谢唯俊曾任赣西南特委委员、赣东南特委书记、江西省第二军分区司令员兼独立第五师师长；古柏曾任寻乌县委书记、寻乌县苏维埃政府主席、红一方面军总前委秘书长。邓、毛、谢、古等同志长期在毛泽东直接领导下的中央革命根据地和红一方面军中工作，坚决拥护和贯彻执行毛泽东的正确主张，对王明"左"倾错误进行了抵制和斗争。

早在1931年1月党的六届四中全会后，邓小平即对通过四中全会在党内取得统治地位的王明"左"倾教条主义者持保留态度，因而后来被指责为"散布对于四中全会后中央领导的不信任，实际就是在反对共产国际和四中全会"。1931年11月的赣南会议，攻击毛泽东的正确路线为"富农路线"和"极严重的一贯的右倾机会主义"，并讥笑毛泽东"山沟里没有马克思主义"。邓小平、毛泽覃、谢唯俊、古柏对中央领导工作中的这些错误进行了抵制。他们针对某些人诬蔑山沟里没有马克思主义的说法，进行了针锋相对的驳斥："大城市中产生了立三'左'倾盲动主义，我们苏区的山上，却全是马克思主义"；他们反对"城市中心论"，主张在山区和敌人力量薄弱的广大农村建立政权；他们反对军事冒险主义，主张诱敌深入；他们反对用削弱地方武装的办法来扩大主力红军，主张两种武装力量都要发展；他们反对"左"的土地分配政策，坚持"抽多补少，抽肥补瘦"的方针。可见，他们反对的都是"左"倾教条主义的那些东西，而他们主张的全是毛泽东的正确路线。因此，1933年4月16日至22日，根据苏区中央局的决定，中共江西省委召开全省三个月工作总结会议，会议给邓、毛、谢、古扣上了"罗明路线在江西的创造者""反党的派别和小组织的领袖"等罪名。

5月5日，在临时中央和中央局特派员主持下，江西省委通过了《江西省委对邓小平、毛泽覃、谢唯俊、古柏四同志二次申明书的决议》，对他们做了组织处理，部分或全部撤销了他们的职务，还当众缴了他们的枪，责令他们去基层改造，进一步"申明"和"揭发"自己的错误，作出新的检查，"再不允许有任何的掩藏"。

邓小平被撤销了江西省委宣传部部长职务，受到党内"最后严重警告"处分。这就是邓小平人生历程中的第一次被打倒。

在劳动改造期间，邓小平的家庭生活也发生了变化，结婚才两年的妻子金维映离他而去，这对政治上遭受波折的邓小平来说，无疑是雪上加霜。

然而，这突如其来的打击并没有压垮邓小平，凭着坚定的信念和乐观豁达的胸怀，他很快就走出了这一段人生的低谷。

在邓小平受难期间，在留法

★ 邓小平被调到红军总政治部，负责主编红军总政治部出版的《红星报》。从1933年8月起，邓小平主持编印了七十多期。

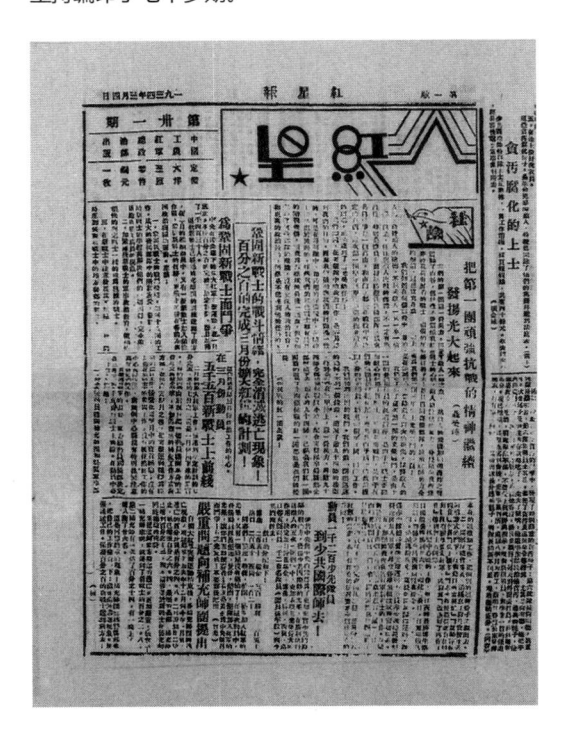

时就同他有过密切交往的江西省委书记李富春给予了他多方关照，并把他的情况向中央军委副主席兼红军总政治部主任王稼祥做了汇报。在王稼祥、贺昌等人的争取下，临时中央同意调邓小平任红军总政治部秘书长。不久，邓小平又被分配到总政宣传部，负责主编《红星报》，并参加了长征。1935年1月，遵义会议前，邓小平再次担任了中央秘书长职务，并参加了遵义会议。遵义会议是党在重要历史关头的一个伟大转折，从这个转折开始，以毛泽东为核心的党的第一代领导集体逐步形成，邓小平在党内的地位也逐步提高。

在中央苏区共同遭受磨难的那一段经历，毛泽东和邓小平都始终没有忘记。1972年8月，当"文化大革命"中被打倒的邓小平致信毛泽东时，毛泽东在信上写下了这样一段批语："他在中央苏区是挨整的，即邓、毛、谢、古四个罪人之一，是所谓毛派的头子。""他没历史问题。即没有投降过敌人。""他协助刘伯承同志打仗是得力的，有战功。除此之外，进城以后，也不是一件好事都没有作的。例如率领代表团到莫斯科谈判，他没有屈服于苏修。"

邓小平是以毛泽东为核心的党的第一代领导集体的重要成员

遵义会议后，毛泽东成为中国革命的掌舵人，邓小平则成为在毛泽东统领下的军队和地方的重要领导人。在抗日战争和解放战争中，毛泽东将一个方面军和独立战区的责任交给了邓小平。邓小平没有辜负毛泽东的器重和培养，与刘伯承并肩战斗、密切合作，创造了辉煌的战绩。从浴血太行、创建和巩固抗日民主根据地，到挺进中原、千里跃进大别山；从淮海决战，创造60万战胜80万的奇迹，指挥百万雄师渡江横扫蒋家王朝，到进军大西南、和平解放西藏，毛泽东的军事战略方针和战术思想，在邓小平那里得到了生动的体现和具体的发挥。邓小平的卓越才能和非凡胆略，使毛泽东甚感欣慰和赞赏。

对于邓小平的工作作风和思维特点，毛泽东看得非常清楚。早在1948年，邓小平在太行山时曾讲过一句话："一切都是辩证的，一切都是发展变化的。"这话传到哲学家毛泽东耳里，很是欣赏，认为邓小平的话抓住了马克思主义的

★ 1955年3月，邓小平在中国共产党全国代表会议上作报告。

实质，富有哲理，并多次提到这句话。以后，毛泽东在评价邓小平时常常说，他这个人善于按辩证法办事。

在马克思主义同中国革命实际相结合的过程中，由于有了毛泽东思想，中国革命为之一新。对于毛泽东思想，邓小平是认识最早、领悟最深切的党的高级领导人之一。1943年，邓小平在中共北方局党校整风动员会上讲道："把党的事业完全放在中国化的马列主义，即毛泽东思想的指导之下，直到现在已经九年的时间，不但没有犯过错误，而且一直是胜利地发展着。"1962年，在扩大的中央工作会议上，邓小平又这样指出："中国的革命，不是由别的思想引导到胜利的，而是由毛泽东思想引导到胜利的。"正是有对毛泽东思想的深切认识，邓小平后来还说过：毛泽东思想教育了我们整整一代人。

新中国成立后，毛泽东更加器重邓小平。1951年9月3日，毛泽东在与梁漱溟谈话时称赞道："无论是政治，还是军事，论文论武，邓小平都是一把好手。"

1952年7月，邓小平由中共西南局第一书记调任中央人民政府政务院副总理兼任财政经济委员会副主任。1954年4月，任中共中央秘书长、中央组

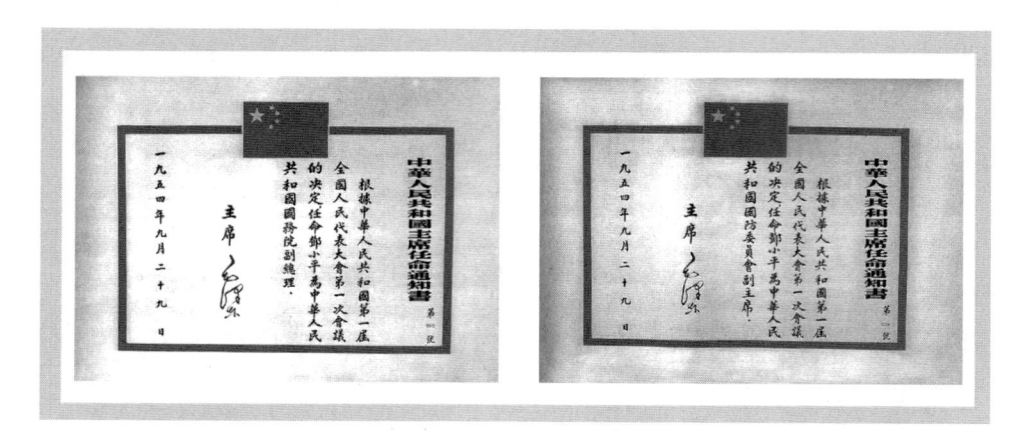

★ 1954年9月29日，毛泽东签署的邓小平任国务院副总理的任命通知书。

★ 1954年9月29日，毛泽东签署的邓小平任国防委员会副主席的任命通知书。

织部部长。同年，任中央军委委员、国务院副总理、国防委员会副主席。可以看出，邓小平的军政业绩确实使毛泽东感到人才难得，不断委以重任。20世纪50年代中期以后，邓小平是除毛泽东之外，唯一没有授元帅军衔和着便服的中央军委委员。1954年"高饶事件"之后，毛泽东对邓小平不拉山头、坚持原则的大局意识和组织纪律观念体察得更加清楚。1955年4月，邓小平被增选为中共中央政治局委员。

1956年9月13日，在党的七届七中全会第三次会议上，毛泽东在会议上讲了中央准备设副主席和总书记的问题，重点是向与会同志介绍和推荐陈云和邓小平。毛泽东认为，为了党和国家的长治久安，使党的事业后继有人，设副主席和总书记非常必要。他说："我们这些人（包括我一个，总司令一个，少奇同志半个，不包括恩来同志、陈云同志跟邓小平同志，他们是少壮派），就是做'跑龙套'工作的，我们不能登台演主角，没有那个资格了，只能维持维持，帮助帮助，起这么一个作用。"

当毛泽东提议邓小平任中共中央总书记时，邓小平自谦地说："我还是比较安于担任秘书长这个职务。"毛泽东却解释说：秘书长改为总书记，那只是中国话变成外国话……外国的总书记就是中国的秘书长。他说不顺，我可以宣传宣传，大家如果都赞成，就顺了。

毛泽东向中央的同志这样"宣传"邓小平：我看邓小平这个人比较公道，

比较有才干。你说他样样事办得好呀？不是，他跟我一样，有许多事情办错了，也有话说错了。但比较起来，他会办事，他比较周到。不满意他的人也有，像有人不满意我一样。但大体说来，这个人比较顾全大局，比较厚道，处理问题比较公正，他犯了错误对自己很严格。

赞誉和倚重之意溢于言表。毛泽东的这些话，可以说是他对邓小平的真实认识，也集中了中央主要负责人的共同看法。

1956年9月28日，在党的八届一中全会上，邓小平当选为中央政治局常务委员、中央委员会总书记。从此，邓小平成为以毛泽东为核心的党的第一代领导集体的重要成员。

邓小平曾这样谈第一代领导集体：在历史上，遵义会议以前，我们的党没有形成过一个成熟的党中央。从陈独秀、瞿秋白、向忠发、李立三到王明，都没有形成过有能力的中央。我们党的领导集体，是从遵义会议开始逐步形成的，也就是毛刘周朱和任弼时同志，弼时同志去世后，又加了陈云同志。到了党的八大，成立了由毛刘周朱陈邓六人组成的常委会，后来又加了一个林彪。这个领导集体一直到"文化大革命"。"在'文化大革命'以前很长的历史中，不管我们党犯过这样那样的错误，不管其成员有这样那样的变化，始终保持了以毛泽东同志为核心的领导集体。这就是我们党第一代的领导。"

在第一代领导集体中，邓小平可谓是"后起之秀"。毛泽东对他是作为接班人来培养的。

1957年11月，毛泽东访问莫斯科同赫鲁晓夫谈话时，指着邓小平对赫鲁晓夫说：你看见那位小个子吗？他聪明能干，很有前途。

1958年，毛泽东在对赫鲁晓夫谈他的接班人问题时说：第一个是刘少奇……第二个就是邓小平了，这个人不简单，既有原则性，又有灵活性，是个难得的人才。

1959年4月，在党的八届七中全会上，毛泽东发言时说：我这个人叫毛泽东，我挂正帅，就是大元帅，邓小平为副总司令、副元帅，我们两个人，一正一副。毛泽东对邓小平说：你是总书记嘛，邓小平，你挂帅了，一朝权在手，就把令来行，你敢不敢呀？你是书记处的总书记，你也是中央委员会的总书记，你也是我的总书记。

1961年，毛泽东在会见英国元帅蒙哥马利时也说过：我的接班人，第一是刘少奇，第二是邓小平。

毛泽东的这一次次谈话，都表现出他对邓小平的推重和期望。

"文化大革命"以前，我们党在探索社会主义建设和发展道路的过程中，曾取得了伟大的成绩，积累了不少的经验，也出现过很大的曲折。邓小平作为第一代中央领导集体的重要成员，参与了党和国家的重大决策，在许多方面提出过重要的正确主张，发挥了重要作用。邓小平后来在谈历史经验和教训时多次指出，成绩要充分肯定，讲错误，不应该只讲毛泽东同志，中央许多负责同志都有错误。在这些问题上要公正。中央犯错误，不是一个人负责，是集体负责。

由于后来在社会主义建设指导方针上的某些不同认识和分歧，毛泽东感到邓小平有时不听他的话，所以对邓小平的不满也逐渐产生了。

毛泽东指责邓小平：他什么事都不找我，对我是敬鬼神而远之

在党探索社会主义建设的过程中，正确的认识和趋向往往与错误的认识和趋向相互渗透、相互交织在一起。由于我们缺乏经验，党的决策层在指导方针上出现意见分歧本是正常的，但是，由于党内政治生活不正常的现象日趋严重，遂给党的领导人之间的关系蒙上了阴影。邓小平和毛泽东的关系也不例外。

1956年党的八大前后，毛泽东和邓小平都是主张要把主要精力放在经济建设上的，他们与第一代领导集体的其他成员一道，设计了中国未来发展的美好蓝图。然而，从1957年下半年起，毛泽东改变了原来的认识和观点，重新突出强调阶级斗争，想通过阶级斗争来推动经济社会的发展，表现在经济建设上，就是出现了急躁冒进，不顾经济建设发展的客观规律，盲目地发动了"大跃进"和人民公社化的运动。于是，八大确定的经济建设规划不断被修改，出现了"超英赶美""跑步进入共产主义"的口号，希望在很短的时间里实现"穷过渡"，把中国建设成现代化的工业强国。

在"大跃进"问题上，尽管当时中央领导层中有着不同的认识和看法，但是，在当时头脑发热的情况下，第一代领导集体中不同意见的分歧并没有公开化。邓小平后来曾这样说："'大跃进'，毛泽东同志头脑发热，我们不发热？刘少奇同志、周恩来同志和我都没有反对，陈云同志没有说话。"虽然邓小平当时没有反对，但是这位"副帅"在"大跃进"问题上却不是"积极分子"。

第三章 邓小平和毛泽东

"反右派"斗争扩大化后,我们党在指导思想上明显向"左"偏移,从而背离了毛泽东一贯提倡的实事求是原则。一贯讲求实事求是的邓小平,对于当时暴露出来的一些问题和倾向还是有一定认识的,在思想上是有所抵触的。1957年4月8日,他在西安干部会议上所作的报告中指出:"我们前一个阶段做的事情是干革命。从去年农业、手工业和资本主义工商业的社会主义改造基本完成时起,革命的任务也就基本上完成了。今后的任务是什么呢?革命的任务还有一部分,但是不多了。今后的主要任务是搞建设。我们党的第八次全国代表大会提出的任务,就是要调动一切积极因素,调动一切力量,为把我国建设成为一个伟大的社会主义工业国而奋斗。这就是我们今后很长时期的任务。这个任务不知道要多少年才能完成。搞建设这件事情比我们过去熟悉的搞革命那件事情来说要困难一些,至少不比搞革命容易。在这个问题上,我们全党还是小学生,我们的本领差得很。"在谈到我们在建设方面的指导思想时,邓小平认为,应该是:一、面对国家的现实。我们不要脱离国家的现实。什么叫教条主义呢?教条主义就是脱离自己的现实。经验本来是好东西,如果不善于学习,就会变成坏东西。二、面对群众的需要。我们考虑问题常常忽略了群众的需要。现在有各种观点,追求这个化那个化,连共产主义化也有了,就是缺乏群众观点,容易解决的问题不去解决,宁肯把更多的钱用在不适当的地方。从这个讲话我们可以看出,邓小平在社会主义建设的艰巨性、复杂性和长期性的认识上还是比较清醒的。然而,在轰轰烈烈的"大跃进"热潮中,邓小平的这些思想被湮灭了,更不可能得到全党的认同和贯彻。邓小平没有能力去阻止"大跃进"的错误,他的话更少了,他心中装着事不便说出来,只能自己独立思考。

"大跃进"运动使我国经济发展受到了严重的挫折,人民生活受到严重损害,在客观规律面前,我们得到的是严厉的惩罚。

从1958年冬到1959年7月,党中央和毛泽东认识到并开始纠正"大跃进"和人民公社化运动的错误,多次召开政治局扩大会议和党的全会,制定并采取了许多具体措施。这些努力,后来又被庐山会议错误地批判彭德怀而打断了。

1959年夏天在庐山召开的中央政治局扩大会议和八届八中全会,本是纠正"大跃进"和人民公社化运动中的"左"倾错误的会议,不料会议中途因为彭德怀秉笔直书,在给毛泽东的信中客观地反映了"大跃进"造成的危害,从而为毛泽东所不容,会议后期成为批判彭德怀和进而在全党开展"反右倾"斗争的会议。邓小平因为腿部骨折没有参加这次会议。

庐山会议对于彭德怀的批判是新中国成立以后我们党内政治生活中的一次重大失误。它使党内从中央到基层的民主生活遭到严重损害，错误地打击了一大批敢于实事求是、向党反映实际情况、提出批评意见的同志，支持了浮夸、说假话的不良倾向，助长了毛泽东的个人专断作风和党内个人崇拜现象的发展。自此以后，毛泽东与党中央的一些领导同志明显疏远了，而与讲求实际、不迷信教条的邓小平在一些问题上的看法和处理方法出现了明显的差异。

庐山会议后，党内出现了把毛泽东思想庸俗化和个人崇拜现象发展的趋向，特别是林彪、康生等人推波助澜，大搞个人迷信，引起了邓小平的反感，他多次提出，要正确宣传毛泽东思想。1960年3月25日，他在中共中央天津会议上讲话时明确提出："对待毛泽东思想是一个很严肃的原则性的问题，不要庸俗化，庸俗化对我们不利，对国际共产主义运动也不利。"他强调："不要把毛泽东思想同马克思列宁主义割裂开来，好像它是另外一个东西。我们在宣传毛泽东思想的时候，一定要按照中央的指示，把'学习马克思列宁主义'和'学习毛泽东同志的著作'并提。"针对个人崇拜的现象，邓小平精辟地阐述了领袖和集体的关系。他说："我们党是集体领导，毛泽东同志是这个集体领导的代表人，是我们党的领袖，他的地位和作用同一般的集体领导成员是不同的。但是，切不可因此把毛泽东同志和党中央分开，应该把毛泽东同志看作是党的集体领导中的一个成员，把他在我们党里头的作用说得合乎实际。"邓小平的上述思想，在庐山会议后的党内已无法被接受。"文化大革命"中，所谓反对宣传毛泽东思想、反对对毛泽东的个人崇拜竟成为邓小平的主要罪状之一。

"大跃进"之后，为了尽快走出困境，恢复遭到严重破坏的农业生产，有的地方出现了"包产到户"的情况。对此，党内存在着不同意见，出现了争论。1962年7月2日，中央书记处开会，讨论如何恢复农业的问题。邓小平在会上谈了自己的看法。他指出："恢复农业，群众相当多的提出分田。""现在所有的形式中，农业是单干搞得好。不管是黄猫、黑猫，在过渡时期，哪一种方法有利于恢复农业，就用哪一种方法。"7月7日，在接见出席共青团三届七中全会全体同志时，邓小平又进一步阐述了自己的思想。他说："生产关系究竟以什么形式为最好，恐怕要采取这样一种态度，就是哪种形式在哪个地方能够比较容易比较快地恢复和发展农业生产，就采取哪种形式；群众愿意采取哪种形式，就应该采取哪种形式，不合法的使它合法起来。"他还引用刘伯承在指挥打仗时经常讲的一句四川俗语来作比喻："黄猫、黑猫，只要捉住老鼠就是好猫。"他说："我们之所以能够打败蒋介石，就是不讲老规矩，不按老路子打，一切看情况，打赢算数。现在要恢复农业生产，也要看情况，就是在生产关系上不能完全采取一种固定不变的形式，看用哪种形式能够调动群众的积极性就采用哪种形式。现在看来，不论工业还是农业，非退一步不能前进。"

邓小平的这些思想，后来被人们称之为"猫论"，是根据当时中国农村的实际情况而提出的正确思想。但是，毛泽东却对"包产到户"持有不同意见。1962年2月中共中央下发《关于改变农村人民公社基本核算单位问题的指示》时，毛泽东就认为，有了生产队为基本核算单位，就不再需要搞"责任田"了。同年七八月间，中共中央在北戴河召开工作会议，毛泽东在会上对支持搞"包产到户"等形式的生产责任制的邓子恢等人进行了尖锐的批判。此后，邓小平不久前在共青团会议上的讲话记录稿下发后被追回。"文化大革命"中，邓小平的上述思想作为"唯生产力论"的典型，成为邓小平的主要罪状之一。被谬传的"白猫、黑猫，抓住耗子就是好猫"，成为家喻户晓的"邓小平反动言行"。对于邓小平在"包产到户"立场上的言行，毛泽东一直记在心上。1975年底，他在发起再次批邓的时候还这样说："这个人是不抓阶级斗争的，历来不提这个纲，还是'白猫、黑猫'啊，不管是帝国主义还是马克思主义。"

20世纪60年代初中期，邓小平为纠正"左"的错误，克服严重的经济困难，恢复工农业生产，调动广大干部群众的积极性做了大量的工作。1962年1月，在中央扩大的工作会议（七千人大会）上，他和刘少奇共同主持起草了"书面报告"，总结了以往工作的经验教训。在会上，邓小平作了重要讲话，进一步阐述了民主集中制问题。并且提出，对我们党的各级领导人，应该有监督。会后，邓小平积极推进了对在"反右倾"等运动中受过错误批判和处理的干部进行甄别平反工作，使全国有六百多万党员、干部和群众得到平反。与此同时，邓小平在企业管理、知识分子政策、思想文化工作等方面都发表了自己的看法和意见，而在不少方面与毛泽东的看法和主张有所不同。随着时间的推移，毛泽东与邓小平的分歧日趋明显化了。

早在八大前后，毛泽东就曾多次提出，不再担任国家主席，要退居二线，不过问日常事务，专心研究理论、政策。经过党内充分酝酿，这个提议在1959年4月召开的二届人大一次会议上通过。从此，中央工作分为一线、二线。邓小平作为总书记，处理中央日常工作，自然处于第一线。邓小平"举重若轻"

的工作作风和高超的组织能力,将自己分内的工作处理得井井有条、干净利索,在一些一般性的问题上,也就很少再请示处于"二线"的毛泽东。加上工作指导思想上的分歧,毛泽东对邓小平的态度发生了变化。毛泽东认为,邓小平不大听他的话,对他疏远,不向他请示、报告,有事不跟他商量。毛泽东曾在两次讲话中使矛盾公开化:一次是1964年12月26日这一天,毛泽东邀请部分中央领导同志、各大区主要负责同志及少数部长、劳模、科学家,在人民大会堂过了生日。毛泽东让几位科学家和劳模跟他坐在一桌,其他中央常委和政治局同志坐在别的桌子上。他一开始就讲:今天我没有叫我的子女们来,因为他们对革命没有做什么工作。随后他就陆续批评社教运动中的一些错误认识和提法:说什么四清四不清,党内外矛盾交叉?这是非马克思主义的。同时,他指责中央机关有两个"独立王国",一个是邓小平主持的中央书记处,一个是李富春主持的国家计委。另一次是在他过生日的两天后,12月28日中央工作会议上的讲话。负责组织这次会议的邓小平,以为是一般的工作会议,出于好意劝说过毛泽东不必参加这次会议。按当时的惯例,许多会议毛泽东是无须参加的。但毛泽东坚持要参加,他是自己拿着《党章》和《宪法》到会的。他在讲话中气愤地说:我这里有两本书,一本是《宪法》,我有公民权;一本是《党章》,我有党员权利。现在,你们一个人不让我来开会(指邓小平),一个人不让我讲话(指刘少奇)。请你们回去也找《党章》和《宪法》看一下,那是讲民主自由的。不要犯法呀,自己通过的,又不遵守。他还说:我们这些人算不算中华人民共和国的公民?如果算的话,那么有没有言论自由?准不准许我们和你们讲几句话。在毛泽东看来,这不是对他个人尊重不尊重的问题,而是马克思主义与修正主义的原则分歧。

1966年10月,在中共中央工作会议上,毛泽东谈到了一线、二线的问题。他说:"搞了一线、二线,出了相当多的独立王国。""现在看起来,不那么好。""我也有责任。为什么说我也有责任呢?第一是我提议搞书记处,政治局常委里头有一线、二线。再,就是过于信任别人。"毛泽东指责邓小平说:邓小平什么事都不找我,几年不找我。他这个人耳朵聋,听不见,开会坐得离我很远,对我是敬鬼神而远之。

虽然毛泽东这席话讲于"文化大革命"的初期,但可以看出,他对邓小平的不满已有时日了。"文化大革命"中,毛泽东和邓小平的政治分歧大白于天下,邓小平被打倒在所难免。

>> 第三章 邓小平和毛泽东

共和国第一冤案平反，邓小平对王光美说："是好事，是胜利。"

十一届三中全会以后，根据邓小平提出的"有错必纠。凡是过去搞错了的东西，统统应该改正，要尽快实事求是地解决，干脆利落地解决，不要拖泥带水"的原则精神，平反冤假错案的规模之大是前所未有的。邓小平、胡耀邦在这方面起了突出的作用。

在平反冤假错案的过程中，最引中外人士关注的就是共和国第一冤案——国家主席刘少奇冤案的平反。

1980 年初，随着拨乱反正工作的进一步深入，经过充分的准备工作，为刘少奇公开平反的问题正式提上了日程。这年 2 月 23 日至 29 日，党的十一届五中全会在北京举行，通过为刘少奇平反的决议是这次全会的重要议程之一。然而，在为刘少奇的平反中，必然要牵扯到毛泽东和他发动的"文化大革命"问题，所以，这也是一个非常棘手的问题，如果把握不好，就会极大地损害毛泽东的形象。对此，邓小平高度重视这一问题。28 日，在各组召集人汇报会上，当汇报到决议要不要写刘少奇也犯过错误的问题时，邓小平说："今天倒是议了一个重要原则问题。实事求是可不容易。写上这样的语句不会给人们说这是贬低少奇同志，不可能这样理解。少奇同志与一般人不同，在给他作的平反决议中如果没有这样的内容，会给人一个印象，就是所有错误都是毛主席一个人的。这不是事实。我们犯的错误比少奇同志犯的错误多。总要承认他也有错误就是了。这也是个党风问题。"29 日，在五中全会第三次会议上，邓小平又讲了这个问题。他说："为少奇同志平反的决议讲，'文化大革命'前，党犯过一些错误，少奇同志和其他同志一样，也犯过一些错误。我看这样讲好，符合实际。不要造成一个印象，好像别人都完全正确，唯独一个人不正确。这个话我有资格讲，因为我就犯过错误。1957 年反右派，我们是积极分子，反右派扩大化我就有责任，我是总书记呀。1958 年'大跃进'，我们头脑也热，在座的老同志恐怕头脑热的也不少。这些问题不是一个人的问题。我们应该承认，不犯错误的人是没有的。拿我来说，能够四六开，百分之六十做的是好事，百分之四十不那么好,就够满意了,大部分好嘛。我们既然说毛泽东同志都会犯错误,少奇同志就没有错误呀?其他同志就不犯错误呀?平反的决议这样评价少奇同志,可以使党内党外、国内国外进一步认识到,中国共产党是实事求是的,是敢于面对现实讲真话的。"

正是邓小平从大局出发,正确地把握了方向,才有力地推动了为刘少奇的平反,也维护了毛泽东的形象和地位。

对刘少奇,大凡上了一点岁数的人,都绝不会感到陌生。作为前中共中央副主席、中华人民共和国主席,刘少奇在几十年的革命生涯中,一贯忠于党和人民,把毕生精力献给了无产阶级革命事业,在我国新民主主义革命、社会主义革命和社会主义建设中,做出了不可磨灭的贡献。但就是这样的一位在国内外都享有崇高声誉的伟大的马克思主义者和无产阶级革命家,却在"文化大革命"中被林彪、"四人帮"一伙蓄意进行政治陷害和人身迫害。

有充足的证据表明,当时的"刘少奇专案组"组长虽为时任公安部部长谢富治,但实际挂帅的却是江青。刘少奇的几项所谓的罪名,就是江青给定的性。她在专案组编造的"罪证材料"的批语上曾写下这样的一段文字:"我愤怒!我憎恨!一定要把无产阶级文化大革命进行到底!刘少奇是大叛徒,大内奸,大工贼,大特务,大反革命,可说是五毒俱全的最阴险,最凶狠,最狡猾,最歹毒的阶级敌人。"

林彪在看到这个材料后,不仅对江青的上述定性批示"完全同意",而且还特意加写了这样肉麻的话语:"向出色地指导专案工作并取得巨大成就的江青同志致敬!"

同样,"四人帮"另一重要成员张春桥对这份材料,特别是江青在其中的作用也评价很高。他说:"你不要看这么一本哪!这个工作是江青同志抓的,这一本搞了一年多啦……这样一本东西就要叫刘少奇永世不得翻身!"

这样的话语,今天看来,无异于这伙人对刘少奇进行政治迫害的自供状。

其中所说的一年多时间,大概是从1967年3月21日决定将有关刘少奇"历史问题"材料交"王光美专案组"调查研究,并在此基础上成立"刘少奇、王光美专案组"算起,至1968年9月材料出笼,几乎整整一年半的时间。而实际上,林彪、江青一伙对刘少奇的政治迫害和人身攻击的时间还要比这早得多、长得多。

早在"文化大革命"前夕和初期,由于当时对党内和国内形势作了违反实际的估计，中央认为党内存在一条与中央路线相对立的反革命修正主义路线，存在一个资产阶级司令部，把刘少奇同志当做反革命修正主义集团的总头目和全国最大的走资本主义道路当权派；并且离开民主集中制的原则，采取错误的方针和方法，在全国范围内，对刘少奇同志进行了公开的、错误的批判和斗争，撤销了刘少奇同志党中央副主席的职务和实际上撤销了他的国家主席的职务。

在这个过程中，林彪、江青一伙出于篡夺党和国家最高领导权的目的，对关于刘少奇的错误认识和错误处理的形成，起到了极其恶劣的推波助澜的作用，而且利用这个错误，凭借其所窃取的权力，蓄意对刘少奇同志进行政治陷害和人身迫害。他们采取弄虚作假、断章取义、逼供信等恶劣手段，拼凑虚构的、牵强附会的材料，伪造证据，炮制了所谓的《关于叛徒、内奸、工贼刘少奇罪行的审查报告》及其附件《罪证》。这个报告及其附件的确具有极大的杀伤力。

★ 中国共产党第一代中央领导集体成员毛泽东、周恩来、刘少奇、朱德、陈云、邓小平在1962年2月召开的扩大的中共中央工作会议上。

在当时极不正常的气氛下,经八届十二中全会错误地批准后,刘少奇不仅被"永远开除出党,撤销其党内外的一切职务",而且还要"继续清算刘少奇及其同伙叛党叛国的罪行",一大批党政军领导干部被诬陷为"刘少奇的代理人",统统被打倒,造成了极其严重的后果。刘少奇本人也于一年后的1969年11月12日被迫害含冤而死,酿成了我党历史上最大的冤案。

据刘少奇的儿女们在后来所写的《胜利的鲜花献给你——怀念我们亲爱的爸爸刘少奇》一文的介绍,在当时批斗最激烈的时候,王光美曾泣不成声地对刘少奇说过这样的话:"还不知道孩子们能不能看到你的骨灰呢?"事实上,这种担忧在当时特定的历史背景下,一点也不多余。刘少奇去世时,身边没有一个亲人。他的妻子儿女是在3年后,才知晓刘少奇已经离他们而去。他的骨灰当时以鲜人所知的曾用名"刘卫黄"的名字存放在开封火葬场的骨灰存放室,直到刘少奇平反时才从郑州迎接回京。

但正如刘少奇在当时充满信心所表示的:"好在历史是由人民写的。"虽然林彪、江青一伙通过做伪证所炮制的审查报告和所谓的"罪证"把刘少奇打倒了,但是,他们一伙通过这份东西就想使刘少奇"永世不得翻身"的企图却是永远不可能实现的。

早在八届十二中全会上,时任中央委员的陈少敏就不畏高压,在会上表决通过审查报告和决议时,拒不举手表示同意。粉碎江青反革命集团后,党内外许多人也纷纷向中央建议,对刘少奇案件进行复查。

但是,应该说,对刘少奇平反,在当时并不是一件轻而易举的事情。最大的障碍,是此时"文化大革命"尚未作出正式结论。林彪、江青一伙的残余分子也还没有完全肃清,他们以及其他敌对分子还会利用此事来造谣生事,破坏捣乱。而且对审查报告和所谓"罪证"进行逐一的论证驳斥,也需花费相当时日。从根本上说,刘少奇的平反,绝非是他个人的事情,而是与我们国家和党的一段历史紧紧联系在一起的。因而,当时有人劝王光美同志也给中央写信,要求对刘少奇冤案进行复查时,王光美同志得体地回答说,少奇同志的冤案问题,不是他一个人的问题,也不是我家里的私事,而是国家的事,党的事,因而如何处理,应由国家和党来决定。

十一届三中全会后,随着历史上遗留的一批重大问题和一些重要领导人的功过是非问题的解决,全国范围内平反冤假错案工作的全面展开,为刘少奇平反的工作也提上了议事日程。

>> 第三章　邓小平和毛泽东

　　1979 年 2 月，中央决定，由中央纪律检查委员会和中央组织部对刘少奇一案进行复查。

　　在此后将近一年的时间里，中央纪律检查委员会针对 1968 年 10 月八届十二中全会提出的刘少奇同志的各项"罪状"，分（一）所谓 1925 年在长沙"被捕叛变"问题；（二）所谓 1927 年在武汉和庐山进行"内奸活动"问题；（三）所谓 1929 年在沈阳"被捕叛变"问题；（四）所谓"其他反革命罪行"问题；（五）所谓"坚持走资本主义道路"问题五个方面，进行了周密的调查研究工作，反复核对材料，作出了详尽确切的审查报告，得到了中央政治局的同意，据以作出了关于为刘少奇同志平反的决议（草案），提交十一届五中全会审议。全会经过严肃认真的讨论，一致通过《关于为刘少奇同志平反的决议》，决定撤销八届十二中全会强加给刘少奇同志的"叛徒、内奸、工贼"的罪名和把刘少奇"永远开除出党，撤销其党内外的一切职务"的错误决议，撤销原审查报告，恢复刘少奇作为伟大的马克思主义者和无产阶级革命家、党和国家的主要领导人之一的名誉。并决定在适当的时间，为刘少奇举行追悼会。

　　五中全会两个多月后，1980 年 5 月 17 日，刘少奇追悼大会在北京人民大会堂隆重举行，这桩共和国历史上最大的冤案终于得到了平反。邓小平在悼词中说：

　　"敬爱的少奇同志离开我们已经十多年了。林彪、江青一伙制造伪证，隐瞒真相，罗织罪名，企图把他的名字从中国革命的历史上抹掉。但是，正如少奇同志在处境最艰险时所说：'好在历史是由人民写的'，历史宣告了林彪、'四人帮'一伙阴谋的彻底破产。历史对新中国的每个创建者和领导者都是公正的，不会忘记任何人的功绩。和毛泽东同志、周恩来同志、朱德同志一样，刘少奇同志将永远活在我国各族人民的心中。"

　　追悼大会结束后，邓小平握着王光美的手，说了一句："是好事，是胜利。"

　　为刘少奇平反，充分表明我们党是一个实事求是、有错必纠、严肃认真、光明磊落的马克思列宁主义政党。我们党为刘少奇平反，不仅是为了刘少奇个人，而且是为了使党和人民永远记取这个沉痛的教训，用一切努力来维护、巩固、完善社会主义民主和社会主义法治，使类似刘少奇和其他许多党内外同志的冤案永远不再重演，使我们的党和国家永不变色。

　　这一最大历史冤案的平反，大大加快了整个平反冤假错案工作的步伐。到中国共产党十二大召开前，在三年多的时间里，不仅平反了"文化大革命"

★ 在邓小平的推动下，平反冤假错案、清理解决历史遗留问题的工作迅速展开，全国300多万名干部的冤假错案得到了平反、2000多万人被摘掉了地富分子、反革命分子、坏分子和右派分子的帽子，一大批民主人士、知识分子恢复了名誉,数以千万计的因各种冤假错案受到株连的干部群众得到解脱，从而极大地调动了全国人民投身现代化建设的积极性。1980年2月，党的十一届五中全会决定为原国家主席刘少奇平反。这是邓小平在刘少奇追悼大会上与刘少奇的夫人王光美握手。

中的冤假错案，而且还纠正了一批"文革"前乃至新中国成立前的冤假错案。

为党和国家及军队各部门的一些领导人平反。继十一届三中全会为邓小平、彭德怀、陶铸、薄一波等党和国家领导人平反后，中共中央又陆续为在"文化大革命"中遭受迫害的贺龙、乌兰夫、彭真、谭震林、罗瑞卿、陆定一、杨尚昆、萧劲光、萧华、杨成武、余立金、傅崇碧等同志平反。还为在"文革"中受到错误批判的谭政、习仲勋、黄克诚、邓子恢等同志平了反。

瞿秋白、张闻天、李立三等一些蒙冤多年的中国共产党早期领导人也先后得到了平反昭雪，恢复了名誉。从1979年到1982年，被平反的党和国家各部门负责人还有：周扬、夏衍、田汉、阳翰笙、周小舟、张琴秋、邓拓、廖沫沙、徐冰、张经武、吴溉之、邹大鹏、伍云甫、章汉夫、赖若愚、董昕、冯雪峰、马明方、王维舟、贾拓夫、张子意、安子文、陈昌浩、李德生、杨献珍等。1980年，中共中央发出通知，对"文革"中在中央、地方以及军队的报刊、文电上被错误点名批判的同志，宣布一律平反，强加给他们的诬蔑不实之词统统予以推倒。

为在"文化大革命"中受到错误批判或遭受诬陷的中央一些部门平反。主要有：撤销中共中央对外联络部实行所谓"三和一少""三降一灭"的错误结论；为所谓"中宣部阎王殿"彻底平反；为全国统战、民族、宗教工作部门摘掉"执行投降主义路线"的帽子；为原文化部的所谓"帝王将相部、才子佳人部、外国死人部"的错案平反；为解放军总政治部被诬为"阎王殿"冤案彻底平反；撤销了1966年2月《部队文艺工作座谈会纪要》；撤销了1971年《全国教育工作会议纪要》，推翻了"四人帮"强加给教育战线的所谓"两个估计"等。

对全国各地发生的事件、案件进行复查平反。继十一届三中全会为天安门事件平反之后，中央和各地又先后为武汉"七二〇事件"、宁夏青铜峡"反革命暴乱事件"、云南"沙甸事件"、"三家村"冤案、"新内人党"冤狱、"内蒙古二月逆流"冤案等进行了复查平反。

为在"文化大革命"中被错判的反革命案件、刑事案件、冤杀错杀案件改判或平反。据不完全统计，"文革"十年中，以反革命罪判处死刑的有1.04万人，加上其他案件，共判处死刑2.39万人。其中冤杀错杀情况相当严重，特别是以反革命定罪而冤杀错杀的情况很突出。三中全会以后，按照中央的有关规定，各地全面复查了"文革"中判处的案件，对冤假错案都实事求是地予

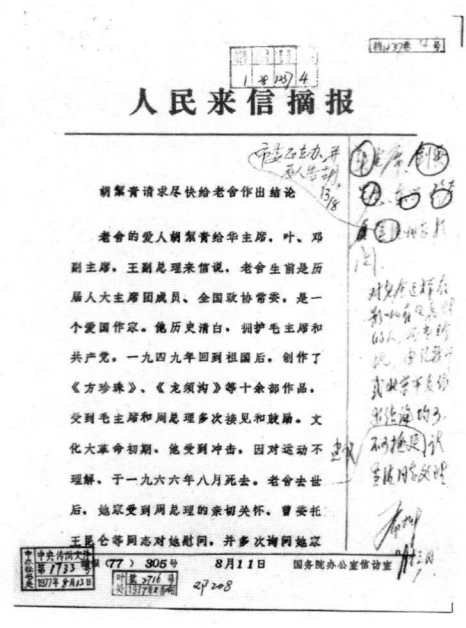

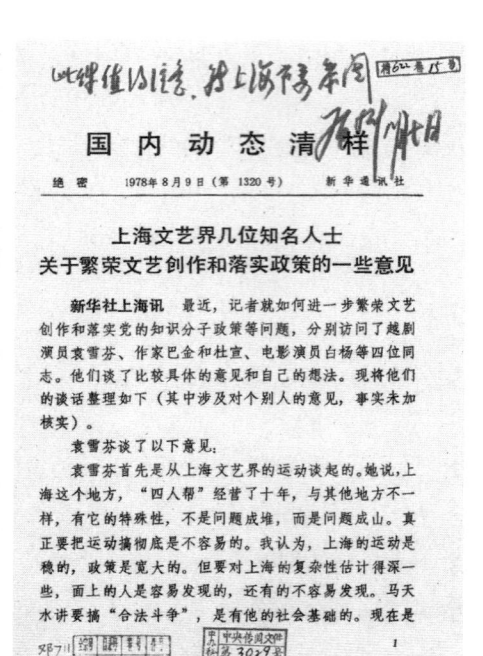

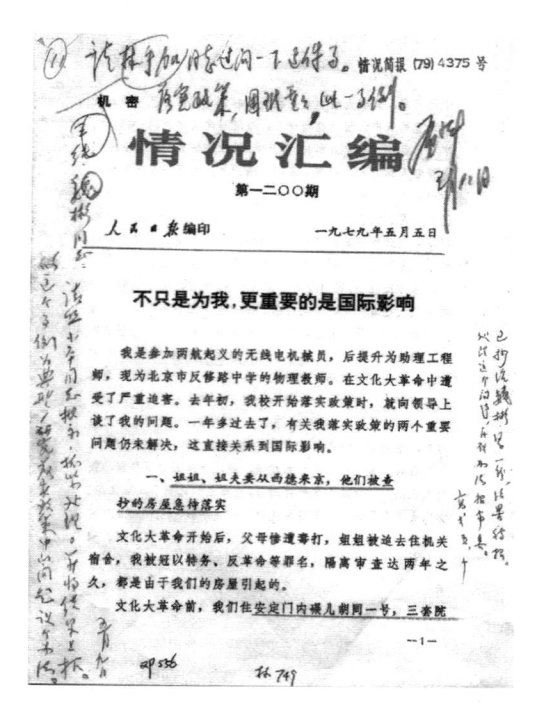

★ 邓小平关于平反冤假错案的部分批示。

以纠正，给予平反。一批在"文革"中因同林彪、"四人帮"进行英勇斗争而惨遭杀害的优秀共产党员如张志新、史云峰、遇罗克等人，得到平反昭雪。

为在新中国成立后历次政治运动，特别是"文化大革命"中受到打击、诬陷和迫害的党外人士平反。从1979年到1982年，陆续为翦伯赞、高崇民、马寅初、曾昭抡、费孝通、黄药眠、陶大镛、钱伟长、吴景超等著名党外人士平反。还为在"文革"中因受林彪、四人帮迫害而逝世的黄绍竑、刘王立明等人举行了追悼会。在此期间，根据中央的决定，还平反了国民党起义投诚人员中的冤假错案，为45.4万名国民党起义投诚人员落实了政策。

根据实事求是、有错必纠的方针，中共中央对"文化大革命"前的冤假错案也进行了清理、纠正，并先后作出了决定。如为1959年"反右倾"运动中被定为右倾机会主义分子的同志平反；为1955年的"胡风反革命集团"平反；为1958年青海省平叛斗争扩大化而株连的人平反；为全总党组第三次扩大会议被错误处理的人平反；为"华北山头主义"、潘汉年案平反；等等。在基本解决了新中国成立以来的冤假错案的平反工作后，又集中精力继续对20世纪三四十年代的历史遗案进行了实事求是的复查和纠正，平反了一批冤假错案。如关于地下党问题上的错案，根据地肃反、肃托问题上的冤假错案等。

经过大量的艰苦细致的工作，到1982年底，全国规模的平反冤假错案工作基本结束。据不完全统计，在此期间，经中共中央批准平反的影响较大的冤假错案有30多件，全国共平反纠正了约300万名干部的冤假错案，47万多名共产党员恢复了党籍，数以万计的无辜受株连的干部群众得到了解脱。

在大规模平反冤假错案的同时，中共中央对过去受阶级斗争扩大化错误的影响而造成的大量历史遗留问题，也进行了认真的清理，并给予了实事求是的解决，以调动一切积极因素，并尽可能地把消极因素转化为积极因素。

1979年，中共中央作出决定：从现在起，开始摘掉地主、富农分子的帽子，给予人民公社社员的待遇；地主、富农家庭出身的社员的子女，家庭出身应一律为社员，个人成分也一律定为社员。土改时给地主、富农划定成分是必要的，由于情况变化，改变他们的成分也是必要的。这一决定立即在全国引起了极大反响，受到了广大人民群众的热烈拥护。这一决定意味着至少有2000万人将结束30年来备受歧视的生活，享受到应有的公民权利，开始政治上的新生。

1979年起，为国民党起义、投诚人员落实政策。随后宽大释放了在押的原国民党县团以下的党、政、军、特人员。此外还落实了对居住在大陆的台湾同胞及去台人员在大陆的亲属的政策。

1979年,中共中央发出通知,对在1959年以来"反右倾"运动中因反映实际情况或在党内提出不同意见,而被定为右倾机会主义分子或右倾机会主义错误的,一律予以平反、改正。本人及家属子女的档案中,有关反右倾斗争的材料一律销毁。凡是一切搞错了的人和事,都必须毫不动摇地加以纠正。这一决定使一大批党员干部卸下了压在心头达20年之久的右倾包袱,获得了政治上、思想上的解放。

1979年,中共中央批转中央统战部等部门的报告,决定从现在起,开始把小商、小贩、小手工业者及其他劳动者从原工商业者中区别出来,明确其本来的劳动者成分。按照这一文件,到1981年11月,全国共有70多万名小商、小贩、小手工业者及其他劳动者从原86万人的工商业者中区别出来,恢复了劳动者的身份。接着,又明确规定,原工商业者已经成为社会主义社会中的劳动者,其成分一律改为干部或工人。这就妥善解决了社会主义改造中遗留下来的历史问题。

从大量平反冤假错案开始,以邓小平为核心的党中央通过上述大刀阔斧地处理历史遗留问题,正确地处理和解决了人民内部的一系列矛盾,有效地调动了广大党员、干部和社会各阶层人员的积极性,对促进社会的安定团结,巩固和发展爱国统一战线,推动现代化建设事业的发展起到了重要作用。同时,对维护毛泽东同志的历史地位,恢复被林彪、"四人帮"搞乱了的我党的优良传统,坚持和发展毛泽东思想也是极为重要的。

"文化大革命"肯定是个错误,因为"文化大革命"确实没有给我们带来一点好处

对于中华民族来说,"文化大革命"是一场"史无前例"的大灾难。粉碎"四人帮",结束"文化大革命"之后,如何对待毛泽东的晚年错误和实践,如何评价"文化大革命",是实现拨乱反正的一个重要内容。

党的十一届三中全会对"文化大革命"的错误进行了认真的清理,及时、果断地停止使用不适用于社会主义社会的"以阶级斗争为纲""无产阶级专政

下继续革命的理论",从而为彻底清理并否定"文化大革命"奠定了基础。

为了系统总结新中国成立以来的历史经验,实现党在指导思想上的拨乱反正工作的完成,邓小平亲自主持起草了《关于建国以来党的若干历史问题的决议》(以下简称《决议》)。《决议》彻底否定了"文化大革命"及其指导思想的理论依据——"无产阶级专政下继续革命的理论"。

《决议》从四个方面否定了"文化大革命":

一、在一系列重大理论和政策问题上混淆了是非;二、这种是非混淆,必然导致敌我的混淆;三、"文化大革命"名义上是直接依靠群众,实际上既脱离了党的组织,又脱离了广大群众;四、"文化大革命"不是也不可能是任何意义上的革命或社会进步。

《决议》着重讲了"文化大革命"的错误、过程和原因。

首先,"文化大革命"的理论和方法是错误的。

"1966年5月至1976年10月的'文化大革命',使党、国家和人民遭到建国以来最严重的挫折和损失。这场'文化大革命'是毛泽东同志发动和领导的。"

"文化大革命"是一场由领导者错误发动,被反革命集团利用,给党、国家和各族人民带来严重灾难的内乱。

这是《决议》对十年"文化大革命"作的论断。《决议》指出,毛泽东发动"文化大革命"的主要论点,即所谓"无产阶级专政下继续革命的理论",明显地脱离了作为马克思列宁主义普遍原理和中国革命具体实践相结合的毛泽东思想的轨道,必须把它们同毛泽东思想完全区别开来。

其次,"文化大革命"的过程有三个阶段。在这三个阶段中,党和人民同"左"倾错误和林彪、江青反革命集团的斗争一直没有停止过。

第一阶段:1966年5月至1969年4月,"文化大革命"的发动,"二月逆流",党的九大。

1966年5月召开的中央政治局扩大会议和8月召开的八届十一中全会,是"文化大革命"全面发动的标志。两次会议相继通过《五一六通知》和《关于无产阶级文化大革命的决定》,对所谓"彭、罗、陆、杨反党集团"和所谓"刘邓司令部"进行了错误斗争,对中共中央领导机构进行错误改组,成立了所谓"中央文革小组",它掌握了中央很大部分权力。

1967年2月前后,政治局和军委的一些领导对"文化大革命"的错误做法提出强烈批评，被诬为"二月逆流"而受到压制和打击。

党的九大使"文化大革命"的错误理论和实践合法化，加强了林彪、江青、康生等人在党中央的地位。"九大"在思想上、政治上和组织上的指导方针是错误的。

第二阶段：1969年4月至1973年8月，林彪反革命集团策动反革命武装政变事件，周恩来主持工作，提出批极"左"思潮，党的"十大"。

1970年至1971年，林彪反革命集团阴谋夺取最高权力，策动了反革命武装政变。这是"文革"推翻党的一系列基本原则的结果，客观上宣告"文化大革命"的理论和实践的失败。

随后，周恩来在毛泽东支持下主持中央日常工作，各方面工作有了转机。1972年，周恩来提出要批判极"左"思潮的意见。毛泽东却错误地认为当时的任务仍然是反对"极右"。

1973年8月，党的"十大"继续了"九大"的"左"倾错误。王洪文当上了中共中央副主席。江青、张春桥、姚文元、王洪文在中央政治局内结成"四人帮"。

第三阶段：1973年8月至1976年10月，"批林批孔"，邓小平主持工作，"批邓、反击右倾翻案风"，周恩来逝世，天安门事件，毛泽东逝世，粉碎"四人帮"。

1974年初，江青、王洪文等提出开展"批林批孔"运动，矛头指向周恩来。毛泽东先是批准这个运动，在发现江青等人借机进行篡权活动以后，又对他们作了严厉批评。

1975年，邓小平在毛泽东支持下主持中央日常工作，对许多方面的工作进行整顿，形势有了明显好转。但是毛泽东不能容忍邓小平系统地纠正"文化大革命"的错误，又发动了所谓"批邓、反击右倾翻案风"运动，全国再度陷入混乱。

1976年1月周恩来逝世。同年4月，全国范围内掀起了以天安门事件为代表的悼念周总理、反对"四人帮"的强大抗议运动。当时，中央政治局和毛泽东对天安门事件的性质作出了错误的判断，并且错误地撤销了邓小平的党内外一切职务。

1976年9月，毛泽东逝世。同年10月，中央政治局执行党和人民的意志，粉碎了江青反革命集团，结束了"文化大革命"这场灾难。

"文革"十年中，正是由于有全党和广大工人、农民、解放军、知识分子、知识青年和干部的共同斗争，"文化大革命"的破坏才受到了一定程度的限制。国民经济虽然遭到巨大损失，仍然取得了进展。

再次，《决议》对"文化大革命"的原因作了全面的科学的分析。"文化大革命"的出现有其直接原因。

毛泽东对"文革"这一全局性的、长时间的"左"倾严重错误，负有主要责任。他发动"文化大革命"的主要论点（即被概括为所谓"无产阶级专政下继续革命的理论"）是错误的。由于他的威望达到高峰，他就逐渐骄傲起来，逐渐脱离了实际和群众，他的主观主义和个人专断作风日益严重，日益凌驾于党中央之上。

不过，要把毛泽东晚年的"左"倾错误论点同毛泽东思想区别开来，把他的错误同林彪、江青的阴谋活动区别开来。毛泽东的错误终究是一个伟大的无产阶级革命家所犯的错误。毛泽东经常注意要克服我们党内和国家生活中存在着的缺点。他在犯错误的时候，还始终认为自己的理论和实践是马克思主义的，这是他的悲剧所在。

"文化大革命"的出现还有其社会历史原因。

首先是对社会主义社会缺乏认识，习惯于沿用过去的旧经验。党对社会主义革命和社会主义建设缺乏充分的思想准备和科学研究，对出现的新矛盾、新问题，容易把已经不属于阶级斗争的问题仍然看作阶级斗争，习惯于用过去熟悉的大规模急风暴雨式群众性斗争的旧方法和旧经验，从而导致阶级斗争的严重扩大化。

还有把马恩列斯的某些设想和论点加以误解或教条化，把关于阶级斗争扩大化的错误当做保卫马克思主义的纯洁性。此外，还有在当时国际环境下中苏论战的影响，党就很难抵制毛泽东等提出的一些"左"倾观点。

国际共运史上没有解决好的领袖和党的关系而出现的一些严重偏差，对我们党也产生了消极的影响。另外，中国是一个封建历史很长的国家，长期封建专制主义的遗毒不易肃清，种种历史原因又导致没能把党内民主和国家生活的民主加以制度化、法律化。

与法拉奇直面交锋：天安门上的毛主席像，永远要保留下去

毛泽东作为一代伟人，他是和中国共产党的历史、同中国人民革命的历史紧密联系在一起的。纠正毛泽东晚年的错误理论和错误实践，彻底否定"文化大革命"，绝不应该或者说绝不可以全盘否定毛泽东和毛泽东思想。全盘否定毛泽东、否定毛泽东思想，也就全盘否定了中国共产党和中国人民革命的历史。

在如何对待毛泽东晚年错误和毛泽东思想的问题上，我们党经受了严峻的考验。在这场考验中，邓小平显示出了作为一个伟大政治家、战略家把握历史航向的非凡胆识、魄力和本领。在对毛泽东的个人崇拜经过"文革"达到登峰造极的地步，而当时的中央主要领导人还在坚持"两个凡是"的情况下，是邓小平毅然站出来，明确地说："两个凡是"不符合马克思主义，毛泽东也有错误。在纠正毛泽东晚年错误的时候，出现了怀疑和否定毛泽东历史地位和毛泽东思想的思潮。在关键时刻，又是邓小平站出来，力排众议，指出毛泽东思想这面旗帜不能丢，维护了毛泽东和毛泽东思想的历史地位。这都表现了马克思主义者的巨大政治勇气和理论勇气。

十一届三中全会前夕，邓小平在中央工作会议期间就明确指出：我们不能要求伟大领袖、伟大人物、思想家没有缺点错误，那样要求就不是马克思主义者。外国人问我，对毛主席的评价，可不可以像对斯大林评价那样三七开？我肯定地回答，不能这样讲。党中央、中国人民永远不会干赫鲁晓夫那样的事。

在拨乱反正的过程中，对如何评价毛泽东和毛泽东思想的问题，不苟言谈的邓小平却说过许多话，其中影响比较大的一次是1980年8月接受以采访世界政界要人、爱提尖锐问题而闻名的意大利女记者法拉奇时的谈话。

1980年7月30日，在人民大会堂的两幅毛泽东的巨幅画像被拆取下来。与此同时，长期悬挂的两块永久性的巨型标语牌也被拆除。现场的吊车、卡车，辅助着这个行动。很快，这个信息迅速辐射到了北京的大街小巷，又通过电波，传递到了世界各地。

>> 第三章　邓小平和毛泽东

8月11日，中共中央下发指示，对此举作了说明。指示强调：根据坚持"少宣传个人"的具体规定，鉴于以往毛泽东主席画像、语录、诗词在公共场所悬挂得太多，鉴于这种政治上不庄重的表现，今后要逐步减少到必要限度。

尽管党中央做了这样明确的解释，但在当时，对许许多多刚刚从"文化大革命"狂热的睡梦中醒来的人来说，仍是感到大惑不解。自然，对中国了解不很多的外国人，特别是对党的十一届三中全会以后中国发生的伟大历史性转折没有深入了解的外国人，更不能明了中国共产党此举的真正含义。著名的意大利女记者奥琳埃娜·法拉奇，就是带着满脑子疑惑和问题前来中国，前来北京采访邓小平的。

8月21日，这位女记者来到邓小平身边，开始提出一个个尖锐的问题。

奥琳埃娜·法拉奇："天安门上的毛主席像，是否要永远保留下去？"

很明显，这是询问人民大会堂早些时候拆取毛主席巨幅画像行动后，还将采取怎样行动的潜台词。

邓小平从容自若，连手中的香烟升起的烟雾，也显得那样缓慢。邓小平回答：

"永远要保留下去。过去毛主席像挂得太多，到处都挂，并不是一件严肃的事情，也并不能表明对毛主席的尊重。"邓小平心中很清楚：对方提出的问题绝不只是关心一幅画像的保留问题，尽管天安门上的画像那样令人瞩目。她提出问题的真正意图是想了解中国共产党怎样评价毛泽东主席和毛泽东思想。所以，邓小平索性开门见山，主动地把对方要迂回提出的问题首先摆出来。他讲："尽管毛主席过去有段时间也犯了错误，但他终究是中国共产党、中华人民共和国的主要缔造者。拿他的功和过来说，错误毕竟是第二位的。他为中国人民做的事情是不能抹杀的。从我们中国人民的感情来说，我们永远把他作为我们党和国家的缔造者来纪念。"

奥琳埃娜·法拉奇手中的笔飞速地在本子上记着。这位女记者习惯录下全部的采访内容，然后一字不漏、一字不改地全文发表。如果她觉得有必要讲几句话的时候，就在前面另写，与采访内容分离开来。总之，她追求客观、完全。当然，绝对的客观是不可能的。

女记者没有想到，邓小平回答了是否保留天安门上画像的问题后，又主动地把中国共产党对毛泽东主席的评价概括出来。于是，她把自己要提的重要问题也开诚布公："对西方人来说，我们有很多问题不理解。中国人民在讲起

'四人帮'时，把很多错误都归咎于'四人帮'，说的是'四人帮'，但他们伸出的却是五个手指。"显然，西方人士是把毛泽东主席的错误，同林彪、"四人帮"的罪行混同一起。这恰恰说明了"局外人"的一叶障目，不识泰山。对此，邓小平觉得有必要给予全面的解答。他用肯定的语气说：

"毛主席的错误和林彪、'四人帮'问题的性质是不同的。毛主席一生中大部分时间是做了非常好的事情的，他多次从危机中把党和国家挽救过来。"

邓小平加重语气，双目直视着对方，一字一句都如有千钧之力。

"没有毛主席，至少我们中国人民还要在黑暗中摸索更长的时间。毛主席最伟大的功绩是把马列主义的原理同中国革命的实际结合起来，指出了中国夺取革命胜利的道路。"

奥琳埃娜·法拉奇作为西方著名的记者，对中国革命的伟大胜利，对古老的中国在几十年前发生的那场翻天覆地变化是了解的。但是，对于毛泽东在这场历史巨变中所起的重大作用，她就不甚清楚了。而且她觉得，西方的一些舆论焦点也不在这个问题上。

邓小平似乎猜透了对方的想法，他面带回顾的表情，向女记者解释自己刚才谈到的论断：

"应该说，在六十年代以前或五十年代后期以前，他的许多思想给我们带来了胜利，他提出的一些根本的原理是非常正确的。他创造性地把马列主义运用到中国革命的各个方面，包括哲学、政治、军事、文艺和其他领域，都有创造性的见解。但是很不幸，他在一生的后期，特别在'文化大革命'中是犯了错误的，而且错误不小，给我们党、国家和人民带来许多不幸。"

女记者注意到，邓小平在讲述毛泽东的历史功绩时，表情十分开朗、自豪，显然，他为能在毛泽东这样的伟大领导人领导下工作过而感到自豪。讲到毛泽东的错误，他又表现出一种复杂的情感。邓小平停顿了一下，接着又点燃了一支香烟，继续按照原有的思路讲下去：

"我们党在延安时期，把毛主席各方面的思想概括为毛泽东思想，把它作为我们党的指导思想。正是因为我们遵循毛泽东思想，才取得了革命的伟大胜利。当然，毛泽东思想不是毛泽东同志一个人的创造，包括老一辈革命家都参与了毛泽东思想的建立和发展。主要是毛泽东同志的思想。但是，由于胜利，他不够谨慎了，在他晚年有些不健康的因素、不健康的思想逐渐露头，主要是一些'左'的思想。有相当部分违背了他原来的思想，违背了他原来十分好的正确主张,包括他的工作作风。这时,他接触实际少了。他在生前没有把过去良好的作风,比如说民主集中制、群众路线,很好地贯彻下去,没有制定也没有形成良好的制度。这不仅是毛泽东同志本人的缺点,我们这些老一辈的革命家,包括我,也是有责任的。"

说到这里,邓小平那实事求是的精神,坦诚宽阔的政治胸襟,感染了在场的每一个人——陪同人员、翻译和记录人员,也感染了女记者。

"我们党的政治生活、国家的政治生活有些不正常了,家长制或家长作风发展起来了,颂扬个人的东西多了,整个政治生活不那么健康,以至最后导致了'文化大革命'。'文化大革命'是错误的。"

女记者从毛泽东主席晚年身体状况谈起,直接问起毛泽东主席在"文化大革命"中的错误问题。她接住邓小平说毛泽东晚年身体不好的话头说:

"你说在后一段时期毛主席身体不好,但刘少奇被捕入狱以及死在狱中时,毛主席身体并不坏。过去还有其他错误。"

女记者谈锋甚锐:"大跃进难道不是错误?照搬苏联的模式难道不是错误?对过去这段错误要追溯至何时?毛主席发动'文化大革命'到底想干什么?"

问话像连珠炮式地接踵而至,虽然语音不高,其中还掺杂着女性柔软的音腔,甚至脸上也不失女性温和的微笑,但所提的问题分量却很重。在当时那种大环境中,完美、准确地回答上述每个问题,绝不是件轻松的事。当时,所有在座的人都感到了这种严肃、紧张的气氛。

邓小平镇定自若,像当年指挥百万大军横渡长江时那般从容,只是侧了下身体,想使对方容易看清自己的全部表情。他停顿了片刻,胸有成竹地讲:

"错误是从五十年代后期开始的。比如说,大跃进是不正确的。这个责任不仅仅是毛主席一个人的,我们这些人脑子都发热了。完全违背客观规律,企图一下子把经济搞上去。主观愿望违背客观规律,肯定要受损失。但大跃进本身的主要责任还是毛主席的。当时,经过几个月的时间,毛主席首先很快地发觉了这些错误,提出改正这些错误。由于其他因素,这个改正没有贯彻下去。一九六二年,毛主席对这些问题进行了自我批评。但毕竟对这些教训总结不够,导致爆发了'文化大革命'。"

又是谈"文化大革命"的爆发。邓小平讲了"大跃进"的来龙去脉,实际上也讲到了"文化大革命"发生的思想来源。但是,"文化大革命"的发动

★ 1980年8月，邓小平接受意大利女记者奥琳埃娜·法拉奇的采访，指出：天安门上的毛主席像永远要保留下去。毛泽东思想不仅过去引导我们取得革命的胜利，现在和将来还应该是中国党和国家的宝贵财富。

者也应当提到，于是，邓小平回答道：

"搞'文化大革命'，就毛主席本身的愿望来说，是出于避免资本主义复辟的考虑，但对中国本身的实际情况作了错误的估计。首先把革命的对象搞错了，导致了抓所谓'党内走资本主义道路的当权派'。这样打击了原来在革命中有建树的、有实际经验的各级领导干部，其中包括刘少奇同志在内。"

女记者通过翻译，得知了邓小平谈话内容，明白对方在逐一地、毫不含糊地解答自己所提出的难题。毛泽东主席发动"文化大革命"是错了，那么"文化大革命"错在何处？这正是她想进一步询问的。没想到，邓小平又主动地触及了这个在1980年还难以全面回答的问题。他说：

"毛主席在去世前一两年讲过，文化大革命有两个错误，一个是'打倒一切'，一个是'全面内战'。只就这两点讲，就已经不能说'文化大革命'

是正确的。毛主席犯的是政治错误，这个错误不算小。另一方面，错误被林彪、'四人帮'这两个反革命集团利用了。他们的目的就是阴谋夺权。所以要区别毛主席的错误同林彪、'四人帮'的罪行。"

对于林彪，奥琳埃娜·法拉奇并不陌生。他在"文化大革命"期间红得发紫，在中共九大上被确定为毛泽东主席的接班人。随后，他组织反革命集团，阴谋夺取党和国家最高权力，策动反革命武装政变。阴谋败露后，于1971年9月13日凌晨乘飞机外逃叛国，摔死在蒙古的温都尔汗。1973年8月，中共中央决定开除他的党籍。于是，女记者又站在西方人士的立场上，像提"五个指头"的问题那样，把林彪与毛泽东主席的关系问题提了出来："但我们大家都知道，是毛主席选择了林彪，就像西方的国王选择继承人那样，选择了林彪。"邓小平接着说："这就是我刚才说的不正确的做法。一个领导人，自己选择自己的接班人，是沿用了一种封建主义的做法。刚才我说我们制度不健全，其中也包括这个在内。"

奥琳埃娜·法拉奇问："你们对'四人帮'进行审判的时候，以及你们开下一届党代会时，在何种程度上会牵涉到毛主席？"

放下茶杯的邓小平用近乎论断性的语言告诉注视着自己的女记者：

"我们要对毛主席一生的功过作客观的评价。我们将肯定毛主席的功绩是第一位的，他的错误是第二位的。"他伸出手指表示着自己的话意。

"我们要实事求是地讲毛主席后期的错误。我们还要继续坚持毛泽东思想。毛泽东思想是毛主席一生中正确的部分。毛泽东思想不仅过去引导我们取得革命的胜利，现在和将来还应该是中国党和国家的宝贵财富。所以，我们不但要把毛主席的像永远挂在天安门前，作为我们国家的象征，要把毛主席作为我们党和国家的缔造者来纪念，而且还要坚持毛泽东思想。"

邓小平肯定地说："我们不会像赫鲁晓夫对待斯大林那样对待毛主席。"

女记者明白，邓小平是在批判原苏共中央第一书记赫鲁晓夫任职期间，全盘否定和恶意诋毁斯大林的行为。通过这种方式表明实事求是地评价毛泽东主席和毛泽东思想，的确是很聪明的回答。

她继续问道："这是否意味着在审判'四人帮'和开下一届党代会时，毛主席的名字不可避免地会提到？"

邓小平回答："是会提到的。不光在党代会，在其他场合也要提到。但是审判'四人帮'不会影响毛主席。当然，用'四人帮'，毛主席是有责任的。

但'四人帮'自己犯的罪行，怎么判他们都够了。"

显然，对方问得得体、尖锐，邓小平答得机敏、准确。忽然，女记者问完毛泽东与"四人帮"、林彪关系的问题后，话题一转，转到了毛泽东与邓小平的关系上面。

奥琳埃娜·法拉奇注视着邓小平讲："据说，毛主席经常抱怨你不太听他的话，不喜欢你，这是否是真的？"

邓小平微微一笑，他知道，这些"小道消息"都是在"文化大革命"期间，用大字报的形式公布于众的，那时，是作为他的"罪状"列出的。消息灵通的记者知道这些不足为奇。

他说："毛主席说我不听他的话是有过的。但也不是只指我一个人，对其他领导人也有这样的情况。这也反映毛主席后期有些不健康的思想，就是说，有家长制这些封建主义性质的东西。他不容易听进不同的意见。毛主席批评的事不能说都是不对的。但有不少正确的意见，不仅是我的，其他同志的在内，他不大听得进了。民主集中制被破坏了，集体领导被破坏了。否则，就不能理解为什么会爆发'文化大革命'。"

女记者显然对上述回答感到满意，不过，她沿着既定的思路提出问题，即"文化大革命"中的毛泽东、刘少奇、邓小平，自然，下一个问题就是周恩来了。她问："在中国有这么一个人，他在任何时候都没有被碰到过，这就是周恩来总理。这个情况如何解释？"

邓小平听完问话，目光转向窗外，他想到了周恩来，他与周恩来相识于法国那异国他乡。

邓小平的女儿邓榕曾问过他："在留法的人中间，你与哪个人的关系最为密切？"邓小平深思了一下回答："还是周总理，我一直把他看成兄长，我们在一起工作的时间也最长。"

是的，留法两年，20世纪20年代末到30年代初在上海做地下工作的惊险岁月，在江西"红都"，在中央苏区，在长征路上，在炮火纷飞的革命战争中，在新中国建立后党和国家的最高领导机关中，直到周恩来为党为国为民鞠躬尽瘁，病逝为止，在长达半个多世纪的峥嵘岁月中，邓小平始终是周恩来的得力助手和忠诚战友。周恩来病重时，邓小平顶住"四人帮"的压力，治国治军，替周恩来分忧解难；周恩来病危，邓小平通宵达旦守候在周恩来身旁，安慰战友；周恩来病逝，邓小平强忍悲痛，代表全党和全国人民为他致悼词……

总之，邓小平对周恩来的一切真是太熟悉了。

当然，外界是了解不到那些内部情况的。比如女记者提到的周恩来"在任何时候都没有被碰到过"，显然是对中国共产党内几十年的革命历史缺乏了解。

实际上，周恩来早在李立三路线、王明路线时均受过不同程度的打击，只是他顾全大局，相忍为党，很少谈及而已。延安整风运动中有人对他批评过火。新中国成立后，说他主张"反冒进"是错误的，是右倾机会主义的。对那些不实之词，对那些过火的批评，他总是泰然处之，并且严于律己，反复检查自己工作中的失误，表现出一个坚定的马克思主义者、杰出的共产主义战士、伟大的无产阶级革命家的宽阔胸怀和高风亮节。

想到这些，邓小平回答女记者说：

"周总理是一生勤勤恳恳、任劳任怨工作的人。他一天的工作时间总超过十二小时，有时在十六小时以上，一生如此。我们认识很早，在法国勤工俭学时就住在一起。对我来说他始终是一个兄长。我们差不多同时期走上了革命的道路。他是同志们和人民很尊敬的人。"

在有了上述背景交代之后，邓小平讲：

"'文化大革命'时，我们这些人都下去了，幸好保住了他。在'文化大革命'中，他所处的地位十分困难，也说了好多违心的话，做了好多违心的事。但人民原谅他。因为他不做这些事，不说这些话，他自己也保不住，也不能在其中起中和作用，起减少损失的作用。他保护了相当一批人。"

奥琳埃娜·法拉奇的提问是按照设计的既定思路，邓小平的回答也有着"一定之规"。对方问刘少奇、周恩来，以至于自己，邓小平就讲毛泽东和这些老一辈无产阶级革命家的友好关系，讲他们对毛泽东思想的贡献，这一点，女记者敏锐地感受到了。所以，她问邓小平："你谈到还有其他人对毛泽东思想作出了贡献，这些人是谁？"

邓小平平静地说：

"老一辈的革命家。比如说，周恩来总理、刘少奇同志、朱德同志等等，还有其他许多人都作了贡献。很多老干部都有创造，有见解。"

奥琳埃娜·法拉奇："你为什么不提自己的名字？"

邓小平平和地讲："我算不了什么。当然我总是做了点事情的，革命者还能不做事？"

时间已快到中午了，访谈仍在继续，似乎还没有要结束的迹象。因为"文化大革命"这个复杂的社会现象，当时的许多中国人都是难以说清道明的，更不用说西方的人士了。因而，话题从具体的人物评价，又转回到了这场"史无前例"的"创举"上面。

当女记者表示自己看不出怎样才能避免或防止再发生诸如"文化大革命"这样可怕的事情时，邓小平循循善诱，讲要从制度方面解决。

当女记者说明"文化大革命"的支持者仍然存在，今后党和国家的局势发展能否顺利时，邓小平表示："不能低估'四人帮'的影响。"

他满怀信心地说：

"但要看到，百分之九十七、九十八的广大人民对'四人帮'的罪行是痛恨的。这表现在'四人帮'横行、毛主席病重、周总理去世时，一九七六年四月五日天安门广场爆发的反抗'四人帮'的群众运动。粉碎'四人帮'以后，特别是最近两年，我们党的三中全会、四中全会、五中全会体现了人民的意志和人民的要求。……我们可以确信，只要我们现在走的路子是对的，人民是拥护的，像'文化大革命'那样的情况就不会重复。"

提到粉碎"四人帮"，女记者又提出一个问题："很显然，只有在毛主席逝世以后才能逮捕'四人帮'，到底是谁组织的，是谁提出把'四人帮'抓起来的？"

邓小平说："这是集体的力量。我认为首先有四五运动的群众基础。'四人帮'这个词是毛主席在逝世前一两年提出来的。一九七四年、一九七五年，我们同'四人帮'进行了两年的斗争。'四人帮'的面貌，人们已看得很清楚。尽管毛主席指定了接班人，但'四人帮'是不服的。毛主席去世以后，'四人帮'利用这个时机拼命抢权，形势逼人。'四人帮'那时很厉害，要打倒新的领导。在这样的情况下，政治局大多数同志一致的意见是要对付'四人帮'。要干这件事，一个人、两个人的力量是办不到的。"

他接着说："粉碎'四人帮'后，建毛主席纪念堂，应该说，那是违反毛主席自己的意愿的。五十年代，毛主席提议所有的人身后都火化，只留骨灰，不留遗体，并且不建坟墓。毛主席是第一个签名的。我们都签了名。中央的高级干部、全国的高级干部差不多都签了名。现在签名册还在。粉碎'四人帮'以后做的这些事，都是从为了求得比较稳定这么一个思想考虑的。"

"那末毛主席纪念堂不久是否将要拆掉？"奥琳埃娜·法拉奇问道。

邓小平回答:"我不赞成把它改掉。已经有了的把它改变,就不见得妥当。建是不妥当的,如果改变,人们就要议论纷纷。现在世界上都在猜测我们要毁掉纪念堂。我们没有这个想法。"

女记者又问:"我看到中国有其他的画像。在天安门我看到有马、恩、列,特别还有斯大林的画像。这些像,你们是否还要保留?"

"要保留。"邓小平肯定地答复。他随后解释说:

"'文化大革命'以前,只在重要的节日才挂出来。'文化大革命'期间才改变了做法,经常挂起。现在我们恢复过去的做法。"

邓小平与奥琳埃娜·法拉奇的谈话是分两次进行的,时间分别为8月21日、8月23日,都是在上午,共达4个小时。

在第二次交谈中,邓小平主要介绍中国关于改革开放的形势及他对国际形势的看法,但是,仍然涉及了毛泽东主席。问题是这样由女记者提出来的:"你说'四人帮'是少数,全国很多人反对他们。他们这些少数人怎么可以控制中国,甚至整老一辈的革命家?是否他们当中有一个是毛主席的夫人,他们的关系太好,你们不敢动她?"

邓小平明白,这是在问毛泽东主席同江青的关系,实际上是第一次交谈时最初话题的继续。

邓小平毫不掩饰,直截了当地回答:

"有这个因素。我说过,毛主席是犯了错误的,其中包括起用他们。但应该说,他们也是有一帮的,特别是利用一些年轻人没有知识,拉帮结派,有相当的基础。"

奥琳埃娜·法拉奇:"是否毛主席对江青的错误视而不见?江青是否像慈禧一样的人?"

将慈禧和江青作比较,说明了女记者对中国近代史也是有所了解,对江青在"文化大革命"中的飞扬跋扈也有所耳闻。但是,对她与毛泽东主席的复杂关系,女记者毕竟无法详知。

还是邓小平告诉了她:

"江青本人是打着毛主席的旗帜干坏事的。但毛主席和江青已分居多年。"

奥琳埃娜·法拉奇承认:"我们不知道。"

邓小平进一步解释:

"江青打着毛主席的旗帜搞,毛主席干预不力,这点,毛主席是有责任的。

江青坏透了。怎么给'四人帮'定罪都不过分。'四人帮'伤害了成千上万的人。"

对此,女记者表示有同感,她以独特的话题,把对江青的看法摆在了邓小平面前:"对江青你觉得应该怎么评价,给她打多少分?"

邓小平不假思索,脱口而出:"零分以下。"

女记者话题顺势一转:"你对自己怎么评价?"

邓小平显然成竹在胸。他说:"我自己能够对半开就不错了。但有一点可以讲,我一生问心无愧。"

他用手指着对方的记录本,不知不觉中,女记者感受到了对方不只是位长者,不只是位杰出的政治家,而且是位历史的巨人在向记录历史的人讲述深刻的道理。只听到邓小平一字一句地说:

"你一定要记下我的话,我是犯了不少错误的,包括毛泽东同志犯的有些错误,我也有份,只是可以说,也是好心犯的错误。不犯错误的人没有。不能把过去的错误都算成是毛主席一个人的。所以我们对毛主席的评价要非常客观,第一他是有功的,第二才是过。毛主席的许多好的思想,我们要继承下来,他的错误也要讲清楚。"

万变不离其宗,4个小时的长谈,以评价毛泽东主席和毛泽东思想为始,也以此为终。可谓是精彩的答辩,出色的采访。

8月28日,意大利报纸发表了这次访谈的内容,世界各国报刊也纷纷转载、评论:

"邓小平第一次宣布,在明年的党代会上,将不会像批判斯大林那样,全面批评毛泽东,但是将总结大跃进以后的总路线。"

"中国领导人讲解今后党的路线的轮廓是极为例外的。"

奥琳埃娜·法拉奇是时髦的职业记者,她的兴趣主要在于个人。准确地说,采访的焦点主要集中在那些对世界有重大影响性的人物上面,包括那些著名的活动家。越南战争炽热时,她进出河内、华盛顿;中东发生危机时,她双眼紧紧盯住阿拉法特、侯赛因;联邦德国与东方秘密接触时,她找到了维利·勃兰特;西班牙政治风云变幻,她又坐在了卡里略身边。当世界目光都注视着中国如何评价已故毛泽东主席时,她又出现在北京,访问邓小平。

她得到的回答极其简单:天安门上的毛主席画像要"永远保留下去""我不赞成把它改掉"(指毛主席纪念堂),毛泽东主席"第一他是有功的,第二才是过"，他有"许多好的思想，我们要继承下来"。多么质朴的语言，多么明确的回答！然而，这些朴实无华的言词后面，却包含着多么丰富的思想内涵啊！

1985年，即这次访谈的5年后，邓小平对来访的意大利共产党总书记纳塔提及了他同女记者的这次交锋。他讲：

"她问了许多难回答的问题，我总算通过了考试。"

坚持四项基本原则，是实现四个现代化的根本前提

在拨乱反正、平反冤假错案的过程中，广大干部群众从过去一个时期盛行的个人崇拜和教条主义的精神枷锁中解脱出来，党内外思想活跃，出现了努力研究新情况和解决新问题的生动景象。这是当时中国政治生活的主流。但与此同时，社会上又出现了一些值得注意的新的思想动向。

一方面，少数仍坚持"左"倾错误的人认为党的工作重点转移转急了，转坏了，落实各项政策是"烧香引鬼"；有人说，现在"同美帝建了交，同兄弟（越）打了仗，给地富摘了帽，搞专政没对象，抓斗争没有纲"。他们攻击十一届三中全会是右倾、复辟、倒退。还有极少数深受林彪、"四人帮"极"左"思潮毒害的人，以及"四人帮"的残渣余孽，则散布流言蜚语，甚至成立非法组织，搞非法活动，恶毒攻击党的十一届三中全会和一些中央领导人。山西运城地区个别县的负责人认为，中央路线是错误的，甚至说三中全会以来是"逆风千里"，是一场"浩劫"，而且比"文化大革命"有过之而无不及；北京等地还出现了所谓"马列主义、毛泽东思想研究会""反对机会主义同盟十九人委员会"等印发的传单，指名攻击邓小平、胡耀邦、胡乔木等，攻击中央的现行政策是"要把中国引导到资本主义道路上去"。这些"左"的观点和极"左"言论，对于思想尚处于解冻过程中的相当部分干部和群众来说，是有一定的影响力的。

另一方面，还有少数人不能以正确的观点和方法认识历史和现实，对诸如为什么新中国成立后经济发展速度比较慢，为什么毛泽东晚年犯了那么严重的错误，为什么政治运动不断、甚至发生十年"文革"这样的灾难，为什么所

有社会主义国家都存在这样或那样的问题，而一些资本主义国家却得到比较稳定的、迅速的发展等问题，不能给以科学的分析和回答，因而对党的领导、对毛泽东思想、对社会主义道路的正确性表现出迷茫和怀疑，思想上出现混乱，产生了所谓的"信仰危机"。

特别是有极少数人打着解放思想的旗帜，歪曲历史，曲解现实，从根本上反对十一届三中全会的路线，他们要求走资本主义道路，实质上是资产阶级自由化思潮。一些人上街张贴大字报、大标语，耸人听闻地提出了什么"反饥饿""要人权"等口号，煽动一部分人游行示威。有个所谓"中国人权小组"居然贴出大字报，要求美国总统"关怀"中国的人权。有个所谓"解冻社"发表了一个宣言，公开反对无产阶级专政，说这是分裂人类。上海有个所谓"民主讨论会"，其中有些人鼓吹："万恶之源是无产阶级专政。"他们公开声言，他们的任务就是要解决"四人帮"没有解决的那些"走资派"。有的人甚至同敌特机构发生联系，策划破坏活动。

这些人的活动由于一般都打着所谓民主的幌子，同时又利用了十年中遗留下来的一些社会问题，很容易蒙蔽一部分目前有困难而政府一时不能完全解决这些困难的群众，因而社会上掀起了一小股反对共产党、反对社会主义的思潮。这种思潮在一部分群众中造成了思想混乱。受这种思潮影响，一些地方出现了少数人的闹事现象。如冲击党政机关、阻断交通，等等，严重破坏了工作秩序、生产秩序和社会秩序。

很显然，这种思潮如果任其发展，不加制止，那么，刚刚形成的安定团结局面就可能被破坏，刚刚开始的思想解放就有可能被引上歧途，党的十一届三中全会的路线就很难贯彻。因此，中共中央高度重视这股思潮的动向。

为总结思想理论战线的基本经验教训，讨论重点转移后的理论工作，1979年1月18日，中央宣传部和中国社科院在北京召开理论工作务虚会。会议讨论异常热烈，也暴露出思想理论上的许多问题。27日，邓小平在听取了有关方面的汇报后指出，要讲清民主问题，要邀请人研究这个问题，写大文章。3月30日，会议转入第二阶段，由中共中央主持召开，邓小平受中央委托，在人民大会堂作了《坚持四项基本原则》的重要讲话。参加会议的人员扩大到五百余人，除当时召开的理论务虚会的人员外，还有中央机关和北京市的干部。

邓小平在讲话中首先指出，我们要在中国实现四个现代化，必须在思想政治上坚持四项基本原则。这是实现四个现代化的根本前提。这四项是：第一，必须坚持社会主义道路；第二，必须坚持无产阶级专政；第三，必须坚持共产党的领导；第四，必须坚持马列主义、毛泽东思想。

他说，这四项基本原则并不是新的东西，是我们党长期以来所一贯坚持的。粉碎"四人帮"以至三中全会以来，党中央的一系列方针政策，一直是坚持这四项基本原则的。比如：我们批判了"四人帮"那种以极左面目出现的主张普遍贫穷的假社会主义，坚持了科学社会主义。我们粉碎了"四人帮"的封建法西斯主义，平反了大量的冤假错案，巩固了人民民主专政，恢复和发扬了社会主义民主。我们恢复了遭到破坏的党的三大作风，健全了党的民主集中制，从而大大提高了党的威信，加强了党对国家和社会生活的领导。我们破除了林彪和"四人帮"所制造的精神枷锁，坚持领袖是人不是神；坚持完整地、准确地掌握马列主义、毛泽东思想的科学体系；坚持从实际出发，实事求是。这就恢复了毛泽东思想的本来面目。尽管如此，中央认为今天还是有很大的必要来强调宣传这四项基本原则。因为，现在党内和社会上都还存在着从"左"的和右的方面歪曲、怀疑或反对四项基本原则的思潮。

邓小平对这四项基本原则分别作了论述。他说：我们必须坚持社会主义道路。这首先是因为，只有社会主义才能救中国，这是中国人民从五四运动到现在六十年来的切身体验中得出的不可动摇的历史结论。中国离开社会主义就必然退回到半封建半殖民地。中国绝大多数人决不允许历史倒退。我们必须坚持专政。没有这个专政，我们就不可能保卫从而也不可能建设社会主义。我们必须坚持共产党的领导。党的领导当然不会没有错误，而党如何才能密切联系群众，实施正确的和有效的领导，也还是一个必须认真和努力解决的问题，但这决不能成为要求削弱和取消党的领导的理由。离开党的领导，事实上只能导致无政府主义，导致社会主义事业的瓦解和覆灭。我们必须坚持马列主义、毛泽东思想。毛泽东思想过去是中国革命的旗帜，今后将永远是中国社会主义事业和反霸权主义事业的旗帜。毛泽东思想，是半个多世纪中国人民革命斗争经验的结晶。

总之，中央认为，今天必须反复强调坚持这四项基本原则，每个共产党员，更不必说每个党的思想理论工作者，绝不允许在这个根本立场上有丝毫动摇。如果动摇了这四项基本原则中的任何一项，那就动摇了整个社会主义事业，整个现代化事业。

当然，这四项基本原则在新的形势下都有新意义，都需要根据新的丰富的事实作出新的有充分说服力的论证。这既是重大的政治任务，又是重大的理论任务。

邓小平关于四项基本原则的讲话，在整个中国共产党内，在社会上立即引起了强烈反响，受到了热烈拥护。大家认为，这四项基本原则的提出，为我们当前的思想解放，为整个现代化建设事业，提供了可靠的政治基础和根本的方向。

根据邓小平的这篇讲话，全国各地立即进行了坚持四项基本原则的思想教育，通过一系列宣传和斗争，很快击退了反对四项基本原则的思潮，促进了三中全会路线的贯彻，推动了思想解放和拨乱反正的深入开展。

然而，经过一段时间以后，一度被击退的右的思潮，又开始出现反复。社会上有些人不能正确理解甚至反对邓小平提出的四项基本原则，把四项基本原则同十一届三中全会对立起来，认为三中全会是"放"，四项基本原则是"收"。1979年下半年在北京西单街头，不断有人贴出大字报或发表演讲，散布反对四项基本原则的言论，煽动人们的不满情绪。一些别有用心的人还利用西单墙进行破坏社会秩序的违法活动。一时间社会上议论纷纷，海外的一些媒体，特别是"美国之音"也大加渲染。这种不正常的状况引起了党中央的高度重视和关注。

1979年11月，邓小平在一次党的高级干部会议上提出：对那些经常在"西单墙"张贴大字报、发表演讲的人，要做细致的思想工作，对极少数坏人也要打击一下。

12月6日，北京市政府正式宣布，禁止在"西单墙"张贴大字报。在此之前，北京市中级人民法院鉴于魏京生向外国人提供军事情报和煽动反对无产阶级专政和社会主义制度的反革命罪行，依法判处他有期徒刑15年。这一措施消除了破坏安定团结的一个隐患。

为了维护社会的安定，保证现代化建设的顺利进行，邓小平反复提醒全党，必须坚持四项基本原则。1980年1月16日，邓小平在一次干部会议上指出：现在有一些社会思潮，特别是一些年轻人中的思潮，需要认真注意。在我国目前的情况下，没有安定团结，就没有一切。我们坚持四项基本原则，其核心就是坚持党的领导。没有党的领导，就没有安定团结的政治局面。他还说，宪法上有关"四大"，即大鸣、大放、大字报、大辩论的条文，从历史经验来看，从来没有产生积极的作用，显然不适宜于发扬社会主义民主。

因此，根据长期实践，根据大多数干部和群众的意见，中共中央提请人大常委会和全国人大审议，把它取消。1980年9月，五届人大三次会议根据党中央的建议，通过了取消"四大"的决议。1980年2月，邓小平在党的十一届五中全会上再次指出：解放思想决不能偏离四项基本原则的轨道，不能损害安定团结、生动活泼的政治局面。

然而，反对四项基本原则的右的思潮并没有得到根本克服。正确路线的贯彻受到这样那样的干扰，本不足怪，问题是共产党内的一些领导人对此没有引起足够的警惕。有人认为，坚持四项基本原则会妨碍解放思想，健全社会主义法制会妨碍社会主义民主，对错误意见进行正确的批评是违反"双百"方针，等等，以致在人民群众中造成了思想混乱。

1980年12月25日，邓小平在中央工作会议上对这种状况提出了严肃批评。他说，我们的宣传工作还存在严重的缺点，主要是没有积极主动、理直气壮而又有说服力地宣传四项基本原则，对一些反对四项基本原则的严重错误思想没有进行有力的斗争。尤其严重的是，对于这些不正确的观点、错误的思潮，甚至对于一些明目张胆地反对党的领导、反对社会主义的观点，在报刊上以及党内生活中，都很少有人挺身而出进行严肃的思想斗争。为此，他要求各级领导，要加强思想政治工作，加强对于四项基本原则的宣传和教育。

遗憾的是，邓小平的这些提醒并没有立即收到效果，反对四项基本原则的思潮仍在不时地表现出来。1981年春，社会上出现了一些丑化社会主义制度、丑化共产党的领导的文艺作品，其中的代表作就是作家白桦的电影文学剧本《苦恋》。此外，还有一些人在公开场合，甚至在大学的讲台上放肆地攻击共产党的领导和社会主义制度，宣扬资产阶级自由化的思想。这说明，党对思想战线的领导仍然存在着涣散软弱的状态。

1981年3月，邓小平代表中共中央对此再次提出要求，要更多地宣传坚持四项基本原则。纠正"左"的倾向，同时也要纠正右的倾向。他在同解放军总政治部领导同志谈话中提出要对《苦恋》进行批判，他说这是有关坚持四项基本原则的问题。

同年4月20日，《解放军报》发表特约评论员文章：《四项基本原则不容违反——评电影文学剧本〈苦恋〉》，首先开始了对《苦恋》的批评。文章说，部队作家白桦创作的电影文学剧本《苦恋》，不仅违反了四项基本原则，甚至到了实际上否定爱国主义的程度。《苦恋》的出现不是孤立的现象，它反映了存在于极少数人中的无政府主义、极端个人主义、资产阶级自由化以至否定四项基本原则的错误思潮。

1981年的7月17日,邓小平同中央宣传部门领导人就思想战线的问题发表谈话,再次严肃批评了党对思想战线领导的涣散状态,认为当前更需要注意的问题,是存在着涣散软弱的状态,对错误倾向不敢批评,处置无力。他说:

"《太阳和人》,就是根据剧本《苦恋》拍摄的电影,我看了一下。无论作者的动机如何,看过以后,只能使人得出这样的印象:共产党不好,社会主义制度不好。这样丑化社会主义制度,作者的党性到哪里去了呢?有人说这部电影艺术水平比较高,但是正因为这样,它的毒害也就会更大。这样的作品和那些所谓'民主派'的言论,实际上起了近似的作用。"

"试想一下,《太阳和人》要是公开放映,那会产生什么影响?有人说不爱社会主义不等于不爱国。难道祖国是抽象的吗?不爱共产党领导的社会主义的新中国,爱什么呢?"

邓小平特别强调指出,党的领导和社会主义制度都需要改善,但是不能搞资产阶级自由化,搞无政府状态。坚持四项基本原则的核心,是坚持共产党的领导。没有共产党的领导,肯定会天下大乱,四分五裂。他要求大家一定要掌握好批评的武器,克服思想理论界、文艺界的资产阶级自由化倾向。

根据邓小平的意见,8月3日至8日,中共中央决定,由中央宣传部主持召开了有中央、国务院、中央军委及各省、市、自治区宣传部门负责人和理论界、文艺界、新闻出版界及部队的共320多人参加的全国思想战线座谈会,传达了邓小平的重要意见,讨论和研究了加强党对思想、文艺战线领导的问题。会议对前一段主张搞资产阶级自由化的人开展了批评,强调要加强对坚持四项基本原则的宣传教育,对资产阶级自由化思潮要进行严肃的正确的批评和恰当的必要的斗争。

胡乔木在会上作了《当前思想战线的若干问题》的长篇讲话,对以《苦恋》为"典型代表"的资产阶级自由化思潮进行了批评。胡乔木说:"我们对电影剧本《苦恋》和根据这个剧本摄制的影片《太阳和人》进行批评,就是因为它们歪曲地反映了我国社会现实生活的历史发展,实际上否定了社会主义的中国,否定了党的领导,而宣扬了资本主义世界的'自由'。无论是在《苦恋》还是在《太阳和人》中,作者和编导都采用对比的手法,极力向人们宣扬这样一种观点:似乎'四人帮'就是中国共产党,十年内乱就是社会主义;似乎在社会主义中国的人民并没有得到解放和幸福，而只有愚昧和迷信；似乎党和人民并没有对'四人帮'进行斗争和取得历史性的胜利，因而在中国看不见一点光明，一点自由，知识分子的命运只是惨遭迫害和屈辱；似乎光明、自由只存在于美国，存在于资本主义世界，那里的知识分子自由生活的命运才是令人羡慕的。这种观点，正是资产阶级自由化思想的一种重要的典型表现。显然，不对《苦恋》和《太阳和人》进行批评，并通过这种批评使我们的文艺界、思想界和全党受到教育，增强同资产阶级自由化倾向作斗争的能力，我们的文艺事业和其他事业就很难保证自己的社会主义发展方向。"

根据座谈会的精神，《文艺报》1981年第19期发表了署名唐因、唐达成的文章《论〈苦恋〉的错误倾向》，对《苦恋》进行了认真而严肃的批评。10月7日，《人民日报》转载了这篇文章。随后不久，《苦恋》的作者白桦作了公开的检讨和自我批评。

这次会议以后，理论、宣传、文艺和出版等部门抓住"白桦风波"，对各自的工作进行了全面的检查，通过开展批评和自我批评，清理了存在的问题，制定了加强思想领导的措施。

经过一系列工作，资产阶级自由化思潮的蔓延基本上得到了制止，党对思想战线的领导也得到了加强，这对正确贯彻十一届三中全会路线和各条战线的拨乱反正起到了巨大的推动作用。

邓小平主持起草《关于建国以来党的若干历史问题的决议》，党在指导思想上的拨乱反正基本结束

为了全面总结新中国成立以来党在领导社会主义建设上的历史经验，为一心一意搞建设奠定坚实的基础，邓小平用了一年多时间亲自主持起草了《关于建国以来党的若干历史问题的决议》。

在中国共产党的历史上，1945年4月20日党的六届扩大的七中全会通过的《关于若干历史问题的决议》和1981年6月27日党的十一届六中全会通过的《关于建国以来党的若干历史问题的决议》，都是关于历史问题的经验教训，并且产生巨大的现实意义和深远的历史意义的决议。

两个决议间隔近四十年。这是中国共产党经过几十年历史沉淀，集中全党智慧的结晶。

第一个"历史问题决议"是在毛泽东亲自领导主持、任弼时具体负责组织下起草的；

第二个"历史问题决议"是在邓小平、胡耀邦亲自主持领导，胡乔木等人具体负责组织起草的。

两个决议的起草、修改直至定稿的主要领导人毛泽东和邓小平，分别解决了自己面临的历史难题，从而把党和人民引向未来。

第一个"历史问题决议"评价毛泽东："党在奋斗的过程中产生了自己的领袖毛泽东同志。毛泽东同志代表中国无产阶级和中国人民，将人类最高智慧——马克思列宁主义的科学理论，创造地应用于中国这样的以农民为主要群众、以反帝反封建为直接任务而又地广人众、情况极复杂、斗争极困难的半封建半殖民地的大国，光辉地发展了列宁斯大林关于殖民地半殖民地问题的学说和斯大林关于中国革命问题的学说。""确立了毛泽东同志在中央和全党的领导。这是中国共产党在这一时期的最大成就，是中国人民获得解放的最大保证。"

关于评价毛泽东思想："中国共产党自1921年产生以来，就以马克思列宁主义的普遍真理和中国革命的具体实践相结合为自己一切工作的指针，毛泽东同志关于中国革命的理论和实践便是此种结合的代表。""尤其值得我们庆幸的是，我们党以毛泽东同志为代表，创造性地把马克思、恩格斯、列宁、斯大林的革命学说应用于中国条件的工作，在这十年内有了很大的发展。"

第二个"历史问题决议"评价毛泽东："毛泽东同志是伟大的马克思主义者，是伟大的无产阶级革命家、战略家和理论家。他虽然在'文化大革命'中犯了严重错误，但是就他的一生来看，他对中国革命的功绩远远大于他的过失。他的功绩是第一位的，错误是第二位的。他为我们党和中国人民解放军的创立和发展，为中国各族人民解放事业的胜利，为中华人民共和国的缔造和我国社会主义事业的发展，建立了永远不可磨灭的功勋。他为世界被压迫民族的解放和人类进步事业作出了重大的贡献。"

关于评价毛泽东思想："以毛泽东同志为主要代表的中国共产党人，根据马克思列宁主义的基本原理，把中国长期革命实践中的一系列独创性经验作了理论概括，形成了适合中国情况的科学的指导思想，这就是马克思列宁主义普遍原理和中国革命具体实践相结合的产物——毛泽东思想。""毛泽东思想

>> 第三章 邓小平和毛泽东

是马克思列宁主义在中国的运用和发展，是被实践证明了的关于中国革命的正确的理论原则和经验总结，是中国共产党集体智慧的结晶。我党许多卓越领导人对它的形成和发展都作出了重要贡献，毛泽东同志的科学著作是它的集中概括。""毛泽东思想是我们党的宝贵的精神财富，它将长期指导我们的行动。"

很明显，两个"历史问题决议"，对科学地评价毛泽东和毛泽东思想是一致的。

由邓小平等主持起草、讨论、通过的《关于建国以来党的若干历史问题的决议》过程是怎样的呢？了解这些，对于我们学习邓小平对待毛泽东和毛泽东思想的科学态度是极为有益的。

应该说，1980年8月意大利女记者奥琳埃娜·法拉奇的中国之行，决非偶然，她以一个职业记者的敏感意识，确实捕捉到了发生在当年中共中央决定科学评价毛泽东主席和毛泽东思想的工作信息。而邓小平与她的长谈，也决非是他的应急之作，确确实实是他几个月来在领导起草决议工作中，对一系列重要问题周密思考的结果。

1980年初，由胡乔木负责的决议起草小组，根据邓小平的指示，起草了"决议"提纲。邓小平看后，觉得提纲铺得太宽，认为这个决议要避免叙述性的写法，要写得集中一些。对重要问题要加以论述，论断性的语言要多些，当然要准确。写好决议是本年中的两件大事之一。

于是，3月19日，他找来胡耀邦、胡乔木、邓力群，提出自己的指导性意见。邓小平提出："中心的意思应该是三条。"

他加重语气地说："第一，确立毛泽东同志的历史地位，坚持和发展毛泽东思想。这是最核心的一条。不仅今天，而且今后，我们都要高举毛泽东思想的旗帜。"

在座的其他人都清楚，对毛泽东主席怎样评价，对毛泽东思想如何坚持和发展，已成为目前亟待解决的首要问题。这个问题实际上在1977年恢复邓小平党内外一切职务，1978年撤销有关"反击右倾翻案风"运动和"天安门事件"错误文件，郑重宣布为邓小平平反、为"天安门事件"平反之时就涉及了。因为这些都是经过毛泽东批准的，而被实践证明是错误的。

党的十一届五中全会作出了为刘少奇平反的决定，为我党历史上这起最大的冤案昭雪。决定传达下去后，引起了一部分人的思想混乱。有的人认为给刘少奇平反"违反了毛泽东思想"；有的则认为，既然给刘少奇平反，就说明毛泽东思想错了。很显然，这两种看法都是不对的，必须澄清这些混乱的思想。

邓小平和其他在座的人都意识到：对毛泽东同志、毛泽东思想的评价问题，党内党外和国内国外都很关心，不但全党同志，而且各方面的朋友都在注意我们怎么说。可见，准确地拿出一个举足轻重的"说法"来，是多么难的一件事呀！

但是，即使再困难，也要去做。这就需要有个决议，统一全党的思想认识，使大家同心同德，团结一致向前看。那么，"决议"怎样写毛泽东思想呢？

邓小平显然已经深思熟虑。他说："要写毛泽东思想的历史，毛泽东思想形成的过程。"

他把目光从在座同志的脸上移开，平视着窗外，从面部表情看，思绪回到了过去：

"延安时期那一段，可以说是毛泽东思想比较完整地形成起来的一段。毛泽东思想中关于新民主主义革命的理论，包括党的建设的理论和处理党内关系的原则，在延安整风前后，都比较完整地形成了。六届七中全会通过的若干历史问题决议，主要是批判三次'左'倾路线，对照着讲以毛泽东同志为代表的正确路线，没有专门讲毛泽东思想的全部内容。"

对第一个"历史问题决议"，邓小平并不陌生。那么，现在要做的这个决议，显然要在前一个"历史问题决议"的基础上有发展。他说：

"现在这一次，要正确地评价毛泽东思想，科学地确立毛泽东思想的指导地位，就要把毛泽东思想的主要内容，特别是今后还要继续贯彻执行的内容，用比较概括的语言写出来。'文化大革命'的十年，毛泽东同志是犯了错误的。在讲到毛泽东同志、毛泽东思想的时候，要对这一时期的错误进行实事求是的分析。"

邓小平一口气地说着，看到对面几个人都在紧张地做记录，他停顿了片刻，又接着说下去：

"第二，对建国三十年来历史上的大事，哪些是正确的，哪些是错误的，要进行实事求是的分析，包括一些负责同志的功过是非，要做出公正的评价。"

"第三，通过这个决议对过去的事情做个基本的总结。……这个总结宜粗不宜细。总结过去是为了引导大家团结一致向前看。"

随后，邓小平又简要地讲了新中国建立以后至1957年反右派斗争前的党的历史，讲了毛泽东在其中的正确指导。

4月1日上午，邓小平又把胡耀邦等人找来，谈自己对修改后的"历史问题决议"提纲的看法。

他以商量的口吻说:"整个设计,可不可以考虑,先有个前言,回顾一下建国以前新民主主义革命这一段,话不要太多。然后,建国以来十七年一段,'文化大革命'一段,毛泽东思想一段,最后有个结语。结语讲我们党还是伟大的,勇于面对自己的错误,勇于纠正自己的错误。"

对修改后的提纲中提到的几条经验,邓小平认为"意思都好",看看摆在什么地方讲。但是,邓小平还是向在座的中央负责同志强调:

"决议中最核心、最根本的问题,还是坚持和发展毛泽东思想。党内党外、国内国外都需要我们对这一问题加以论证,加以阐述,加以概括。"很显然,他还是在抓起草决议工程中的重点。

在这次谈话中,他又讲了1957年至1966年"文化大革命"前的十年中,我们党和国家中发生的重要事件,讲了正确的方面,也讲了错误的方面;讲了前进,也讲了挫折,特别是讲了毛泽东的功绩和失误。

根据邓小平"要尽快搞出个稿子来"的明确指示,决议起草小组日以继夜,终于赶出了决议的草稿。

不料,邓小平仔细看了决议草稿后,觉得草稿不行,要重新来。认为这篇草稿没有很好体现原来的设想,即确立毛泽东同志的历史地位,坚持和发展毛泽东思想。虽然1957年以前的几部分,事实差不多,但是叙述的方法、次序,特别是语调,要重新斟酌、修改。总之,邓小平感到整个草稿写得太沉闷,不像个决议。所以要进行修改,"工程比较大"。

6月27日,邓小平同胡耀邦、胡乔木、姚依林、邓力群等人谈话,他说:

"要说清楚关于社会主义革命和社会主义建设,毛泽东同志有哪些贡献。他的思想还在发展中。我们要恢复毛泽东思想,坚持毛泽东思想,以至还要发展毛泽东思想,……要把这些思想充分地表达出来。"

邓小平随即列举了毛泽东的一些重要文章,如《论十大关系》《关于正确处理人民内部矛盾的问题》《一九五七年夏季的形势》等,告诉起草小组负责人,这些重要文章都要写到,因为这些都是我们今天要继续坚持和发展的。从而给人们"一个很清楚的印象,究竟我们高举毛泽东思想旗帜、坚持毛泽东思想,指的是些什么内容"。

在座的几个人明白,邓小平对决议没有把重点放在毛泽东思想的论述上,特别是没有讲清毛泽东同志的正确与错误的问题感到不满意。所以,邓小平在谈话中再次强调：

"重点放在毛泽东思想是什么、毛泽东同志正确的东西是什么方面。错误的东西要批评，但是要很恰当。单单讲毛泽东同志本人的错误不能解决问题，最重要的是一个制度问题。毛泽东同志说了许多好话，但因为过去一些制度不好，把他推向了反面。毛泽东同志晚年在理论和实践上的错误，要讲，但是要概括一点，要恰当。主要的内容，还是集中讲正确的东西。因为这符合历史。"

他以商量的语气讲："是不是结语写一段我们还要继续发展毛泽东思想。"比如毛泽东同志多次不赞成歌功颂德，"我们现在的中央所坚持的这一套，就是毛泽东思想，当然我们也有具体化的内容。"

在这次谈话中，邓小平还提到对"两个凡是"要进行批评的问题。

决议起草小组又对初稿作了较大的修改，并下发到有关部门，在党内4000人的范围内进行广泛讨论，征求进一步修改意见。讨论中，一些同志对这次草稿中历史地科学地评价毛泽东与"文化大革命"，对于肯定毛泽东思想，提出了一些意见，有的甚至相当极端。

邓小平看了有关情况的简报，首先肯定大家"畅所欲言，众说纷纭，有些意见很好"。同时觉得讨论稿的篇幅还是太长，应该压缩。可以不说的去掉，该说的就可以更突出。正是这个时候，邓小平接受了奥琳埃娜·法拉奇的采访，谈了那番真知灼见。

随后，邓小平又找到中央警卫局的同志交谈。他们把邓小平同奥琳埃娜·法拉奇的谈话向战士们作了宣读，并组织大家讨论。干部、战士们都觉得这样讲好，能够接受。

针对讨论中出现的极端意见，邓小平觉得必须予以澄清。

10月25日，他召集胡耀邦以及负责起草的胡乔木、邓力群等人谈话，明确地阐述自己对这些极端意见的看法。他对几位同志说：

"关于毛泽东同志功过的评价和毛泽东思想，写不写、怎么写，的确是个非常重要的问题。"

紧接着，他肯定地讲道："不提毛泽东思想，对毛泽东同志的功过评价不恰当，老工人通不过，土改时候的贫下中农通不过，同他们相联系的一大批干部也通不过。"

邓小平看着在座的几位，语重心长地说："毛泽东思想这个旗帜丢不得。丢掉了这个旗帜，实际上就否定了我们党的光辉历史。"

其实，从决议起草工作一开始，邓小平就反复强调：阐述毛泽东思想这部分不能不要，这不只是个理论问题，尤其是个政治问题，是国际国内很大的政治问题。

在此，邓小平重申：这"不是仅仅涉及毛泽东同志个人的问题，这同我们党、我们国家的整个历史是分不开的。要看到这个全局"。"如果不写或写不好这个部分，整个决议都不如不做。"

他缓和了一下气氛，说："当然，究竟怎么个写法好，还要认真研究大家的意见。"但是，"不管怎么写，还是要把毛泽东同志的功过，把毛泽东思想的内容，把毛泽东思想对我们当前及今后工作的指导作用写清楚。"

为了引起大家在修改讨论稿时对写好毛泽东思想的高度重视，他又接着讲："七大规定毛泽东思想为全党的指导思想。我们党用毛泽东思想教育了整整一代人，使我们赢得了革命战争的胜利，建立了中华人民共和国。"如果我们"不把毛泽东思想，即经过实践检验证明是正确的、应该作为我们今后工作指南的东西，写到决议里去，我们过去和今后进行的革命、建设的分量，它的历史意义，都要削弱"。

"不写或不坚持毛泽东思想，我们要犯历史性的大错误。"

"对于毛泽东同志的错误，不能写过头。写过头，给毛泽东同志抹黑，也就是给我们党、我们国家抹黑。这是违背历史事实的。"这番话确确实实道出了邓小平的心里话，给大家很大的启示。

对一些同志把许多问题都归结到毛泽东同志的个人品质上的意见，邓小平讲："实际上，不少问题用个人品质是解释不了的。即使是品质很好的人，在有些情况下，也不能避免错误。"他举了中央苏区打AB团，延安整风中的"抢救运动"，"文化大革命"中的一大批老干部被打倒等事例，说明"不能把所有的问题都归结到个人品质上"。有些是林彪、"四人帮"已经造成既成事实，有些是背着毛泽东干的。

"谈笑间、樯橹灰飞烟灭。"当"非毛化"的嘈杂声此起彼伏时，邓小平面对风浪，不动声色，不知不觉中，航向已经被他拨正了。

光阴似箭，决议起草工作已经越过了一个年头。

1981年3月18日，邓小平在看完送审的决议修改稿后，又召集起草小组负责同志，告诉他们："决议稿的轮廓可以定下来了。"他肯定新中国成立头七年的成绩，以及"文化大革命"前十年的主要成绩，嘱咐"文化大革命"这一部分"要写得概括"。并表示赞成决议稿写出后要多听听老干部们的意见。

3月24日,邓小平到中南海陈云住处看望陈云。陈云对修改决议稿又提了两条意见。一是专门加一篇话,讲讲解放前党的历史,即写全党的60年。这样,毛泽东同志的功绩、贡献就会概括得更全面,确立毛泽东同志的历史地位,坚持和发展毛泽东思想,也就有了全面的根据。说毛泽东同志功绩是第一位的,错误是第二位的,说毛泽东思想指引我们取得了胜利,就更能说服人了。二是建议中央提倡学习,主要是学习马克思主义哲学,重点是学习毛泽东的哲学著作。

邓小平认为这些意见很好,遂于3月26日又召集起草小组负责同志谈话,把陈云的意见转告了起草小组。并说:"历史决议中关于毛泽东同志对马克思主义哲学的贡献,要写得更丰富,更充实。结束语中也要加上提倡学习的意思。"

就在同一月份,陈云也推敲着决议修改稿。他连续4次同邓力群同志谈话,他说:

"《决议》要按照小平同志的意见,确立毛泽东同志的历史地位,坚持和发展毛泽东思想。要达到这个目的,使大家通过阅读《决议》很清楚地认识这个问题。"

陈云还表示:"小平同志提出《决议》宜粗不宜细,我是同意的。"

4月7日,邓小平又找起草小组负责人邓力群谈话,对讨论决议修改稿时的一些具体意见作了说明。

为了修改好决议稿,邓小平连月来紧紧抓住这项工作不放。的确,自决议草稿产生那天起已经历时一年多了,其间经过了多次修改,特别是1980年10月组织4000人进行讨论,提出很多好的重要的意见。1981年4至5月,又由40多位同志进行讨论、修改,起草决议的20多位同志也下了苦工夫,终于拿出了一个好的稿子。

邓小平觉得,这次修改稿是根据开始提出的三项基本要求写的,合乎三项基本要求。缺点是长了一点。最后要求25 000字,现在有28 000字。实际上,多三五千字也没有关系。他指出,修改工作不能等,要抓紧。

邓小平设想,再开一次中央政治局扩大会议,70多个人花点时间和精力,把稿子推敲得更细致些,改得更好一些。之后提交党的十一届六中全会通过,并在纪念建党60周年时公布。

5月19日,邓小平在中央政治局扩大会议上讲话。关于决议中对毛泽东

>> 第三章 邓小平和毛泽东

评价问题，他先用提问的语气说：

"毛泽东同志的功绩是第一位，还是错误是第一位？"

新中国成立20多年中的错误，"是毛泽东同志一个人的，还是别人也有点份？"

随后，他用论断式的语气说："毛泽东同志犯了错误，这是一个伟大的革命家犯错误，是一个伟大的马克思主义者犯错误。"

6月，中共中央在北京举行第十一届六中全会，在召开预备会期间，邓小平在22日的讲话中仍然强调如何看待毛泽东同志的错误问题。他严肃地告诉大家：

"在前一段时间里，对毛泽东同志有些问题的议论讲得太重了，应该改过来。这样比较合乎实际，对我们整个国家、整个党的形象也比较有利。""这样站得住脚，益处大。对毛泽东同志的评价，原来讲要实事求是，以后加一个

★ 1980年7月18日，邓小平在武汉参观八七会议会址。这里，是邓小平和毛泽东第一次相识的地方。

要恰如其分。"

宽敞明亮的大厅里，与会人员静静地听着邓小平的讲话，他们感受到了一位巨人评价另一位巨人的科学态度，感受到了邓小平作为毛泽东的学生、战友，对毛泽东所怀有的那种深厚感情。

邓小平铿锵有力的话语响彻大厅，这声音，透过厚厚的墙壁，传向全世界：

"我们原来设想，这个决议要举毛泽东思想的伟大旗帜，实事求是地、恰如其分地评价'文化大革命'，评价毛泽东同志的功过是非，使这个决议起到像一九四五年那次历史决议所起的作用，就是总结经验，统一思想，团结一致向前看。我想，现在这个稿子能够实现这样的要求。"

6月29日，出席党的十一届六中全会的195名中央委员，114名候补中央委员及列席会议的53人，现场目睹了《关于建国以来党的若干历史问题的决议》通过的经过。

全会认为：这个《决议》"实事求是地评价了伟大领袖和导师毛泽东同志在中国革命中的历史地位，充分论述了毛泽东思想作为我们党的指导思想的伟大意义"。

邓小平亲自主持起草的这个重要的历史决议，科学地评价了毛泽东和毛泽东思想，对统一全党思想，动员全国各族人民，团结一致，振兴中华起了不可估量的重要作用。

以《关于建国以来党的若干历史问题的决议》的产生为标志，党在指导思想上的拨乱反正基本结束，新时期的中国进入了全面改革的新阶段。邓小平作为毛泽东事业的继承人，不仅指导全党完整地、准确地继承了毛泽东思想，而且在改革开放的伟大实践中发展了毛泽东思想，形成了邓小平理论。

第四章 邓小平与中国的第二次革命

进入20世纪70年代，在决定中国命运和中华民族前途的关键时刻，历史选择了代表我们这个时代的伟大人物——邓小平。

邓小平代表人民的意志和时代的精神，冲破阻力，毅然决然地带领中国人民走改革开放的新路，开始了摆脱中国贫穷落后面貌、振兴中华民族的第二次革命。

中国如果不搞改革开放，走任何一条路都是死路！

改革是决定中国命运的一招！

邓小平领导和设计的改革，是中国社会主义发展的动力。其实质和目标，是要从根本上改革束缚我国生产力发展的经济体制，同时相应地改革政治体制和其他方面的体制，以适应中国式现代化建设的需要。改革无论就其解放和发展生产力方面所起到的巨大作用，还是引起社会变革的深度和广度来说，都是开始了一场新的革命。

邓小平领导的第二次革命，是相对于毛泽东领导的夺取政权并建立起社会主义经济基础的第一次革命而言的，是第一次革命的继承、深入和发展，但也不是简单的继续。第一次革命后，我们在探索建设社会主义的过程中出现了失误，使生产力的解放和发展受到了阻碍，因此，必须来一次革命性的变革，才能扫除障碍，开拓前进，把中国建设成社会主义的现代化强国，使中华民族真正自立于世界先进民族之林。

如果现在再不实行改革，我们的现代化事业和社会主义事业就会被葬送

中国要实现现代化，除改革开放之外，别无他途。说起改革，有人曾做过统计，说它是当今中国人使用最多的词汇之一。改革已深深地渗透于中国社会生活的各个方面，它深刻地改变了中国，也影响了世界。那么，二十世纪中国的改革源于何时，其行程怎样？

追根溯源，改革实际上从 1975 年就开始了。发生在那时的全面整顿，可以说是邓小平领导改革的一次尝试和预演。照邓小平的话说，当时用的名称是整顿。1987 年 10 月 13 日，邓小平在会见匈牙利社会主义工人党总书记卡达尔时这样指出：说到改革，其实在 1974 年到 1975 年我们已经试验过一段。那时的改革，用的名称是整顿，强调把经济搞上去，首先是恢复生产秩序。十一届三中全会重新确立了实事求是的思想路线，确定了以发展生产力为全党全国的工作中心，改革才重新发动了。

为期 9 个月的整顿，邓小平围绕把国民经济搞上去这个核心，坚持并发展了许多马克思主义的基本观点，实际上开始了拨乱反正的行程。整顿符合人民的根本利益，得到了人民群众的拥护，从而取得了显著的效果。虽然，这次改革的尝试由于针对毛泽东晚年的错误，后来在毛泽东的反对下遭受了暂时的挫折，邓小平本人也再一次被"打倒"，但它反映了历史的潮流和人民的愿望，加速了"文化大革命"的终结，为以后的改革做了重要的准备。作为中国改革的先声，1975 年的整顿功不可没。

粉碎"四人帮"后，中国人民建设"四化"的热情空前高涨，党的十一大和五届人大一次会议再次提出了要变革与生产力状况不相适应的生产关系和上层建筑，并认为这是一场深刻的革命。从这时起，改革再次被提出来。查阅当时的文献，邓小平、李先念等领导同志都强调了这个问题。然而，系统地提出改革的任务，深刻阐述改革的性质和内容的，是邓小平。

1978 年 7 月 6 日至 9 月 9 日，国务院在北京召开务虚会，讨论怎样加快现代化建设问题。这次会议虽然还未能摆脱指导思想上"左"的错误影响，表

现了急于求成的倾向,但它在总结新中国成立以来经济建设经验教训的基础上,对我国经济管理体制中的弊端有了初步的认识,并大胆地提出了改革的思想主张。9月9日,李先念在总结讲话中系统地阐述了改革的问题。他指出:在20世纪末把我国建设成为社会主义的现代化强国,这是一场根本改变我国经济和技术落后面貌,进一步巩固无产阶级专政的伟大革命。这场革命既要大幅度地改变目前落后的生产力,也就必然要多方面地改变生产关系,改变上层建筑,改变工农业企业的管理方式和国家对工农业企业的管理方式,改变人们的活动方式和思想方式,使之适应现代化大经济的需要。李先念还就改革的任务提出了一些重要主张。这次国务院务虚会,特别是李先念的讲话,对于启发人们的思考起了重要作用,引起了党内的重视,使之成为年底召开的中央工作会议的议题之一。

同年9月,邓小平在访朝归来视察东北、天津等地时发表的"北方谈话",也明确地提出了改革的任务。他指出:我们国家的体制,包括机构体制等,基本上是从苏联来的,是一种落后的东西。企业管理,过去是苏联那一套,没有跳出那个圈子。那时候,苏联企业管理水平比资本主义国家落后得多,后来我们学习那个东西,有了那个东西比没有好。但现在连那个落后的东西也丢掉了,一片混乱。现在要使所有的人开动脑筋,哪怕管理一个街道工厂,也要自己开动脑筋,敢于思考怎么样使生产增加,产品质量提高,成本降低,原材料消耗少,产品价格不断降低。不管大中小企业,搞得好的要奖励,不能搞平均主义,要鼓励先进。要改革企业管理,加强民主管理。邓小平强调说,现在我们的上层建筑非改不可。我们要在技术上、管理上来一个革命。

10月,党中央确定在这个月召开中国工会九大,由邓小平代表党中央在大会上致词。全国总工会主席倪志福将反复讨论后的致词再呈邓小平审定。经过几天反复缜密的思考,10月10日邓小平致信华国锋、李先念:"工大祝词,我又考虑了一下,加改了两段,这是比较重要的改动。"邓小平加改的两段为:一是在原稿的"经济战线不仅需要进行技术上的重大改革,而且需要进行制度上、组织上的重大改革"之后,加写了一段话:"进行这些改革,是全国人民的长远利益所在,否则,我们不能摆脱目前生产技术和生产管理的落后状态。中央相信,为了社会主义的利益,为了四个现代化的利益,全国工人阶级一定会在这些改革中起大公无私的模范先锋作用,各工会组织一定会用深入群众的宣传组织工作积极协助各企业顺利地实现这些改革,为革命和建设的事业作出新的杰出贡献。"二是加写了关于厂长负责制的一段话："我们的企业要实行党委领导下的厂长或经理负责制,要建立强有力的生产指挥系统。工会要教育全体会员维护企业实行高度集中的行政领导,维护生产指挥系统的高度权威。只有这样,才能有效地克服现在普遍存在的无人负责现象,才能正常地、有秩序地组织生产。也只有这样,才能不断地扩大再生产,增加利润,同时不断地改善职工生活,从而确实保证国家利益、集体利益和个人利益的统一。"

10月11日,中国工会第九次全国代表大会在北京召开。邓小平代表党中央、国务院到会致词。他在这次会议上发出了改革的号召,提出要加速四个现代化建设的步伐。他说："这是一场根本改变我国经济和技术落后面貌,进一步巩固无产阶级专政的伟大革命。这场革命既要大幅度地改变目前落后的生产力,就必然要多方面地改变生产关系,改变上层建筑,改变工农业企业的管理方式和国家对工农业企业的管理方式,使之适应于现代化大经济的需要。为了提高经济发展速度,就必须大大加强企业的专业化,大大提高全体职工的技术水平并且认真实行培训和考核,大大加强企业的经济核算,大大提高劳动生产率和资金利润率。因此,各个经济战线不仅需要进行技术上的重大改革,而且需要进行制度上、组织上的重大改革。"

邓小平的致词反映了党的十一大以后党中央对四个现代化和改革问题的正确认识,初步明确了改革的性质、任务和基本内容,为一个多月后改革的正式启动起了重大作用。

1978年11月10日至12月15日,中央召开了工作会议,为党的十一届三中全会做准备。在邓小平、陈云等老一辈革命家的努力下,这次会议突破了原定的设想,成了讨论党和国家工作重点转移、纠正"左"倾错误、统一思想的会议。邓小平在会议闭幕时的讲话《解放思想,实事求是,团结一致向前看》,实际上成为随即召开的党的十一届三中全会的主题报告。在这个讲话中,邓小平对改革的信心更加坚定,对改革的认识也更加深刻,更加理论化。

邓小平在讲话中指出,过去我们政治、经济生活中存在很多问题,"这并不是哪一些同志的责任,责任在于我们过去没有及时提出改革。但是如果现在再不实行改革,我们的现代化事业和社会主义事业就会被葬送"。

在历史转折的前夜,邓小平适时地提出了经济体制改革的任务和步骤:

"现在我国的经济管理体制权力过于集中,应该有计划地大胆下放,否则不利于充分发挥国家、地方、企业和劳动者个人四个方面的积极性,也不利于实行现代化的经济管理和提高劳动生产率。"

"当前最迫切的是扩大厂矿企业和生产队的自主权。"

"要注意研究和解决管理方法、管理制度、经济政策这三方面的问题。"

"要切实保障工人农民个人的民主权利,包括民主选举、民主管理和民主监督。"

"要允许一部分地区、一部分企业、一部分工人农民,由于辛勤努力成绩大而收入先多一些,生活先好起来。一部分人生活先好起来,就必然产生极大的示范力量,影响左邻右舍,带动其他地区、其他单位的人们向他们学习。这样,就会使整个国民经济不断地波浪式地向前发展,使全国各族人民都能比较快地富裕起来。""这是一个大政策,一个能够影响和带动整个国民经济的政策。"

从这次讲话可以看出,邓小平在引导我们恢复解放思想、实事求是的思想路线的同时,已为经济体制的改革作出了比较明确和具体的战略部署和规划。虽然这还是初步的,但标志着中国历史行程已开始了一个新的阶段。

党的十一届三中全会,是一次永载史册的重要会议。这次会议把邓小平的远见卓识变成了具体决定,实现了伟大的历史性转折。全会重新确立了马克思主义的思想路线,决定把全党的工作重点转移到经济建设上来,作出了实行对内改革、对外开放的伟大决策。

一场真正改变中国贫穷落后面貌的伟大事业,拉开了雄壮的序幕,邓小平设计的中国改革之船,启动远航了!

中国为什么要改革?历史是最好的回答。

民族复兴,是几百年来中华民族的伟大梦想,然而,实现这个梦想的历程是雄壮的,也是曲折的。新中国成立后,中国共产党人肩负起了历史的重任。为了探索社会主义建设道路,我们曾付出了艰辛的努力,有过成功的经验,但也付出了沉重的代价。从20世纪50年代后期起,我们走了一段很长的弯路。

邓小平曾多次总结过这段历史。1987年6月,他在会见南斯拉夫客人时说:"目前我们国内正在进行改革。我是主张改革的,不改革就没有出路,旧的那一套经过几十年的实践证明是不成功的。过去我们搬用别国的模式,结果阻碍了生产力的发展,在思想上导致僵化,妨碍人民和基层积极性的发挥。我们还有其他错误,例如'大跃进'和'文化大革命',这不是搬用别国模式的问题。可以说,从一九五七年开始我们的主要错误是'左','文化大革命'是极左。

中国社会从一九五八年到一九七八年二十年时间，实际上处于停滞和徘徊的状态，国家的经济和人民的生活没有得到多大的发展和提高。这种情况不改革行吗？"

1988年6月3日，邓小平在会见"九十年代的中国与世界"国际会议全体与会者时说："二十年的经验尤其是'文化大革命'的教训告诉我们，不改革不行，不制定新的政治的、经济的、社会的政策不行。十一届三中全会制定了这样的一系列方针政策，走上了新的道路。这些政策概括起来，就是改革和开放。"

搞社会主义，中心任务是发展社会生产力

中国为什么要走改革的道路？一句话，就是为了解放和发展生产力，为社会主义的机体增添生机，为社会的进步和发展提供动力。

社会主义的根本任务是什么？能否正确回答这一问题，是关系社会主义事业前途和命运的重大问题。为了正确回答这个问题，中国共产党人付出了极其艰苦的、沉重的代价。

1949年我们党取得全国政权后，即在全国开展了土地改革，接着搞合作化，在城市进行了对资本主义工商业的社会主义改造，都做得很好。"但是解放了生产力以后，如何发展生产力，这件事做得不好。主要是太急，政策偏'左'，结果不但生产力没有顺利发展，反而受到了阻碍。"从1957年开始，我们偏离了八大的正确路线。由于多种复杂的国内国际原因，我们在完成生产资料私有制的社会主义改造以后，未能冷静地考察和探索社会主义发展规律，对取得革命成功的经验和在国民经济恢复时期的经验以及合作化运动后生产力发展较快等经验，作了较片面的总结，只注意从生产关系、上层建筑、意识形态等方面巩固新生的社会主义制度，把社会主义的本质特征主要归结为生产资料公有制和无产阶级专政，未能把生产力的充分发展摆到头等重要的地位。在社会主义三大改造完成后，我们对已经发生根本变化的社会阶级状况和社会的主要矛盾，未能坚持党的八大的正确估计，以致发展到确立"以阶级斗争为纲"的错误指导思想。由于党的工作重点和主要注意力未能转到经济建设上来，因而在

>> 第四章　邓小平与中国的第二次革命

考虑如何发展生产力时,也未能认真地研究生产力自身的结构及其发展规律,而是片面地认为只有不断提高生产资料的公有程度,才是促进生产力发展的唯一道路。政治上的"左"导致1958年经济上搞"大跃进",使生产遭到很大破坏,人民生活很困难。1959、1960、1961年三年非常困难,人民饭都吃不饱,更不要说别的了。1962年开始好起来,逐步恢复到原来的水平。但思想上没有解决问题,结果1966年开始搞"文化大革命",搞了10年,这是一场大灾难。这10年中,许多怪东西都出来了。要人们安于贫困落后,说什么宁要贫困的社会主义和共产主义,不要富裕的资本主义。"四人帮"荒谬的理论导致中国处于贫困、停滞的状态。

邓小平在总结1957年到"文化大革命"结束这20年的历史时尖锐指出:就整个政治局面来说,是一个混乱状态;就整个经济情况来说,实际上是处于缓慢发展和停滞状态。粉碎"四人帮"之初,因为"左"的错误没有完全纠正,1977年和1978年,中国还处于徘徊状态。中国这段曲折发展的历史说明,正是由于没有完全搞清楚马克思主义的核心是什么,什么叫社会主义,没有抓住社会主义社会所要解决的主要矛盾,才使我们吃了很大苦头。在这20年中,世界的发展突飞猛进,而我们却耽误了20年。

粉碎"四人帮"后,邓小平一恢复工作就首先提出毛泽东思想的精髓是实事求是,在千头万绪的工作中,抓住了要重新确立马克思主义实事求是的思想路线这个最要害的关键问题。与此同时,邓小平又明确提出了党和国家工作重点战略转移的问题。1978年9月,他在听取吉林省委常委汇报工作时谈道:"按照历史唯物主义的观点来讲,正确的政治领导的成果,归根结底要表现在社会生产力的发展上,人民物质文化生活的改善上。如果在一个很长的历史时期内,社会主义国家生产力发展的速度比资本主义国家慢,还谈什么优越性?"这些论断为1978年底召开的党的十一届三中全会确定党和国家的工作重点转移到社会主义现代化建设上来,起了重要的理论指导作用。

十一届三中全会以后,邓小平更是一再强调:"我们当前以及今后相当长一个历史时期的主要任务是什么?一句话,就是搞现代化建设。能否实现四个现代化,决定着我们国家的命运、民族的命运。"他在1979年10月30日中国文学艺术工作者第四次代表大会上的祝词中明确地讲:"同心同德地实现四个现代化,是今后一个相当长的时期内全国人民压倒一切的中心任务。"此时,邓小平关于党和国家、人民的主要任务、中心任务的论述,是同实现四个现代化这个目标相联系的,并且把它放在"今后一个相当长的历史时期"这个特定的概念之中。这里邓小平揭示出了中心任务与主要矛盾的内在联系。他在1979年3月30日党的理论工作务虚会上的讲话中指出:"至于什么是目前时期的主要矛盾,也就是目前时期全党和全国人民所必须解决的主要问题或中心任务,由于三中全会决定把工作重点转移到社会主义现代化建设方面来,实际上已经解决了。我们的生产力发展水平很低,远远不能满足人民和国家的需要,这就是我们目前时期的主要矛盾,解决这个主要矛盾就是我们的中心任务。"这个论断是对新中国成立以来正反两个方面的经验,特别是"文化大革命"的教训所作的科学总结。1980年初,他在《目前的形势和任务》报告中进一步明确了完成中心任务的更深层意义在于体现社会主义制度的优越性。他讲:我们一定要、也一定能拿今后的大量事实来证明,社会主义制度优于资本主义制度。这要表现在许多方面,但首先要表现在经济发展的速度和效果方面。没有这一条,再吹牛也没有用。

从1982年9月召开党的十二大起,我们党和国家在完成拨乱反正的历史重任后,开始进入开创社会主义现代化建设新局面的阶段,改革开放也全面展开。随着实践的前进,邓小平关于发展生产力的论述也升华到了一个新的理论高度。这就是:把党和国家、人民在一个相当长的历史时期的主要任务、中心任务是实现四个现代化这样的表述,进一步概括为:社会主义的首要任务、中心任务、根本任务是发展生产力。1984年6月,他在《建设有中国特色的社会主义》这篇著名谈话中说道:"什么叫社会主义,什么叫马克思主义?我们过去对这个问题的认识不是完全清醒的。马克思主义最注重发展生产力。""社会主义阶段的最根本任务就是发展生产力,社会主义的优越性归根到底要体现在它的生产力比资本主义发展得更快一些、更高一些,并且在发展生产力的基础上不断改善人民的物质文化生活。如果说我们建国以后有缺点,那就是对发展生产力有某种忽略。社会主义要消灭贫穷。贫穷不是社会主义,更不是共产主义。"1985年4月15日,他会见外宾时又讲:马克思主义的基本原则就是要发展生产力。马克思主义的最高目的就是要实现共产主义,而共产主义是建立在生产力高度发展的基础上的。社会主义的首要任务是发展生产力,逐步提高人民物质和文化生活水平。"不发展生产力,不提高人民的生活水平,不能说是符合社会主义要求的。"他在同年9月召开的中国共产党全国代表会议上的讲话中,把在四项基本原则基础上集中力量发展生产力看做是最根本的拨乱反正。10月23日，他又讲："要坚持社会主义制度，最根本的是要发展社会生产力，这个问题长期以来我们并没有解决好。"从上述邓小平的论述可以看出，他把我们在一定历史时期内实现四化目标与社会主义的根本任务相联系来说明它们之间的统一性。到了1987年，邓小平对新中国成立后，特别是从1957年到"文化大革命"结束这20年的历史经验，作了更加集中高度的概括。他讲："我们坚持社会主义，要建设对资本主义具有优越性的社会主义，首先必须摆脱贫穷。"他在《我们干的事业是全新的事业》这篇谈话中，把这个问题提到更加尖锐的程度。他说："要摆脱贫穷，就要找出一条比较快的发展道路。贫穷不是社会主义，发展太慢也不是社会主义。否则社会主义有什么优越性呢？"1992年初，邓小平在南方视察时的重要谈话中，又把社会主义的根本任务与社会主义的本质问题相联系，明确提出："社会主义的本质，是解放生产力，发展生产力，消灭剥削，消除两极分化，最终达到共同富裕。"这就把生产力与生产关系统一于社会主义的根本目的之中。从这个意义上说，以发展生产力为中心认识社会主义，从社会主义本质的高度理解发展生产力，是邓小平理论中的一个极为重要的原则。这个原则含有这样几方面的意思：

第一，坚持发展生产力，是巩固和发展社会主义制度的基础；是解决国内国际各种复杂矛盾的基础。任何社会制度都有它赖以生存的物质基础。物质基础状况如何，直接关系到社会制度是否稳定。我们是社会主义国家，由于历史的原因，经济文化都比较落后，只有不懈地努力发展生产力，把经济搞上去，才能使社会主义真正具有吸引力，才能在国际社会中发挥更大作用，为人类和平和进步事业作出更大贡献。

第二，坚持发展生产力，是实现共同富裕的前提。邓小平多次讲，社会主义不是少数人富，大多数人穷。"社会主义最大的优越性就是共同富裕。"这里讲的共同富裕，是建立在生产力充分发展的基础之上的。

第三，坚持发展生产力，是社会主义制度最终战胜资本主义的根本保证。历史发展的规律表明，社会主义代表着社会生产力发展的方向，能够创造比旧制度更高的劳动生产率。但也要看到这是一个发展过程，目前我国的生产力发展水平还远不如资本主义发达国家。正如邓小平讲的："现在虽说我们也在搞社会主义，但事实上不够格。只有到了下世纪中叶，达到了中等发达国家的水平，才能说真的搞了社会主义，才能理直气壮地说社会主义优于资本主义。"

第四，坚持发展生产力，为最终实现共产主义创造物质基础。共产主义是人类社会最美好的理想,是消灭"三大差别",实行各尽所能、按需分配的社会。这样的社会没有极大丰富的物质条件是根本无法实现的,社会主义作为共产主义第一阶段,它的任务很多,但根本的一条就是发展生产力,为共产主义创造物质基础。

有邓小平、陈云的支持,万里心里有了底

1958年的人民公社化运动,中国农业被纳入了高度集中的计划体制。这种体制压抑了中国农民的生产积极性,影响了农业生产的发展,使中国人的吃饭问题一直未能得到很好的解决。

对此,原安徽省凤阳县委书记王昌太说:"并不是中国农民不勤劳,生产不出来粮食。也不是中国农民没有创造性,找不到多增产粮食的道路,不是这个问题。"根本问题在"解放以后的近30年间,有两个禁区没有被冲破,第一个禁区就是一个'包'字,一讲到'包'字,那就害怕,'包'字就是跟社会主义相对抗的资本主义道路,'包'字就是对阶级斗争的否定。另一个禁区,就是所有制,所有制一大二公,越公越好,越大越好"。

实际上,中国高层、有远见卓识的政治家们也在思考着这个问题。1978年12月13日,在中共中央工作会议上,邓小平指出:"当前最迫切的是扩大厂矿企业和生产队的自主权,使每一个工厂和生产队能够千方百计地发挥主动创造精神。一个生产队有了经营自主权,一小块地没有种上东西,一小片水面没有利用起来搞养殖业,社员和干部就要睡不着觉,就要开动脑筋想办法。"

随后,十一届三中全会召开。全会指出:全党目前必须集中主要精力把农业尽快搞上去。为此,必须首先调动我国几亿农民的社会主义的积极性,必须在经济上充分关心他们的利益,在政治上切实保障他们的民主权利。全会制定了《关于加快农业发展若干问题的决定》,指出要从实际出发,按自然规律、经济规律和群众利益办事,尊重和保护群众的民主权利,由此提出了发展农业生产力的25项政策措施。全会还通过了《农村人民公社工作条例(试行草案)》,明确提出了恢复农业生产责任制的意见。

但是,虽然说十一届三中全会提出了改革的问题,并不是说通过这次会

议改革开放的问题就解决得很透彻了。

尤其是关于农村改革，会议通过的文件还特别写明"不许搞包产到户"。这个问题是以后才逐步突破的。正如邓小平所说，中国的农村改革，是农民自己先搞起来的，是农民自己的创造。

总之，问题的核心是调动农民的生产积极性，实行生产责任制。

重大历史事件的发生，总是带有巧合的色彩。就在中国高层酝酿改革的同时，下层已开始悄悄行动。

1978年秋，安徽省发生了100多年来罕见的特大旱灾，全省许多地区水库干涸，河水断流，受灾面积达到6000多万亩，有400万人口的地区人畜缺水吃，土地干裂，秋种无法进行。面对严峻的形势，中共安徽省委作出了"借地度荒"的决定：凡是集体无法耕种的土地，可以借给农民种麦种菜，并鼓励农民开荒多种，谁种谁收谁有，国家不征公粮，不分统购任务。

在借地的基础上，肥西县山南公社在全省首先闯开禁区，搞了包产到户。1978年底，山南1006个生产队有77.3%的队实行包产到户。

肥西山南包产到户，既不合党的决议，也不合宪法。但农业生产却呈现好形势，麦子长得很好。当时的中共安徽省委书记万里看后，表扬了他们，说你们就这样干吧。

农村中出现的"包产到户"的情况，触及了很多人的神经，也引来了包括中央在内的各级领导层中的争论。对于信守传统的社会主义模式和观念的人来说，"包干"这一举动，无异于掀起了一场滔天的巨浪，暴露了所谓资本主义苗头在农村再度抬头，因而提出了不少的指责。在1979年4月召开的中央工作会议和6月召开的五届人大二次会议上，就农村中出现的包产到户问题展开了讨论，两种不同意见非常尖锐，产生了"阳关道"和"独木桥"之争。当时，万里等人还是少数，而大部分人则在观望。面对重重阻力，万里慨然表示：你们走你们的阳关道，我走我的独木桥。

1979年6月，在五届人大二次会议期间，万里专门找陈云商量，说我那里已经搞起来了，怎么办？陈云说我举双手赞成。以后，万里又同邓小平讲，邓小平说不要争论，你就这么干下去完了，就实事求是地干下去。

有邓小平、陈云的支持，万里心里有了底。

就在肥西包产到户的同时，1978年底，安徽省凤阳县梨园公社小岗生产队18户农民，在副队长严宏昌的带动下，冒着挨批、挨斗、坐牢的风险，决定分田，包干到户。他们立下字据：如以后能干，每户保证完成每户全年上交的公粮，不再向国家伸手要钱要粮；如不成，我们干部坐牢杀头也甘心，社员们保证把我们的小孩养活到 18 岁。18 户 21 个在场的人含着眼泪在契约上摁上了手印。"契约"翻开了中国农村发展史上新的一页，家庭联产承包责任制这一新的农业生产体制开始形成。

1979 年夏天，万里专程来到凤阳。此时，小岗人分田之事已惊动县上。万里来后，当时的县委书记陈庭元向万里汇报县里实行农业生产责任制情况，谈到小岗生产队暗地包干到户。万里问，包干到户怎么样？陈庭元说，到户当然好了，粮食产量由 3 万多斤一下搞到 12 万斤。万里说，就让它干嘛，不就一个生产队嘛！翻不了天，就让它干去了。

至此，小岗生产队的包干到户总算有了肯定。但当时的县里还是规定，只能小岗生产队干，别的队无论如何不能干。虽然县里有规定，但就在 1979 年底，小岗生产队所在的梨园公社还是都搞了包干到户。

包干到户，这种家庭联产承包责任制的农村新体制，在广大农民的推动下终于走上历史舞台。

农村改革步履艰难，关键时刻，邓小平说话了

包产到户、包干到户已开始在中国农村实行。虽然带来了农业生产的增长，但它毕竟是离经叛道的，因而必定遭到某些人的反对。农村改革步履艰难。

1979 年 1 月，《人民日报》陆续报道了安徽、四川、云南、广东等省农村实行生产责任制的情况，并特此开辟专栏讨论"大包干"的做法，随之引发了一场激烈的争论。当时争论的焦点是继续维持原来的农业生产体制，还是各地根据本地实际情况实行各种形式的农业生产责任制。

3 月 15 日，《人民日报》一版头条位置，发表了甘肃省一位叫张浩的基层干部《"三级所有，队为基础"应当稳定》的来信。信中认为："作业组只是一种劳动组织形式，象上述分田到组，包产到组的组，已不是作业组，而有点象一级核算单位了。现在实行的'三级所有，队为基础'，符合当前农村的实际情况，应充分稳定，不能随便变更。"《人民日报》还特地加了编者按，指出："已经出现'分田到组'，'包产到组'的地方，应当认真学习三中全

会原则通过的《中共中央关于加快农业发展若干问题的决定（草案）》，正确贯彻执行党的政策，坚决纠正错误做法。"

实际上，这篇"来信"及编者按反映了党内外及社会上一部分人一个相当大的疑虑，这就是"大包干"会不会离开社会主义，走向资本主义。有人认为，这是中央的新精神。还有人说："三中全会的精神偏了，该纠正了。"由此，在广大农村干部群众中产生了思想混乱，一些地方停止了包工到组、包产到组的推行，严重地影响了生产。

正是在这个关键时刻，邓小平讲话了。

1980年4月2日，邓小平同中央及有关方面负责人谈长期规划问题时，专门讲了农业问题。他说：对地广人稀、经济落后、生产穷困的地区，政策要放宽，使他们真正做到因地制宜，发展自己的特点。要使每家每户都自己想办法，多找门路，增加生产，增加收入。有的可包给组，有的可包给个人。这个不用怕，这不会影响我们制度的社会主义性质。在这个问题上要解放思想，不要怕。在这些地区要靠政策，整个农业近几年也要靠政策。总之，就是要从提高经济效果、增加人民收入方面考虑问题，要按这个精神搞长期规划，这是个最大的问题。

1980年5月20日，邓小平在同有关方面负责人谈编制长期规划问题时，再次谈到了农业问题。他说：在一些地区和一些问题上，政策应该更加放宽一些。地广人稀的地区，多年来调进粮食，现在要发挥他们的积极性，自己想办法解决自己的问题。

1980年5月31日，在同胡乔木、邓力群等人谈话时，邓小平说："农村政策放宽以后，一些适宜搞包产到户的地方搞了包产到户，效果很好，变化很快。安徽肥西县绝大多数生产队搞了包产到户，增产幅度很大。'凤阳花鼓'中唱的那个凤阳县，绝大多数生产队搞了大包干，也是一年翻身，改变面貌。有的同志担心，这样搞会不会影响集体经济。我看这种担心是不必要的。我们总的方向是发展集体经济。实行包产到户的地方，经济的主体现在也还是生产队。这些地方将来会怎么样呢？可以肯定，只要生产发展了，农村的社会分工和商品经济发展了，低水平的集体化就会发展到高水平的集体化，集体经济不巩固的也会巩固起来。关键是发展生产力，要在这方面为集体化的进一步发展创造条件。""总的说来，现在农村工作中的主要问题还是思想不够解放。""从当地具体条件和群众意愿出发，这一点很重要。"

这次谈话无疑给这场争论做了裁决。虽然他未有明确说明农村改革应采取什么形式，但他实际上提出了农村改革的基本方向。

更为重要的是，这次谈话给实行包产到户、包干到户的地方吃了定心丸。但遗憾的是，谈话未能公开发表，只作内部传达。

在邓小平的倡导下，1980年9月，中共中央召开了全国省、市、自治区党委第一书记会议，讨论关于进一步加强和完善农业生产责任制的几个问题。经过讨论，会议提出，目前农村经营管理工作是一个突出的薄弱环节。对于包产到户应当区别不同地区、不同社队采取不同的方针。群众对集体丧失信心，因而要求包产到户的，应当支持群众的要求，可以包产到户，并在一个较长时间内保持稳定。会后，形成了《关于加强和完善农业生产责任制的会议纪要》（即1980年75号文件）。《纪要》提出要支持群众包干到户的要求，并在一个较长的时间内保持稳定。认为这样不会脱离社会主义的轨道，没有什么复辟资本主义的危险。从此，农村改革由局部试验进入到全面推广阶段。

站在今天的高度看，这个文件对包产到户的评价尚不充分，但是毕竟从正面肯定了包产到户，统一了思想，使广大干部群众在包产到户问题上有了政策依据，对于推进农村改革起了重要作用。

邓小平的故乡，素有"天府之国"美称的四川沸腾起来了。这个人口过亿，人均占有耕地面积较少的大省，与安徽省一样，是中国农村改革最先兴起的省份之一。现在又响应党中央的号召，迅速在农村推广了家庭联产承包责任制。

接着，位于西南边陲的云南、改革开放的前哨广东以及以贫瘠黄土地著称的甘肃、享有中原咽喉之誉的河南和江南鱼米之乡的苏浙，也先后开始了农村改革的尝试。

继而改革的春风迅速吹遍了中国农村的每个角落。1981年，多种形式的承包责任制逐步稳定到包产到户这一最直接最简便的形式上，开始进入它的美妙青春期。从1982年起，中共中央连续5年发出关于农村问题的"一号文件"，有力地推动和指导了农村改革。

到1984年，全国农村的100多万个生产队基本实现了包产到户的生产承包责任制，这就给曾经在农村中普遍推行的"三级所有、队为基础"的大锅饭经济管理体制，打上了最后一个句号。

家庭联产承包制，成功地实现了土地所有权与经营权的分离，改变了农村中"出工一窝蜂，干活大呼隆"的消极怠工现象。农民欢喜地唱道："大包干、大包干，直来直去不拐弯。""保证国家的，留足集体的，剩下都是自己的。"农民不必劳驾生产队、大队、公社三级所有制的干部们指手画脚。他们用自己勤劳的双手精耕细作，适时套种，合理安排农时、农务。人还是原来的人，土地还是原来的土地，只是因为政策变了，人的思想变了，粮食产量也就增加了，千古未有的奇迹终于在神州大地出现了！

1984年，我国共生产粮食4.07亿吨，比1978年增加了1亿多吨。棉花总产量为625.8万吨，比1978年的216.7万吨，增长了1.8倍多。油料总产量为1191.6万吨，比1978年的521.8万吨，增长了1.3倍。

这在中国历史上是从来没有过的大喜事。当1985年中国代表在"联合国粮农组织"成立40周年大会上宣布中国的人均粮食已接近400公斤，达到世界人均水平时，引起了全世界的震惊。

农村改革的成功和城市经济体制改革的探索，使邓小平更加坚定了加快和深化改革的决心和信心。到了1984年，将改革的重点从农村转向城市、从试点转为以整个经济体制为中心的全面改革的时机已经成熟。

1984年国庆节那激动人心的场面令人难忘。站在天安门城楼上，邓小平向全国人民发出了号召："当前的主要任务，是要对妨碍我们前进的现行经济体制，进行有系统的改革。"

难怪邓小平在会见参加中外经济合作问题讨论会的中外代表时，曾信心百倍地说：中国对内经济搞活，首先从农村着手。中国有80%的人口在农村。中国社会是不是安定，中国经济能不能发展，首先要看农村能不能发展，农民生活是不是好起来。翻两番，很重要的是这80%的人口能不能达到。现在看，一系列新的农村政策是成功的。过去农村很困难，现在可以说绝大多数的人能够吃饱，能够穿得比较好，居住情况有了很大的改善。农村政策见效很快，增加了我们的信心，对我们确定翻两番的目标是个鼓励。这几年进行的农村改革，是一种带革命意义的改革。

农村改革推动了人民公社的解体

当邓小平发表了解放思想、实事求是的宣言书，发布了改革开放的进军令之后，一场改变贫困落后面貌的深刻变革在中国农村悄然兴起。

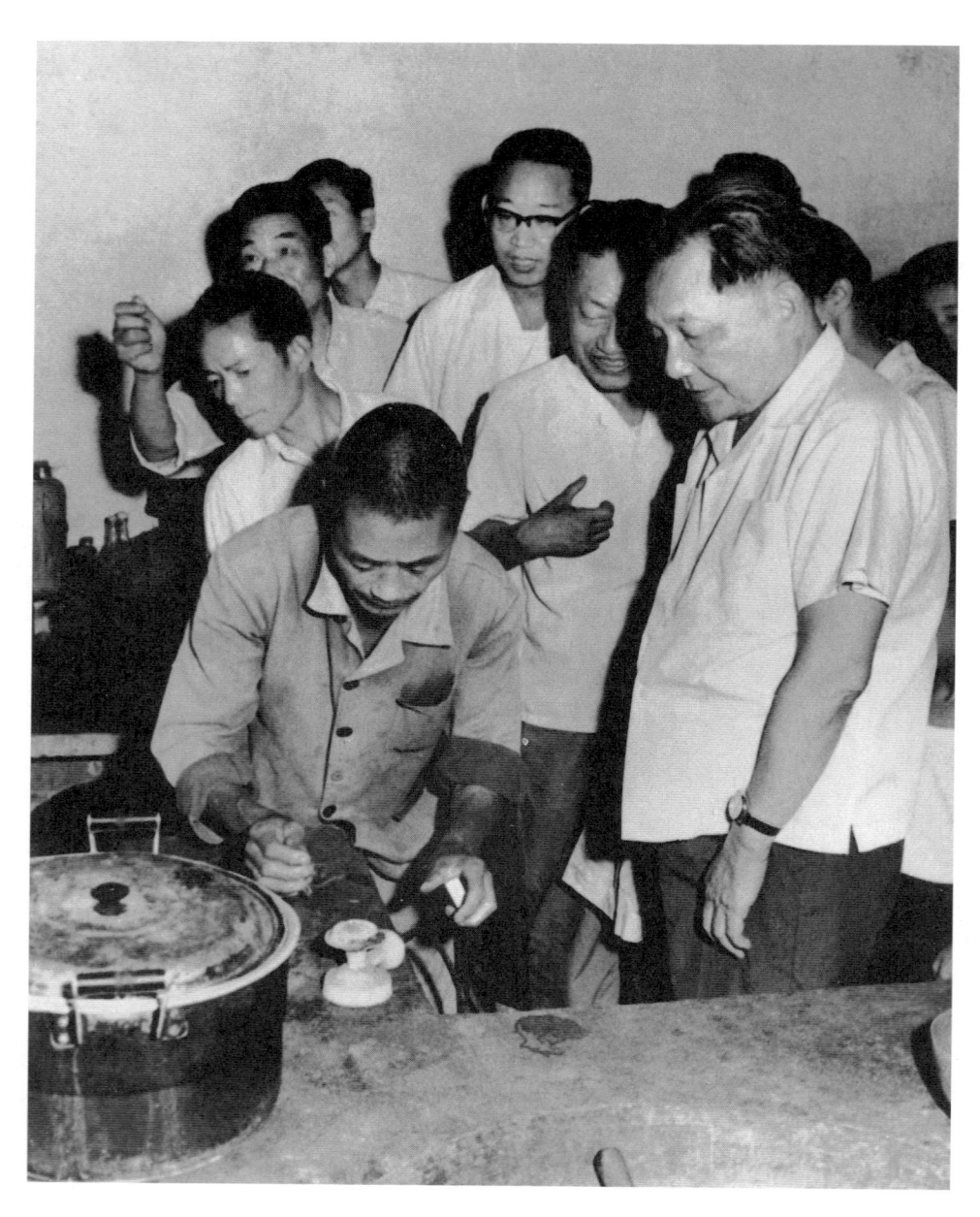

★ 1980年7月,邓小平在四川成都郊区调查研究时,深入农民家中了解沼气的使用情况。

>> 第四章　邓小平与中国的第二次革命

　　随着农村各种形式的责任制的试验和实行，中国的农村改革开始触及了农村管理体制的问题。

　　1980年，邓小平的家乡四川省出了一件新鲜事。四川省广汉县向阳公社摘下了"人民公社"的牌子，恢复了20多年前的乡组织。这一切都是悄悄地进行的。当时上面有个要求，就是先搞试验，不广播、不登报、不宣传。待试验一番后再定是否推广。

　　农村管理体制改革和人民公社的弊端，是邓小平一直在思考的大问题。

　　1981年9月9日，邓小平在会见由委员长竹入义胜率领的日本公明党第十次访华团时说：人民公社建立以后，我们已经感到"一大二公"的目标并不是很快能实现的，那时毛主席还在，也意识到这个问题了。所以，后来毛主席经过多次调查研究，提出要搞三级所有制，即公社、生产大队、生产队三级，以生产队为基础。我们现在正在研究公社制度问题，这还是一个探索的问题。现在的中心问题就是解放思想、实事求是、因地制宜，调动人民的积极性，概括起来就是建立责任制，在建立责任制的基础上真正体现按劳分配。

　　要了解中国基层的社会结构，不能不了解农村。要了解农村新时期的改革，不能不了解主宰中国农村9亿人口政治、经济生活达20多年的人民公社。公社解体10多年之后的今天，这一在中国农村生活中几乎无所不在的政治经济实体，似乎正在被人逐渐忘却。人们已经很难想象农民在受束缚的条件下如何生产和生活。但是，公社作为中国农村社会存在的方式和政治经济制度的基本模式，早已与中国的9亿农民，以及千千万万的知识青年、知识分子乃至他们的家属结下了不解之缘，融入了中国社会的历史年轮。

　　农村人民公社是从农业合作化基础上发展起来的。从1958年建立到1984年结束，在长达27年的历史中，组织形式几经变迁，其规模从几乡一社、一县一社，最后基本固定为一乡一社；所有制结构从建立之初的公社所有，"吃饭不要钱"的乌托邦式的供给制加工资制过渡到以生产大队为基本核算单位，最后稳定在以生产队（相当于合作化时期的初级社）为基本核算单位。

　　最初毛泽东肯定的那种"一大二公"的人民公社经过3年的试验，以"三分天灾，七分人祸"的结局收场，以后长期存在下来的则是按1962年党的八届十中全会通过的《农村人民公社工作条例修正草案》规定，实行"三级所有，队为基础"的人民公社。在人民公社27年的历史中，邓小平在实践中提出两点质疑：一是农村公社束缚了经济的发展。因此，必须对这种制度和经营方式进行改革,哪种方式能促进农村生产力的发展,就应该采取哪种方式。二是公社党政不分、政企不分的体制不利于发扬人民民主和调动广大农民的社会主义积极性。围绕这两个问题,从1961年以来,他同毛泽东多次发生严重的思想分歧。而毛泽东则把这种思想分歧视为社会主义和资本主义两条道路的斗争。这也就是邓小平在"文革"中被打成党内第二号走资本主义道路的当权派和"文革"后终于使人民公社解体的政治渊源。

尽管后世的学者们可以从不同的侧面去认识和观察人民公社。但是,要真正认识人民公社,就必须抓住这个制度的本质。公社的本质应该是替代中国传统村落仿照苏联集体农庄的社会基层组织。公社与其说是社会经济的产物,不如说更像是政治和宗法的产物。公社制度的形成应该说是社会主义的乌托邦思想和中国农村传统村落组织相结合的结果。这两种不同本质的东西既冲突又融合,给制度本身带来了不可克服的矛盾。

从社会经济形态上说,公社算不上任何意义的社会进步,只是一种复古和倒退,或者说是一种违背客观规律的空想的失败尝试。20多年公社的历史,并没带给农村希望和富裕,人们感受到的,只是农村的凋敝和农民的失望。一种制度如此阻碍生产力的发展,自发地冲破旧体制的萌动就是不可遏制的了。

中国的公社化运动,是1958年8月在北戴河召开的中央政治局扩大会议之后,在政治权力的推动下,没有经过任何试验,只用了1个多月时间,就在全国一哄而起。到当年年底,全国74万个农业合作社就合并成2.6万个人民公社。全国农民的99%以上参加了公社。人民公社的特点叫"一大二公"。所谓大,就是把若干个一两百户的合作社合并成数千户乃至一两万户的人民公社,一般是一乡一社。所谓公,就是"一平二调",通过行政手段搞平均主义。把几十上百的经济条件、贫富不等的合作社合并在一起,一切财产上缴公社,由公社统一核算、统一分配。实行部分的供给制,大办公共食堂,造成严重的平均主义。同时,农民的自留地、家畜、果树等也都被收归社有。在各种"大办"中,政府和公社经常无偿地征用生产队的土地,调用物资和劳力,甚至调用社员的房屋和家具。这些实际上都是对农民的剥夺,引起农民的惊慌和不安,纷纷杀猪宰羊、砍树伐木,造成生产力的极大破坏。

人民公社大力推行组织军事化、行动战斗化、生活集体化。动辄采取大兵团作战的方法,夜以继日,连续作战。公社还强调生产自给,取消一切商品经济,农村原来的小商小贩、集市贸易、家庭副业都被作为"资本主义尾巴"

加以取缔。初期的人民公社带有浓厚的平均主义和军事共产主义色彩。

"大跃进"和人民公社化运动是党在探索自己的建设社会主义道路上的一个严重失误。1958年秋冬之间,党中央开始发现大跃进和人民公社化运动中出了不少乱子,很多人"急急忙忙往前闯",有一大堆混乱思想,大有很快宣布全民所有,废除商业、消灭商品生产之势。于是,从郑州会议开始,进行了系列政策调整。但是,1959年庐山会议的反"右"倾,又对这种"左"倾冒进起了推波助澜的作用,使农村经济遭到极大破坏。

受到严重困难的教训,从1960年10月开始部署整风整社,提出反对共产风、浮夸风、强迫命令风、瞎指挥风和干部特殊化风。11月,中央发出《关于农村人民公社当前政策问题的紧急指示信》,重申"三级所有,队为基础,是现阶段人民公社的根本制度"。并提出彻底清理"一平二调",坚决退赔;加强生产队的基本所有制,实行生产小队的小部分所有制;允许社员经营少量自留地和家庭副业;坚持按劳分配原则;恢复农村集市贸易等。但同时又强调,只要坚持三级所有,坚持部分供给制,坚持办好食堂就不会犯原则错误。这一阶段,由于"左"倾思潮占主导地位,很多同志对人民公社制度本身虽然存在看法,但不敢公开提出疑义。

1962年1月11日至2月7日,党中央在北京召开扩大的中央工作会议,即七千人大会。当时任党的总书记的邓小平负责筹备这次会议。在先由邓小平主持,继而由刘少奇主持起草的报告中指出,在人民公社工作中,曾经混淆全民所有制和集体所有制的界限,急于过渡,违反按劳分配和等价交换原则,犯了刮共产风和其他平均主义的错误。

1961年到1962年春季,党以很大的努力纠正"大跃进"和人民公社化运动中经济建设方面急躁冒进的失误。在人民公社中能否实行"包产到户"的生产责任制问题上,毛泽东和邓小平等同志发生分歧。这种生产责任制自合作化以来,每当中央提出调整农村经济政策时,总有农民自发地试办。这往往被一些人看做对违背客观规律的公社化体制的内在的破坏力量。

事情的来由要从1961年初说起。当时全国一些地方,特别是安徽的农民,为了迅速恢复三年困难时期遭到严重破坏的农业生产,重新自发地实行包产到户的做法。安徽省委书记曾希圣多次向毛泽东和党中央报告,请求试办。毛泽东犹豫不定,先是不同意,后来同意试办,以后又不大同意。各地明里暗里都在实行。当时任国务院副总理兼农村工作部长的邓子恢同志经过实地调查,于

★ 从1982年到1986年，中共中央连续下发五个关于指导农村工作的"一号文件"。

1962年5月向中央提出实行包产到户的建议，得到刘少奇、邓小平、陈云等同志的支持。邓小平著名的"猫论"就是在这个时候针对农村情况提出来的。20世纪80年代后期，有关部门在编辑《邓小平文选（一九三八——一九六五年）》时，针对邓小平60年代说的"不管黄猫、黑猫，捉住老鼠就是好猫"这句话在社会上的不同演绎和看法，曾请薄一波询问邓小平的看法。邓小平的回答是：第一，我现在不收回；第二，我是针对当时的情况说的。

1962年8月，中央在北戴河召开工作会议，毛泽东在会上重提阶级斗争。他把在七千人大会上受到的委屈和批评，视为有人要走资本主义的萌动；把党内一些认识上的分歧，当做阶级斗争的反映；把他所不同意而实际上符合客观实际的意见，看成右倾机会主义和修正主义的表现，说成是"黑暗风""单干风""翻案风",农村改革的尝试再一次被压下去。紧接着发生的"四清"和"文化大革命",使党内健康力量受到打击,对人民公社进行改革的任何设想都是不可能的。

党的十一届三中全会使我国社会发生了重大变革。在农村,这个变革从推行家庭联产承包责任制开始,逐步扩展到政社分离,恢复乡镇政权、人民公社解体和实行村民自治。20世纪70年代末,一些地区又提出调整农村生产关系的要求。党的十一届三中全会深入讨论了农业问题,通过了《关于加快农业发展若干问题的决定》,开始清算农村工作中长期存在的极左政策,提出要加强劳动组织,建立严格的生产责任制,并肯定了包工到组、联产计酬等形式。提出了让农民休养生息和注重实际的政策,为农村改革开辟了道路。

党的十一届三中全会后出现的解放思想、实事求是的气氛,为农村干部从实际出发创造有利于经济发展的政策提供了外部条件。在四川、安徽等地的农村,一些干部和群众试行包产到组、包干到户的生产责任制,得到了当时两省省委的支持,并逐步在全省推广,对解放农村生产力产生了显著的效益。一

★ 1981年8月,邓小平在新疆石河子垦区棉田视察。

时间，"要吃粮找紫阳，要吃米找万里"的民谣到处流传。以土地家庭联产承包责任制为主要形式的生产责任制开始在全国推广。

1983年1月，中央一号文件全面肯定了家庭联产承包责任制，这一改革使公社的存在失去了客观基础。全国农村普遍实行家庭联产承包责任制之后，广大农民从过去生产队的集体统一管理下解放出来，具备了相对独立的商品生产者的地位。在发展社会主义商品经济的新形势下，农村各种经济组织的管理只能采取经济的手段。为了加强社会主义新农村的民主法制建设，也必须加强政权机关建设和基层群众自治组织的建设。但是，公社政社合一的体制已经不能适应这一新形势的需要。公社的存在继续束缚经济组织和农民的生产积极性，也妨碍基层政权管理社会事务的能力。因此，要发展农村经济，加强农村基层政权工作，为改革创造条件，就必须对人民公社制度进行彻底的改革。

从1979年春开始，农村人民公社实行政社分离，改建为乡镇的改革，大体经历了两个阶段，用了6年时间。第一阶段从1979年3月开始，到1982年12月新宪法颁布为试点阶段。全国有9个省、直辖市的51个县、市辖区的213个公社进行了试点工作，其中有5个县全部建立了乡镇政府。第二阶段从1982年宪法正式规定建立乡镇政权开始，各地在试点的基础上，把由农村人民公社的行政职能转归乡镇政府。按照中央的指示，到1984年底，全国99%以上的农村人民公社完成了政社分设，建立了9.1万个乡（镇）政府，同时成立了92.6万个村民委员会。完成政社分设后，原来三级所有的人民公社也就不复存在了。

在新成立的乡镇政权组织中实行了人民代表的直接选举，乡镇政府由乡镇人民代表大会选举产生。公社改为乡镇后，作为国家政权最基层一级组织，在社会管理职能方面，更适应社会发展的需要。原来的大队和生产队相应改为村民委员会和村民小组，实行村民自治制度。这一变革使占中国人口80%以上的农民有了决定自己命运、参与民主管理与民主监督的权力和渠道，对扩大基层民主，加强法制建设意义十分重大。

我们完全没有预料到的最大收获，就是乡镇企业发展起来了

发展乡镇企业，这是中国农村改革的一大收获，是邓小平为农村经济腾飞注入的又一针兴奋剂，直接引发了中国农村经济体制改革的第三个浪潮。

乡镇企业，最早报春的是苏南。

苏南的苏州、无锡、常州等地，内有上海城市工业作依托，享有长江航运之便利；外连海滨，居出口贸易、对外开放的前哨阵地，可谓占尽经济腾飞之优势。苏南的社队企业，早在1958年公社化时就已萌芽，但公社制时期的社队企业基本上是以满足公社范围内的社员需要为职能的，其发展方针主要是为农业生产服务，为社员生活服务。这一方针适应了当时人民公社封闭性体制下自给、半自给经济的需求。那时正是"共产风"盛行的时候，因此，当时许多社队企业都是"一平二调"的产物。批判"共产风"以后，也纠正了"平、调"的错误，社队企业也就偃旗息鼓了。随着改革开放的春风吹拂着祖国大地，享有天时地利的苏南地区，社队企业异军突起，它已打破了社队企业内向需求的单一生产模式，而走上了外向型发展的轨道。当1983年邓小平视察苏、浙等地时，江苏省的领导所描述的社队企业发展给江苏农民带来生活巨变的动人事实，引起了邓小平的极大兴趣，于是扶植全国的社队企业成了中央农村改革的又一目标。1984年，党中央和国务院正式将社队企业改称为乡镇企业。3月1日，《中共中央、国务院转发农牧渔业部和部党组〈关于开创社队企业新局面的报告〉的通知》，从几个方面充分肯定了乡镇企业的重要意义，要求各级党委和政府对乡镇企业的发展积极引导、大力扶持。

《中共中央关于1984年农村工作的通知》鼓励农民向各种企业投资入股，本着自愿互利的原则，将资金集中起来，联合兴办各种企业。

1985年，中共中央《关于国民经济和社会发展第七个五年计划的建议》，再次提出了对乡镇企业"积极扶持，合理规划，正确引导，加强管理"的方针。

1987年5月，中央政治局通过《把改革引向深入》的文件，指出了地方政府对乡镇企业干预过多的现象，提出："乡镇企业自主权应受到尊重，同级

政府不应过多干涉"；同时，进一步明确了国家对乡镇企业各种所有制形式和对私人企业的政策，指出：在社会主义初级阶段的商品经济发展中"个体经济和少量私人企业的存在是不可避免的"。"对农村各类自营专业户、个体经营者要实行长期稳定的方针，保护其正当经营和合法权益。"

一份份红头文件，带着党的温暖，通过各种媒体播撒到大江南北、长城内外的各个村镇角落，滋润着广大农民的心田，从而鼓起了乡镇企业蓬勃发展的阵阵热浪。

1987年底，全国乡镇企业家数已达到1750万个，其中联户办118万余个；个体企业1473万余个，从业人员已达8803万余人，从业劳力占全部农村劳力的22.6%。

乡镇企业的发展给我国工业生产带来了巨大活力，成了我国经济腾飞的又一重要动力。1987年乡镇企业总产值已达4764亿元，其中工业企业产值为3244亿元，约占当年全国工业总产值的23.5%。这就是说，在全国工业总产值中，每4元钱就有近1元钱是由乡镇工业创造的，而它所用的时间仅仅10年，这不能不说是中国经济发展史上的一个奇迹。

1987年6月12日，沐浴着金色阳光的人民大会堂，传出阵阵欢声笑语。身着灰色中山装的邓小平同南斯拉夫共产主义者联盟中央主席团委员斯特凡·科罗舍茨进行亲切友好的交谈。邓小平饶有兴趣地向南斯拉夫客人详细阐述了我国改革的由来、过程和目的。当谈到农村改革时，他感慨万端地说道："我们完全没有预料到的最大的收获，就是乡镇企业发展起来了，突然冒出搞多种行业，搞商品经济，搞各种小型企业，异军突起。""这是我个人没有预料到的，许多同志也没有预料到，是突然冒出这样一个效果。""这不是我们中央的功绩。""如果说在这个问题上中央有点功绩的话，就是中央制定的搞活政策是对头的。这个政策取得了这样好的效果，使我们知道我们做了一件非常好的事情。"

邓小平对于群众的创造大力支持，这是他的伟大之处，也是他务实的一贯原则。

乡镇企业的发展给中国农民带来了巨大希望，乡镇企业神奇地实现了工业向乡村的转移，完成了"离土不离乡"农业劳动力结构的重新调整。乡镇企业以它神奇的魔力改变了中国城市和农村的差距，并为整个农村实现现代化展现出一片耀眼的曙光。

>> 第四章　邓小平与中国的第二次革命

要加大地方的权力，特别是企业的权力

中国的改革是从农村首先开始的。在农村改革的同时，城市经济体制的改革也开始启动，并在探索中逐步深入。城市改革是以扩大地方权力，特别是扩大企业自主权为开端的。

1978年9月18日，鞍钢人不会忘记，这一天，邓小平来到这里，就用先进技术和管理方法改造企业问题，向鞍山市和鞍山钢铁公司的负责人发表了重要谈话。

邓小平在谈话中提出，要按照经济规律管理经济。要革命，不要改良，不要修修补补。我们要在技术上、管理上都来个革命，发展生产，增加职工收入。要加大地方的权力，特别是企业的权力。大大小小的干部都要开动机器，不要当懒汉，头脑僵化。以后既要考虑给企业的干部权力，也要对他们进行考核，讲责任制，迫使大家想问题，现在我们的上层建筑非改不行。

城市改革，特别是企业改革，主要就是沿着邓小平这样的思路进行的。

从1949年新中国成立起，经过3年对国民经济的恢复和第一个五年计划的建设，以及对农业、手工业和资本主义工商业的社会主义改造，到1957年，我国初步建立了以国有制和集体所有制经济为基础的、高度集中的计划经济体制。这种高度集权的计划经济管理体制的建立，在很多方面借鉴了苏联的经验，然而更主要的，它是从解放初期我们所面临的严峻的政治经济形势出发的。在当时的情况下可以说是一种必然的选择。然而，随着经济建设的不断扩展，这种体制的问题和弊端也日益暴露出来了。全国的经济活动都纳入中央的计划，人、财、物和产、供、销都由中央各有关部门统管，地方和企业几乎没有任何自主权，这既阻碍了生产力的发展，又助长了严重的官僚主义。

很显然，对这种高度集权式的体制进行改革，已势在必行。事实上，早在社会主义改造完成之际，毛泽东等中央领导就已觉察到这一体制的内在弊端，开始考虑对这种体制进行改革。1955年11月16日，在中央召开的各省负责人会议上，毛泽东就强调说："经济工作要统一，但要分级管理，要在统一计划下各省负责。"他认为："层层负责有好处，但要避免形成无数个独立

王国。"1956年春，毛泽东在中央政治局扩大会议的讲话和《论十大关系》的报告中指出，要以苏联经验为鉴，研究"社会主义整个经济体制问题"。"应当在巩固中央统一领导的前提下，扩大一点地方的权力，给地方更多的独立性。让地方办更多的事情。"他主张给地方，特别是给企业一点权力、一点机动、一点利益，使其在发展经济中具有相对的独立性。这些论述实际上是从理论上开了尝试改革我国计划经济管理体制的先河。这一时期，周恩来、刘少奇和陈云等都对解决经济体制问题作过很多论述。例如，陈云在党的八大上就概括和提出了"三个主体、三个补充"的体制格局。党中央还成立了以陈云为首的经济体制改革工作的五人领导小组，专门负责研究这方面的问题。

可惜的是，由于受到1957年"反右"，特别是1958年"大跃进"的冲击，这次以改革高度集权式管理体制为初衷的尝试没有收到预期的效果，分级管理、逐步下放，变成了在限期内将许多直接关系国计民生的企业和经济管理权力大规模地、不适当地下放到省、市、区，直到基层人民公社一级。结果导致了经济计划失控，工业生产秩序混乱的局面，以致在20世纪60年代初期的国民经济调整中，又大规模地回收权力。此后，虽然国家又对经济体制进行过几次改革的尝试，但都是在"放权"与"收权"的范围内打圈子，要么由中央管，要么由地方管，要么双重管，最终形成了一种"一统就死，一死就叫，一叫就放，一放就乱，一乱就收，一收又统"的恶性循环，高度集权式的计划体制的内在弊端没有消除，生产力的发展依然受到限制。固然，这主要是指导思想而不完全是计划经济体制本身的过错，但这也清楚地表明，必须对这种高度集权式的计划体制进行改革，才能彻底地解放和发展生产力，促进社会主义经济的迅速发展。

1975年，邓小平在领导全面整顿的过程中，企业整顿是其中一项重要内容。邓小平明确提出，要对企业在责任制等体制方面的问题进行整顿。这年5月21日，在主持召开国务院办公会议讨论钢铁问题座谈会文件时，邓小平指出：像鞍钢这样的大企业，有管理问题，也有个体制问题。那时，邓小平就想从扩大企业权力和加强责任制两个方面入手解决体制上的问题，但是，由于全面整顿的中止，这种尝试也停止了。

粉碎"四人帮"后，这个问题才又重新被提了出来。

1978年2月1日，邓小平在出访尼泊尔前，在成都听取中共四川省委工作汇报时指出：农村政策，城市政策，中央要清理，各地也要清理一下，自己范围内能解决的，先解决一些。总要给地方一些机动。

在1978年11月召开的中央工作会议上讨论的《1979、1980年国民经济计划安排》中，对经济战线提出了必须实行三个转变的要求，其中第二个转变，就是要从那种不计经济效果，不讲工作效率的官僚主义的管理制度和管理方法，转到按照经济规律办事，把民主和集中很好地结合起来的科学管理的轨道上来。

关于改革的主要目标，参加会议的多数同志认为，首先必须改革现行的计划经济体制。因为计划是龙头，它不改革，别的体制就不好改。现在的计划体制统得过死，用行政办法管理企业，不讲经济核算，不计经济效果，吃"大锅饭"。管理体制也不合理，制度繁琐。不能调动各方面的积极性，也提不高办事效率，严重阻碍着经济的发展，必须下决心改革。

改革究竟从何处着手呢？许多同志提出，首先应扩大企业的自主权。现在企业普遍反映苦得很，"婆婆"多，负担太重，精力分散，权力太小，办事困难。尤其是经济权力太小，搞个1万元以上的建设项目都得经过上级管理部门的批准，这怎么能有积极性呢？应当按照改革的精神，尽快下放经济管理权，减少层次，简化手续，扩大企业自主权，充分调动和发挥企业的积极性和主动性。这是体制改革的关键。

还有的同志认为：现在一方面是计划管得过细、统得过死，另一方面又存在着相当严重的分散主义、无政府主义，因此，在下放权力的时候，必须注意克服分散主义的倾向，该放的放，该管的要管住。计划管理不能没有，关键是要符合经济规律。

有的同志建议：管理体制的改革可以分两步走，第一步，一方面扩大企业权力，使企业的领导和职工在关心自身利益的同时，也关心自己工厂的产品，即不仅关心自己的福利，而且关心企业的积累，关心企业为国家提供更多的利润；另一方面，使各省、市、区都能有必要的物质条件。第二步，按照方便生产、按照经济规律办事的原则，经过充分的调查研究，总结历史经验，参考其他国家的经验，进行我国的经济管理体制的改革。

在此基础上，邓小平根据我国社会主义建设的经验教训，在《解放思想，实事求是，团结一致向前看》等讲话和谈话中，比较详细地提出了进行经济体制改革的初步构想。他认为，首先，必须发扬经济民主，扩大地方和基层经济单位的自主权。应该有计划地大胆地下放权力，充分发挥国家、地方、企业和劳动者个人四个方面的积极性，以有助于实现现代化的经济管理和提高劳动生产率。"当前最迫切的是扩大厂矿企业和生产队的自主权",即在统一认识、统一政策、统一计划、统一指挥、统一行动之下,在经济计划和财政、外贸等方面给予企业更多的自主权。其次,必须建立严格的责任制,做到职责分明,赏罚分明,以便在各条战线上形成你追我赶、争当先进、奋发向上的风气。要使责任制真正发挥作用,就必须采取以下几项措施:一是扩大管理人员的权限,做到权力到人,各司其职;二是关于选用人员,量才授予职责。用人的主要政治标准,就是为人民造福,为发展生产力、为社会主义事业做出积极贡献。要发现专家,培养专家,重用专家,提高他们的政治地位和物质待遇;三是严格考核,根据工作成绩实行赏罚升降,而且必须同物质利益联系起来。再次,必须学会用经济方法管理经济,既向懂行的人学习,也向外国的先进管理方法学习。在这方面,可以先从局部做起,逐步推开。上级领导部门应该允许和鼓励这种试验。邓小平强调指出,看一个经济部门的工作好不好,应该主要看这个经济部门实行了先进的管理方法没有,技术革新进行得怎么样,劳动生产率提高了多少,利润增长了多少,劳动者的个人和集体福利增加了多少。各条战线的各级党委领导,也都要用类似这样的标准来衡量,这就是今后主要的工作。离开了这个主要的内容,就离开了党和人民的最大利益。

这些建议和设想,成为我们党实施改革开放战略,进行经济体制改革的重要依据。

根据党的十一届三中全会提倡的改革的精神,中共中央于1979年4月召开了工作会议,对我国经济体制改革的方向、步骤作了原则规定。会议确定:鉴于最近几年来,国民经济将以调整为中心,城市改革只能在局部领域进行,认真调查研究,搞好试点。改革的重点是扩大企业自主权,增强企业的活力,实行严格的经济核算,认真执行按劳分配的原则,把企业经营的好坏同职工的物质利益挂起钩来。要划分中央和地方的管理权限,在中央统一领导下,调动地方管理经济的积极性。对行政机构要实行精简,更好地运用经济手段来管理经济。要在整个国民经济中以计划经济为主,同时充分重视市场调节的作用。会后,国务院财政经济委员会成立了经济体制改革研究小组,组织一批经济理论工作者和实际工作者,专门调查研究经济体制改革问题,负责提出有关改革的方案。这样,城市经济体制改革就以扩大企业的自主权为内容,逐步在局部范围内开展起来了。

在此之前,作为城市经济改革先行者的四川省,早在1978年10月,就在重庆钢铁公司等 6 个企业进行了试点。试点从发动群众讨论增产节约计划入手，确定在增产增收的基础上，企业可提取一些利润留成，职工个人可获得一定的奖金。这一做法，调动了企业和职工的积极性，仅一个季度就收到较好的效果。

1978 年底，中共四川省委、省政府总结了 6 个试点企业的经验，经过反复酝酿，制定了责、权、利相结合的 14 条试点办法，除明确规定企业对国家应承担的责任外，还正式提出，企业享有增产市场需要的产品或承接来料加工，在全面完成国家计划的前提下，可实行利润留成和提取企业基金，不需要上级批准，可以提拔中层干部，可以销售商业部门不收购的产品和试销新产品等方面的权力。

四川省对企业采取这些放权让利的措施，其基本出发点，是考虑到农村经济体制改革已改掉"一个哨子"（指克服农业生产经营权集中到生产队长、农户无权的情况），城市经济体制改革就应先行解开"一条绳子"（指解开捆绑企业手脚的绳索），让企业有经营自主权，调动企业经营的积极性和主动性。为此，在经济领域必须冲破"凡是论"的观点，即"凡是过去形成的体制都不能动，凡是延续多年的运行机制都照搬"，改变企业"怕活不怕死"，对商品烦多（仓库不足，不知往哪里销售）不烦少（发票证，手到擒来）的现象，放开手脚搞改革。在上述思想的指导下，该省到 1979 年 8 月，迅速将扩权试点企业发展到 100 个，并取得了初步成效。根据四川省人民政府有关部门对这 100 个试点企业的考察，1979 年头八个月的产值和实现利润，分别比 1978 年同期增长了 14.1% 和 21.8%。同全省其他非试点企业相比，平均增长幅度更是高出 39.3% 和一倍以上。产品质量的提高和品种的增加，也都比一般企业好。

1979 年 5 月 25 日，国家经委等 6 个部门联合发出《关于在京、津、沪 3 市的 8 个企业进行企业管理改革试点的通知》，确定在首都钢铁公司等 8 个企业，进行企业管理改革的试点。《通知》提出，改革企业管理，首先必须扩大企业经营管理的自主权。《通知》的主要内容是：主管部门要在当年内对企业实行"五定"，即把产品方向、生产规模、燃料动力和主要原材料来源以及协作关系尽快定下来；企业的人财物、产供销，要由企业主管部门综合平衡、统一安排等，共 11 项规定。通过试点，对于调动企业增产增收的积极性，产生了明显的效果。在这些先进单位的带动下，许多地方和部门管辖的企业，也依照 8 个试点企业和四川省的经验，自定办法进行试点。为了进一步加强和统一各地的试点工作,1979年7月13日,国务院又将《关于扩大国营工业企业经营管理自主权的若干规定》《关于国营企业实行利润留成的规定》《关于开征国营工业企业固定资产税的暂行规定》《关于提高国营工业企业固定资产折旧率和改进折旧费使用方法的规定》《关于国营工业企业实行流动资金额信贷的暂行规定》等5个文件发给各省、市、自治区,以指导扩大企业自主权的试点工作。

这些措施,对促进经济体制改革起到了积极的作用。到1979年底,全国试点企业发展到4200个;到1980年6月,又发展到6600个。这6600个大中型试点企业,约占全国预算内工业企业总数的16%、产值的60%、利润的70%。通过扩权试点,企业有了一定的经营管理自主权和独立的经济利益,开始成为一个具有内在动力的经济单位,企业开始重视发挥市场的调节作用,普遍增强了经营观念、市场观念、服务观念和竞争观念。企业的生产得到迅速发展,利润也大幅度增加。如广州市试行扩大自主权的34个企业,1980年1月至5月,工业产值比上年同期增长17.7%,实现利润比上年同期增长21.9%。吉林市在实行新的财政包干制和扩大了某些企业的自主权后,1980年1月至5月,市一级工业企业产值比上年同期增长22.1%,实现利润比上年同期增长了一倍多。随着企业有了部分产品的销售权,市场调节作用开始得到发挥。1980年以后,由于破除了生产资料不是商品的老框框,允许企业的一部分生产资料在市场上出售,使城乡经济更加活跃。

在推行扩大企业自主权改革的基础上,党中央、国务院又相继开始了商业流通体制、外贸管理体制、财政税收体制等方面体制改革的试点和尝试,并选择一些中小城市进行城市综合改革试验。这些试验和尝试,为进一步推动城市经济体制改革创造了条件。

随着农村改革获得成功,城市以扩大企业自主权为主的改革试验取得良好效果,特别是随着1981年党的十一届六中全会通过《关于建国以来党的若干历史问题的决议》,党在指导思想上的拨乱反正基本完成,邓小平在党内的决策地位进一步确立和巩固。从党的十二大起,中国的改革开始了向以城市经济体制改革为中心的全面改革的转移。

>> 第四章 邓小平与中国的第二次革命

改革是中国的第二次革命

1985年3月28日上午,邓小平在人民大会堂福建厅会见了第六次来华访问的日本自民党副总裁二阶堂进。

会见进行了80分钟,邓小平同二阶堂进就广泛的问题进行了深入的交谈。在谈到中国国内情况时,邓小平对客人说:"现在我们正在做的改革这件事是够大胆的。但是,如果我们不这样做,前进就困难了。改革是中国的第二次革命。这是一件很重要的必须做的事,尽管是有风险的事。"

这是邓小平第一次使用"改革是中国的第二次革命"这样鲜明、准确的文字和思想概念。同一时期,邓小平类似的提法也很多。

1984年10月10日,邓小平在会见联邦德国总理科尔时指出:"我们把改革当做一种革命,当然不是'文化大革命'那样的革命。"

1986年9月2日,在接受美国哥伦比亚广播公司"六十分钟"节目记者迈克·华莱士的采访时,邓小平指出:"我们也讲现在我们搞的实质上是一场革命。"

邓小平把改革与革命相提并论,是对党的十一届三中全会以来中国进行的改革实践的高度评价,是对改革的目的、性质、作用的科学揭示,同时也是为了进一步克服和校正人们对改革认识的种种疑虑和偏差,推进改革的深入发展。

然而,对于邓小平提出的"改革是中国的第二次革命"的思想观点,当时却存在着种种的疑虑和不同认识。

有人担心,说改革是一场革命,会不会同"文化大革命""无产阶级专政下继续革命"的那种"革命"相混淆;

有人认为,说改革是一场革命,会导致用改革否定和取代革命;

还有一种意见,认为革命必须是质变,而改革只能是量变,所以不能把改革称为革命。

这些疑虑和认识,只有通过改革不断深化和发展才能逐步解决。

邓小平以上三次关于改革是一场革命的重要谈话,虽然当时新闻媒介作了及时的简要报道，但并未引起人们的足够重视。党的十四大以前，它们没有被收入党的重要文献汇集之中。1987年出版的《建设有中国特色的社会主义》（增订本）中，也没有这三篇重要谈话。直到1993年9月，《邓小平文选》第三卷出版，它们才得以公开发表。这也向人们说明了全党认识统一的过程。

邓小平领导的改革，是中国历史上一次新的革命。早在1978年党的十一届三中全会召开前夕，邓小平就明确指出了改革的性质。他说，实现社会主义现代化，"是一场根本改变我国经济和技术落后面貌，进一步巩固无产阶级专政的伟大革命"。如果现在再不实行改革，我们的现代化事业和社会主义事业就会被葬送。

任何革命都是扫除生产力发展的障碍。说改革是中国的第二次革命，是相对于第一次革命而言的。中国共产党领导的第一次革命，把一个半封建半殖民地的旧中国变成了一个社会主义新中国；中国共产党领导的第二次革命，将把一个经济文化比较落后的社会主义中国变成一个富强民主文明的现代化的社会主义中国。对此，邓小平在1985年8月21日会见坦桑尼亚总统尼雷尔时这样说："改革的性质同过去的革命一样，也是为了扫除发展社会生产力的障碍，使中国摆脱贫穷落后的状态。从这个意义上说，改革也可以叫革命性的变革。"

随着改革的不断深入和发展，实践向人们更加清晰地表明，改革就其已经引起和将要引起的社会变革的深度和广度而言，的确是一场新的革命。这一点，不但中国人逐渐认识到了，连外国人也开始认识到了。

1986年初，美国《时代周刊》评选邓小平为1985年度的世界新闻人物。这个杂志曾经评选他为1978年度的新闻人物。如果说他当选为1978年度的新闻人物是因为他那特殊的政治经历和"推动中国现代化的非凡壮举"，那么，第二次当选，则在于他推行的改革"对十亿中国人的生产力的一次解放"和"给中国带来了如此巨大的变革"。

在这次评选之前，《时代周刊》组织了以高级编辑亨利·穆勒为首的33人新闻旅行团。在对中国进行了为期5天的考察和采访，并同邓小平本人进行了一个多小时的谈话后，该团的成员们都承认中国的变化之大远远超出他们的预料。这一期《时代周刊》出版者序言中有一个小标题，就是"邓小平领导意义深远、大胆而担风险的第二次革命"。在封面设计上，艺术家罗伯特·卢森堡别出心裁地创作了一幅有邓小平肖像的艺术拼贴画，画面左上方有一把剪刀在剪开红绸子，这表示中国正向一个新时期迈进。卢森堡1982年曾到过中国，

>> 第四章 邓小平与中国的第二次革命

★ 1981年3月24日，邓小平会见坦桑尼亚总统尼雷尔。他指出，我们十一届三中全会以来实行的新政策，是发展社会主义生产力最有效的政策。

再次访华后他深有体会地说："今天出现的新的精神面貌和新的奇迹，是三年前所不曾有的，这确实是一个伟大的开端。"

改革给中国带来的变化是巨大的，也为未来的中国探索了道路。正如邓小平1985年9月在中国共产党全国代表会议上的讲话中所说："改革促进了生产力的发展，引起了经济生活、社会生活、工作方式和精神状态的一系列深刻变化。改革是社会主义制度的自我完善，在一定的范围内也发生了某种程度的革命性变革。这是一件大事，表明我们已经开始找到了一条建设有中国特色的社会主义的路子。"当然，邓小平领导的"第二次革命"，并不是对我们"第一次革命"的否定，而是建立在"第一次革命"的基础之上，对过去革命的继承和发展。"第二次革命"不是否定和抛弃已经建立起来的社会主义基本制度，而是社会主义制度的自我完善和发展。改革不是一个阶级推翻另一个阶级那种原来意义上的革命，也不是原有经济体制的细枝末节的修补，而是对体制的根本性变革。它的实质和目的，是要从根本上改变束缚我国生产力发展的经济体制，建立充满生机和活力的社会主义新经济体制，同时相应地改革政治体制和其他方面的体制，以实现中国的现代化。从这个意义上讲，改革不仅是要大力发展生产力，而且还要解放生产力。

扫除发展生产力的障碍，解放生产力，是革命和改革的共同特征和基本任务。中国共产党领导的"第一次革命"，彻底打碎了束缚生产力的旧社会制度，建立了社会主义基本制度，从而解放了生产力。社会主义制度建立后，仍然有解放生产力的艰巨任务，这是由社会主义社会的基本矛盾和过去历史原因所决定的。20世纪50年代中期，我们党曾正确地认识到社会主义社会仍然存在着矛盾，其中基本矛盾仍然是生产关系和生产力、上层建筑和经济基础之间的矛盾，正是这些矛盾推动了社会主义社会的发展。但由于对这些基本矛盾的具体表现和基本国情的判断出现失误等原因，曾经脱离生产力发展的实际，一味追求提高生产资料公有化的程度和企图"以阶级斗争为纲"来推动生产力的发展，结果遭到了严重挫折。再则，我国20世纪50年代所形成的经济体制，

★ 邓小平提出，要一手抓物质文明，一手抓精神文明。两个文明都搞好，才是有中国特色的社会主义。要提高全民族的科学文化水平，发展高尚的丰富多彩的文化生活。图片为1979年10月30日，邓小平在全国第四次文代会上。

虽然有其历史的由来,曾起过积极的作用,但由于受到外国模式和自己某些空想的影响,存在着严重的弊端。它抹杀了经济社会化、商品化、专业化以及分工协作的内在联系和要求,制约了社会生产力的内在质量和整体素质的提高,从而束缚了生产力的发展。这就是改革的根据,"第二次革命"的由来。

历史的危机感和时代的使命感压在了以邓小平为核心的中国共产党第二代领导集体的心头,"要发展生产力,经济体制改革是必由之路!"改革成为社会主义现代化建设的必然要求。只有通过改革,才能破除束缚,解放生产力,从而进一步发展生产力。

改革也是解放生产力,这是伴随着改革开放和现代化建设的崭新实践,由邓小平提出的一个新概念。与改革是中国的第二次革命一样,人们对改革也是解放生产力这个新概念的认识也经历了一个过程。理论界在很长一段时间内,只讲社会主义条件下发展生产力,没有讲还要通过改革解放生产力。

实际上,在以经济体制改革为中心的全面改革推开后,邓小平就曾多次讲过改革是解放生产力。

1984年11月20日,邓小平在会见挪威首相维洛克时说:农村改革实际上是一场革命,其目的是解放生产力。

1985年3月7日,邓小平在全国科技工作会议上作了题为《改革科技体制是为了解放生产力》的重要讲话。他指出:"经济体制,科技体制,这两方面的改革都是为了解放生产力。"

1985年10月23日,在会见美国高级企业家代表团时,邓小平指出:"把计划经济和市场经济结合起来,就更能解放生产力,加速经济发展。"

1987年12月25日,邓小平在会见也门总统萨利赫时说,中国共产党第十三次全国代表大会进一步解放了党和人民的思想,也将进一步解放生产力。

可惜的是,当时的理论界未能很好地注意和领会邓小平这些论述的深刻含义,未能认真地加以研究和宣传。所以造成这样的状况,与是否承认和赞同"改革是中国的第二次革命"是联系在一起的。

1992年,中国的历史又进入一个关键时刻。

面对着风云变幻的世界大势和治理整顿后中国社会经济发展遇到的种种难题,中国现代化建设的路子怎么走,持续了十多年的改革能不能深化下去,中共十四大的主旋律究竟是什么,中国能不能把握住世纪之交中华民族大发展的良好机遇?世界将目光投向了中国,中国面临着考验。

这一年刚开始,邓小平就迈开了巨人的步伐,去了南方的武昌、深圳、珠海、上海等地,并发表了重要谈话。

邓小平精辟地分析了国际国内形势,科学地总结了改革开放以来党的基本实践和基本经验,明确地回答了这些年来经常困扰和束缚我们思想的许多重大认识问题,特别强调党的基本路线要管一百年,动摇不得,要求全国人民思想再解放一点,改革开放的胆子再大一点,建设的步伐再快一点,千万不要丧失发展中国的大好时机。

在这次谈话中,邓小平对社会主义的本质作了科学的阐述:"社会主义的本质,是解放生产力,发展生产力,消灭剥削,消除两极分化,最终达到共同富裕。"

对于改革的性质、意义和任务,以及改革和革命的关系,邓小平再次作了明确的阐述:"革命是解放生产力,改革也是解放生产力。推翻帝国主义、封建主义、官僚资本主义的反动统治,使中国人民的生产力获得解放,这是革命,所以革命是解放生产力。社会主义基本制度确立以后,还要从根本上改变束缚生产力发展的经济体制,建立起充满生机和活力的社会主义经济体制,促进生产力的发展,这是改革,所以改革也是解放生产力。过去,只讲在社会主义条件下发展生产力,没有讲还要通过改革解放生产力,不完全。应该把解放生产力和发展生产力两个讲全了。"

邓小平的谈话,回答了人们对改革认识上的种种疑虑,再一次说明了"改革是中国的第二次革命"的道理,解决了一个重要的思想认识问题,对于我们理解正在从事的伟大事业,积极投身于改革开放和现代化建设的洪流中去,具有极大的启迪。

这一年的10月,党的十四大在北京召开。江泽民代表党中央所作的报告对改革开放14年的伟大实践进行了深刻的总结概括,这就是:开始了一场新的革命。他说:"十四年来,我们从事的事业,就是坚持党的基本路线,通过改革开放,解放和发展生产力,建设有中国特色的社会主义。就其引起社会变革的广度和深度来说,是开始了一场新的革命。"

>> 第四章 邓小平与中国的第二次革命

改革是一场试验。判断的标准：三个有利于

中国的改革开放本身就是一场试验，是一场前人没有过的伟大试验。

在我们前进的道路上，没有现成的模式可照搬，没有适合中国国情的成功经验可借鉴，只能靠自己去试验，去探索，去创造。既然是试验，邓小平始终这样提醒人们：改革"不会是一帆风顺的""是有点风险的""是不容易的事情""总会出现一些问题"。但他又坚定地说："我们的改革有很大的风险，但很有希望成功""不改革没有出路""改革是决定中国命运的一招""我们必须走改革这条道路"。

改革涉及生活在这块土地上每个人的切身利益，每走一步都会影响成亿的人。邓小平提出的方针是：改革的胆子要大，步子要稳。

改革越深入，步子越大，困难就越多，风险也就越大。每临关键时刻，邓小平总是激励全党要迎着风险、迎着困难上。他常用"过五关斩六将"来形容改革的艰难，强调要让全党和全国人民懂得，改革是很艰苦的工作，十全十美的方针、十全十美的方法是没有的，面临的都是新事物、新问题，经验靠我们自己创造。他不断地向人们提出，要解放思想，胆子更大一点，步子更快一点，要抓住国际国内的有利条件，敢于试验，勇于实践。同时，他还反复告诫人们，在改革的试验中，既要大胆又要慎重，不能盲目蛮干，要及时总结经验，稳步前进。

20世纪80年代末90年代初，中国的改革又处在一个极其关键的时刻。

面对深化改革中暴露出越来越多的深层次问题，加之受东欧剧变、苏联解体等国际大气候的影响，许多人，甚至有不少领导干部在我们的改革问题上也疑虑重重，忧心忡忡，在改革开放中思想不解放，迈不开步子，不敢闯了。

在这关键性的时刻，邓小平又说话了。

1992年初，在视察南方时的重要谈话中，邓小平说："改革开放胆子要大一些，敢于试验，不能像小脚女人一样。看准了的，就大胆地试，大胆地闯。深圳的重要经验就是敢闯。没有一点闯的精神，没有一点'冒'的精神，没有一股气呀、劲呀，就走不出一条好路，走不出一条新路，就干不出新的事业。

不冒点风险，办什么事情都有百分之百的把握，万无一失，谁敢说这样的话？一开始就自以为是，认为百分之百正确，没那么回事，我就从来没有那么认为。"

在这次谈话中，邓小平还重申了一个指导改革的具有普遍性的方法论原则：

"不搞争论，是我的一个发明。不争论，是为了争取时间干。一争论就复杂了，把时间都争掉了，什么也干不成。不争论，大胆地试，大胆地闯。农村改革是如此，城市改革也应如此。"

改革大潮冲击着传统的经济体制，更冲击着人们的观念和意识。伴随着改革开放，许许多多原来被视为资本主义特有的东西，越来越多地出现在我们的社会生活之中，刺激了经济的发展，也引起了人们的争论。争论的焦点是姓"社"还是姓"资"。

从改革开放开始起，改革每向前走一步，每一项行之有效的方针政策的提出，每一重大理论观点的突破，几乎都会遇到姓"社"还是姓"资"这一令人胆怵的问题。

邓小平在南方谈话中举了两个例子：

"对办特区，从一开始就有不同意见，担心是不是搞资本主义。深圳的建设成就，明确回答了那些有这样那样担心的人。特区姓'社'不姓'资'。"

"对改革开放，一开始就有不同意见，这是正常的。不只是经济特区问题，更大的问题是农村改革，搞农村家庭联产承包，废除人民公社制度。开始的时候只有三分之一的省干起来，第二年超过三分之二，第三年才差不多全部跟上，这是就全国范围讲的。开始搞并不踊跃呀，好多人在看。我们的政策就是允许看。允许看，比强制好得多。我们推行三中全会以来的路线、方针、政策，不搞强迫，不搞运动，愿意干就干，干多少是多少，这样慢慢就跟上来了。"

邓小平总结了集中反映在这两件事情上关于改革开放的争论，由此来说明，改革开放要迈开步子，就必须解放思想，实事求是，突破僵化观念，大胆地去闯，去试验。

改革开放要取得成功，不能靠本本，本本里没有现成的答案，而是要靠实践，靠实事求是。判断改革的是非得失，衡量我们各项工作的正确与否，邓小平在南方谈话中进一步重申了他提出了一个根本的、科学的标准：

"判断的标准，应该主要看是否有利于发展社会主义社会的生产力，是否有利于增强社会主义国家的综合国力，是否有利于提高人民的生活水平。"

>> 第四章　邓小平与中国的第二次革命

一个重要思想的产生，一般都有其形成发展的过程。

"三个有利于"实际上就是实践标准、生产力标准。邓小平的这一思想早在社会主义探索时期就开始酝酿了，大家所说的"猫论"，曾经被当作"唯生产力论"遭到批判。他第三次复出后，在思考和回答什么是社会主义、怎样建设社会主义的过程中，一个重要的内容就是衡量各项工作、判断是非得失的标准问题。1978年9月，他在视察东北时指出："按照历史唯物主义的观点来讲，正确的政治领导的成果，归根结底要表现在社会生产力的发展上，人民物质文化生活的改善上。"同年12月13日，在中央工作会议上那篇著名讲话中指出："今后，政治路线已经解决了，看一个经济部门的党委善不善于领导，领导得好不好，应该主要看这个经济部门实行了先进的管理方法没有，技术革新进行得怎么样，劳动生产率提高了多少，利润增长了多少，劳动者的个人收入和集体福利增加了多少。各条战线的各级党委的领导，也都要用类似这样的标准来衡量。"1979年10月30日，邓小平在第四次文代会的致辞中强调："对实现四个现代化是有利还是有害，应当成为衡量一切工作的最根本的是非标准。"1980年5月，在会见几内亚总统杜尔时指出："社会主义经济政策对不对，归根到底要看生产力是否发展，人民收入是否增加，这是压倒一切的标准。"从以上我们就可以看出，"三个有利于"思想已经呼之欲出。1983年1月12日，邓小平同胡耀邦和几位中央负责同志谈话时明确指出："各项工作都要有助于建设有中国特色的社会主义，都要以是否有助于人民的富裕幸福，是否有助于国家的兴旺发达，作为衡量做得对或不对的标准。"这就是"三个有利于"的"最初版本"。在邓小平这次谈话后的第8天，胡耀邦在全国职工政治思想工作会议上作了《四化建设和改革问题》的讲话。这个讲话比较充分地体现了邓小平关于改革的思想。胡耀邦说："这几年，邓小平同志一直在说，要搞四个现代化，必须进行一系列的改革，没有改革，就不可能实现四个现代化。改革要贯穿四个现代化的整个过程。"他还说："1月12日，我们去邓小平同志那里，邓小平同志讲，要以是否有利于建设有中国特色的社会主义，是否有利于国家的兴旺发达，是否有利于人民的富裕幸福，作为衡量我们各项改革对或不对的标志。"从胡耀邦的讲话中可以看出，虽然以上两处文字在表述上略有不同，但总体内容和精神上是胡耀邦转述了邓小平的思想和论述。

根据邓小平的这些思想观点，1984年《中共中央关于经济体制改革的决定》中写道："全党同志在进行改革的过程中，应该紧紧把握住马克思主义的这个基本观点，把是否有利于发展社会生产力作为检验一切改革得失成败的最主要标准。"1987年在党的十三大报告中指出："是否有利于发展生产力，应当成为我们考虑一切问题的出发点和检验一切工作的根本标准。"

到邓小平南方谈话和党的十四大，"三个有利于"的标准作为一个完整的科学思想形成了，它是基于社会主义的本质特征和根本任务而提出的一个实践标准和理论准则。党的十四大把"三个有利于"作为各项工作"总的出发点和检验标准"写入了党章。在改革开放的伟大试验中，按照这一标准去判断改革的是非得失，衡量各项工作的正确与否，对于我们排除来自"左"和右的干扰，驱除姓"社"姓"资"问题上的阴霾，大胆试验，努力探索，勇于创新，开拓前进，具有重要意义。

十几年后人们才知道，1979年邓小平就说过：社会主义也可以搞市场经济

按照邓小平的设计，中国的经济改革是自下而上由农村到城市逐步推进的。改革给中国大地带来了生机，给中华民族带来了希望，同时也带来了一些矛盾和困惑。改革越深入，越向我们提出更多的问题和更高的要求，改革究竟要走向何方？改革究竟应选择什么样的目标模式？

改革之际，邓小平就给了人们一个基本的方法：解放思想，实事求是。

我们的改革是前无古人的事业，是一场伟大的试验。在改革之初，我们对改革的目标并不是十分清楚的。改革是一个实践的过程，一个探求的过程，一个由浅入深、由表及里的过程。在这个过程中，我们没有现成的经验，而且荆棘丛生，充满了"雷区""禁区"。但是，不改革没有出路，我们只能"大胆地试""大胆地闯""走一步，看一步""摸着石头过河"，去寻找新的目标模式。

1986年11月，被称为美国证券大王的纽约证券交易所董事长约翰·范尔霖率代表团前来北京参加中美金融市场研讨会。范尔霖来北京前就有一个愿望：与中国改革开放的总设计师邓小平见面，并给邓小平带了两件特殊的礼物。

范尔霖如愿以偿。14日，邓小平在人民大会堂会见了他和代表团的其他

第四章 邓小平与中国的第二次革命

成员。

会见中，范尔霖表示，美国的企业界和金融界对到中国投资很感兴趣，愿同中国的金融界加强合作。邓小平说，美国在投资方面有足够的知识，但还要看是否有勇气。

范尔霖将一枚纽约证券交易所的证章送给邓小平。他告诉主人，佩戴这枚证章可以在纽约证券交易所通行无阻。同时，他还送给邓小平一本纽约证券交易所的证券样本。

从当天的电视新闻中，人们看到邓小平也向范尔霖赠送了一份小礼物。邓小平送给客人的究竟是什么东西，当时国内的新闻并没有报道，而国际新闻媒介却异常重视。日本的《朝日新闻》以整版的篇幅发表评论，称邓小平此举是中国将推行股份制的一个信号。因为邓送给范尔霖的是刚刚由上海证券交易所发行的新中国第一支股票——飞乐音响。

精明的"证券大王"拿到邓小平送的这张面值只有50元人民币的股票，但范尔霖发现股票上写的不是他的名字，于是立即改变原定行程，专门又去了一趟上海，到新中国第一家证券交易部——上海静安证券业务部，用1元人民币过户费，将股票上的名字改成了约翰·范尔霖的名字。

股票，有人说它是市场经济的一个象征，这在中国很长一段时期里被视为资本主义经济独有的东西。邓小平选择中国自己发行的股票送给范尔霖，其意义非同小可。

一个月后，邓小平在一次听取经济情况的汇报时，对金融改革问题发表了意见。他指出："金融改革的步子要迈大一些。要把银行真正办成银行。"他又专门谈到了证券、股票这些东西能不能搞的问题。他说："对金融问题，我们知识不足，可以聘请外国专家做顾问嘛。"他对在座的中央领导同志说："其实，许多经营形式，都属于发展社会生产力的手段、方法，既可为资本主义所用，也可为社会主义所用，谁用得好，就为谁服务。"

邓小平的谈话，推动了我国金融体制的改革，促进了我国证券、股票市场的培育和发展。然而，股票、证券毕竟远离我们的生活时间太长了，建立一个健康有序的证券市场需要一个过程。在这个过程中，难免还会出现这样那样的问题，特别是股市极强的投机性，若管理控制不好，会引发许多严重的社会问题。但是，是不是因为存在着诸如投机性等问题，证券市场就失去了存在的必要？对此，仁者见仁、智者见智。

1992年初,邓小平在视察南方时的重要谈话,再次对这个改革中不可回避的重要问题发表了看法。他指出:"证券、股市,这些东西究竟好不好,有没有危险,是不是资本主义独有的东西,社会主义能不能用?允许看,但要坚决地试。看对了,搞一两年对了,放开;错了,纠正,关了就是了。关,也可以快关,也可以慢关,也可以留一点尾巴。怕什么,坚持这种态度就不要紧,就不会犯大错误。"这些话,为我国证券市场的培育发展和宏观管理指明了方向。

"允许看,但要坚决地试",是邓小平在指导改革开放实践的过程中反复强调的一个原则。股票、证券只是改革这个系统工程中的一部分,是金融体制改革中的一个试验。

改革从哪里来?向何处去?我们回避不了计划与市场的问题,传统的观念统治了我们几十年,改革每遇到这个问题,就令人们望而却步,步履维艰。

不破,不立;不告别过去,就不能走向未来。改革解放和发展了生产力,也解放了人们的思想。当改革的实践把中国进一步推向商品经济的大潮时,我们开始醒悟,走出传统观念所造成的思想误区,才能拥有一片蔚蓝的天空。

在经过十多年的艰辛探索之后,我们终于认清了社会主义市场经济体制——就是我们改革的目标模式。1992年邓小平南方谈话之后,这一目标模式被写进了党的十四大报告,随之又被载入《党章》和《宪法》,从而成为全党的共识和全国各族人民的共同意志。

这一目标模式的选择来之不易。

19世纪末,马克思曾设想,社会主义社会将有计划地组织全社会的生产和经济活动。1906年,列宁就明确提出了计划经济和市场经济是两种对立的社会基本制度。十月革命后,俄共(布)曾一度试图利用战时共产主义这种特殊历史时期准备"直接过渡""消灭货币"。列宁之后,在斯大林社会主义经济思想指导下,形成了高度集中的、以行政手段为主的经济管理体制,其特征是排斥商品流通,否认价值规律在生产领域的调节作用,拒绝利用市场机制,单纯依靠行政手段,通过实物分配方法来管理经济。

长期以来,在人们的头脑中形成的一个传统观念就是:市场经济是资本主义特有的东西,计划经济才是社会主义经济的基本特征,搞社会主义只能实行指令性的高度集权管理的计划经济。

新中国成立后,我们接受了苏联的经济理论,照搬了苏联的经济模式。第一个五年计划后期,对个体经济和资本主义工商业的社会主义改造完成之后,计划经济开始支配着中国的整个经济生活。

不可否认,作为一种战时共产主义保障体制,传统的计划经济在一定时期内,对于保证国家利用强制力量集中资源从事大型项目建设,超前达到部分工业化目标,无疑是有积极意义的,也曾取得过令人瞩目的经济增长实绩。但是,随着社会经济关系的日趋复杂,传统计划经济体制的局限性和弊端也日益暴露出来。主要表现在:以国有制为追求目标,搞"一大二公",排斥或限制非国有经济的发展,遏制竞争,使经济难以搞活;以平均主义为分配方针,抑制了生产者和经营者的积极性和创造性;国家对经济活动实行行政的、指令的、直接的管理,政企不分,投入高,产出低等。这些,严重妨碍了生产力的发展。对此,我们党曾有所认识。陈云在20世纪50年代就提出要注意市场调节问题。毛泽东在"八大"前后也曾考虑过只要社会有需要,可以消灭了资本主义,又搞些"资本主义",并对"权力过分集中"提出过批评。但是,由于不能突破传统的教条和模式,在"左"的指导思想不断干扰下,我们始终走的是一条高度集中的行政指令的计划经济的道路,本来应该生机盎然的社会主义经济在很大程度上逐渐失去了活力。

党的十一届三中全会以来,随着改革事业的发展,我国实际已经逐步地从计划经济向社会主义市场经济转变。与此同时,在邓小平的解放思想、实事求是的号召下,也勇敢地探索了新的社会主义经济理论。邓小平对创立这个理论,作出了重大贡献。

改革之初,我们党就开始意识到完全实行计划经济的不足。1978年7月至9月间,在国务院务虚会上,许多经济学家就批评了要求消灭商品货币关系的"左"的观点,提出应更多地发挥价值规律的作用。孙冶方再次提出:"千规律、万规律,价值规律第一条。"薛暮桥提出应当为长途贩运平反,要利用市场搞活流通,等等。在这次会议上,李先念明确说过"计划经济和市场经济相结合"的新提法。1979年2月,李先念在一次会议上又说,他同陈云谈过计划与市场的问题,陈云同意在计划经济的前提下,搞点市场经济作补充,"计划经济和市场经济结合,以计划经济为主。市场经济是补充,不是小补充,而是大补充"。1979年3月,陈云指出:几十年来,无论苏联还是中国,计划工作制度中出现的主要缺点是只有"有计划按比例"这一条,没有在社会主义制度下还必须有市场调节这一条。随后,我们党开始形成了"计划经济为主,市场调节为辅"的认识,并为党的十一届六中全会通过的历史决议和十二大所确认。相对于排斥市场调节的完全的计划经济观念而言，确认市场调节的作用，无疑是一大进步。但是，对于社会主义能不能搞市场经济这样的本质性问题，十几年后人们才知道，早在1979年邓小平就曾做了回答。

1997年，《百年潮》第4期杂志刊印了邓小平1978年12月初为他在中央工作会议上讲话亲拟的手写提纲。这份珍贵的手稿中有这样一条："自主权与国家计划的矛盾，主要从价值法则、供求关系（产品质量）来调节。"显然，此时的邓小平已经有了市场经济思想的酝酿。

在1994年增补后再版的《邓小平文选》第二卷，有一篇极为重要的文章：《社会主义也可以搞市场经济》。1979年11月26日上午，邓小平会见了美国大不列颠百科全书出版公司编委会副主席吉布尼和加拿大麦吉尔大学东亚研究所主任林达光等人。会见中，邓小平就四个现代化和中国的社会主义道路问题回答了客人的提问。

会见快结束时，林达光向邓小平提出了一个十分尖锐和敏感的问题。

林达光问：您是不是认为过去中国犯了一个错误，过早地限制了非资本主义的市场经济，这方面限制得太快，现在就需要在社会主义计划经济的指引之下，扩大非资本主义的市场经济作用？

出乎客人的预料，邓小平的回答是那样的明确，而且还超出了提问的范围。他说：说市场经济只存在于资本主义社会，只有资本主义的市场经济，这肯定是不正确的。社会主义为什么不可以搞市场经济，这个不能说是资本主义。我们是计划经济为主，也结合市场经济，但这是社会主义的市场经济。虽然方法上基本上和资本主义社会的相似，但也有不同，是全民所有制之间的关系，当然也有同集体所有制之间的关系，也有同外国资本主义的关系，但是归根到底是社会主义的，是社会主义社会的。市场经济不能说只是资本主义的。市场经济，在封建社会时期就有了萌芽。社会主义也可以搞市场经济。同样地，学习资本主义国家的某些好东西，包括经营管理方法，也不等于实行资本主义。这是社会主义利用这种方法来发展社会生产力。把这当做方法，不会影响整个社会主义，不会重新回到资本主义。

尽管这次谈话仍然强调了"计划经济为主"，在考虑社会主义搞市场经济时还没有把个体经济和私营经济考虑在内，但这是我们党的领导层中对社会主义也能搞市场经济问题最早、最深刻的论述，是对传统社会主义观念的重大突破。

从邓小平的新思路到全党的共识，毕竟还有一个实践的印证和理论的成熟过程。

实际上，邓小平在20世纪七八十年代，在他市场经济理论的形成过程中，还有许多重要思想。1998年11月出版的《邓小平思想年谱》中就有不少新的材料，包括：生产要根据市场的需要，各地的市场要面向全国，用经济的办法管理经济；企业间要有相互竞争，这不是一个什么社会主义、资本主义的问题；像我们这样一个社会主义国家，当然要对外开放，加强国际经济交往，但中国最大的市场还是在国内，特别是农村市场；要大胆利用外资，包括借款，但借债必须放在有能力偿还的基础上，市场应该是有进有出的市场；搞单一经济有很多问题不好办，很难解决就业问题，很难摆脱世界经济危机带来的影响；要保持适当的发展速度，处理好总供给和总需求的关系，中央要有效地进行管理，越开放越要善于管理，等等。这些重要思想对我们今天正在进行的改革开放，建立社会主义市场经济，避免和消除世界经济生活中消极因素带来的影响，具有重要的指导意义。

党的十三大召开前夕，邓小平提出：不要再讲计划经济为主了

旧的模式的破除和新的模式的建立，都不是轻而易举的事情。

随着改革的不断深入，邓小平又多次反复论述了"计划和市场"的问题。

1980年1月，在《目前的形势和任务》的讲话中，在讲到寻求一条合乎中国实际的发展经济的道路时，提出了"计划调节和市场调节相结合"。需要指出的是，这个提法在党的领导人中也是第一次使用，邓小平使用的两个"调节"，其意蕴是很深刻的。可惜的是，1983年编辑《邓小平文选（一九七五——一九八二年）》时，这句话却被改成了当时规范化了的提法："在计划经济指导下发挥市场调节的辅助作用。"直到1994年《邓小平文选》第二卷再版时，这句话才又恢复了原貌。

1982年7月26日，在同国家计委的负责同志谈长远规划时，邓小平指出：

社会主义同资本主义比较,它的优越性就在于能做到全国一盘棋,集中力量,保证重点。缺点在于市场运用得不好,经济搞不活。计划与市场的关系问题如何解决?解决得好,对经济的发展就很有利;解决得不好,就会糟。

在筹备党的十二大的过程中,部分经济学家再次提出要重视价值规律和市场调节作用的问题,但在党内却引起了不同意见。有人认为,过分强调市场的作用,必然会削弱计划经济,削弱社会主义公有制。在这种情况下,党的十二大报告重申了"计划经济为主体、市场调节为补充"的原则,说它是"经济体制改革的一个根本性问题"。

江南春早。1983年春节前夕,为了实地考察和了解本世纪能不能实现翻两番的目标,邓小平到了浙江,到了江苏。在古城苏州,他对那里的社队工业的崛起产生了浓厚的兴趣。江苏省领导同志向他汇报说,苏州社队工业的成长和发展,凭借的是灵活的经营机制,实行的是市场经济体制。基层改革的实践再一次启发了邓小平,他深有感触地说:"看来,市场经济很重要!"

随着改革实践的发展,人们特别是理论界对经济体制模式认识深化,尤其是邓小平等党的主要决策人的推动,在向全面改革推进的形势下,我们党对经济体制改革的认识出现了重大突破。1984年9月9日,国务院总理赵紫阳给邓小平和其他中央政治局常委写了题为《关于经济体制改革中的三个问题的意见》的信。信中提出:"'计划第一,价值规律第二'这一表述并不确切,今后不宜继续沿用""社会主义经济是以公有制为基础的有计划的商品经济。计划要通过价值规律来实现,要运用价值规律为计划服务"。邓小平、陈云分别在9月11日和12日批示同意。党的十二届三中全会决定的起草工作就是在新的方针指导下进行的。

1984年10月党的十二届三中全会通过的《关于经济体制改革的决定》,作为全面改革的指导性文件,提出了"社会主义有计划的商品经济"的新概念,认为社会主义就是商品经济,商品经济、价值规律的存在不是暂时的和一定范围内的。邓小平对这个《决定》评价极高。他说:我的印象是写出了一个政治经济学的初稿,是马克思主义基本原理和中国社会主义实践相结合的政治经济学。这次经济体制改革的文件好,就是解释了什么是社会主义,有些是我们老祖宗没有说过的话,有些新话。

但是,还应当看到,这个《决定》在计划经济是社会主义、市场经济是资本主义这一点上,仍没有突破。党的十二届三中全会前,赵紫阳在《关于经济体制改革中的三个问题的意见》中首先明确："我国实行计划经济，不是市场经济。"这很能反映当时全党的认识程度。

经济体制全面改革的推进，使我国进入了一个新旧体制并存的状态，市场机制的存在需要它所依据的经济理论。

1985年10月23日，邓小平在会见以格隆瓦尔德为团长的美国高级企业家代表团时，再次明确指出：社会主义和市场经济之间不存在根本矛盾。

格隆瓦尔德问：这种现象（少数贪污腐化和滥用权力的现象）是否反映了一个潜在的、很难解决的矛盾，即市场经济和社会主义制度之间的矛盾？

邓小平说：社会主义和市场经济之间不存在根本矛盾。问题是用什么方法才能更有力地发展社会生产力。我们过去一直搞计划经济，但多年的实践证明，在某种意义上说，只搞计划经济会束缚生产力的发展。把计划经济和市场经济结合起来，就更能解放生产力，加速经济发展。

邓小平还指出，解决那些消极现象主要通过两个手段，一个是教育，一个是法律。要建设社会主义，根本的问题是发展生产力。

《邓小平文选》第三卷出版后，人们从中看到了一篇第一次公开发表的邓小平文稿《计划和市场都是发展生产力的方法》。这是1987年2月6日，党的十三大召开前夕，邓小平同几位中央负责同志的谈话。

在这次谈话中，邓小平开门见山，直接破题："为什么一谈市场就说是资本主义，只有计划才是社会主义呢？计划和市场都是方法嘛。只要对发展生产力有好处，就可以利用。它为社会主义服务，就是社会主义的；为资本主义服务，就是资本主义的。好像一谈计划就是社会主义，这也是不对的，日本就有一个企划厅嘛，美国也有计划嘛。我们以前是学苏联的，搞计划经济。后来又讲计划经济为主，现在不要再讲这个了。"

根据邓小平的谈话精神，党的十三大报告明确了社会主义有计划商品经济的体制应该是计划与市场内在统一的体制，强调计划与市场的作用都是覆盖全社会的，不再提计划经济为主。这说明我们在认识上又向前迈了一步。但对计划和市场究竟是不是社会主义和资本主义的本质区别，当时全党仍没有达成一致意见。直到1992年邓小平视察南方发表重要谈话，强调计划和市场不是社会主义和资本主义的本质区别，计划和市场都是经济手段。党的十四大明确提出，经济体制改革的目标，是建立和完善社会主义市场经济体制，从而使我们对经济体制模式的探索上实现了革命性的跨越。

我们提出改革时，就包括政治体制改革

在新的历史时期，中国的改革是全面的改革，既包括经济体制改革，也包括政治体制改革。1986年9月3日，在会见日本公明党委员长竹入义胜时，邓小平明确指出："我们提出改革时，就包括政治体制改革。"

党的十一届三中全会以来，邓小平一直非常重视政治体制改革，特别是1980年和1986年，比较集中地阐述了他的政治体制改革思想。作为一位伟大的政治家和中央第二代领导集体的领班人，他在总结中央第一代领导集体进行社会主义革命和建设的实践经验和教训的基础上，提出了一系列适合中国国情的关于政治体制改革和民主法制建设的理论，初步回答了在中国这样经济文化比较落后的国家，如何实现民主和法制的基本问题。邓小平关于政治体制改革的思想是邓小平理论的重要组成部分，是党的第二代领导集体集体智慧的结晶，是我们发展社会主义民主，健全社会主义法制，依法治国，建设社会主义法治国家的理论基础。

1980年8月18日，邓小平在中共中央政治局扩大会议上作了《党和国家领导制度的改革》的讲话，系统阐述了我国政治体制改革的指导思想和基本思路，可以说是指导政治体制改革的纲领性文件。在这篇讲话中，邓小平在全面总结"文化大革命"教训的基础上，对政治体制改革的必要性、意义、方向、政策、内容和步骤等一系列问题作了深刻论述。他认为社会主义的基本制度是好的，但在具体的领导制度、组织制度、干部制度和工作制度等方面，还存在着很多弊端。主要表现为官僚主义、权力过分集中、党政职能不分、家长制作风、干部领导职务终身制和形形色色的特权现象、国家机关的运作缺乏民主法制基础，等等。这些弊端，严重妨碍社会主义优越性的发挥，如果不进行改革，还可能出现"反右"和"文化大革命"这样的严重问题。

针对新中国成立以来我国政治体制存在的弊端，邓小平特别强调："我们过去发生的各种错误，固然与某些领导人的思想、作风有关，但是组织制度、工作制度方面的问题更重要。这些方面的制度好可以使坏人无法任意横行，制度不好可以使好人无法充分做好事，甚至会走向反面。""不是说个人没有责

任,而是说领导制度、组织制度问题更带有根本性、全局性、稳定性和长期性。这种制度问题,关系到党和国家是否改变颜色,必须引起全党的高度重视。"早在1978年他在《解放思想,实事求是,团结一致向前看》这篇重要讲话中就突出地强调了民主法制在政治体制改革中的重要地位。

邓小平主要是从发扬社会主义民主,健全社会主义法制和促进经济发展几方面看待政治体制改革的重要性和必要性,并且指出:"各国的实际情况是不相同的。我们现在提出政治体制改革,是根据我国的实际情况决定的。"

邓小平在勾画政治体制改革蓝图时,充分认识到改革的长期性和艰巨性。他说:"现在提出改革并完善党和国家领导制度的任务,以适应现代化建设的需要,时机和条件都已成熟。这个任务,我们这一代人也许不能全部完成,但是,至少我们有责任为它的完成奠定巩固的基础,确立正确的方向。"

在推进经济体制改革的同时,党中央既慎重稳妥,又坚定积极地推动着政治体制改革的进程,先后出台了一系列重大的决策,从实行党政分工到精简机构,从培养接班人到实行干部退休制度,政治体制改革取得很大成果,为进一步深化改革积累了经验。1984年以后,以城市为重点的全面经济体制改革的推进对政治体制改革又提出了新的迫切要求。

在这种形势下,作为总设计师的邓小平,从1986年起,将政治体制改革问题重新提上具体日程。

1986年6月,邓小平在中央政治局常委会上指出:"政治体制改革同经济体制改革应该相互依赖,相互配合。只搞经济体制改革,不搞政治体制改革,经济体制改革也搞不通,因为首先遇到人的障碍。事情要人来做,你提倡放权,他那里收权,你有什么办法?从这个角度来讲,我们所有的改革最终能不能成功,还是决定于政治体制的改革。"同年9月,邓小平在会见日本公明党委员长竹入义胜时指出:"现在我们的经济体制改革进行得基本顺利。但是随着改革的发展,不可避免地会遇到障碍。……重要的是政治体制不适应经济体制改革的要求。""现在经济体制改革每前进一步,都深深感到政治体制改革的必要性。不改革政治体制,就不能保障经济体制改革的成果,不能使经济体制改革继续前进,就会阻碍生产力的发展,阻碍四个现代化的实现。"为此,邓小平明确指出:"一九八〇年就提出政治体制改革,但没有具体化,现在应该提到日程上来。""进行政治体制改革的目的,总的来讲是要消除官僚主义,发展社会主义民主,调动人民和基层单位的积极性。"在会见波兰统一工人党中央委员会第一书记、国务委员会主席雅鲁泽尔斯基时他指出："我们政治体制改革总的目标是三条：第一，巩固社会主义制度；第二，发展社会主义社会的生产力；第三，发扬社会主义民主，调动广大人民的积极性。"1986年11月，邓小平在会见日本首相中曾根康弘时提出，政治体制改革要向着三个目标进行：始终保持党和国家的活力；克服官僚主义，提高工作效率；调动基层和工人、农民、知识分子的积极性。1987年6月，邓小平在会见南斯拉夫共产主义者联盟中央主席团委员科罗舍茨时重申，我们的改革总的目的是要有利于巩固社会主义制度，有利于巩固党的领导，有利于在党的领导和社会主义制度下发展生产力。要做到这些，第一，党和行政机构以及整个国家体制要增强活力，就是说不要僵化，要用新脑筋来对待新事物；第二，要真正提高效率；第三，要充分调动人民和各行各业基层的积极性。

我国的政治体制改革，必须切合本国实际，发展社会主义民主。我们的国体是人民民主专政的社会主义国家，我们的政体是人民代表大会制度，这是中国最大的实际。这一实际，决定了我们的民主不是形式上的而是实质上的人民当家做主，决定了我们发展民主的途径是进一步完善人民代表大会制度。邓小平指出："我们必须进行政治体制改革，而这种改革又不能搬用西方那一套所谓的民主……而要搞社会主义民主。"我们实行的就是全国人民代表大会一院制，这最符合中国实际。如果政策正确，方向正确，这种体制益处很大，很有助于国家的兴旺发达。在几十年的革命和建设中，我党创造性地提出了发扬社会主义民主的一系列制度、政策，如民主集中制、共产党领导下的多党合作与政治协商制度、民族区域自治制度等。实践证明，这些制度和政策"适合中国的情况""更利于团结人民，比西方的民主好得多"。对此，"要坚持自己的优势"，并加以完善和发展。

我国的政治体制改革，必须有助于现代化建设。进行现代化建设，需要有一个稳定的社会局面。"没有稳定的环境，什么都搞不成，已经取得的成果也会失掉。"在"文化大革命"中，搞"大鸣、大放、大字报、大辩论"，搞无政府主义的"大民主"，致使我国的经济停滞，生产力受到极大破坏。这一惨痛的教训我们应该汲取。邓小平指出：中国正处在特别需要集中注意力发展经济的过程中。如果追求形式上的民主，结果是既实现不了民主，经济也得不到发展，只会出现国家混乱、人心涣散的局面。因此，他强调：民主是我们的目标，但国家必须保持稳定。在政治体制改革方面，最大的目的是取得一个稳

>> 第四章　邓小平与中国的第二次革命

★ 邓小平指出，不搞政治体制改革，经济体制改革难于贯彻。要保持党和国家的活力，必须使领导层干部年轻化；克服官僚主义，提高工作效率；调动基层和人民群众的积极性。

定的环境。社会主义民主和社会主义法制是相辅相成的，要保持稳定的政治环境，必须在发展社会主义民主的同时加强社会主义法制建设。所以，中国的政治体制改革，要讲社会主义的民主，也要讲社会主义的法制。

　　我国的政治体制改革，必须坚持坚决而又审慎的方针，平稳地推进。邓小平多次强调，我们的政策，包括政治体制改革，是坚定不移的，要坚持不变。同时，他还强调，要充分认识政治体制改革的复杂性和长期性。1986年9月，邓小平指出，政治体制改革"这个问题太困难，每项改革涉及的人和事都很广泛，很深刻，触及许多人的利益，会遇到很多的障碍，需要审慎从事"。"要先从一两件事上着手，不能一下子大干，那样就乱了。国家这么大，情况太复杂，改革不容易，因此决策一定要慎重，看到成功的可能性较大以后再下决心。"1987年7月，邓小平提出：改革不是一年两年的事情，政治体制改革如能在十年内搞成功就很了不起了。同年8月，邓小平再次重申："政治体制改革很复杂，每一个措施都涉及千千万万人的利益。所以,政治体制改革要分步骤、有领导、有秩序地进行。"

邓小平提出:"我们评价一个国家的政治体制、政治结构和政策是否正确,关键看三条:第一是看国家的政局是否稳定,第二是看能否增进人民的团结,改善人民的生活,第三是看生产力能否得到持续发展。"

1987年10月,党的十三大在北京隆重举行,会议在民主、团结、加快和深化改革的气氛中通过了党的十三大政治报告,提出了进行政治体制改革的宏伟蓝图。十三大以后,党和政府按照十三大政治报告确立的政治体制改革目标,着手推进各项改革措施,并取得了一定的成效。

但是,随着政治体制改革的逐步深入,也出现了一些问题,主要表现在:权力下放后,有些地方为了自身的局部利益而不顾国家大局,"上有政策,下有对策",使得中央的政策不能很好地贯彻落实。一些部门和少数人钻改革的空子,他们利用国家机关机构调整之机,成立了一些行政性公司,一方面吃国家预算,行使国家权力;另一方面又吃企业的利润和好处。特别是某些人,包括党员领导干部,经不起考验,个人主义极度膨胀,贪污受贿,腐败风气日长。与此同时,一些人大肆宣扬"全盘西化",资产阶级自由化也开始泛滥。到1989年春夏之交,由于邓小平关于在改革开放中要坚决进行反对资产阶级自由化的斗争的方针未能得到认真贯彻执行,终于酿成了一场严重的政治风波。这场波及全国的政治动乱,极大地干扰了政治体制改革的正常进程。

发展社会主义民主,健全社会主义法制

总结以往历史经验,特别是"文化大革命"的深刻教训,邓小平很清醒地认识到健全社会主义民主和法制,是防止"文化大革命"式的悲剧重演,巩固国家长治久安的重要保障。

早在1978年党的十一届三中全会召开前夕,邓小平就已率先向全党提出要记取"文化大革命"的教训,加强社会主义民主和法制建设。在这一年10月3日,他同胡乔木、邓力群等人谈话时就明确指出:法制确实需要建立和健全。民法、刑法都要搞,但都没有搞成。没有法,他就乱搞,确实不行。现在

是领导人说的话就叫法,不赞成领导人说的话就叫违法,这种状况不能继续下去了。他明确指出:没有民主就没有社会主义。当前这个时期,特别需要强调民主。因为在过去一个相当长的时间内,民主集中制没有真正实行,离开民主讲集中,民主太少。他进而指出:为了保障人民民主,必须加强法制。必须使民主制度化、法律化,使这种制度和法律不因领导人的改变而改变,不因领导人的看法和注意力的改变而改变。党的十一届三中全会根据邓小平的这一思想和一大批老干部要求健全社会主义民主和法制的呼声,专门做出了加强法制的决定。全会公报指出:从现在起,应当把立法工作摆到全国人民代表大会及其常务委员会的重要议程上来。检察机关和司法机关要保持应有的独立性;要忠实于法律和制度,忠实于人民利益,忠实于事实真相;要保证人民在自己的法律面前人人平等,不允许任何人有超越于法律之上的特权。从党的十一届三中全会起,我国的社会主义民主和法制建设开始走上了一个新阶段。

党的十一届三中全会后,邓小平在不同场合一再强调,现在的体制很不适应四个现代化的需要,要改革和完善社会主义的经济制度和政治制度,建设高度的社会主义民主和完备的社会主义法制。在改革开放的过程中,他的民主与法制思想不断丰富和发展。例如,他提出什么叫社会主义民主,民主和法制的关系是什么,这些要搞清楚;要建设高度的社会主义民主政治,保障人民民主,必须使民主制度化、法律化;反对"全盘西化",坚持和不断完善我国社会主义的根本政治制度,加强民主监督,党的工作的核心,是支持和领导人民当家做主;党内生活、社会生活都要肃清封建主义的影响,各种制度,都要从肃清封建主义的角度去考虑,逐步加以改革;要发扬民主,但不能搞无政府主义,如果说个人自由与国家的自由和大多数人的自由相矛盾,这种自由就不能提倡;制定法律的步伐要加快,要坚决按法律办事,特别是高级干部要遵守法制,党委领导的作用第一条就是应该保证法律生效、有效,等等。总之,就是要坚持民主化和法制化的统一,通过政治体制改革建设社会主义民主政治,走依法治国的道路。

1980年8月,邓小平在《党和国家领导制度的改革》报告中,又分析了在党内之所以有特权和腐败现象存在的原因,是封建主义残余影响尚未肃清。他一针见血地指出:"旧中国留给我们的,封建专制传统比较多,民主法制传统很少。解放以后,我们也没有自觉地、系统地建立保障人民民主权利的各项制度,法制很不完备,也很不受重视,特权现象有时受到限制、批评和打击,

★ 1987年，邓小平参加北京市西城区人民代表的选举。

有时又重新滋长。克服特权现象，要解决思想问题，也要解决制度问题。"

在邓小平的领导下，社会主义民主和法制建设稳步地向前推进。

1982年9月，中国共产党第十二次全国代表大会在北京胜利召开。党的十二大报告明确指出，社会主义物质文明和精神文明建设，都要靠继续发展社会主义民主来保证和支持。建设高度的社会主义民主，是我们的根本目标和根本任务之一。会议和报告从我国的国家制度、民主集中制原则、加强社会主义法制建设、统一战线等几个方面对社会主义民主作了精辟的论述。大会指出：发展社会主义民主的根本方针和主要内容是按照民主集中制的原则，继续改革和完善国家的政治体制和领导体制；社会主义民主必须扩展到政治生活、经济生活、社会生活和文化生活等各个方面，建立人与人之间的平等关系和人与社会之间的正确关系；发展社会主义民主，必须同社会主义法制建设紧密结合起来，使民主制度化、法律化；发展社会主义民主要有利于社会主义制度的巩固，促进社会生产力和其他建设事业的发展；发展社会主义民主必须在党的领导下进行。

根据十二大精神，在邓小平的领导下，党和国家加快了社会主义民主和法制建设的步伐。首先，加强和改善了人民代表大会制度；其次，调整各级党委与各级人大及其常委会的关系，保证各级人大享有与其法定权力机关地位相称的、依法独立活动的权力，把党必须在宪法和法律范围内活动作为一项根本原则，分别写入了党章和宪法；再次，加强了全国人民代表大会及其常委会的立法工作。

随着我国社会主义现代化建设和改革开放的不断深入发展，一些新的社会问题和社会矛盾又突出地表现出来，一些资产阶级意识形态也通过开启的国门涌进中国，资产阶级自由化思潮也逐渐地盛行起来，严重地影响着我国社会主义民主和法制的建设。面对这一挑战，邓小平多次强调，"我们讲民主，不能搬用资产阶级的民主，不能搞三权鼎立那一套。""这种办法我们不能采用。""民主只能逐步地发展，不能搬用西方的那一套，要搬那一套，非乱不可。"

邓小平强调要抵御资产阶级自由化思潮的影响，还必须从健全社会主义法制上下工夫，树立全民的法制观念。1986年6月，邓小平在中共中央政治局常委会上，提出"在全体人民中树立法制观念"。他说："现在从党的工作来说，重点是端正党风，但从全局来说，是加强法制。我们国家缺少执法和守

> 发展社会主义民主
> 健全社会主义法制
> 邓小平

法的传统，从党的十一届三中全会以后就开始抓法制，没有法制不行。""加强法制重要的是要进行教育，根本问题是教育人。法制教育要从娃娃开始，小学、中学都要进行这个教育，社会上也要进行这个教育。"党的十三大，根据邓小平的这一思想，提出了建立"社会主义民主政治"的新概念。十三大报告明确指出：经济体制改革的展开和深入，对政治体制改革提出了愈益紧迫的要求，发展社会主义商品经济的过程，应该是建设社会主义民主政治的过程。建设社会主义民主政治同发展社会主义商品经济一样，是一个逐步积累的渐进过程。

党的十三大以后，我国的社会主义民主和法制建设沿着邓小平所指引的道路，逐渐走上了完善、成熟、全面发展的新阶段。开始由法制建设转向执法、守法的监督和宣传普及，走向了有法可依、执法必严的轨道。

1992年10月，党的十四大提出建立社会主义市场经济体制的改革目标。相应地，法制建设的重点转为如何建立与社会主义市场经济相适应的法律体系。市场经济是法治经济，依法治国是我们党和政府管理国家和社会事务的重要方针，我们党对社会主义政治体制的认识达到一个新的高度。

第五章 邓小平与中国的对外开放

20世纪是一个变幻万千、充满神奇的世纪，是一个飞速发展、日新月异的世纪，世界巨大的变化，是由科学技术的进步和发展引起的。生存于这个地球不同角落的人们，以各自的文明，相互借鉴、吸收、渗透，共同创造了这个世纪的辉煌。

要跟上世界发展的脚步，一个民族、一个国家，必须把自己置身于这个世界之内，封闭必然导致落后、挨打。

总结了中国历史的经验，特别是新中国成立以来历史的经验，邓小平明确指出："对外开放具有重要意义，任何一个国家要发展，孤立起来，闭关自守是不可能的，不加强国际交往，不引进发达国家的先进经验、先进科学技术和资金，是不可能的。"

现在的世界是开放的世界。中国的发展离不开世界。

中国的对外开放，是邓小平根据中国社会发展的历史和现代化建设的实际，以及国际政治、经济发展的新形势、新格局而提出的，并被确立为一项长期不变的基本国策。

邓小平的对外开放思想，与改革思想作为一个统一的战略思想，构成了党在社会主义初级阶段基本路线的一个重要方面，是邓小平理论的重要组成部分。

中国的对外开放，经历了一个从经济特区到沿海开放城市，从沿海经济开放区到内地逐渐推进的进程，已基本形成了全方位、多层次、宽领域的对外开放格局。

历史经验证明,关起门来搞建设是不能成功的

从 1978 年党的十一届三中全会起,外国人发现,中国久已关闭的大门,由邓小平开启了,举世震惊。

中国的对外开放,是历史和现实的一种必然结果。

第二次世界大战之后,第三次科技革命在世界范围内悄然兴起。这是人类历史上空前规模的科学技术革命,它以前所未有的速度推动着社会生产力的发展,同时也使国际政治、经济关系发生了一系列新的变化。科学技术的突飞猛进和高层次的突破,使得国际间的联系和分工进一步向深度和广度发展,世界经济日益呈现出一种"统一的经济整体"的发展态势。科技革命所释放出来的巨大生产力,进一步突破了民族和国家的界限,社会生产日趋国际化。在今天的世界经济生活中,任何一个国家的发展都离不开世界这个整体。无论国家大小、社会制度如何,要发展本国经济,提高民族地位,只有置身于世界经济发展的总潮流中,创造并积极利用有利的外部条件,向世界开放,才能实现自己的发展目标。

我们中国,曾在人类社会发展史上书写过极其光辉灿烂的篇章。然而,在世界近代风起云涌的历史中,我们却衰败了、落伍了、挨打了。对此,邓小平深刻地总结了历史经验,指出,中国长期处于停滞和落后状态的一个重要原因是闭关自守。他在 1984 年 10 月 22 日中央顾问委员会第三次全体会议上的讲话中说:"恐怕明朝明成祖时候,郑和下西洋还算是开放的。明成祖死后,明朝逐渐衰落。以后清朝康乾时代,不能说是开放。如果从明朝中叶算起,到鸦片战争,有三百多年的闭关自守,如果从康熙算起,也有近二百年。长期闭关自守,把中国搞得贫穷落后,愚昧无知。"我们的老祖宗吃过闭关自守的苦头,我们也吃过这个苦头。新中国成立之初,我国虽曾昭告世界:可在平等互利的基础上,与各国的政府和人民恢复和发展通商贸易关系。但是,我们当时却不具备对外开放应有的国际环境和思想理论准备。20 世纪五六十年代,某些国家和集团先后对我国采取了封锁和压抑政策,我们自己也在反帝、反修、反对各国反动派的政治口号和"战争与革命"时代主题主导下拒绝开放我们的

国家。曾一度对苏联、东欧国家的开放，到50年代后期也中断了。所以，我们是在一种几乎与外界隔绝的条件下从事建设的，并且取得了一定成就，这也助长了国内的一种忽视学习世界其他国家包括西方发达国家的先进科学技术，进行对外经济技术交流的思想。我们强调独立自主、自力更生，这无疑是一个重要的原则立场，但是，有时我们却走到了极端，甚至出现了"文化大革命"中的那种盲目排外的情况。正如邓小平所说：新中国成立以后，人家封锁我们，在某种程度上我们也还是闭关自守，这给我们带来了一些困难。由于没有抓住第三次科技革命带动世界经济大发展的有利时机，没有积极引进吸收外国的资金和技术来帮助我们的发展，给我国的经济发展造成了困难，未能赶上世界经济发展的大潮。也正是在这时，世界上一些国家和地区，却顺应和利用了新兴的科技革命和国际分工的形势，实行开放的经济政策，在国际大市场中积极竞争，又一次拉大了与中国经济发展的距离。包括一些经济状况和科学水平原与中国相近的国家和地区，也抓住科技革命和世界经济发展的有利时机，进入了先进的工业国家的行列。

  面对严峻的国际形势和沉痛的历史教训，邓小平以其战略家的敏锐和强烈的历史责任感，总结历史经验，特别是新中国成立以来的经验，明确指出："经验证明，关起门来搞建设是不能成功的。"他在1987年4月26日的《社会主义必须摆脱贫穷》中说："我们过去固守成规，关起门来搞建设，搞了好多年，导致的结果不好。经济建设也在逐步发展，也搞了一些东西，比如原子弹、氢弹搞成功了，洲际导弹也搞成功了，但总的来说，很长时间处于缓慢发展和停滞的状态，人民的生活还是贫困。""这才迫使我们重新考虑问题。""鉴于过去的教训，必须改变闭关自守的状态，必须调动人民的积极性，这样才制定了开放和改革的政策。开放是两个内容，一个对内开放，一个对外开放。"党的十一届三中全会以来，邓小平一再告诫全党，切不要把中国搞成一个封闭式的国家，任何国家要发达起来，闭关自守都不可能。"三十几年的经验教训告诉我们，关起门来搞建设是不行的，发展不起来。"必须对外实行开放政策。

现在的世界是开放的世界，中国的发展离不开世界

在总结历史经验，强调关起门来搞建设不能成功的同时，邓小平以其伟大战略家的深邃目光，洞察国际形势的变化，指出了当今世界政治、经济的特点和发展趋势："现在的世界是开放的世界""和平和发展是当代世界的两大问题"。随着科学技术和生产力水平的进一步提高，任何国家要发展，都不可能仅靠本国的物质条件和技术能力，必须与其他国家进行交流，互通有无。发展中国家要发展，发达国家也要继续发展，一是要有一个和平的国际环境，二是要有广泛的国际合作基础。国际间经济交往的增加，世界市场的扩大，既促进了各国和地区的经济发展，也促进了世界和平。据此，邓小平高瞻远瞩地指出，和平与发展，是带全球性的战略问题。世界和平力量在增长，世界大战一时打不起来，甚至有可能避免。中国的经济要发展，要进行现代化建设，就国际环境而言，我们已有了可资利用的外部条件。有了好的外部条件，就要充分利用。邓小平反复指出，经过我们的努力，我们有了今天这样的、比过去好得多的国际条件，使我们能够吸收国际先进技术和经营管理经验，吸收外国的资金。对中国来说，这是一个宝贵的机遇。有了这个机遇，就要牢牢地抓住，不要失去，否则中国仍然摆脱不了贫困的局面。

邓小平在提出对外开放的思想时，除了历史经验和外部条件的考虑外，另外一个重要的依据，便是中国的国情。他多次指出，中国是一个大国，又是一个穷国，我们提出建设现代化的时候，必须看到这两个基本特点。这两个特点造成了我国人口多、人均资源相对不足、资金匮乏、技术水平低、经营管理落后、地区间发展不平衡的状况。从这些实际出发，他认为完全依靠外国资金建设我们国家是不可能的，必须立足于国内，立足于自力更生这个原则，不能完全按照别的国家的模式来建设中国。但是，这只是一个方面。仅仅是中国自己关起门来建设是不行的，必须充分吸收外国的先进经验，充分利用外国的资金、外国的技术，来加速我们的发展。所以，邓小平反复强调，要发展科学技术、要进行现代化建设，关起门来搞建设是不能成功的，中国的发展离不开世界。

作为中国社会主义改革开放和现代化建设的总设计师，邓小平在为我们

设计现代化道路时，提出了"三步走"的战略步骤和发展目标，要在20世纪末实现国民生产总值翻两番，在21世纪中叶把我国建设成为中等水平的发达国家。这个宏伟的目标，是多少年来中国人民的强烈愿望，是中华民族的雄心壮志。要实现这个雄心壮志，"讲大话、讲空话，都不行，要有一系列对内对外的正确方针和政策"。对内，邓小平提出改革是我国的第二次革命，要通过改革解放和发展生产力；对外，邓小平强调要争取创造一个和平的国际环境，坚持开放政策，这是改革和建设必不可少的。

在世界现代化的进程中，没有哪一个国家是在自我封闭的状况下步入现代化行列的。邓小平不仅深刻总结了我国的历史经验和教训，而且还注重观察并提出要借鉴世界上经济发展较快国家的成功经验。1988年9月5日，邓小平在会见捷克斯洛伐克总统胡萨克时指出：中国"五十年代在技术方面与日本差距也不是那么大。但是我们封闭了二十年，没有把国际市场竞争摆在议事日程上，而日本却在这个期间变成了经济大国。"日本的经济发展及其在世界发展格局中地位的提高，对我国进行现代化建设不无启示。

邓小平在思考和设计我国的现代化问题时，并没有将其单纯地看做经济问题，同时也将其看做政治问题。所以，对外开放思想也是与整个建设有中国特色的社会主义宏伟目标紧密地联系在一起的。党的十一届三中全会以前，他也曾对中外经济技术交流与合作有过许多论述。但随着"三步走"的现代化建设蓝图的设计逐步完善，"对外开放"也逐步形成为一个科学的概念、完整的思想理论体系和坚定不移的基本国策。1985年4月，他在会见坦桑尼亚副总统姆维尼时说："目标确定了，从何处着手呢？就要尊重社会经济发展规律，搞两个开放，一个对外开放，一个对内开放。对外开放具有重要意义，任何一个国家要发展，孤立起来，闭关自守是不可能的，不加强国际交往，不引进发达国家的先进经验、先进科学技术和资金，是不可能的。"

如同邓小平常讲的改革是中国的出路一样，他常讲的另一句话是：开放政策是中国的希望。他把对外开放政策与社会主义现代化建设的宏伟目标联系起来，说："没有对外开放这一着，翻两番困难，翻两番之后再前进更困难。"历史经验和改革开放的实践告诉我们，不坚持改革，不坚持对外开放，只能是死路一条，中国的现代化就没有希望。

党的十一届三中全会以来，对外开放成为我国经济生活中最引人注目的方面之一，对外贸易加速增长，外国资金不断涌入，兴办了大批"三资"企业，引进了大量的国外先进技术，使一大批企业得到技术改造和设备更新，大大推动了中国经济社会的发展。事实告诉人们，对外开放是符合社会发展规律，顺应现代化要求的明智之举、务实之举，是实现中华民族雄心壮志的必要条件。

"拿来主义"不坏，必须吸收和借鉴人类社会创造的一切文明成果

现代科学技术的迅猛发展，使得世界各国之间的联系日趋紧密，世界本身成为一个开放的大体系。邓小平总结了中国历史上闭关自守的教训，在提出改革思想的同时，还提出了对外开放的重要思想。对外开放思想的一个重要内容，就是"拿来"，即学习和引进先进的科学技术和管理方法，为我们的现代化建设所用。

1975年，邓小平就针对"四人帮"搞闭关锁国政策，提出要引进新技术和新设备。但是，这个思想却被批判为"崇洋媚外"和"洋奴哲学"。粉碎"四人帮"后，邓小平即以学习和引进先进的科学技术为解放思想的一个突破口，利用各种场合讲中国的发展离不开世界的道理，强调要积极引进国外最先进的科学技术作为我们发展的起点。并由此出发，逐步形成了一套完整的对外开放理论。

对人类创造的一切文明成果实行"拿来主义"，把世界上最先进的科学技术成果作为我们发展的起点，是邓小平的一个重要思想。1977年9月29日，在会见来京参加国庆活动的华侨、外籍华人、港澳台同胞代表时，邓小平说，70年代，世界科学技术一日千里，跑得很快。现在，我们与世界科学技术水平差距很大。差距大有没有办法？有办法，就是要承认落后，不要怕丑。他提出"拿来主义"，要把世界先进的科学技术成果引进来，作为科学教育基础。他指出，你研究物理学，总要以先进的物理学水平作基础，化学、数学，一切领域都应该如此。同一天，他在会见著名英籍作家韩素音时又说，我们已经损失了二十年，我们不能再搞闭关自守的关门主义。我们中国人是聪明的，毕竟我们还有一定的基础。要把世界上最新的科研成果作为我们的起点，这样发展就快了。如果不把世界上最新的科研成果作为我们的起点，创造条件，努力奋

斗，恐怕就没有希望。他又说，洋为中用，就是外国好的东西，先要学会它们，在这个基础上创新。同年11月3日，他在会见外籍华人学者王浩时再次强调了以上的内容，并进一步说，现在我们学习外国的东西，要"拿来主义"。日本科学发展得快，就是实行了"拿来主义"。"拿来主义"不坏，都是人类劳动的成果，既然我们在人类之中，为什么不能用人类劳动的成果？邓小平的这些谈话内容，冲破了极"左"思潮对我们思想的束缚，说明了学习和引进先进的科学技术的紧迫性和重要性，确定了学习和借鉴人类一切文明成果的基本方针，标志着他的对外开放思想的初步形成。

邓小平认为：要提高我国的科学技术水平，必须坚持独立自主、自力更生的方针。但是，独立自主不是闭关自守，自力更生不是盲目排外。他在1978年全国科学大会上说："科学技术是人类共同创造的财富。任何一个民族、一个国家，都需要学习别的民族、别的国家的长处，学习人家的先进科学技术。我们不仅因为今天科学技术落后，需要努力向外国学习，即使我们的科学技术赶上了世界先进水平，也还要学习人家的长处。"此后，他又反复讲，关起门来搞建设是不行的，新的科学技术每天都在蓬勃发展，脱离世界，连信息都不灵通。学习先进的科学技术，引进先进的技术设备，可以少走许多弯路，有利于改变落后状况，既可以赢得时间，又可以节省资金，加速我们的建设进程。

随着经济发展程度的提高，经济管理日益显示其科学的特征，在经济生活中的作用亦日益突出。学习外国的先进经济管理经验和方法，是邓小平对外开放思想的一个重要内容。1978年12月，他在中央工作会议上所作《解放思想，实事求是，团结一致向前看》的讲话中，明确地说："我们要学会用经济方法管理经济。自己不懂就要向懂行的人学习，向外国的先进管理方法学习。不仅新引进的企业要按人家的先进方法去办，原有企业的改造也要采用先进的方法。"为了解决人们的思想认识问题，邓小平明确了先进科学技术和经济管理方法与资本主义制度并没有本质的联系，它是人类社会发展中创造出的优秀成果。1980年他在答意大利女记者奥琳埃娜·法拉奇问时说："要弄清什么是资本主义。……有些东西并不能说是资本主义的。比如说，技术问题是科学，生产管理是科学，在任何社会，对任何国家都是有用的。我们学习先进的技术、先进的科学、先进的管理来为社会主义服务，而这些东西本身并没有阶级性。"这种吸收国外先进的文明成果来为社会主义服务的思想，对人们在姓"社"姓"资"问题认识上是个有力的澄清，为解放思想，大胆引进外国一切先进的有用的东西，提供了依据，指明了方向。根据邓小平的论述，党中央强调，社会主义要赢得与资本主义相比较的优势，就必须大胆地吸收和借鉴人类社会创造的一切文明成果，吸收和借鉴当今世界包括资本主义发达国家的一切反映现代社会化生产规律的先进经营方式、管理方法，为我国社会主义现代化建设服务。

利用外国智力和选派留学人员，是邓小平发展科技的一个重要思想。1977年，他就提出了要接受华裔学者回国，请外国著名学者来华讲学，要把这个工作列为发展科学技术的具体措施。1983年7月8日，他在同中央几位同志谈话时说："要利用外国智力，请一些外国人来参加我们的重点建设以及各方面的建设。"同时他特别强调，对请进来的外国人才，要充分利用，发挥他们的作用，帮助我们的建设。派人出国留学，进行国际学术交流活动，也是邓小平为发展我国的科技教育事业而提出的一项具体措施。在他的支持和关怀下，我国各种形式的留学人员逐年增多，现在在国外的，已有数十万人。这几年来，许多留学人员已学成回国，在我国现代化建设的不同战线上发挥着作用。

我国的经济特区，是在邓小平的支持下创办并在他的亲切关怀下发展起来的。引进国外的先进科学技术、经营方式和管理方法，是兴办特区的重要考虑。1984年2月24日，邓小平视察深圳等特区后在北京与中央几位领导同志谈话中，对特区的主要作用进行了概括："特区是个窗口，是技术的窗口，管理的窗口，知识的窗口，也是对外政策的窗口。从特区可以引进技术，获得知识，学到管理，管理也是知识。"特区建设的实际，充分发挥了"窗口"作用，为推动全国的改革开放探索了一些路子，提供了宝贵的经验。

中央没有钱，你们自己去搞，杀出一条血路来

在中国经济特区孕育、诞生以及走过的蹒跚、坎坷而又坚定、奋进的道路上，烙刻着邓小平这位世纪伟人深邃关切的目光，高瞻远瞩的睿智和稳实的脚印。

1992年1月19日上午9时，邓小平乘坐的专列缓缓驶进了深圳车站，等候在这里的省、市领导快步迎了上去。88岁高龄的邓小平，神采奕奕地走出了车门。在时隔8年之后，他又一次踏上处在改革开放前沿的这块热土，想亲

眼考察一下特区建设试验的成果,验证一下改革开放的决策是否正确。他又怎能不感慨万千呢?

"我们非常想念您!"这是邓小平到深圳后听到的第一句话。广东省委书记谢非表达了广东人民的心声。"我们全市人民欢迎您的光临!""深圳人民盼望您来已经盼了8年了!"深圳市的领导说出了深圳特区人民的愿望。特区人民想念邓小平,邓小平也心里惦着特区人民和特区建设。刚刚踏上这片热土,他不顾旅途劳顿,在下榻处稍事休息后即提出要到处走走。他说:"到了深圳,我坐不住啊!想到处去看看。"

汽车在深圳街道缓缓行驶,小平同志看到鳞次栉比的高楼大厦、热闹繁荣的市场经济、熙熙攘攘的密集人群、纵横交错的宽阔马路替代了昔日的低矮房舍、水田鱼塘、静僻里市、羊肠小道时,十分高兴地同陪同人员侃侃而谈。他说:对办特区,从一开始就有不同意见,担心是不是在搞资本主义。深圳的建设成就,作出了响亮的回答:特区姓"社"不姓"资"!

中国的经济特区,是在邓小平的关怀和指导下创办和发展起来的,特区的成长,倾注着他的心血,寄托着他的期望。

1978年4月,国家计委、外贸部组成了一个港澳经济贸易考察组,奔赴香港、澳门,考察它们经济飞速发展的奥秘,吸取有益的经验。考察组回到广东后,与广东省委领导交换意见。广东省委的领导们从中得到了不少的启发,提出了一些"大胆"的建议。5月底考察组经过深思熟虑,几易其稿,写成了《港澳经济考察报告》。《报告》指出,发达国家的先进设备和技术,对港澳经济的发展起着至关重要的作用。建议借鉴港澳的经验,把靠近港澳的广东宝安、珠海划为出口基地,逐步将其建设成具有相当水平的对外生产基地、加工基地和吸引港澳客人的游览区。6月初,中央领导同志听取了调查组的汇报,对其建议予以肯定。1979年1月,邓小平在一份香港厂商要求回广州开设工厂的来信上批示:"这件事,我看广东可以放手干。"

1979年4月,在中央工作会议期间,邓小平在听取广东省委主要负责同志习仲勋、杨尚昆的工作汇报后,提出了这样一个建议:广东临近港澳,可以发挥这一优势,在对外开放上做点文章。

谈起这一问题,三位老人又不由自主地想到了他们曾经战斗过的那块陕甘宁边区的首府——延安。当他们走出那个神秘的宝塔山,离开那条母乳似的延河水,大步挺进古都北京,当五星红旗在天安门广场冉冉升起,他们都曾发誓要让人民过上幸福美满的生活。但是解放了几十年，老边区依旧落后，甚至连温饱问题都难以解决，这怎能不令他们感慨万分呢。

不能再让人民这样生活下去了，不能再让人民失望。邓小平暗下决心，一定要改变中国的落后面貌，让人民真正过上幸福美满的生活。他想到了与广东隔河相望的港澳，何不像港澳一样开放市场，引进外资，借鸡下蛋呢？过去的延安，不就是以星星之火，发展到燎原之势吗？想到这里，当习仲勋提出希望中央能够给广东一些特殊和灵活的政策时，邓小平说道："在你们广东划出一块地方来，就叫特区，怎么样？"

他说："办一个特区。过去陕甘宁就是特区嘛。中央没有钱，你们自己去搞，杀出一条血路来。"

根据邓小平的倡议，中共中央和国务院派谷牧带领工作组赴广东、福建考察，同两省领导共同研究办特区的问题。

工作组经过考察认为，深圳、珠海、厦门、汕头具有建立经济特区的诸多有利条件：地处亚热带，气候温和，雨量充沛，物产丰富，风景秀丽，对发展旅游、住宅业，对侨资、外资具有较强的吸引力；同时又位于东南沿海，港口良好，厦门有通商的基础，深圳、珠海毗邻港澳，对引进外资和先进技术，扩展对外贸易，获取国际经济信息，考察现代资本主义都非常便利；作为华侨之乡，对吸引华侨回国办企业、投资，支援祖国建设影响深远。

6月6日、9日，中共广东、福建省委分别写出关于对外经济活动中实行特殊政策和灵活措施的报告，呈送中央。

7月15日，中共中央、国务院批准了两省的报告。确定：出口特区先在深圳、珠海两市试办，待取得经验后，再考虑在汕头、厦门设置。

1980年3月，中共中央在广州召开广东、福建两省会议，将"出口特区"定名为"经济特区"。8月26日，时任国家进出口管理委员会副主任的江泽民受国务院的委托，在第五届全国人大常委会第十五次会议上作了关于在广东、福建两省设置经济特区和《广东省经济特区条例》的几点说明：

经济特区是社会主义制度下，在特定的地区内，鼓励和利用外国投资，加快经济发展的一种特殊形式。广东、福建两省毗邻港澳和台湾省，港澳台同胞和华侨很多，对外资和侨资具有特殊的吸引力，在两省的特定地区设置特区，有其独特的有利条件。

经济特区采取与内地不同的体制和更加开放的政策，充分利用国外的资金和技术，发展工业、农业、畜牧业、养殖业、旅游业、住宅建筑业、高级技术研究制造业和其他行业。由于它比一般"出口加工区"的范围更广一些，是综合性的经济事业，所以定名为"经济特区"。

会议决定：批准国务院提出的在广东省的深圳、珠海、汕头和福建省的厦门设置经济特区。会议批准《中华人民共和国广东省经济特区条例》，完成了设置特区的立法程序。条例宣布：为发展对外经济合作，在广东省深圳、珠海、汕头三市分别划出327.5平方公里、6.7平方公里、1.67平方公里区域，设置经济特区。

12月10日，国务院又正式批准成立厦门经济特区，面积为2.5平方公里。

1980年8月，一批勇于"吃蟹"的创业者，经过一年的艰辛筹建，终于在这几个中国南部海边的小镇，点燃了喜庆的鞭炮，在噼噼啪啪的热闹爆竹声中，中国第一个经济特区破土诞生了。

1984年1月24日，距农历春节还有9天。紫荆在特区的路旁已绽开紫红色的花朵，象征吉祥喜庆的盆盆金橘摆上了特区人居室的阳台。在深圳特区诞生后第五个春天的这个中午，邓小平迈着轻快稳健的步伐，踏上了中国改革开放前沿地带的这片热土。

邓小平在深圳迎宾馆6号楼会议室里，听取了深圳市委的工作汇报。

深圳市的领导站在特区规划示意图前，心情激动地介绍着深圳特区的自然状况，五年来引进外资、基建工程进展的情况。他们说，几年来特区工农业产值、财政收入增长很快，1982年工业产值为3.6亿元，1983年达到7.2亿元。

"那就是一年翻了一番喽？"邓小平惊奇地问。

深圳市委书记回答说："是翻了一番，比办特区前的1978年增长了十倍多。"

邓小平满意地点点头。

听完汇报，邓小平又乘车参观了刚刚竣工开业的国际商业大厦，俯瞰着正在建设中的罗湖新城区。他的面前，矗立着已经建成和正在施工的60多幢18层以上的高楼群。他的目光移到马路对面正在施工的国贸大厦，这座后来被誉为"神州第一楼"、高53层的现代化建筑，此时正以"三天一层楼"的速度升腾，创立了蜚声中外的"深圳速度"。邓小平露出了开心的笑容。

在深圳河畔的渔民村，一幢幢别墅似的楼房，使他看到了农村发展的希望；在深圳中航进出口公司，他看到了现代科技带来的繁荣；在蛇口工业区，他看到了深圳人坚韧不拔的创业精神和外引内联的聪明战略。几天的实地考察，邓小平对特区这一新生事物的旺盛生命力有了更直接的感受，更坚定了对外开放的信心。离开深圳到达广州，他欣然提笔，为深圳特区题词："深圳的发展和经验证明，我们建立经济特区的政策是正确的。"短短的几行评语，书写了改革开放总设计师对深圳特区人民艰苦创业成就的肯定。

在珠海、厦门，邓小平看到了同样兴旺发展的景象。他分别为它们题了词："珠海经济特区好。""把经济特区办得更快些更好些。"

1984年2月中旬，邓小平结束了对深圳、珠海、厦门三特区的视察，返回北京。24日，他与几位中央领导同志进行了谈话。他说，特区"给我的印象是一片兴旺发达"。深圳"盖房子几天就是一层，一幢大楼没有多少天就盖起来了。那里的施工队伍还是内地去的，效率高的一个原因是搞了承包制，赏罚分明。……他们的口号是'时间就是金钱，效率就是生命'"。

说着，他的神色开始严肃起来，"我们建立经济特区，实行开放政策，有个指导思想要明确，就是不是收，而是放"。"特区成为开放的基地，不仅在经济方面、培养人才方面使我们得到好处，而且会扩大我国的对外影响。"

他缓了口气，话题又落到深圳特区上来，"在深圳那里现在至少有两件事情可以搞，一个是建核电站，一个是吸引华侨投资办所大学"。"这样可以给我们培养一批人才。"

1984年，深圳尚处于初创、起步阶段。有人对它怀疑，有人对它非议。各种困难和阻力，挡在深圳刚刚抬起的脚步前，但深圳和深圳人是幸运的，邓小平在最关键时刻亲自来到了他们面前，毫不犹豫地肯定了他们创业的成就，深圳不再为各种议论的纷扰而忐忑不安，更加大胆地放开手脚，实施借船出海，外引内联的宏伟计划。

作为一个战略家，邓小平在肯定特区成就的同时，又及时提醒特区既要保持高速发展的势头，又要小心谨慎，努力开拓新路子。1985年8月1日，空明澄碧的北戴河，清风习习，送来阵阵的凉意。在一幢外表朴素、绿阴掩映的建筑物里，邓小平会见了竹入义胜率领的日本公明党第13次访华代表团。宾主在友好的气氛中，热烈讨论了中国经济特区的问题。邓小平满怀信心地向日本朋友介绍说："中国的对外开放政策是坚定不移的，但在开放过程中要小心谨慎。我们取得了一些成绩，但一定要保持谦逊态度。"他在与日本朋友的交谈中，再次为特区的发展指明了方向，那就是特区经济要从内向转向外向。

>> 第五章 邓小平与中国的对外开放

厦门特区划得太小，要把整个厦门岛搞成特区

1984年2月7日，农历大年初六，人们还沉浸在欢乐的新春佳节之中。大街小巷、楼前屋后，堆积着厚厚一层鞭炮碎屑。邓小平乘坐的专列缓缓地驶进了厦门车站。厦门经济特区——这是他此次视察特区的最后一站。

厦门，素称"鹭岛""海上花园"。清代人留下的"厦庇五洲客，门守万里涛"的诗句，是对厦门美景的绝妙勾勒。厦门特区差不多是和深圳、珠海、汕头特区同时起步的。1979年中央下发中发〔1979〕50号文件明确说，"出口特区"，先在深圳、珠海两市试办，待取得经验后，再考虑在汕头、厦门设置。1980年8月，第五届全国人大常委会第十五次会议批准在深圳、珠海、汕头、厦门设置经济特区。这一年的10月7日，国务院正式批准在厦门西北部的湖里划出2.5平方公里设置经济特区。

8日上午，邓小平在福建省及厦门市负责人陪同下，行色匆匆，连续视察了已建成投产的东渡港5万吨位码头、集装箱码头、渔业码头和已开始启用的厦门国际机场。

视察中，邓小平问中共福建省委书记项南：厦门机场为什么要叫"国际机场"？

项南答道："搞经济特区，就应该与海外建立更为广泛的联系。叫'国际机场'就是为了与日本、新加坡、菲律宾和美国通航。只有飞出去才能打开局面。"

邓小平挥挥手："就是应当飞出去嘛！"

离开东渡港，邓小平登上"鹭江号"游艇，环岛游览鹭江两岸的海上风光。项南坐在邓小平身边，汇报省委对厦门特区今后建设的建议。项南说："小平同志，厦门特区现在实际只有2.5平方公里，实在太小了，太束缚手脚了，即使很快全部建成，也没有多大的实际意义。"

"你们的意思是……"邓小平注视着在座的省市领导同志。

"把特区扩大到全岛！"项南把省委的想法端了出来，"使整个厦门岛都开放。这对引进外资和技术，对改造全岛的老企业，对加强海峡两岸的交往，

都可以起到更大的作用。"

邓小平要过地图,认真地察看着。少顷,他说:"我看可以,这没得啥子问题嘛!"

海风和煦,海水湛蓝。邓小平将目光投向辽阔的海面。海天相连处,金门岛的轮廓似隐似现,这似乎触动了邓小平,他又拿起地图。图上,厦门与金门近在咫尺。

项南接着说:"现在台湾人到大陆,都不是直来直去,要从香港或日本绕道来,这太麻烦了。如果把离台湾、金门最近的厦门变成自由港,实行进出自由,这对海峡两岸中国人的交往,会起很大的促进作用。"王震在一旁插话说:"应该考虑这个问题。"邓小平听后,深深地吸了一口烟,说:"可以考虑。"然后他又问自由港的政策应该包括哪些内容。在场的省、市领导议论了一下,由项南归纳起来回答说,主要内容有三点:人员自由往来、货物自由进出、货币自由兑换。邓小平静静地听着,不停地深深吸烟,思考着这一问题。

2月9日,邓小平来到了厦门的湖里工业区,这就是中央批准的厦门经济特区,看到的还是一个大工地。虽说到1983年底已经基本上完成了"四通一平"的基础设施建设,但举目望去,除了特区管委会的办公室所在的综合楼外,工业区内成形的建筑物只有一座印花地砖厂的厂房和两座通用厂房。特区的第一家外资企业印花地砖厂尚未投入生产。刚从深圳过来的邓小平,明显地看到了厦门与深圳的差距。

当时的厦门市市长邹尔君后来回忆说:"中央是1980年批准办特区,但湖里到1981年还是一片荒地,没有动工。那时我们心里很着急。因为深圳、珠海进展都很快,而我们还在同土打交道,同石头打交道,解决基础设施问题。"市委书记陆自奋也说:"厦门真正地动起来,是在1982年以后,这样在时间上差距就比较大。小平同志就是在这样的一个情况下到了厦门。"

在王震以及省、市主要领导陪同下,邓小平来到特区管委会二楼的接待室,听取邹尔君关于湖里工业区建设情况的汇报。接待室里有一盘精心制作的厦门经济特区远景规划模型。邓小平站在模型旁边,一边听汇报和讲解,一边思考着问题。

邹尔君回忆说:"小平同志1984年来的时候,我向他汇报说,我们比较慢,我们现在才抓这些事情,他就讲了一句话:对头。"接着邹尔君又说道:"当时最苦恼的就是两个问题,一个特区太小,只有2.5平方公里,一眼就望穿了,要求扩大到全岛；二是在经济特区方面，赋予自由港政策。当时我向小平同志汇报时，他点头微笑不答复。后来，他告诉我一句话就是：'你的要求，我转告第一线的领导同志，让他们去作决定。'"

当邹尔均拿出事先准备好的纸张笔墨请邓小平题词时，邓小平拿起笔来，稍作思考写下了"把经济特区办得更快些更好些"。在场的各级领导干部都在琢磨着题词的内涵。题词在报纸上刊登后，在特区的建设者们的心中理解更不尽相同。作为厦门特区建设的领导者们深感厦门特区的建设步伐与深圳、珠海特区的差距，对广大建设者来说无疑激发起追赶和超越深圳、珠海建设的激情。

2月24日，邓小平在北京邀集几位中央领导同志谈话，他说："我们建立经济特区，实行开放政策，有个指导思想要明确，就是不是收，而是放。"他又说："厦门特区地方划得太小，要把整个厦门岛搞成特区。这样就能吸收大批华侨资金、港台资金，许多外国人也会来投资，而且可以把周围地区带动起来，使整个福建省的经济活跃起来。厦门特区不叫自由港，但可以实行自由港的某些政策，这在国际上是有先例的。只要资金可以自由出入，外商就会来投资。我看这不会失败，肯定益处很大。"根据邓小平的这次谈话精神，党中央作出了一系列扩大开放的战略部署。1984年5月，中共中央、国务院发出文件，决定厦门经济特区范围扩大到全岛，实行自由港某些政策，并明确指出："这是为了发展我国东南部经济，特别是加强对台工作，促进祖国统一大业而作出的重要部署。"1985年6月，国务院作出《关于厦门经济特区实施方案的批复》，要求厦门特区应当建设成为"以工业为主、兼营旅游、商业、房地产业的综合性、外向型的经济特区"。邓小平的重要指示和党中央、国务院的重大战略部署，为厦门特区的健康发展提供了强有力的保证。

此后，党中央、国务院根据邓小平关于经济特区建设的一系列指示精神，对厦门经济特区又赋予了许多特殊政策和灵活措施：1988年4月，国务院批准厦门市为计划单列市，赋予相当于省一级的经济管理权限；1989年5月、1992年12月先后批准厦门经济特区和杏林、海沧、集美为台商投资区，在杏林、海沧、集美的投资实行经济特区现行政策，从而使厦门特区的范围实际扩大了两倍；1994年2月，中央编制委员会批准厦门市的行政级别为副省级；1994年3月，八届全国人大二次会议授予厦门市人民代表大会及其常务委员会和厦门市人民政府分别制定法规和规章在厦门经济特区实施立法权。这些政策措施大大增强了厦门经济特区改革开放和现代化建设的活力，成为推动厦门经济特区进入发展快车道的无形资产和巨大动力。

海南省委关于开发洋浦的决策是正确的，机会难得，不宜拖延

20世纪80年代中期，继中国东南沿海兴办深圳、珠海、汕头、厦门经济特区初见成效之后，邓小平高瞻远瞩，开始思考、筹划开发海南的问题。

作为我国第二大岛的海南，面积只比台湾小2100平方公里，与台湾在地理、自然环境方面有着相似之处，但其经济发展水平相差悬殊。由于长期在战火威胁之下，海南没有投资开发，经济发展远远落后于内地大多数地区。1987年海南人均国内生产总值925元，仅为全国人均国内生产总值的83%，全岛近1/6的人口还处于贫困线以下。特区的实践已向人们显示了党的改革开放政策的威力，如果对海南岛实行特殊政策，就有可能在较短时间内改变整个海南的面貌，使海南迎头赶上。这对祖国的统一大业，也将产生深远影响。

1984年2月24日，邓小平在视察广东、福建、上海等地回京后，同几位中央负责同志进行交谈，并就扩大开放和特区工作问题发表了重要谈话。

在谈话中，邓小平明确指出："我们还要开发海南岛，如果能把海南岛的经济迅速发展起来，那就是很大的胜利。"

邓小平的倡议，得到在座的中央领导同志的赞同。随后，中央书记处和国务院筹备召开全国沿海部分城市工作座谈会，进行具体的设计安排，贯彻落实。

同年5月，国务院决定进一步开放14个沿海港口城市和海南岛，实行经济特区的某些经济政策，中国进入了被邓小平同志称为"全面的改革"的时期；六届全国人大二次会议审议了国务院关于撤销广东省海南行政公署，成立海南行政区人民政府的建议，通过关于海南行政区建制的决定；同年10月，海南行政区人民政府正式成立；1986年8月，国务院发出通知，赋予海南行政区以相当于省一级的经济管理权限，实行计划单列。

邓小平的重要意见和党中央、国务院的一系列重大决策，对加快海南改革开放和开发建设的步伐起了极其重要的推动作用。

1987年6月12日，邓小平在北京人民大会堂会见南共联盟中央主席团委员斯特凡·科罗舍茨一行。在会谈中，邓小平第一次公开提出了创立海南经济特区的思想，"我们正在搞一个更大的特区，这就是海南岛经济特区"。邓小平难忘二十多年前视察海南时宝岛上的资源优势给他留下的深刻印象，此时他向南斯拉夫客人介绍海南时如数家珍："海南岛和台湾的面积差不多，那里有许多资源，有富铁矿，有石油天然气，还有橡胶和别的热带亚热带作物。"

他进而向客人乐观地预言："海南岛好好发展起来，是很了不起的。"

此时，许多中央领导同志在北戴河开会，讨论海南建省开发建设的可能性，一致认为：海南要实行比特区更特殊的政策，才能吸引外资，加快建设；海南建省，势在必行。会后，时任国务院秘书长的陈俊生南下海南，传达了邓小平和党中央的重要指示。

同年9月5日，六届全国人大常委会第二十二次会议通过决定，授权国务院成立海南建省筹备组，开展筹备工作。

9月26日，中共中央、国务院发出《关于建立海南省及其筹备工作的通知》。

1988年1月23日，中央财经领导小组会议审定了《国务院关于鼓励投资开发海南岛的规定》（5月4日由国务院发布）。

3月8日至9日，六届全国人大常委会第二十五次会议审议了国务院关于建立海南经济特区的议案。

3月25日，国务院总理李鹏在七届全国人大一次会议上所作的《政府工作报告》中宣布："根据海南岛独特的历史、地理和资源条件，国务院建议成立海南省，把海南办成全国最大的经济特区，实行比现有经济特区更加优惠的政策。"

4月13日，七届全国人大一次会议通过了《关于设立海南省的决定》和《关于建立海南经济特区的决议》。

4月14日，国务院批转《关于海南岛进一步对外开放加快经济开发建设的座谈会纪要》。

4月26日，中共海南省委、海南省人民政府正式挂牌，海南人民欢欣鼓舞，隆重庆祝。

中国最大的经济特区终于诞生了！海南从国防前线一跃而成为我国改革开放的前沿，成为全国改革开放的热点。

大特区理应积极、大胆地进行改革的超前试验。海南特区创建伊始，即确定了"大改革，大开放，大开发，大建设"的方针。

"洋浦风波"，曾使这个"天涯海角"之岛刹那间又成为整个中国乃至世界关注的焦点。

洋浦，是位于北部湾东部、海南岛西北部的一个半岛，土地荒芜贫瘠，素有"三多三少"之说，即荒地多，石头多，仙人掌多；水少，林少，村庄少，不适宜农业开发，但发展工业和转口贸易却有得天独厚的条件。这里海岸线曲折，港湾深阔，可建设26万吨级的深水码头，是一个中国少有的天然避风良港。它近连中国香港、台湾地区和东南亚各国，远连日本、朝鲜半岛。处在亚太经济圈的中心地带和国际海运航道的中心位置，可发展成为国际货物的重要集散地。洋浦附近资源丰富，具备提供能源和发展建材工业的理想条件。因此，海南省政府从利用港口资源重点开发洋浦以带动全岛发展的战略出发，决定从这荒凉的半岛上拿出30平方公里的土地租给外商成片开发，租期为70年，以此引进海外资金和技术，在海南岛西部建立现代大工业带。

"30平方公里，出租70年"——这是一个大动作！也引起了一场大风波！

有人说：这与旧中国的"租界"有何不同？

有人发问：这将国家主权、民族尊严置之何地？

国务院、全国政协相继收到"紧急呼吁"和提案。一时间，"洋浦模式"的是是非非震撼中国。

大特区的领导在关键时刻想到了特区的缔造者和领路人。他们联名递交了给邓小平的报告，坦率地阐述大特区改革开放新思路的正确性。

1989年4月28日，邓小平在详细审阅开发洋浦的规划报告并听取有关方面意见后，在海南的报告上批示："我最近了解情况后，认为海南省委的决策是正确的。机会难得，不宜拖延。但须向党外不同意者说清楚。手续要迅速周全。"

一场飓风平息了！

1989年11月，《海南洋浦地区30平方公里土地使用权有偿出让首期付款协议》签字。

1992年3月9日，新华社向全世界播发消息：国务院批准了海南省关于成立洋浦开发区的报告。

开放14个沿海城市

1984年初,邓小平视察了深圳、珠海和厦门三个经济特区后,肯定了经济特区的发展成绩,肯定了中央建立经济特区的正确方针。回到北京后,他即找几位中央领导同志谈话,提出"除现在的特区之外,可以考虑再开放几个港口城市,如大连、青岛。这些地方不叫特区,但可以实行特区的某些政策。我们还要开发海南岛,如果能把海南岛的经济迅速发展起来,那就是很大的胜利。"

按照邓小平的意见,中共中央书记处和国务院于1984年3月26日至4月6日联合召开了沿海部分城市座谈会,讨论了如何放开步伐,扩大开放,更好地引进外资、引进先进技术和引进管理的问题,讨论了进一步办好深圳、珠海、汕头和厦门经济特区的问题,也讨论了扩大厦门经济特区和进一步开发海南岛的问题,并建议进一步开放大连等14个港口城市,对这些城市提出了若干优惠政策和措施。

这些沿海城市是:大连、秦皇岛、天津、烟台、青岛、连云港、南通、上海、宁波、温州、福州、广州、湛江、北海。

5月4日,中共中央、国务院发出批转《沿海部分城市座谈会纪要》的通知,指出:我国在新的历史时期实行对外开放政策,有一个逐步发展的过程。沿海港口城市由于其地理位置、经济基础、经营管理和技术水平等条件较好,势必要先行一步。这些沿海城市在利用国外资金、技术和市场时,应当首先抓好老企业技术改造,上一批投资少、周转快、收益好的中小型项目。这样做可以更多更快地积累力量,既在财力、物力、人才方面支援全国,又在内外交流过程中总结经验向内地推广。

《沿海部分城市座谈会纪要》建议开放的14个沿海港口城市,在扩大地方权限和给予外商投资者若干优惠方面,实行以下政策和措施:

(1)放宽利用外资建设项目的审批权限。上海、天津两市的生产性项目对每个项目总投资的审批权限放宽到3000万美元以下,大连市放宽到1000万美元以下,其他11个沿海港口城市放宽到500万美元以下。

(2)增加外汇使用额度和外汇贷款。外汇使用额度在今后几年内上海定为每年 3 亿美元，天津 2 亿美元，大连增至 1 亿美元，其他几个市也要增加一定额度。有的还要适当增加些中国银行贷款。

（3）积极支持利用外资、引进先进技术改造老企业。抓紧老企业的技术改造，上一批对四化建设有重要作用的中小型项目，是这几个港口城市近期内利用外资、引进先进技术的重点。要给以扶植。

（4）对中外合资、合作经营企业及外商独资企业，给以若干优惠待遇。凡属技术密集、知识密集型的生产性企业项目，或者外商投资在 3000 万美元以上、回收投资时间长的生产性企业项目，报经财政部批准，企业所得税也可以减按 15% 的税率征收。

（5）逐步兴办经济技术开发区。这几个城市，有些可以划定一个有明确地域界限的区域，兴办新的经济技术开发区。经济技术开发区要大力引进我国急需的先进技术，集中地举办中外合资、合作、外商独资企业和中外合作的科研机构，发展合作生产、合作研究设计，开发新技术，研制高档产品，增加出口创汇，向内地提供新型材料和关键零部件，传播新工艺、新技术和科学的管理经验。有的经济技术开发区，还要发展为国际转口贸易的基地。

（6）大力发展进料加工出口。发挥自己的优势，选择有生产能力，有可靠的原料来源，有长期稳定的外销市场，算总账对国家有利的商品，大力发展进料加工再出口。

（7）调整几个城市的开放类别。为适应进一步开放的需要，这 14 个城市现仍属于乙类以下开放城市的，原则上都应逐步调整为甲类。关于国外人员入境出境的管理，国内人员因公出国的审批及办理护照、签证手续等问题，在条件具备后，报经外交部和国务院港澳办批准，可以陆续实行经济特区的办法，简化手续，给以方便。

（8）加强基础设施建设。14 个城市及其要兴办的经济技术开发区，都要加强基础设施建设，为吸引外商投资提供必要的物质条件。

（9）加强对利用外资的计划指导。在扩大这 14 个城市利用外资权限的同时，要求加强国家计划的宏观指导。要互通信息，不断总结经验，避免不必要的重复引进和失误。

（10）在改革方面应当走在前头。这 14 个港口城市的进一步开放，应当同内部的改革相结合，在经济管理体制改革方面走在前头。可以参照经济特区的某些成功经验来进行改革。

这个座谈会纪要最后还提出大连市在某些具体政策方面可以更开放些，因为大连是东北三省的主要港口城市，从充分发挥东北老工业基地的作用出发，也考虑到我们利用日本资金和技术的需要，以及通过"大陆桥"对苏联、欧洲发展转口贸易的需要。

1984年4月6日下午，邓小平特地来到怀仁堂，同与会者见面，并在怀仁堂后园的草地上合影。

邓小平高兴地说："特区的队伍已经这样大了啊！"

他又谆谆告诫："搞这个开放啊，关键是每一个地方的人，什么人领导，是一个明白人，还是个糊涂人，有没有劲头的人……要选明白人当家。这是很重要的一条。"

14个沿海城市的开放，是继经济特区兴办以来，我国对外开放的又一重大步骤，大大加快了全国的对外开放步伐。

1984年10月，党的十二届三中全会作出了《中共中央关于经济体制改革的决定》。根据邓小平关于中国将长期实行对外开放政策的多次精辟阐述，《决定》把实行对外开放确定为我国的"基本国策"，并强调："要充分利用国内和国外两种资源，开拓国内和国外两个市场，学会组织国内建设和发展对外经济关系两套本领。"

全会结束不久，国务院领导便率领有关部门的同志赴东南沿海一带进行实地考察。随之形成的《关于沿海地区经济发展的几个问题》的考察报告提出："应当开放珠江三角洲和长江三角洲，进而陆续开放辽东半岛、胶东半岛。"

这个设想得到邓小平的赞同。邓小平说："沿海连成一片了，这很好嘛！"

1985年春节，邓小平来到广州，又一次登上去年特区之行时曾登临的白云宾馆。就在邓小平到达广州的前一天，中共中央、国务院批转了《长江、珠江三角洲和闽南厦漳泉三角地区座谈会纪要》。这次座谈会也是根据邓小平等人的意见召开的。中央的通知指出：在长江三角洲、珠江三角洲和闽南厦漳泉三角地区，开辟为沿海经济开放区；沿海开放区以外向型经济发展战略的实施促进本地区经济的迅速发展，并以此带动内地经济开发，成为扩展对外经济联系的窗口。

"经济特区——沿海开放城市——沿海经济开放区——内地"，我国对外开放由沿海向内地辐射、滚动式逐步扩展的态势已渐突现出来。

我们在内地还要造几个"香港"

1988年6月3日上午，参加在北京召开的"九十年代的中国与世界"国际会议全体与会者聚集在人民大会堂，等待着与中国最高决策人会见。

邓小平等中国领导人出现在代表们中间，代表们争相与这位"打不倒的东方小个子"握手致意。会见中，邓小平发表了简短的即席讲话。

在讲了中国政府对香港的政策后，邓小平说："现在有一个香港，我们在内地还要造几个'香港'，就是说，为了实现我们的发展战略目标，要更加开放。"

邓小平的话，引起了与会者的极大兴趣，一经传开，人们又有不少的疑虑甚至误解。

实际上，仔细研读这篇讲话的内容，不难理解邓小平所说的"再造几个'香港'"的真实含义。

这就是吸收国际的经验，加大对外开放的步伐。

我们在一个贫穷的大国里进行改革，这在世界上没有先例；我们在古老的中华大地进行全方位的对外开放，这是中华民族历史上的伟大壮举，是影响世界的伟大事业。现在的世界是开放的世界，中国的发展离不开世界。邓小平在这次谈话中指出："中国要谋求发展，摆脱贫穷和落后，就必须开放。开放不仅是发展国际间的交往，而且要吸收国际的经验。"要发展国际间的交往，要吸收国际的经验，从我国现阶段经济发展的状况和实现长远的现代化发展战略目标两个方面来看，我国在保持香港稳定的同时，还需要有几个或者更多的具有香港那种国际性经济中心、金融中心功能的城市。为此，邓小平在这次谈话中第一次用明确的语言提出了在内地"再造几个香港"的重要思想。

在这次谈话中，邓小平指出，中国的发展战略需要的时间，除了20世纪所剩的时间，21世纪还要50年。1989年5月31日，他在同李鹏、姚依林的谈话中明确地说："我过去说过要再造几个'香港'，就是说我们要开放，不能收，要比过去更开放。不开放就发展不起来。我们本钱少，但可以通过开放，增加就业，搞税收，利用地皮得点钱，带动发展各行各业，增加财政收入，获得益处。以香港为例，对我们就是有益处的。如果没有香港，起码我们信息就不灵通。总之，改革开放要更大胆一些。"他要求中央领导集体要明白地做几件开放的事情，"凡是遇到机会就不要丢，就是要坚持，要干起来，要体现改革开放，大开放"。

香港是中国的一块宝地、要地，鸦片战争后长期受英国殖民统治。第二次世界大战后的几十年间，香港以很高的速度走在世界新兴工业经济地区的前列，成为亚洲"四小龙"之一，获得了"东方之珠"的美誉。在其发展过程中，由于自由开放、多元化结构和国际市场型经济三大因素的有机结合，香港经济作为一个整体，能够突破它本身的体积和地理范围的局限，释放出出人意料的巨大能量。所以，香港虽是弹丸之地，却沟通全球；虽资源短缺，却富甲一方。香港经济的成功，不仅鼓舞了许多小国、穷国，也引起一些大国、富国的关注。它的经验，受到了许多国家和地区的重视。邓小平对香港的发展及其在世界经济、特别是亚洲经济中的地位也给予了充分肯定，强调要保持香港的繁荣和稳定，借鉴香港的成功经验，在内地再造几个"香港"。

邓小平的"再造几个香港"的思想，主要基于以下三个方面的战略考虑：

一、保持香港的繁荣和稳定。按照邓小平提出的"一国两制"的构想，1997年中国收回香港后，香港现行的资本主义政治、经济制度不变，香港的地位不变，我们对香港的政策50年不变。之所以要50年不变，就是为了保持香港的繁荣和稳定。保持香港的繁荣和稳定，不仅是香港人民的希望和利益所在，也是祖国现代化建设的需要。改革开放以来，香港得天时、居地利，成为大陆最大的贸易伙伴，不仅自身受益，也为我国的对外开放发挥了重要桥梁作用，成为中国走向世界的一个重要门户。如果没有香港，就会严重影响我国的改革和现代化建设事业，起码信息就不灵通。所以，邓小平说，对香港的政策50年不变，是有根据的，不只是为了安定香港的人心，而是考虑到香港的繁荣和稳定同中国的发展战略有着密切的关联。为了实现我们的现代化发展战略，现在有一个香港，我们在内地还要造几个"香港"。既然这样，我们不可能改变对香港的政策，前50年是不能变，50年之后是不需要变。

二、在内地造几个"香港"。邓小平为我国社会主义现代化建设设计的"三步走"发展战略目标，是我国摆脱贫穷、走向富强的宏伟目标，是中华民族的雄心壮志。要实现这样一个战略目标，仅仅有现在的一个香港显然不够，需要多几个类似香港经济功能的城市，才能达到对外开放的相当规模，带动全国的经济起飞。我国幅员辽阔、人口众多，地区间经济发展很不平衡，各个大中城市不可能同时很快发展起来，成为现代化的中心城市。但是，一些沿海、沿边、沿江的城市，则可以利用自己的地理、人才、技术等优势，先行一步，提前进入现代化行列。特别是其中个别各方面条件比较好的城市，通过借鉴和吸收国际的经验，包括借鉴香港成为国际贸易、金融、航运、信息、旅游中心的经验，按市场经济的规律办事，加速产业结构调整，按国际惯例确立更科学、更规范的管理手段和运作方式，形成更高层次的外向型经济格局，完全有可能建成具有香港经济功能、接近香港经济发展水平的国际性城市，成为社会主义的"香港"。

三、要更加开放。党的十一届三中全会以来，邓小平从中国的实际出发，提出了一系列对外开放的形式和措施，体现了一种全面开放、大开放的气魄，在世界也产生了广泛的影响。如同他常讲的改革是中国的出路这句话一样，他常讲的另一句话是，开放政策是中国的希望。不坚持改革开放，中国就没有出路，就没有希望。这些年来，他反复讲，对外开放不能收，而是要放，要比过去更开放。他提出吸收国际的经验，再造几个"香港"的思想主张，就是实行大开放的一个战略举措，是对更高层次对外开放形式的大胆探索。我国办好经济特区，开放沿海城市，实施沿海发展战略，就是再造几个"香港"，建立"窗口"式中心城市的重大步骤。邓小平一再强调，有条件的地区要尽可能搞快点，要大胆地干，加快步伐，千万不要贻误时机。他指出，上海过去是金融中心，是货币自由兑换的地方，今后也要这样搞。中国在金融方面取得国际地位，首先要靠上海。上海在人才、技术和管理方面都有明显的优势，辐射面宽，目前完全有条件搞得更快一点。他还要求广东加快步伐，力争用20年时间赶上亚洲四小龙。所有这些归结成一句话，就是要更加开放。

邓小平提出的"再造几个香港"的战略思想，对于深化改革、扩大开放，对于实现"一国两制"的伟大构想，对于实现社会主义现代化宏伟目标，对于振兴整个中华民族，都有深远的意义，充分体现了邓小平同志的求实精神和科学胆识，显示了中国共产党人的无畏精神和必胜信心。

>> 第五章 邓小平与中国的对外开放

★ 1984年1月,邓小平视察深圳经济特区并题词:"深圳的发展和经验证明,我们建立经济特区的政策是正确的。"

对外开放是中国长期不变的基本国策

中国的对外开放政策会不会改变,这是海外朋友特别关注的问题,所以,也是邓小平对国内外反复强调的问题。

邓小平明确指出:中国的对外开放政策不是短期的政策,而是长期的政策,最少50年到70年不会变,50年到70年后更不需要变。

改革开放以来,中国对外开放的范围不断拓展,地域不断扩大,形成了全方位、多渠道、多层次开放的格局。所谓全方位,是指我国的对外开放,是对世界所有国家开放,对所有类型的国家开放。所谓多渠道,是指对外开放采取多种形式和做法,扩大经济技术交流与合作。所谓多层次,是指对外开放要从各个地区的不同情况出发,分别采取不同的特殊政策和灵活措施,形成多种层次、依次推进的开放。中国的发展已向全世界表明,中国在对外开放的路子走下去是坚定不移的,对外开放这一基本国策是不会改变的。

为什么我国的对外开放政策"长期不变",邓小平从三个方面进行了说明。一是我们要一心一意搞建设,争取一个和平的国际环境,进行国际交流,实行对外开放政策,以便使我们实现"三步走"的宏伟目标;二是中国的改革开放事业,符合最大多数人的根本利益,得到了人民的衷心拥护,如果要变,我们自己的人民也不会同意;三是到21世纪中叶中国实现了现代化后,中国同世界各国的经济技术关系发展了,将更加紧密地联系起来,千丝万缕的联系怎么能断得了呢?要变也变不了了。所以说,中国的对外开放政策20世纪内不会变,21世纪前50年不会变,后50年也不会变,即使是变,也只能是变得更加开放。

邓小平认为,中国长期坚持对外开放的政策,不仅对中国实现现代化有利,而且对世界和平和世界经济的发展有利。中国是一个爱好和平的国家,是维护世界和平和稳定的力量,中国每发展一步,就会使国际和平增加一分力量。所以,邓小平在强调坚持对外开放的同时,又殷切地希望世界上一切有眼光的政治家、企业家、银行家、商人对发展中外经济技术合作抱积极的态度,要有勇气、有远见,敢冒风险,进一步促进双方的交流与合作。1985年1月19日,他在会见香港中华电力公司主席嘉道理一行时说:"中国在同外资合作中,不会让外资吃亏,但是希望大家都过得去。在考虑政治、经济问题时,一厢情愿是不行的。"在合作中,双方都会得到好处,都会促进各自的发展。

中国的对外开放政策不仅不会改变,而且会变得更加开放。邓小平经常将对外开放与中国的现代化发展战略联系起来以说明开放国策的长期性。他还将对香港的政策的长期性和对外开放政策的长期性联系到一起,多次阐明"不变"的道理。1988年6月3日,他在会见"九十年代的中国与世界"国际会议全体与会者时说:"中国的发展战略需要的时间,除了这个世纪的十二年以外,下个世纪还要五十年。我们在内地还要造几个'香港',就是说,为了实现我们的发展战略目标,要更加开放。"1989年5月31日,他在同中央几位负责同志谈到组成一个实行改革开放的领导班子时说:"一个好班子,搞改革开放的班子,就要明白地做几件开放的事情。凡是遇到机会就不要丢,就是要坚持,要干起来,要体现改革开放,大开放。我过去说过要再造几个'香港',

★ 1984年4月6日,邓小平接见沿海部分城市座谈会全体同志时强调,要开放沿海城市,扩大对外开放。

就是说我们要开放,不能收,要比过去更开放。不开放就发展不起来。"他反复强调,改革开放胆子要大一些,要更加开放,这一基本国策绝不能动摇。

打开大门,对外开放,也难免会有一些资本主义的腐朽东西进来。所以,国内外有人说,中国的开放政策会导致资本主义。对此,邓小平明确回答:对外开放不会导致资本主义。他从三个方面澄清了这一问题:一是要弄清楚什么是资本主义。有些东西并不能说是资本主义的。比如先进的科学技术和管理方法,其本身就没有阶级性;再如计划与市场都是经济手段,并不是姓"资"姓"社"的本质区别。二是资本主义比封建主义优越,它在几百年的发展过程中所积累的文明成果,特别是反映现代化生产规律的先进经营方式和管理方法,完全可以拿过来为社会主义现代化建设服务。三是即便一些属于资本主义的腐朽东西进来,也不要怕,我们有优势,社会主义的力量更大,更重要的是政权在我们手里。在1992年初的南方谈话中,他针对有的人"多一分外资,就多一分资本主义"的论点讲到,多搞一点"三资"企业,不要怕。只要我们头脑清醒就不怕。他说,"三资"企业按照现行的法规政策,外商总是要赚一点钱。但是,国家还要拿回税收,工人还要拿回工资,我们还可以学习技术和管理,还可以得到信息,打开市场。因此,"三资"企业受到我国整个政治、经济条件的制约,是社会主义经济的有益补充,归根到底是有利于社会主义的。

邓小平的对外开放思想是辩证的、全面的。他不断提醒我们,中国要警惕右,但主要是防止"左"。他指出,在整个改革开放过程中,要始终坚持四项基本原则。他反复讲,在实行对外开放时,一定要坚持独立自主、自力更生的原则,不能完全依赖外国或受制于外国。要大胆吸收和利用外国资金,但要建立在国家的承受能力和实际情况的基础上。要坚持对外开放,但中国最大的市场还是在国内,特别是在农村。要学习外国好的东西,但要反对那种企图取消党的领导、否定社会主义制度、主张"全盘西化"的资产阶级自由化思潮。要坚持"两手抓",抵制资本主义一切腐朽思想和落后的生活方式毒害人们的心灵和损伤社会主义的肌体。更要注意防止和反对那种把对外开放说成是引进和发展资本主义的"左"的思想与倾向。要排除干扰,坚定不移地贯彻执行对外开放这一基本国策。

第六章 邓小平与中国现代化发展战略

和平和发展是当代世界的两大主题，而发展又是核心问题。为了提高人类生存的水平和质量，世界各国，无论其社会性质如何，发展程度如何，都在以自己的方式回答"发展"和"如何发展"的问题。

现代化，是世界性的社会发展过程；实现现代化，是中国人民多少年来梦寐以求的美好理想；把中国建设成为一个社会主义的现代化强国，是中国共产党在当代中国最根本的历史任务，是中华民族走向伟大复兴的雄心壮志。

邓小平是中国社会主义改革开放的总设计师，也是中国社会主义现代化建设的总设计师。在我国落后的生产力基础上实现社会主义现代化是一项十分艰巨的事业，它肩负着既要完成传统的工业化，又要同时迎头赶上世界新的技术和产业革命的双重任务。为此，邓小平为中国设计了分"三步走"基本实现现代化的宏伟蓝图，这就是我们在社会主义初级阶段经济发展的战略目标和战略步骤。这个现代化发展战略，既表明我们制定的不是一个过急的目标，又表明中国人民决心用100年左右时间艰苦奋斗，走完发达国家几百年走过的路程。

中国的社会主义现代化建设究竟应该走一条什么样的道路，这是邓小平设计改革开放和现代化发展战略的过程中始终萦绕在他心头的问题。他设计的现代化，是"中国式的现代化"，是物质文明和精神文明都搞好的现代化；是实行社会主义民主、健全社会主义法制、坚持依法治国的现代化；是人民群众物质文化生活水平不断提高，走共同富裕道路的现代化；是社会稳定，保证社会公正、安全、文明、健康发展的现代化；是科技教育充分发展，人才辈出，全民族文化水平和劳动者素质不断提高的现代化；是经济发展与人口、资源、环境相协调，实行长期可持续发展的现代化。总之，是经济和社会共同进步、全面发展的现代化。

"百年图强""振兴中华",是中华民族一个多世纪的主旋律

从1840年鸦片战争起,直到1949年中华人民共和国建立,中国人民备受外国列强的欺侮,割地赔款、丧权辱国,山河破碎、生灵涂炭,5000年的文明古国,竟沦入半殖民地半封建的境地。究其原因,除了社会制度腐败,历代反动政府屈膝媚外、软弱无能以外,还由于中国经济技术落后、国力不强,以传统的农业、手工业生产方式去对抗已经和正在为近代工业所装备的外国列强,是很难克敌制胜的。所以,近一个多世纪来,中国人民流血牺牲、前仆后继,一方面为推翻反动政权而斗争,一方面梦想中国实现现代化,走上民族复兴之路。但是在人民没有掌握政权的条件下,工业化和现代化的梦想是难以实现的。洋务运动和清末新政,统治者看到西方的"船坚炮利",力图以"中体西用"实现统治集团的延续,终归不能实现。康有为、梁启超发动戊戌变法,企图通过实行君主立宪、办实业,使国家兴盛,结果失败了。伟大的革命先行者孙中山先生领导了旨在推进中国工业化进程的资产阶级民主革命,并率先喊出了"振兴中华"的响亮口号,提出了建立资产阶级民主共和国的纲领,企图实施使中国能够具有西方物质文明的《建国方略》,终因反封建不彻底而落空了。一直到1949年,近代工业才只占国民经济的10%。

中国共产党的诞生使中国实现现代化有了希望。毛泽东在参观延安的一次工业展览时说过:"我们共产党是要努力于中国的工业化的",工业是"最有发展、最富于生命力、足以引起一切变化的力量","是决定军事、政治、文化、思想、道德、宗教这一切东西的,是决定社会变化的"。他还说:"民主革命的中心目的就是从侵略者、地主、买办手下解放农民,建立近代工业社会。"毛泽东在《论联合政府》中提出:"中国工人阶级的任务,不但是为着建立新民主主义的国家而斗争,而且是为着中国的工业化和农业近代化而斗争。"毛泽东的论述代表了中国共产党的主张和广大共产党人的共同意愿,也代表了全中国人民的共同心声。

中华人民共和国的建立使中国实现现代化有了前提和可能。在为迎接中

华人民共和国的诞生而召开的中国共产党七届二中全会上，提出了把中国从农业国变为工业国的现代化任务。

新中国是在经济文化落后、一穷二白的条件下进行社会主义革命和建设的。毛泽东曾概括说："现在我们能造什么？能造桌子椅子，能造茶碗茶壶，能种粮食，还能磨成面粉，还能造纸，但是，一辆汽车、一架飞机、一辆坦克、一辆拖拉机都不能造。"尽快改变这个面貌，是摆在我们党面前的主要任务。1953年党中央提出的过渡时期总路线，其内容被概括为"一化三改"，实际上就是以社会主义工业化为基本内容的总路线，实行农业、手工业和资本主义工商业的社会主义改造，也是为了实现工业化。在经毛泽东主席核准的过渡时期总路线宣传提纲中，除了提出社会主义工业化以外，还提出了"促进农业和交通运输业的现代化""建立和巩固现代化的国防"。

1954年，毛泽东在第一次全国人民代表大会的开幕词中，提出要把中国"建设成为一个工业化的具有高度现代文化程度的伟大的国家"。周恩来总理在政府工作报告中第一次明确提出了实现四个现代化的任务，按照当时的提法就是要实现现代化的工业、现代化的农业、现代化的交通运输业和现代化的国防。在1956年召开的中国共产党第八次全国代表大会上所通过的党章总纲中，也列入了上述四个现代化的任务。

也许是我们中国盼这一天盼得太强烈了，也许是以为有了先进的社会制度就可以跨越经济社会发展阶段了，我们在1957年11月提出了要在15年内赶上并超过英国的经济发展目标。

1958年，中国共产党第八次全国代表大会第二次会议提出了社会主义建设总路线，相应地还提出了文化革命和技术革命的任务，原意是要多、快、好、省地推动工业化和现代化的进程。但由于急于求成，违背客观规律，搞"大跃进"和人民公社化，给国民经济带来了重大损失，不但未推进，反而延缓了工业化和现代化的进程。

1964年，在经过几年调整之后，经济形势已明显好转，在这年召开的三届人大一次会议上，周恩来根据毛泽东的意见，在政府工作报告中进一步提出了分两步走，在20世纪末实现四个现代化的目标。这次提出的"四个现代化"和10年前第一次提出"四个现代化"时相比有一点不同，那就是把交通运输业现代化改为科学技术现代化。今天看来，这一改变是十分必要的。

有待推进的四个现代化的进程被"文化大革命"所干扰中断。

1975年，邓小平主持中央日常工作，实行全面整顿。这一年召开了第四次全国人民代表大会。周恩来总理作政府工作报告，重申了三届人大提出的现代化步骤和目标。这个报告是由邓小平负责起草的。这一时期，邓小平还提出要以毛泽东主席的三项指示为纲，实际上是以安定团结、把国民经济搞上去为纲，强调四个现代化是大局，一切都要服务于这个大局。他说："现在有一个大局，全党要多讲。大局是什么？三届人大一次会议和四届人大一次会议的政府工作报告，都讲了发展我国国民经济的两步设想：第一步到一九八〇年，建成一个独立的比较完整的工业体系和国民经济体系；第二步到二十世纪末，也就是说，从现在算起还有二十五年时间，把我国建设成为具有现代农业、现代工业、现代国防和现代科学技术的社会主义强国。全党全国都要为实现这个伟大目标而奋斗。这就是大局。"后来，"四人帮""批邓"，主要就是批判他不以阶级斗争为纲。

邓小平真正能够为中国现代化进行战略构想，主要是在粉碎了"四人帮"、召开了党的十一届三中全会、他成为党的第二代领导集体的核心以后。

党的十一届三中全会毅然决定把党的工作重点转移到社会主义现代化建设上来。从此，一百多年来中国人民"振兴中华"、治贫图强，要在中国实现现代化的历史愿望有了实现的保证，中华民族伟大复兴迎来了"春天"。

一切从社会主义初级阶段的实际出发

十一届三中全会以来，党正确地分析国情，作出我国还处在社会主义初级阶段的科学论断。这一科学论断，是邓小平理论的重要基础，是我们制定路线、方针、政策的根本出发点。

社会主义初级阶段理论，是邓小平理论的主要内容之一。这一理论是党的十一届三中全会以来，在探索中国社会主义现代化建设道路的过程中逐步形成的。它是邓小平和我们党对中国现实的基本国情和社会主义进行再认识的成果的总结。

总体上来说，我们党对我国社会主义的认识经历了两个阶段。第一个阶段从1956年到1978年。第二阶段从1978年党的十一届三中全会到改革开放以后。

对于第一个阶段,邓小平曾总结道:从1957年下半年开始,我们就犯了"左"的错误。总的来说,就是对外封闭,对内以阶级斗争为纲,忽视发展生产力,制定的政策超越了社会主义初级阶段。

第二个阶段始自十一届三中全会以后。邓小平提出,我们国家人口多,底子薄,生产力发展水平还很低,现在搞建设,要适合中国情况,走出一条中国式的现代化道路。1980年4月,他在谈到我国社会主义建设的经验时指出:"不要离开现实和超越阶段采取一些'左'的办法,这样是搞不成社会主义的。"1981年,在邓小平主持起草的《关于建国以来党的若干历史问题的决议》中第一次明确提出:"我们的社会主义制度还是处于初级阶段。"以后,在党的十二大报告和十二届六中全会决议中,都对社会主义初级阶段的问题作过一定的阐述。党的十三大前夕,党中央决定把社会主义初级阶段作为立论的基础,并将此事先报告了邓小平。邓小平批示道:"这个设计好。"随之,他在一次会见外宾时指出:社会主义本身是共产主义的初级阶段,而我们中国又处在社会主义的初级阶段,就是不发达的阶段。一切要从这个实际出发,根据这个实际来制订规划。党的十三大系统地论述了社会主义初级阶段理论,并以此为根据明确概括和全面阐发了党的基本路线,提出了经济社会发展的战略任务和目标。江泽民在党的十四大报告中概括邓小平建设有中国特色社会主义理论的主要内容时指出:这一理论在社会主义的发展阶段上,作出了我国还处在社会主义初级阶段的科学论断,强调这是一个至少上百年的很长的历史阶段,制定一切方针政策都必须以这个基本国情为依据,不能脱离实际,超越阶段。在党的十五大报告中,江泽民进一步全面、深刻地阐述了党的社会主义初级阶段理论,阐述了社会主义初级阶段的基本路线和纲领,指出我们讲一切从实际出发,最大的实际就是中国现在处于并将长时期处于社会主义初级阶段,强调全党都要对这一基本国情有统一认识和准确把握。

要认识我们所处社会发展阶段的特征,要把握社会矛盾的全局,首先必须抓住这一时期社会的主要矛盾。在这方面,我们有深刻的经验教训。1956年我国社会主义改造基本完成之后,党的八大曾指出:"我们国内的主要矛盾,已经是人民对于建立先进的工业国的要求同落后的农业国的现实之间的矛盾,已经是人民对于经济文化迅速发展的需要同当前经济文化不能满足人民需要的状况之间的矛盾。"后来发生的"左"的错误,从根本上说,是背离了八大关于主要矛盾的正确判断。党的十一届三中全会以来，邓小平和党中央坚决抛弃了无产阶级和资产阶级的矛盾是我国社会的主要矛盾的错误理论，纠正了过去长期实行的"以阶级斗争为纲"的错误做法，并从我国的社会主义还处在初级阶段这一基本国情的实际出发，提出我国社会主义初级阶段的社会主要矛盾，是人民日益增长的物质文化需要同落后的社会生产之间的矛盾，社会主义的根本任务是解放和发展生产力，党和国家的工作重点是经济建设。这是我们党对我国社会主义建设经验教训和社会主要矛盾进行科学分析得出的最重要的结论。

中国现在处于并将长时期处于社会主义初级阶段，这是我国最大的实际和最基本的国情。邓小平关于社会主义初级阶段的论断告诉我们：我国社会已经进入了社会主义社会，我们必须坚持社会主义的正确方向，沿着社会主义的正确道路前进；同时，我国的社会主义还处于不发达阶段，在经济、政治、文化等方面均呈现不发达、不成熟、不完善状态，因而我国的社会主义建设事业还具有长期性、紧迫性、复杂性和艰巨性。社会主义初级阶段，就是不发达阶段。我国的生产力发展水平决定，必须在社会主义条件下经历一个相当长的历史阶段，去实现工业化和经济的社会化、市场化、现代化。

正是因为邓小平准确地把握了我国处在社会主义初级阶段这一最基本的国情，他为中国制定的现代化发展战略才有了现实、科学的基础。

邓小平参观了日产公司后感慨地说：我懂得什么是现代化了

1978年10月，邓小平应邀对日本进行了为期8天的访问。人们发现，他以极大的兴趣参观工厂企业，考察日本经济。

日本经济发展成功的经验会给中国什么启示呢？这是邓小平访日的一个重要目的。

日本著名的中国问题专家竹内实说：邓副总理的访问"宛如台风经过一样，日程安排显示了他的精力十分充沛"。竹内实还说："访日期间邓小平反复讲四个现代化，从这种不同寻常的热心来看，他在深入思考。"

>> 第六章　邓小平与中国现代化发展战略

要在中国这样一个贫穷落后的东方大国建设现代化，邓小平清醒地认识到了我们与世界现代化进程的差距，反复强调，要在自力更生的基础上，学习外国的先进经验和先进科学技术，以世界先进的科学技术成果为我们发展的起点。1978年3月，他在全国科学大会开幕式的讲话中说："科学技术是人类共同创造的财富。任何一个民族、一个国家，都需要学习别的民族、别的国家的长处，学习人家的先进科学技术。""认识落后，才能去改变落后。学习先进，才有可能赶超先进。"

1978年10月24日上午，访日第三天，邓小平前往日本国会议长接待室，对众议院议长保利茂和参议院议长安井谦进行礼节性拜访。在这里，邓小平在日本参众两院议长举行的欢迎宴会前，还同日本六个在野党领导人进行了约十五分钟的恳谈。

恳谈中，邓小平借用历史上徐福奉秦始皇之命东渡日本寻求长生不老药的故事，轻松地道出了主题。他说，日本早有蓬莱国之称，听说有长生不老药。这次访问的目的是：第一交换批准书；第二对日本的老朋友表示感谢；第三寻找长生不老药。

邓小平的话音一落，议长室里就爆发出热烈的掌声和笑声。

接着，邓小平又补充说，或许没有长生不老药。但是我想把日本发展科学技术的先进经验作为礼物带回去。

邓小平的话诱发了日本朋友的幽默感。一时间，议长室里谈的尽是"关于药的话题"。

公明党的竹入委员长说："（长生不老的）最好的药不就是日中条约吗？"

民社党的佐佐木秘书长接过话来："日本正处于药物公害中，最近对中国的中草药评价很好。"

对此，邓小平又说："由于山区都在进行开发，草药也不大容易弄到了。所以，最近在进行人工栽培。"

邓小平的睿智和幽默给在场的日本朋友留下了深刻印象。

为了帮助邓小平寻找"长生不老药"，日本方面特意安排他参观了一些现代化的工厂企业。

24日下午，邓小平参观了日产汽车公司神奈川县座间市的日产工厂。

邓小平乘上电动汽车，通过麦克风听取工厂厂长的介绍，参观了日产公司以设备最新而引以为豪的车体工厂和组装工厂。

273

在车体工厂里，48个产业机器人在依次焊接车体，自动化程度达到96%。邓小平对此非常感兴趣，不时地问："这里的工人都受了什么教育？""零件都是在公司生产的吗？"

在传送带以每分钟21米的速度运行的组装工厂，邓小平从汽车里探出身体，观看作业。他了解到，这里汽车日产量是当时中国长春第一汽车制造厂月产量的几十倍。看到这种巨大的差距，邓小平陷入了深深的沉思。

参观结束后，邓小平对日产公司的主人说："我懂得什么是现代化了。欢迎工业发达的国家，特别是日本产业界的朋友们对中国的现代化进行合作。"

对日本的访问给邓小平留下了深刻印象。25日，他对日本经团联会长土光敏夫说："一定要抓管理"，"不能只生产东西。还要提高质量，严格地进行管理"。"中国荒废了十年，在此期间，日本等其他国家进步了。因此，我们落后了二十年。"

此后，在设计中国现代化发展道路的过程中，邓小平经常以日本为例，强调要学习和借鉴其他国家的先进经验和先进科学技术。他指出，科学技术的发展日新月异，一日千里，从长远看，必须重视教育和科学技术。1988年9月5日，邓小平在会见捷克斯洛伐克总统胡萨克时指出：社会主义国家必须大力发展生产力，必须开放。"拿中国来说，五十年代在技术方面与日本差距也不是那么大。但是我们封闭了二十年，没有把国际市场竞争摆在议事日程上，而日本却在这个期间变成了经济大国。"

时至今日，我们对邓小平当时用"长生不老药"的典故来比喻学习外国的先进经验和先进科学技术，也许会理解得更加深刻了。

"中国式的现代化"20世纪的目标是小康

在中国共产党领导人中，邓小平素以务实派著称于世。在设计中国社会主义现代化发展战略的过程中，更是体现了他实事求是的风格和作风。

对于在中国这样一个人口多、底子薄的大国建设现代化，仅有良好的愿望是不行的，还必须对自己的国情有一个正确的认识。

早在1975年，邓小平就开始思考这个问题了。

>> 第六章　邓小平与中国现代化发展战略

1975年9月15日,邓小平在全国农业学大寨会议上讲话时就指出:我们应该有清醒的头脑,尽管有了工农业初步的基础,但我们还很穷、很落后,不管是工业、农业,要赶上世界先进水平还要几十年的时间。

同年10月7日,在会见英国保守党上院领袖卡林顿时,邓小平说:中国有中国的问题,中国自己有自己的条件,因为我们人口多。即使我们的生产能力和总产值达到了美国的水平,人民的生活水平跟你们西方的水平还差了一个很大的距离。说赶上西方,就是比较接近,至少还要50年。这不是客气话,这是一种清醒的估计。

粉碎"四人帮"后,中国人民实现四个现代化的热情空前高涨。然而,我们究竟与先进国家的差距有多大,到本世纪末中国的经济发展将会是个什么样子,大多数人并没有一个清醒的认识。党的十一届三中全会刚开过,细心的人会发现,邓小平在谈四个现代化时有了一个微妙的变化,使用了"中国式的现代化"的新提法。

1979年3月21日,邓小平在会见英中文化协会执委会代表团时说:我们定的目标是在本世纪末实现四个现代化。我们的概念与西方不同,我姑且用个新说法,叫做"中国式的四个现代化"。现在我们的技术水平还是你们五十年代的水平。如果本世纪末能达到你们七十年代的水平,那就很了不起。就是达到这个水平,也还要做许多努力。由于缺乏经验,实现四个现代化可能比想象的还要困难些。

两天后,他在中央政治局会议上说:我同外国人谈话,用了一个新名词:中国式的现代化。到本世纪末,我们大概只能达到发达国家七十年代的水平,人均收入不可能很高。

"中国式的现代化"的提出,说明邓小平对中国现代化发展战略开始有了比较准确的定位。

1979年12月6日,北京,人民大会堂东大厅。邓小平会见来华访问的日本首相大平正芳。整个会谈气氛融洽,话题广泛而深入。

在涉及本世纪末中国经济发展规划时,大平委婉而明确地问道:中国的现代化规划确实是十分宏伟动人的。但是我想知道,你们的现代化蓝图究竟是如何构思的?中国将来会是什么样的情况?阁下能具体谈谈吗?

讲这些话时,大平首相心底不免泛起些许激动的波澜。60年代,池田内阁组成时,大平官拜内阁官房长官。在经济增长速度问题上,他力排多数人的

"稳定增长论",制订了雄心勃勃的"国民经济倍增计划",并大力推动实施。到 1970 年,这个计划果然实现了。从 1965 年 11 月到 1970 年 7 月,日本国民生产总值年增长率约达 10.5%,发展速度超过了所有先进的西方国家。大平功不可没,如今提及此事,自豪之情仍溢于言表。

邓小平沉思着。他佩服大平思维敏锐,提问题切中要害,同时也觉得需要认真回答。粉碎"四人帮"以后,全国开始"新长征",建设"四化"的呐喊声越来越高亢。但"四化"以什么为标志,步子怎么走,中央心里也没有底数,为此还一度陷入了"洋跃进"的泥潭,不得不在三中全会后花很大气力来调整和整顿。看来,仅有口号、热情和干劲是远远不够的……

过了大约一分钟的时间,邓小平注视着大平,缓缓地说道:我们要实现的四个现代化,是中国式的四个现代化。我们四个现代化的概念,与你们不同,是"小康",到本世纪末,中国的四个现代化即使达到了某种目标,我们的国民生产总值人均水平也还是很低的。要达到第三世界中比较富裕一点的国家的水平,比如国民生产总值人均一千美元。说到这里,邓小平伸出手指向大平示意:"也还得付出很大的努力。就算达到那样的水平,同西方来比,也还是落后的。所以,我只能说,中国到那时也还是一个小康的状态。"

译员低声翻译着,温文尔雅的日本首相专注地倾听着。

谈话持续了一个多小时,邓小平起身,告诉大平:我准备了一席川菜,为阁下摆家宴。

川菜的麻辣使大平的额角不时渗出了热汗,但更使他激动不已的是:中国领导人向他透露了一个重要信息——中国未来 20 年发展的蓝图,是中国人不掺水分的"真正的雄心壮志"。

日本首相走了,但是,"一千美元""小康水平"这些概念及其所包含的内容却紧紧地与邓小平连在了一起,并对中国的经济发展步骤、进程产生了重大影响。

对于这次同大平的谈话,邓小平后来多次提到过,说"中国式的现代化""一千美元""小康社会"等概念都源于这次谈话。实际上,这些思想和概念反映了全党全国人民几十年来建设社会主义的实践和得失,凝结了全党的思考和探索。邓小平在这个基础上作了高度概括。

关于小康水平的含义,邓小平后来有过多次阐述,最概括的解释是"不穷不富,日子比较好过"。他在论及中国现代化发展问题时,都是在这个意义上使用"小康"这个概念的。

为了弄清"小康"这个词义,让我们听听孔子第76世孙孔令朋教授的解释:"小康这个词,据我了解,是出自于《礼记》这本书上的《礼运篇》。它是描述西周初期的社会景象。孔子要把这个社会作为他的理想社会,所以终生作此追求。小康是他的初级的理想社会,他最高的境界是'大同'。自从孔子提出小康概念,历经两千多年到今天,没有一个朝代能实现真正的小康。"

邓小平在设计中国现代化发展战略时提出的"小康",就是从温饱到现代化的中间阶段。用他的说法就是日子好过,但是还不富裕。就是不穷不富这么一个阶段,或者也可以说是温饱有余而富裕不足的阶段。这个阶段将会延续几十年的时间,一直到实现现代化为止。但是,小平同志对20世纪末的发展目标有多种提法,比如说"实现小康",比如说"翻两番",就是20世纪末国民生产总值比1980年翻两番,比如说"人均八百美元"。这三个提法实际上是一回事。

邓小平关于在20世纪末实现小康生活水平、将现代化建设时间延长的思想,为我们党科学地确立现代化建设的总体规划及实施步骤提供了原则性的指导,并逐渐为党的全国性会议所接受。1981年党的十一届六中全会正式提出,我们应该从国情出发,量力而行,有步骤、分阶段地实现现代化。1982年党的十二大进一步明确了20世纪末"翻两番"的目标,提出使全国工农业总产值要从1980年的7100亿元增加到2000年的28000亿元左右。这表明,20世纪末实现的小康,只是中国现代化进程的一个阶段,一个最低的目标。这个目标更加务实,更贴近中国国情,因而在20世纪最后的20年更有力地调动了全国人民投入经济建设的积极性。

1982年9月,中共十二大召开。这次大会确定了到20世纪末国民生产总值翻两番的奋斗目标,也就是我们说的"小康"目标。

在这之后,翻两番,能否翻?奔小康,如何奔?成为全党和全国人民议论的热点。

十二大召开后不久,邓小平对国家计委宋平等负责同志说:20世纪末翻两番的目标靠不靠得住?党的十二大说靠得住,我也相信是靠得住的,但究竟靠不靠得住,还要看今后的工作。

为了实地验证小康目标合不合乎实际,1983年2月,邓小平到江苏、浙江、上海等地进行考察。

江南春来早。邓小平首先经南京来到苏州，考察江苏这个经济发达省份翻两番的目标能否实现，群众对党的十二大提出的小康目标有什么看法。

2月7日，邓小平与江苏省领导同志交谈。他点燃一支香烟，开门见山地问道："到2000年，江苏能不能实现翻两番？"

邓小平双眼充满了期待的目光。

"从江苏经济发展的历史看，自1976年至1982年，6年时间，全省工农业总产值就翻了一番。照这样的增长速度，就全省而言，用不了20年时间，就有把握实现翻两番。"江苏的负责同志回答道。

"苏州有没有信心，有没有可能？"

苏州工农业生产水平高，基数高，在国内经济水平较为发达的地区中具有代表性。了解了苏州，就有利于党中央把握全局，决策全局。

苏州的同志向邓小平详细汇报了近年来苏州工农业生产情况说："像苏州这样的地方，我们准备提前五年实现党中央提出的奋斗目标！"

邓小平仔细地听着，频频点头。

★ 1983年1—2月，邓小平到江苏、浙江等地视察，图为在火车上与江苏省省长顾秀莲谈翻两番和实现小康问题。

经济发达地区不但能翻两番,而且还能够提前,他的心里踏实了,信心更坚定了。

随后,他又问:"人均八百美元,达到这样的水平,社会上是一个什么面貌?发展前景是什么样子?"

江苏的同志掰着手指,将江苏苏州地区人民的吃、穿、住房、就业、教育文化等方面的变化,一一向邓小平作了汇报,一幅繁荣富庶、文明昌盛、安居祥和的社会主义图画展现在邓小平眼前。他为苏州人民取得的成绩兴奋不已,情不自禁地赞叹说:"了不起呀!社会主义就是要消灭贫穷。"

当时担任苏州地委书记的戴心思回忆道:

"小平同志到苏州的时候,正好是我们党的十二大开过不久,那个时候,苏州和全国一样,大家都在议论'翻两番,奔小康'的问题。那个时候一谈就是这个问题,因为十二大刚刚开过。小平同志对江苏和苏州这个地方,他最关心的问题就是能不能翻两番,什么时候能够奔上小康。他最关心的就是这个问题。他问,现在苏州农村的现状究竟是什么样子?你们对翻两番有没有信心。因为当时有一种议论,好像基础差的地方翻番比较容易,因为基数低,翻番比较容易。基础好的地方,好像块头大,翻番比较难。当时江苏省委的一些领导同志和我们苏州市呀、地区呀,我们的一致看法,就觉得不一定。可能基础好的地方翻番比较快。因此当时我们就估计苏州这个地方,翻两番肯定不要到2000年。"

"苏州园林甲天下",2月9日,邓小平同苏州人民一起游览了吴中第一名胜虎丘和留园。

满怀着喜悦、欣慰,邓小平又来到考察的下一站——浙江杭州。

2月9日,在杭州刘庄宾馆一号楼,欢笑声中,邓小平招呼浙江省省委书记铁瑛、省长李丰平以及省里其他领导坐下后说:"这次,我在苏州住了几天,看到的情况很好,农村盖新房子很多,市场物资丰富。现在,苏州市工农业总产值人均已经到了或者接近八百美元的水平。""你们浙江的经济情况怎么样?收入在全国第几位?"

李丰平回答:"这两年浙江的发展势头很好。……全省工农业总产值比上年增长10%,人均达到了500美元,名列全国第七位。"

邓小平笑着说:"北京、上海、天津三个市除外,你们是第四位嘛!辽宁、黑龙江的重工业产值高,人民生活水平不如江浙。"接着他问,"你们能不能实现这个目标呢?"

"如果顺利的话,翻两番不成问题。"铁瑛信心十足。省长李丰平接着说:"1980年浙江人均三百三十美元,预计1990年可以达到人均六百六十美元,到2000年达到一千三百多美元,通过努力,争取翻三番。"

邓小平高兴地笑了。

当时的主要汇报人铁瑛对那时的情景仍记忆犹新。他说:

他来么,一是好多年没到杭州来过年,一个是在这儿过年。另外主要就是在这里研究一下到2000年是不是可以达到翻两番,怎么样个翻法。他说,我在苏州,苏州的同志、江苏的同志向我汇报了一下,说他们算了算,达到四百五十美元。我们说可以翻,不但可以翻两番,而且还可以……当时没敢多说,至少可以翻两番半。他听了后很高兴,而且他讲,江苏、浙江恐怕是要多翻一点,不止翻两番,要多翻一点。因为什么呢?宁夏、青海、甘肃这些地方比较后进,如果江苏、浙江只翻两番,他们怎么办?意思是达不到。他就让我们要多翻一点,这样可以拉到翻两番,全国翻两番。

这一年春节,邓小平在杭州过得十分开心。在返京的列车上,当有人问他此次南行的感想时,一向话不多的邓小平只说了六个字:"到处喜气洋洋。"

回京之后,3月2日,邓小平约几位中央负责同志谈话。他以异乎寻常的记忆力,一条不漏地介绍了苏州农村出现的六大变化。他充满信心地宣布:"看来,四个现代化希望很大。"他要求:"到本世纪末实现翻两番,要有全盘的更具体的规划,各个省、自治区、直辖市也都要有自己的具体规划,做到心中有数。落后的地区,如宁夏、青海、甘肃如何搞法,也要做到心中有数。我们要帮助各省、自治区、直辖市解决各自突出的问题,帮他们创造条件,使他们的具体规划落到实处。"

从新中国成立起用大约100年时间,分三步基本实现现代化

制定出20世纪末的"小康"目标之后,邓小平并没有停止对中国几十年后发展方向进行更长远的设计。1980年12月,邓小平在一次中央召开的关于经济调整的会议上提出,在20世纪末中国的现代化建设达到小康水平以后,要继续前进,逐步达到更高程度的现代化。他不止一次地讲过:即使实现了"小

康"目标，我国的经济水平比西方发达国家还有很大的差距，小康目标只是中国现代化的最低目标，真正达到基本实现现代化，还需要更长时间的努力和奋斗。

20世纪80年代中国经济改革的重大进展和小康战略的逐步落实，使邓小平对21世纪中国发展目标的预测一步步更明晰起来。

1984年5月，邓小平会见巴西总统菲格雷多时谈道：在20世纪末翻两番这样一个基础上，再发展30年到50年，我们就可以接近发达国家的水平。这个意思，邓小平在同年10月6日会见参加中外经济合作问题讨论会全体代表时、在10月22日的中顾委第三次全体会议上等很多重要场合都讲过。可见，邓小平把我国经济发展规划的时间由20世纪末延伸到21世纪中叶，并把目标定在接近发达国家的水平上。他对中顾委的老同志们深情地说，我们虽然活不到那个时候，但有责任提出那个时候的目标。

1984年，中央制定了关于经济体制改革的决定之后，邓小平对我国国民经济发展的现实基础、内外部条件及政策保证作了细致的分析，指出：翻两番可以实现，实现了这个目标，"我们这个人口众多的中华民族就摆脱了贫困"，就会为实现21世纪的发展目标"打下一个较好的基础"，"这还并不富裕，但日子好过些"，八百美元对经济发达国家来说不算什么，但对中国来说，这是真正的雄心壮志。他还说：人民的物质生活好起来了，文化水平提高了，精神面貌就会有大变化，就会达到真正的安定团结。到21世纪四千美元的计划实现以后，"我国人民就可以有一个中等生活水平"。可见，邓小平的经济发展战略思想体现了社会主义的生产目的。

但是到1987年，邓小平对21世纪中叶的发展目标作了一个并非引人注目但却是非常重要的调整，即把"接近发达国家的水平"改为"达到中等发达国家水平"或"成为中等发达国家"。这一年3月8日，邓小平在会见坦桑尼亚总统姆维尼时谈道：在20世纪末有了总产值一万亿美元这个基础，争取达到中等发达国家的水平是有希望的。4月16日，邓小平会见香港基本法起草委员会委员，就中国内政外交等诸多问题发表了内容极为广泛的谈话，其中重要的一点就是中国21世纪的发展战略。他说："更重要的是，有了这个基础，再过五十年，再翻两番，达到人均四千美元的水平，在世界上虽然还是在几十名以下，但是中国是个中等发达的国家了。那时，十五亿人口，国民生产总值就是六万亿美元……"在这里，邓小平提出了"人均四千美元"和"国民生产总值六万亿美元"的量化目标,并在时间上和程序上正式确定为"五十年"和"中等发达",这在21世纪的中国经济发展战略的形成中是个具有重要意义的标志。

  以上,邓小平着重论述的,还只是"三步走"发展战略的后两步,即从实现"小康"到达到中等发达的两大目标。这是整个现代化发展战略的主要部分。关于第一步目标,1982年中共十二大报告曾经有着这样的表述:为了实现二十年的奋斗目标,在战略部署上要分两步走,前十年主要是打好基础,积蓄力量,创造条件,后十年要进入一个新的经济振兴时期。这实际上是把小康战略在步骤上分解为两步,即前十年和后十年。关于这个问题,邓小平较明确的谈话大致在1986年至1987年期间,是在对我国20世纪80年代经济发展趋势的预测和成就的概括基础上产生的,是对小康步骤的细化。他在1987年4月会见西班牙副首相格拉时的论述较有代表性。他说:"我们原定的目标是,第一步在八十年代翻一番……达到五百美元。第二步是到本世纪末,再翻一番,人均达到一千美元。"正是在这次会谈中,邓小平比较完整地描绘了从新中国成立到21世纪中叶100年间中华民族的宏伟蓝图。他说,这是我们的雄心壮志!半年后,党的十三大以政治报告的形式,把从新中国成立起用大约100年时间,分三步实现现代化这样一个发展目标和步骤,明确规定下来。江泽民在评价这个发展战略时,也指出:这个战略目标,既不是急于求成,也不是无所作为,而是符合我国实际,经过努力可以实现的。

  李鹏在谈到邓小平设计的我国现代化建设"三步走"发展战略时说:

  小平同志根据中国的具体国情出发,尊重客观的经济规律,这就是说,中国是一个人口众多、底子薄、经济发展不平衡的这样一个国家的实际情况,因此他提出了实现四个现代化要分三步走的这样一个战略目标。也就是说,首先要解决温饱问题,然后达到"小康"水平,然后再用三十年到五十年的时间,达到中等发达国家的水平,而且是按人均的国民生产总值来计算。这样就为我们全党和全国人民提出了一个非常具体的奋斗目标,有强大的凝聚力,有具体实现的目标,也鼓舞了大家的斗志。现在我们已经进入了九十年代后期,这就是在中国即将完成第八个五年计划,要实现"九五",到"九五"要基本实现小康。当然,这个任务还是很艰巨的,因为我们现在经济发展还不平衡,还有八千万左右的人民还没有脱贫。但是从现在的国际、国内形势来看,我们经过努力,用五年的时间,实现全国基本上达到"小康"的水平还是有可能的。所以我想,小平同志提出的这样一个三步走的战略方针,是有充分的科学依据的,也是高瞻远瞩的，经过努力可以达到的，也是他建设有中国特色社会主义理论的一个很重要的组成部分。

让一部分地区一部分人先富起来，带动并最终达到共同富裕

让一部分地区一部分人先富裕起来，先富带后富，最终达到共同富裕，是十多年来邓小平多次阐明的一个重要观点，也是他为当代中国逐步摆脱贫穷所设计的一个战略步骤。

1992年春在南方视察时，他再次强调了这个政策的重要性："共同富裕的构想是这样提出的：一部分地区有条件先发展起来，一部分地区发展慢点，先发展起来的地区带动后发展的地区，最终达到共同富裕。"

"部分先富"政策是新时期调动人民劳动生产积极性，从物质生活极端贫困中走出来的光辉起点。早在20世纪70年代末期，邓小平就针对扼杀人们劳动积极性、导致共同贫穷的平均主义"大锅饭"体制提出过严厉批评。1978年12月，他在《解放思想，实事求是，团结一致向前看》的报告中提出了一个极富远见的思想。他说：在经济政策上，我认为要允许一部分地区、一部分企业、一部分工人农民，由于辛勤努力成绩大而收入先多一些，生活先好起来。一部分人生活先好起来，就必然产生极大的示范力量，影响左邻右舍，带动其他地区、其他单位的人们向他们学习。这样，就会使整个国民经济不断地波浪式地向前发展，使全国各族人民都能比较快地富裕起来。他强调，"这是一个大政策，一个能够影响和带动整个国民经济的政策"。可见，邓小平提出"部分先富"政策的主要目的，是为了突破旧体制的束缚，解放和发展社会生产力，从而推动整个国民经济的发展。

进入20世纪80年代，邓小平多次谈到"部分先富"政策的正确性。1983年1月，他在同国家经委、国家计委和农业部门负责人谈话时指出：农村、城市都要允许一部分人先富裕起来，勤劳致富是正当的。一部分人先富裕起来，一部分地区先富裕起来，是大家都拥护的新办法，新办法比老办法好。1984年2月，他在同几位中央负责同志谈话时说，要让一部分地方先富裕起来，

搞平均主义不行。这是个大政策，大家要考虑。1986年3月会见新西兰总理朗伊时他又重申了这个思想：我们的政策是让一部分人、一部分地区先富起来，以带动和帮助落后的地区。平均发展是不可能的，过去搞平均主义，吃"大锅饭"，实际上是共同落后，共同贫穷，我们就是吃的这个亏。

正是在邓小平关于打破平均主义，提倡勤劳先富思想的指导和扶持下，以包产到户为基本形式的农村改革取得了巨大的成功，城市经济改革经过试点并全面铺开以后，创造了承包制、租赁制等新的有利于生产力发展的形式，出现了一批勤劳致富的带头人，凡是贯彻这个"大政策"比较好的地区，经济水平都有了较大幅度的提高。事实证明，"部分先富"是一个成功的正确的政策。

邓小平和以他为核心的第二代中央领导集体之所以大力倡导和推动"部分先富"的政策，除了对科学社会主义学说中"按劳分配"的原则有着深刻的理解之外，也是充分考虑到中国的实际的。首先，中国经济呈现着极强的不平衡性。大致说来，发达程度由东南沿海向西北内陆依次递减，沿江沿海地区基础好，技术力量比较雄厚，人的素质高，工商业较发达，一旦政策适宜，很快就可形成启动经济的强劲优势。尤其是一些毗邻台、港、澳的地区，利用其地理便利和悠久的人员往来、海外贸易传统，在对外开放、对内搞活方针和一些优惠政策的扶持下，脱贫致富，在短短几年之间即可实现。而广大的内陆，尤其是西北地区，由于各种条件所限，要使经济很快攀上新的水平、人民生活有较大的提高，还要有一个长期的艰苦的过程。所以，地区之间要缩小不平衡的差距，实现共同富裕，不可能一蹴而就，必然是一个有早有迟、有快有慢的长期过程；其次，在致富的主体即人的因素上，同样有着明显的差异。即使同在社会主义的经济制度和社会环境下，人们的文化素质不同、劳动态度不同、技术水平不同、创造的物质财富和对社会的贡献差别很大，按照按劳分配原则，领取的报酬也不能相等。这也决定了社会的各个成员之间不可能同步富裕。那些贡献大、产出多的劳动者，多得是应该的。现阶段我国实行按劳分配为主体，其他分配方式为补充的分配制度，在不触犯法律的条件下，财富占有多少不同，生活富裕程度不同，这都是允许的。人与人之间、单位与单位之间、地区与地区之间的经济差异，是不以人的意志为转移的客观必然。所以，邓小平说：我们讲共同富裕，但也允许有差别。

新中国成立以后相当长的一段时间，我们在经济政策上所犯的一大失误，就是把社会主义的共同富裕目标，理解为同步富裕、同时富裕、同量富裕，要求全国人民都在一个起点上搞平均分配，吃大锅饭，甚至抑富济贫，刮"共产风""割资本主义尾巴"。这种不允许有差别的做法，挫伤了人们的劳动积极性和创造性，损害了贡献大的地区的利益，影响了社会生产力的发展，结果导致共同贫穷。十一届三中全会以来十多年的改革实践，充分证明了只有承认差距，把群众的切身利益与其生产成果紧密联系起来，允许和支持"部分先富"，才能充分利用各自的有利条件，发挥长处，克服不利因素，才能充分调动不同地区的各类人们创造财富、脱贫致富的积极性，一部分人和地区的"先富"才能对大部分人和地区起到表率和激励作用。可见，"部分先富"是符合中国经济发展规律，并能够对经济运行起到良好的引导作用的。

"部分先富"的政策能产生巨大的社会效益。根据马克思主义的基本原理，经济基础决定上层建筑和意识形态。物质财富的充盈与否，很大程度上影响着人心的向背、社会的稳定和人们的文化水准。邓小平1984年初谈到深圳之行的感受时说：由于在特区实行特殊政策，就业增多，收入增加，物质条件也好多了，深圳的治安比过去好转，跑到香港去的人开始回来。同年10月，他在谈及苏南地区经济率先发展，苏州地区人均工农业总产值接近800美元，生活水平有了迅速提高的生动事实时，特别指出：随着物质生活的提高，人们的精神面貌有了很大变化，自己拿钱办教育，违法乱纪、犯罪行为大大减少。他说，物质是基础，人民的物质生活好起来了，文化水平提高了，人的工作就好做了。精神文明说到底是从物质文明来的嘛。1989年政治风波过后，他多次重申：尽管还有10%的人口比较贫困，但十年来人民生活总的说来有了很大的提高，人民支持我们，否则"六四"这一关就过不了。从这些论述和改革与建设的实际来看，"部分先富"有利于国家政权和社会制度的巩固，是深得人心的，是一个伟大的战略性的创举。

十一届三中全会以后，"部分先富"的政策，经过党的十二大、十三大、十四大、十五大的不断完善，已经成为邓小平建设有中国特色社会主义理论的重要内容之一。党中央在一系列重要文献中，一再肯定和强调了这个政策的重要意义。1984年党的十二届三中全会通过的《关于经济体制改革的决定》着重分析了"部分先富"政策在社会主义建设步骤上的作用，指出：鼓励一部分人先富起来的政策，是符合社会主义发展规律的，是整个社会走向共同富裕的必由之路。1987年党的十三大从按劳分配的角度肯定了这个政策，指出：我们的分配原则，要有利于善于经营的企业和诚实劳动的个人先富起来。在

1990年党的十三届七中全会通过的《中共中央关于制定国民经济和社会发展十年规划和"八五"计划的建议》中,"部分先富"政策被列为建设有中国特色社会主义的十二条基本理论和基本实践内容之一:实行以按劳分配为主体、其他分配方式为补充的分配制度,允许和支持一部分人、一部分地区通过诚实劳动和合法经营先富起来,鼓励先富起来的帮助未富起来的,以利于全体人民和各个地区逐步实现共同富裕。江泽民在十四大报告中也指出:贫穷不是社会主义,同步富裕又是不可能的,必须允许和鼓励一部分地区一部分人先富起来,以带动越来越多的地区和人们逐步达到共同富裕。

当然,在提倡"部分先富"的同时,要注意引导劳动者勤劳致富、合法经营。如果违犯国家的法律,钻政策的空子,搞歪门邪道,为了自己"先富"而不择手段,损害国家、集体和他人的利益,这种行为是不允许的,是有害的,必然要妨碍全体人民的致富目标。现在,在一些地区和部门,这种情况已经发展到了相当严重的程度,产生了新的分配不公和社会矛盾,在一定的范围内也影响了人们建设社会主义的劳动积极性。因此,国家必须做好必要的引导和调节,并从法律上堵塞漏洞,加强法制,这样才能使"部分先富"的政策更好地起到它应有的积极作用。

共同富裕是社会主义不可动摇的一条基本原则。邓小平指出:社会主义最大的优越性就是共同富裕,这是体现社会主义本质的一个东西。如果搞两极分化,情况就不同了,民族矛盾、区域间矛盾、阶级矛盾都会发展,相应地中央和地方的矛盾也会发展,就可能出乱子。

改革开放以来,按照邓小平的思想,我们采取了允许一部分人、一部分地区先富起来,先富带动后富,逐步达到共同富裕这个大政策,有效地带动了整个国民经济的发展。这个大政策,反映了社会生产发展不平衡的规律。1989年2月,邓小平在会见布隆迪总统布约亚时说:"我们是一个有十亿人口的国家,地区与地区之间发展不平衡,问题也不一样。要我们所制定的每项政策都能照顾到各个方面,是不可能的。总有一部分人得益多些,另一部分人得益少些;就是得益少的那部分人生活也比过去好得多,但还是要发牢骚。我们的事情又好办,又不好办。好办的是举国一致,十亿人都拥护改革开放政策,拥护发展战略;难办的是完全照顾到十亿人不容易。""总之,这些问题我们要解决,也是能够解决的。"在向共同富裕迈进的过程中,出现差别是正常的。但是,要努力防止收入分配的过分悬殊和地区差别的不断扩大,避免两极分化。

邓小平指出："解决的办法之一，就是先富起来的地区多交点利税，支持贫困地区的发展。"先富起来的地区要采取资金、技术支持等办法帮助和扶持欠发达地区。同时，要坚持按劳分配为主体，多种分配形式并存的制度和效率优先、兼顾公平的原则，运用法律、分配政策和税收等手段，合理调节社会分配关系，缓解社会分配差距过大造成的社会矛盾。要适应社会主义市场经济的要求，建立健全社会保障体系，保护老年人、未成年人、失业和低收入人员的基本生活。

以重点带全局，实现现代化发展战略

搞现代化建设，必须首先摸清我们的现实基础。邓小平指出：至于走什么样的路子，采取什么样的步骤来实现现代化，这要继续摆脱一切老的框框和新的框框的束缚，真正摸准、摸清我们的国情和经济活动中各种因素的相互关系，据以正确决定我们的长远规划的原则。关于国情，他强调，人口多、底子薄是我们的两个基本特点。对各种经济关系和经济结构的分析，他指出，由于历史的原因，我们以前没有安排好经济生活中的各种比例关系，经济结构很不合理。农业和工业比例失调，"骨头"和"肉"（就是工业和住宅建设、交通市政建设、商业服务业建设等）比例失调，积累和消费比例失调，经济发展和教育、科学、文化、卫生发展的比例失调。我们经过"文化大革命"，各个领域，包括工业战线很不协调，尤其是能源交通。如果说还有一个最大的不协调，那就是科学技术水平不能适应，人才不够。这些，都成为邓小平对现代化建设进行总体战略设计时的重要依据。

现代化建设的战略展开头绪纷繁、矛盾交错，这就要求我们采取抓住中心环节带动其他的方法实施战略突破。1979年5月，邓小平在会见日本时事社代表团时指出："我们国内经济有个先搞什么、后搞什么，哪些要快一点，哪些要慢一点的调整问题。我们吸收外国先进技术，用在哪些方面，也有一个轻重缓急的问题，什么都干也不行。"以后，他又强调说，要搞重点。要想今后20年能够上去，现在不抓重点不行。保证重点，要搞狠点，这关系到以后的发展速度问题。在摸清了我国的基本国情和经济活动中各种因素的相互关系的基础上，邓小平将我国经济发展的战略重点确定在了经济生活中的几个根本环节上：

——我们国家要赶上世界先进水平，从何着手呢？我想，要从科学和教育着手。

——中国的经济必须要照顾到农业，我们中国人口将近80%是在农村，农业不前进，一定会拖工业的后腿。

——能源工业不发展，其他工业就会遇到困难。交通如不放在优先地位，也是不行的。

1982年8月10日，在会见几位海外华人学者时，邓小平指出，中国经济发展，前十年要把比例失调解决，打好基础。第一个是农业，第二个是能源、交通，第三个是科学教育。这是邓小平第一次明确地对战略重点进行完整的概述。

根据邓小平的战略设计与决策，党的十二大正式确定农业、能源和交通、教育和科学是我国经济发展的战略重点。党的十三大、十四大和十五大进一步强调要把这几个方面的工作和建设放在十分重要的战略地位，加强建设力度和加快发展速度。从"六五"计划到"九五"计划和其他中长期发展规划中，国家都在综合平衡的基础上为突出和保证这些战略重点做了切实可行的部署和规划。正是因为我们这些年来抓住和突出了战略重点，从而带动了其他各项生产建设事业的发展，并为今后的持续发展打下了基础。

巩固和发展民族团结，实现各民族共同繁荣和进步

巩固和发展民族团结，实现各民族共同繁荣和进步，是全国人民的根本利益所在和我们党一贯坚持的重要方针，是我国社会发展的重要任务。邓小平十分重视民族宗教问题，在这方面也有大量的论述。

当今世界，由于民族、宗教矛盾而引起的社会纠纷和冲突，严重地影响着一些国家和地区的经济社会发展。我国是一个统一的多民族的国家，能够长期保持民族的团结和睦与经济社会的稳定发展，重要的原因，就是因为实行了党的正确的民族宗教政策。邓小平指出：我们的民族政策是正确的，是真正的民族平等。我们十分注意照顾少数民族的利益。中国一个很重要的特点就是没

有大的民族纠纷。改革开放以来,我国民族地区经济社会发展加快。但是由于历史、地理等原因,民族地区与沿海内地的发展相比还有较大差距。邓小平反复强调,民族工作和宗教工作有很多问题要引起注意,要立足民族平等,帮助少数民族地区加快发展,促进各民族共同繁荣。1979年10月,他在会见英国客人时说:马克思主义者认为,像宗教这样的问题不是用行政方法能够解决的。宗教信仰自由涉及到民族政策,特别是我们中国,一般都是少数民族在宗教信仰方面问题最多。我们要实行正确的民族政策,必须实行宗教信仰自由。1980年8月,他在同十世班禅谈话时说:"在西藏,要使生产发展起来,人民富裕起来,真正去做,也并不难。只有这件事办好了,才能巩固民族团结。"1981年8月,他在视察新疆时指出:要把我国实行的民族区域自治制度用法律确定下来,要从法律上解决这个问题,要有民族区域自治法。1987年6月,在《立足民族平等,加快西藏发展》中,他进一步说,我们国家没有民族歧视,"中国的资源很多分布在少数民族地区,包括西藏和新疆。如果这些地区开发起来,前景是很好的。我们帮助少数民族地区发展的政策是坚定不移的"。"不仅西藏,其他少数民族地区也一样。我们的政策是着眼于把这些地区发展起来。"

合理开发和利用资源,注重自然生态和环境保护,为今后长时期的持续、稳定、协调发展打下基础

如何使经济建设与人口、资源、环境相协调,是当今人类面临的重大问题,也是我国社会主义现代化建设中遇到的重要课题。《国民经济和社会发展"九五"计划和2010年远景目标纲要》阐述了经济建设和人口、资源、环境的关系,指出"在现代化建设中,必须把实现可持续发展作为一个重大的战略"。就是说,在社会主义现代化建设过程中,必须寻求一条使人口、经济、社会、环境和资源相互协调、兼顾当代人和子孙后代利益的发展道路,即可持续发展。实施可持续发展战略,是中国经济社会发展的必然选择,体现了邓小平的发展战略思想。

邓小平在设计和领导改革开放和现代化建设的过程中,总是要求我们要正确处理好个人单位与国家、局部与全局、眼前利益与长远利益的关系。他强

调：要按价值规律办事，按经济规律办事。搞得好，有可能为今后五十年以至七十年的持续、稳定、协调发展打下基础。要采取有力的步骤，使我们的发展能够持续、有后劲。现在，我国经济已经进入快速发展的历史阶段，同时也受到了人口过剩、资源破坏、环境污染问题的严重困扰，只有把经济发展与控制人口、节约资源、保护环境结合起来，才能使国民经济发展有后劲，达到可持续发展。

资源相对短缺是我国的基本国情之一和制约经济发展的重要因素，要使发展能够持续、有后劲，必须合理利用资源，坚持开发与节约并重。早在1979年，邓小平就指出：我们地大物博，这是我们的优越条件。但是很多资源还没有勘探清楚，没有开采和利用，所以还不是现实的生产资料。土地面积广大，但是耕地很少。1980年三四月间，他在谈关于编制长期规划时说：我们资源丰富，潜力很大。可是我们能源的紧张程度，比资本主义国家更严重。过去我们对这个问题的认识不够。他提出要合理利用资源。以煤炭为例，他说：开发煤炭，首先应当也必须做的，是要提高洗煤比重。现在我们只占百分之十几，日本、美国占百分之九十以上。仅此一项，我们现在每年要丢掉好几个亿。煤洗与不洗不一样，洗了以后可以提高热效能，节约运输，剩下的可以发电，搞蜂窝煤供应农村需要，煤渣可以搞水泥，增加建筑材料。煤搞起来，要搞坑口发电，并且要跟着发展煤化工。1989年6月，他在同中央负责同志谈话时提出，对那些浪费电力和原材料的企业，要坚决关一批，行动要坚决。邓小平的这些论述，对于我们今天合理利用和节约资源，仍具有重要指导意义。

现在，环境问题越来越成为全球关注的问题。我国在人均资源有限、人口不断增长的情况下，生态环境的压力也不断加剧。邓小平十分重视生态环境保护和治理污染的问题。他是我国全民义务植树的倡导者，并亲自带头参加义务植树活动。1981年的夏天，长江、黄河上游发生了特大洪峰，我国一些地区遭受了严重的水灾，给国家和人民的生命财产造成了重大损失。9月，邓小平找到万里说，最近的洪灾涉及林业，涉及木材的过量采伐。他向中央书记处提出建议：中国的林业要上去，不采取一些有力措施不行。是否可以规定每年每人都要种几棵树，比如种三棵或者五棵树，要包栽包活，多者受奖，无故不履行此项义务者受罚。国家在苗木方面予以支持。中央书记处认真讨论了邓小平关于植树造林的谈话精神和建议，并由国务院提出了《关于开展全民义务植树运动决议》（草案）。这年12月，全国人大五届四次会议审议并通过了这个决议，从而在法律上规定了每个公民植树的义务。1982年11月，邓小平为全军植树造林总结经验表彰先进大会题词：植树造林、绿化祖国、造福后代。同年12月，他又在林业部关于开展全民义务植树活动情况的报告上批示：这件事，要坚持二十年，一年比一年好，一年比一年扎实。为了保证实效，应有切实可行的检查和奖惩制度。植树造林、绿化祖国，关系到经济社会的可持续发展，关系到亿万人民的生存环境。对此，邓小平给予了高度的重视和关注。1982年11月，他在会见参加中美能源、自然资源和环境会议的外国朋友时说：我们准备坚持植树造林，坚持二十年五十年。今后才算是认真开始，以前这个事情耽误了。特别是在我国西北，黄土高原连草都不长，水土流失。所以叫"黄"河，就是水土流失造成的。我们计划在那个地方先种上草后种树，把黄土高原变成草原和牧区，人们就会富裕起来，生态环境也会发生很好的变化。1983年的植树节，他在参加北京十三陵水库中直机关绿化基地植树活动时说：植树造林、绿化祖国，是坚持社会主义，造福子孙后代的伟大事业，要坚持二十年，坚持一百年，坚持一千年，要一代一代永远干下去。作为中央军委主席，邓小平在主持军队现代化建设的同时，还要求军队积极支持地方建设，参加植树造林活动。1981年8月，他在视察西北地区时，看到茫茫戈壁的荒凉景象，心中非常感叹，随即向陪同的兰州军区政委肖华提出，兰州军区部队要在西北地区种草种树上多做些工作。回到北京后不久，他又向全军发出指示：军队在植树造林中，要积极地多做工作，除搞好营区植树造林外，营区外十公里范围内，要与地方共同协商搞好植树造林。1982年底，他又找行将赴任的兰州军区司令员郑维山谈话，要求兰州军区部队制定一个支援地方建设的规划，下决心拿出二十年时间，协助地方搞好西北高原的绿化工作，改变西北自然面貌，为子孙后代造福。1990年12月，邓小平在同中央负责同志谈话时指出，自然环境保护很重要。

我们党和政府十分重视环境保护工作，作为一个发展中国家，我们在致力于经济发展的同时，也注重控制环境污染和改善生态环境。1992年6月，在联合国召开的"环境与发展"的全世界首脑会议上，我国与其他与会国一致承诺，走可持续发展的道路。1993年3月制定了《中国21世纪议程——中国21世纪人口、环境与发展白皮书》。党的十四届五中全会和八届全国人大四次会议确定，在我国现代化建设中，要实行可持续发展战略，其主要目的，就是要使人口增长与社会生产力发展相适应，使经济建设和社会发展与人口、资源、环境相协调，实现良性循环。党的十五大规划了新的跨世纪宏伟蓝图，再次确定我国经济社会发展要走可持续发展的道路，所以，必须坚定不移地贯彻执行计划生育的基本国策，加强环境、生态、资源保护。要选择有利于节约资源和保护环境的生产结构和消费方式，坚持资源开发和节约并举，克服各种浪费现象。要综合利用资源，搞好污染治理。实行可持续发展战略，是造福后代、泽及子孙的大事，是实行国民经济持续、快速、健康发展的重大战略举措。

不加强精神文明的建设，物质文明的建设也要受破坏，走弯路

在讲建设有中国特色的社会主义的时候，许多国内外人士不禁要问，有中国特色的社会主义，究竟是什么概念？对此，邓小平作了明确的回答：物质文明和精神文明都搞好，才是有中国特色的社会主义。

确实，社会主义精神文明建设，本来就是社会主义的题中应有之义，也是我们中国特色的社会主义的两大根本任务之一。

党的十一届三中全会确定了党的工作中心转移到经济建设上来不久，我们党就提出了精神文明建设的问题。

1979年9月，党的十一届四中全会通过的叶剑英在庆祝中华人民共和国成立30周年大会上的讲话中指出："我们要在建设高度物质文明的同时，提高全民族的教育科学文化水平和健康水平，树立崇高的革命理想和革命道德风尚，发展高尚的丰富多彩的文化生活，建设高度的社会主义精神文明。"

在差不多同一时间，邓小平也有关于精神文明建设的论述。1979年10月30日，在中国文学艺术工作者第四次代表大会上的祝词中，邓小平说："我们的国家已经进入社会主义现代化建设的新时期。我们要在大幅度提高社会生产力的同时，改革和完善社会主义的经济制度和政治制度，发展高度的社会主义民主和完备的社会主义法制。我们要在建设高度物质文明的同时，提高全民族的科学文化水平，发展高尚的丰富多彩的文化生活，建设高度的社会主义精神文明。"他要求文艺工作者、教育工作者、新闻工作者、政治工作者以及其他有关同志相互合作，为提高整个社会的思想、文化、道德水平，为建设高度

发展的社会主义精神文明做出积极的贡献。

1980年12月，中共中央在北京召开工作会议，主要讨论经济形势和经济调整工作。由于邓小平的重视，精神文明建设问题也成为一个重要的议题。25日，邓小平在题为《贯彻调整方针，保证安定团结》的讲话中说："我们要建设的社会主义国家，不但要有高度的物质文明，而且要有高度的精神文明。所谓精神文明，不但是指教育、科学、文化（这是完全必要的），而且是指共产主义的思想、理想、信念、道德、纪律，革命的立场和原则，人与人的同志式关系，等等。"他指出：没有这种精神文明，没有共产主义思想，没有共产主义道德，怎么能建设社会主义？

1981年1月12日，邓小平会见了日本参议院议长德永正利一行。当德永提到日本的物质发展上去了，但人的道德观念落后了时，邓小平说：我们也有这个问题。"文化大革命"带来的精神上的问题很多，所以搞现代化，要增加精神文明的内容。他还说：没有好的道德观念和社会风气，即使现代化建设起来了，也不好，富起来了也不好。

1982年2月25日，在会见摩洛哥首相布阿比德时，邓小平说：中国将继续实行对外开放政策。我们主要是引进先进的技术和管理知识，吸收对我们有用的资金。但是，贪污、盗窃、贿赂、走私这些资本主义世界腐朽的东西决不能引进来。这些事在资本主义世界不奇怪。既然开放，接触多了总会有影响，问题是你能否消除这些影响。这需要有清醒的头脑，既不要大惊小怪，又要认真抵制，采取有效的手段包括法律手段，消除这些坏的东西。我们要提倡精神文明，在这方面我们有自己的传统，要教育我们的后代有理想，有道德，讲礼貌，守纪律，要艰苦奋斗。我们国家的每个人包括娃娃都要有爱国主义精神，有民族自尊心，这与实现四个现代化是密切相连的。

1982年8月10日，邓小平同邓颖超会见美籍华人科学家邓昌黎、陈树柏等人。邓小平在谈到精神文明建设时说：精神文明是实现四个现代化的重要保证。为什么提这个问题？对外开放、对内搞活是正确的，但也带来了新的问题，世界上腐朽的东西、中国老的东西重新出现，而且已经出现。没有理想，没有艰苦奋斗的精神不行，精神面貌可以直接影响物质。延安时候我们有什么？物质条件很差，就靠精神文明，靠有理想，靠坚强的信念，什么困难都能克服。在某种情况下，这种精神有决定意义。

在邓小平的思想指引下，我们党对精神文明建设的认识也在不断深化。

★ 邓小平非常喜欢中国的传统戏剧,对川剧更是有着特殊的感情。这是1984年11月,他和聂荣臻一起接见来自家乡的川剧演员。

1981年6月,党的十一届六中全会通过的《关于建国以来党的若干历史问题的决议》把精神文明建设作为现代化建设道路的重要内容之一。1982年9月,在党的十二大开幕词中,邓小平把建设社会主义的精神文明确定为"我们坚持社会主义道路,集中力量进行现代化建设的最重要的保证"之一。根据邓小平的思想,十二大报告对精神文明建设的理论作了初步系统的阐述,指出社会主义精神文明是社会主义的重要特征,是社会主义制度优越性的重要表现。没有这种精神文明,就不可能建设社会主义。报告指出,社会主义精神文明的建设大体可分为文化建设和思想建设两个方面。文化建设指的是教育、科学、文学艺术、新闻出版、广播电视、卫生体育、图书馆、博物馆等各项文化事业的发展和人民群众知识水平的提高,它既是建设物质文明的重要条件,也是提高人民群众思想觉悟和道德水平的重要条件。思想建设决定着我们的精神文明的社会主义性质。它的主要内容概括起来说,最重要的就是革命的理想、道德和纪律。报告中提出,要带动越来越多的社会成员成为有理想、有道德、有文化、守纪律的劳动者。

1983年4月29日，邓小平在人民大会堂会见了由南布迪里巴德率领的印度共产党（马克思主义）中央代表团。在同客人的谈话中，邓小平纵论了国际共产主义运动和中国建设的历史经验。他指出："在社会主义国家，一个真正的马克思主义政党在执政以后，一定要致力于发展生产力，并在这个基础上逐步提高人民的生活水平。这就是建设物质文明。过去很长一段时间，我们忽视了发展生产力，所以现在我们要特别注意建设物质文明。与此同时，还要建设社会主义的精神文明，最根本的是要使广大人民有共产主义的理想，有道德，有文化，守纪律。国际主义、爱国主义都属于精神文明的范畴。"

由于邓小平和党中央的重视，我国社会主义精神文明建设取得了很大成绩。但是，还应看到，随着改革的深入和对外开放的扩大，社会上也出现了一些消极的东西，党内也出现了严重的腐败现象。例如，资产阶级腐朽的人生观、价值观、生活方式的侵入，封建主义的残渣余孽死灰复燃，不正之风泛滥，以权谋私、权钱交易、行贿受贿盛行等。党风和社会风气方面出现的问题，要求我们在加强党的建设的同时，必须大力加强社会主义的精神文明建设。

然而，在一些党员领导干部和一些党的组织中，却存在着思想政治工作薄弱，抓精神文明建设不力的状况。为了扭转这种状况，邓小平反复提醒全党，必须克服思想战线上的软弱涣散状况，大力加强精神文明建设。

1985年3月7日，邓小平出席全国科技工作会议，发表了《改革科技体制是为了解放生产力》的重要讲话。

参加会议的同志也许没有想到，邓小平在放下手中的讲话稿之后，又作了与正式讲话篇幅差不多的即席讲话，特别强调：一靠理想二靠纪律才能团结起来。

邓小平指出，我们在建设具有中国特色的社会主义社会时，一定要坚持发展物质文明和精神文明，坚持五讲四美三热爱，教育全国人民做到有理想、有道德、有文化、有纪律。这四条里面，理想和纪律特别重要。他抨击了党内和社会上存在的一些不正之风，批评了经济改革中出现的一些歪门邪道，强调共产党员一定要遵守党的纪律，无论是谁都要遵守国家的法律。

同年9月23日，邓小平在党的全国代表会议上，又突出地谈到了精神文明建设的问题。

邓小平说，社会主义精神文明建设，很早就提出来了。中央、地方和军队都做了不少工作。"不过就全国来看,至今效果还不够理想。主要是全党没有认真重视。我们为社会主义奋斗,不但是因为社会主义有条件比资本主义更快地发展生产力,而且因为只有社会主义才能消除资本主义和其他剥削制度所必然产生的种种贪婪、腐败和不公正现象。"

邓小平强调:"不加强精神文明的建设,物质文明的建设也要受破坏,走弯路。"

对于如何加强精神文明建设,邓小平指出:"当前的精神文明建设,首先要着眼于党风和社会风气的根本好转。"他强调说,端正党风,是端正社会风气的关键。改善社会风气要从教育入手。教育一定要联系实际。思想政治工作和思想政治工作队伍都必须大大加强,决不能削弱。同样,对严重犯罪活动的防范和打击,也必须继续加强。对一些严重危害社会风气的腐败现象,要坚决制止和取缔。思想文化教育卫生部门,都要以社会效益为一切活动的唯一准则,它们所属的企业也要以社会效益为最高准则。

1986年1月17日,在中共中央政治局常委会上,邓小平一再强调说:"抓精神文明建设,抓党风、社会风气好转,必须狠狠地抓,一天不放松地抓,从具体事件抓起。"他强调,越是高级干部子弟,越是高级干部,越是名人,他们的违法事件越要抓紧查处,因为这些人影响大,犯罪危害大。抓住典型,处理了,效果也大,表明我们下决心克服一切阻力抓法制建设和精神文明建设。他认为这件事抓好了,就可以真正促进改革和建设。他指出:"经济建设这一手我们搞得相当有成绩,形势喜人,这是我们国家的成功。但风气如果坏下去,经济搞成功又有什么意义?会在另一方面变质,反过来影响整个经济变质,发展下去会形成贪污、盗窃、贿赂横行的世界。所以,不能不讲四个坚持,不能不讲专政,这个专政可以保证我们的社会主义现代化建设顺利进行,有力地对付那些破坏建设的人和事。"

根据邓小平的意见,党中央、国务院采取了一系列旨在端正党风和社会风气的措施,着重抓紧查处了一批人民群众反映强烈的大案要案。与此同时,为了从思想上解决全党的认识问题,中共中央认为有必要进一步明确社会主义精神文明建设的战略地位、根本任务,以及所包含的内容和基本指导方针。1986年9月,党的十二届六中全会讨论并通过了《中共中央关于社会主义精神文明建设指导方针的决议》,确定了我们的精神文明建设"必须是推动社会主义现代化建设的精神文明建设,必须是促进全面改革和实行对外开放的精神文明建设，必须是坚持四项基本原则的精神文明建设"这一基本指导方针。

党的十二届六中全会以后，全党对精神文明建设的重要性有了进一步的认识，精神文明建设也取得了一定的成效。但是，由于种种客观的和主观的原因，"一手软""一手硬"的问题还突出地存在着，精神文明建设仍没有摆在应有的位置上，一些长期未能解决的问题由于时间的积累和环境的变化，甚至出现了恶化的趋势。这种情况到1988年和1989年上半年表现得更加突出。由于党内不正之风的蔓延，严重滋长了早已存在的腐败现象，并使社会风气继续下滑。与此同时，教育和科技事业也出现了一些困难和问题。

这种情况引起了邓小平的高度重视。1989年3月23日，他在会见乌干达总统穆塞韦尼时，特别谈到了要保持艰苦奋斗的传统的问题。他对客人说："我们最近十年的发展是很好的。我们最大的失误是在教育方面，思想政治工作薄弱了，教育发展不够。我们经过冷静考虑，认为这方面的失误比通货膨胀等问题更大。最重要的一条是，在经济得到可喜发展、人民生活水平得到改善的情况下，没有告诉人民，包括共产党员在内，应该保持艰苦奋斗的传统。坚持这个传统，才能抗住腐败现象。所以要加强对人民进行思想政治工作，提倡艰苦奋斗。这是中国从几十年的建设中得出的经验。"

1989年春夏之交的政治风波之后，邓小平再次向全党提出了艰苦奋斗的问题。在著名的"六九"讲话中，他指出："艰苦奋斗是我们的传统，艰苦朴素的教育今后要抓紧，一直要抓六十至七十年。我们的国家越发展，越要抓艰苦创业。提倡艰苦创业精神，也有助于克服腐败现象。"他再次指出我们十年最大的失误在教育，强调要加强思想政治教育。

根据邓小平的这一重要意见，党中央采取切实措施不断加强思想政治工作，全面贯彻"两手抓"的方针，大力加强精神文明建设，初步扭转了对精神文明建设重视不够、措施不力的状况。

在1992年初视察南方时的重要谈话中，邓小平再次强调精神文明建设问题。在谈到广东的情况时，他说："广东二十年赶上亚洲'四小龙'，不仅经济要上去，社会秩序、社会风气也要搞好，两个文明建设都要超过他们，这才是有中国特色的社会主义。"他表示相信，只要我们的生产力发展，保持一定的经济增长速度，坚持两手抓，社会主义精神文明建设就可以搞上去。

20世纪80年代末到90年代初的几年中，邓小平对上海的建设与发展给予了极大的关注。他多次指出上海开发晚了，但要后来居上，加速发展；要一

> 培养有理想、有道德、有文化、有纪律的无产阶级革命了业接班人。
>
> 邓小平 一九八三年十月一日

年一个样，三年大变样；要把两个文明都搞好；要向全国人民交上物质文明建设和精神文明建设两份答卷。

1992年10月召开的党的十四大对精神文明建设提出了新的要求，号召全党坚持两手抓，两手都要硬，把社会主义精神文明建设提高到新水平。1996年3月八届人大四次会议通过的我国《国民经济和社会发展"九五"计划和2010年远景目标纲要》再次明确，在改革开放和现代化建设深入发展的新形势下，必须把社会主义精神文明建设提到更加突出的地位。同年10月，党的十四届六中全会专门就社会主义精神文明建设问题进行了讨论，审议并通过了《中共中央关于加强社会主义精神文明建设若干重要问题的决议》，对中国跨世纪的社会主义精神文明建设进行了全面战略部署。这些都体现了邓小平两个文明一起抓的战略思想，体现了党中央对精神文明建设的高度重视。

第七章 邓小平与科教兴国

邓小平不是一个科学家，但他是一个热心于科学技术的政治家、战略家。在世界上，像他那样重视、关心科学技术在社会经济发展中的突出作用的政治家并不多见。

邓小平理论，是一个完整的、科学的思想体系。在这一体系中，包含有一系列的重要思想观点，其中关于科技、教育的论述，内容尤为丰富。特别是"科学技术是第一生产力"的思想，是最反映时代特点、最体现创新精神、最富有理论和实践意义的思想观点之一。邓小平科技和教育思想，是对时代发展和我国现代化建设实践的深刻总结，是对马克思主义关于科学技术和生产力学说的重大发展和突破，是我们加速社会主义改革开放和现代化建设的重要理论依据和实践指南。

根据邓小平科学技术是第一生产力的思想和我国改革开放的实践，党中央决定在全国实施科教兴国战略，这是我们实现社会主义现代化、走向民族复兴的必由之路。

依我看，科学技术是第一生产力

当今世界，充满了各种矛盾和竞争。

在激烈的竞争中，科学技术已成为显示一个国家地位和综合国力的支柱。从某种程度上说，现在国际上的竞争，实际上是科学技术发展水平间的较量。

在中国改革开放和现代化建设的实践中，是邓小平对科学技术在社会发展中的作用和地位进行了科学界定和理论概括，提出了"科学技术是第一生产力"这一当今世界的重大科学命题。

许多研究者说，邓小平关于科学技术是第一生产力的思想，是他一系列思想观点中最体现时代特点，最富有创新精神的思想观点之一，是对马克思主义相关学说的突破性发展。

一个真正的马克思主义者，不仅要掌握和坚持马克思主义的基本原理和基本观点，更重要的，还在于要从历史与现实的实际出发，不断丰富和发展马克思主义。邓小平是坚持与发展马克思主义的最杰出代表，他以无产阶级革命家的雄伟胆魄和极大的理论勇气，重申并阐发了"科学技术是生产力"这一长期被忽略了的马克思主义重要而基本的观点，并总结当代世界生产力发展的新趋势和新规律，作出了"科学技术是第一生产力"的科学论断，为制定我国新时期发展经济和科学技术的方针政策奠定了重要的思想基础。

1988年9月5日，邓小平会见了来访的捷克斯洛伐克总统胡萨克。

两位国际共产主义的老战士见面，分外高兴。会谈的主题是总结历史、开辟未来。

会见结束后，邓小平宴请胡萨克。

席间，两位老人依然谈兴甚浓。邓小平的思路从对外开放问题上向前延伸。他对客人说：

"世界在变化，我们的思想和行动也要随之而变。过去把自己封闭起来，自我孤立，这对社会主义有什么好处呢？历史在前进，我们却停滞不前，就落后了。"

邓小平话锋一转，接着说：

"马克思说过，科学技术是生产力，事实证明这话讲得很对。依我看，科学技术是第一生产力。"

从此，由邓小平第一个提出了科学技术是第一生产力这一当今世界的重大科学命题。

"科学技术是第一生产力"具有极其深刻的理论含义和对实践的指导意义。社会主义的根本任务是发展生产力，改革是解放和发展生产力的根本途径。那么，通过改革，解放和发展科学技术这个第一生产力，解决科技和经济结合的问题，造成人才脱颖而出的环境，则是我们改革和建设中应首先考虑的大问题。这也是我们党制订"科教兴国"战略决策的根本原因所在。

此后，邓小平又多次重申和阐述了他的"科学技术是第一生产力"的思想。

1992年初，在我国改革和建设的关键时刻，邓小平视察了南方并作了重要讲话。人们发现，邓小平这次视察的企业都是高科技企业。"科学技术是第一生产力"能不能站得住脚，他要到实际中和科技人员中去寻求答案。

1月25日，对高科技企业——珠海亚洲仿真公司的员工们来说，实在是一个难忘的日子。

这一天，邓小平来到了他们中间。在公司大厅里，邓小平坐在一张长桌前听公司总经理游景玉介绍情况。当听到该公司走的是科技、生产、效益相结合的道路时，邓小平问道："科学技术是第一生产力的论断，你认为站得住脚吗？"

游景玉回答："我认为完全站得住脚，因为我们是用实践回答这个问题的。我们过去的实践、现在的实践和未来的实践，都会说明这个问题。"

邓小平高兴地说："就是要靠你们回答这个问题，我相信它是正确的。"

大厅里响起了一片热烈的掌声。

在这次视察南方的过程中，邓小平一再说："我说科学技术是第一生产力。近一二十年来，世界科学技术发展得多快啊！高科技领域的一个突破，带动一批产业的发展。我们自己这几年，离开科学技术能增长得这么快吗？要提倡科学，靠科学才有希望。近十几年来我国科技进步不小，希望在九十年代，进步得更快。"

这是总设计师对我们的殷切希望。现在，"科学技术是第一生产力"已成为全党、全社会的共识，走科技兴国，推动经济发展和腾飞的道路，已成为中华民族复兴的历史性抉择和中国实现现代化的希望所在。

从"科学技术是生产力"到"科学技术是第一生产力"的重大飞跃和突破

邓小平"科学技术是第一生产力"的思想的提出，是一个过程，是随着时代的发展由科学技术是生产力到科学技术是第一生产力的不断深化过程。这个过程大体上可分为三个阶段。在每一个阶段，都伴之以中国的重要历史时刻，邓小平本人都有明确和深刻的论述。从这三个阶段，我们可以看出邓小平是如何在马克思主义思想发展史上完成从"科学技术是生产力"到"科学技术是第一生产力"这一认识上的重大飞跃和突破的。

第一阶段，是在1975年邓小平主持中央日常工作，推行全面整顿时。为了挽救党和国家的命运，邓小平在极端困难的情况下，力挽狂澜，与"四人帮"作了坚决的斗争，领导了全面整顿的工作。整顿的主题是在安定团结的基础上，努力把国民经济搞上去。在全面整顿中，科技工作的整顿是极其重要的一个方面。根据邓小平的指示，在胡耀邦、胡乔木等人主持下，中国科学院起草了《关于科技工作的几个问题（讨论稿）》（以后改为《科学院工作汇报提纲》）。这年9月26日，他在听取"汇报提纲"的汇报时指出，科研工作要走在前面。"如果我们的科学研究工作不走在前面，就要拖整个国家建设的后腿。"根据马克思主义的基本原理，邓小平在这次谈话中明确地说："科学技术叫生产力，科技人员就是劳动者！"在邓小平的支持下，《汇报提纲》中明确地用黑体字写上了"科学技术是生产力"的字样。这极大地鼓舞了广大知识分子，为全面整顿提供了重要的理论依据。然而，由于毛泽东说他不记得说过这个话，在"汇报提纲"后来的草稿中，"科学技术是生产力"被迫删去了。在时隔不久开始的"批邓、反击右倾翻案风"中，《汇报提纲》成为"四人帮"攻击邓小平的主要"罪行"之一，被诬作"三株大毒草"之一横加批判。"科学技术是生产力"这一马克思主义的基本观点也被说成是邓小平的歪曲和伪造，成为"唯生产力论"的典型论点。

第二阶段，是在1978年全国科学大会前后。粉碎"四人帮"后不久，尚未恢复工作的邓小平即以其强烈的历史责任感，注目于发展科技、教育这一现代化建设中带根本性的问题。1977年5月24日,他在与中央的两位同志谈话时就明确指出:"我们要实现现代化,关键是科学技术要能上去。"当他重新回到中央领导岗位后,便自告奋勇主管科学、教育工作,并将科技、教育作为拨乱反正的一个重要突破口。1978年3月,在全国科学大会上的讲话中,邓小平以无产阶级革命家的雄伟气魄和极大的理论勇气,明确地指出"科学技术是生产力",要求全党、全社会高度重视和深刻领会这一马克思主义的基本观点。与此同时,他还重申了知识分子是工人阶级一部分的思想观点。邓小平的这次讲话,振聋发聩,令人耳目一新,极大地激发了广大科技、教育工作者的爱国热情和投身现代化建设的积极性。也正是在这次讲话中,邓小平深刻地总结了第二次世界大战以来社会经济的发展变化,明确地告诉人们:"科学技术作为生产力,越来越显示出巨大的作用","科学技术正在成为越来越重要的生产力"。可以看出,邓小平在这次讲话中已将科学技术放在了生产力的首要位置,初步形成了"科学技术是第一生产力"的思想。

第三阶段,是20世纪80年代以来。世界进入80年代,科学技术新成果层出不穷,科技成果商品化的周期大大缩短。科技进步在推动国民经济增长的诸因素中已占据首要位置。因此,发展科学技术已成为许多国家发展的战略重点。1985年3月,邓小平在全国科技工作会议上高兴地讲道:"七年前,也是三月份,开过一次科学大会,我讲过一篇话。主要讲了两个意思,两句话。一句叫做科学技术是生产力;一句叫做中国的知识分子已经成为工人阶级的一部分。当时,所以要讲这两条,是因为有争论。七年过去了,争论已经解决了。结论是谁做的?是实践做的,群众做的。""我很高兴,现在连山沟里的农民都知道科学技术是生产力。他们未必读过我的讲话。他们从亲身的实践中,懂得了科学技术能够使生产发展起来,使生活富裕起来。农民把科技人员看成是帮助自己摆脱贫困的亲兄弟,称他们是'财神爷'。'财神爷'这个词,不是我的用语,是农民的发明。但是,他们的意思,同我在科学大会上讲的话是一样的。"随着世界社会经济的发展和我国改革开放和现代化建设的深入,邓小平对科学技术的地位和作用的论述也越来越丰富,分量也越来越重。1988年9月5日,他在会见捷克斯洛伐克总统胡萨克时明确提出了"科学技术是第一生产力"这一当今世界重大的科学命题。此后,邓小平又多次重申并论证了这一思想。他反复讲,要注意教育和科学技术,增加教育、科技投入,调动知识分子的积极性。1992年初,他在视察南方时又进一步丰富和深化了"科学技术是第一生产力"的思想体系。

科学是了不起的事情，要重视科学

1989年6月，邓小平在《第三代领导集体的当务之急》的讲话中再次强调："农业问题也要研究，最终可能是科学解决问题。科学是了不起的事情，要重视科学。"

邓小平提出的"科学技术是第一生产力"的论断，揭示了科学技术在当代生产力和社会经济发展中极其重要的地位以及所产生的巨大变革和推动作用，大大地丰富和发展了马克思主义关于生产力和科学技术的学说。

首先，"科学技术是第一生产力"是对马克思主义相关学说的重大发展。

在征服和改造大自然的活动中，人类的智慧和能力是以科学技术来体现的，对社会起决定性作用的劳动生产力的提高是随着科学技术的不断发展为前提的。一百多年以前，马克思和恩格斯根据资本主义近代工业的发展，阐述了科学技术对社会发展的巨大推动作用，得出了科学技术是生产力的论断。

在马克思、恩格斯的整个学说中，贯穿着这样一个思想，即科学技术是推动社会发展的革命力量，是改变社会和经济以至精神的巨大杠杆。马克思在《政治经济学批判》中曾这样说："同价值转化为资本时的情形一样，在资本的进一步发展中，我们看到：一方面，资本是以生产力的一定的现有的历史发展为前提的——在这些生产力中也包括科学。"在马克思、恩格斯的许多论著中，都对科学技术的发展进行了认真的考察，对科学技术的作用也给予了充分的论证。

然而，马克思、恩格斯当时所处的时代，社会经济和科学技术的发展水平远不能与今天相比，所以对科学技术的认识也必然有其不可避免的局限性。当时，科学技术的发展还呈现出对生产过程的较大依赖性，远没有发展到今天这样深刻而迅速地提高劳动生产率、推动社会生产力发展的程度，它对社会经济发展的第一位变革作用的表现也没有像今天这样突出。马克思关于科学技术是生产力的论点，代表了当时对生产力和科学技术认识上的最高水平。当然，在这个马克思主义的基本观点中，科学技术只是被当做一般的生产力，而不是第一生产力。

在马克思、恩格斯之后的很长时间里,马克思主义关于科学技术是生产力这一基本观点,却未能为人们真正理解和认识。在以往的马克思主义教科书中,科学被列入意识形态之列。直到20世纪70年代,是邓小平同志以其马克思主义者的理论勇气和无产阶级革命家的雄伟气魄,重申和捍卫了马克思主义的这一基本观点,并对这一基本观点进行了深刻的理论阐述。

马克思主义是科学的、发展的思想体系,是随着时代与社会的发展而向前发展的,是随着人们的社会实践和对自然的认识而向前发展的。求实和创新,是邓小平的思想理论中最显著的特征。面对20世纪后半期世界社会经济突飞猛进的发展和变化,邓小平深刻地指出:世界形势日新月异,特别是现代科学技术发展很快,现在的一年抵得上过去古老社会几十年、上百年甚至更长的时间。不以新的思想、观点去继承、发展马克思主义,不是真正的马克思主义者。正是基于马克思主义要发展这样一个前提,邓小平在总结了第二次世界大战以来,特别是近二十多年以来的世界政治经济发展的规律和特点,洞察和透析了社会经济、科技发展的趋势的基础上,提出了"科学技术是第一生产力"这一当今世界的重大科学命题。这一命题深刻地揭示出科学技术在现代生产力发展中的主导地位,从而进一步使人们明确了现代生产力的构成和各构成因素间的相互关系。它告诉人们,科学技术不仅是生产力,而且是第一生产力,依靠科学技术才能推动社会经济的迅速发展。

其次,"科学技术是第一生产力"是对当代世界社会经济发展规律和趋势的崭新概括。

20世纪,特别是第二次世界大战以来,世界政治经济形势发生了重大变化,当代科学技术的发展更是呈现出许多明显的特点和趋势。

战后,一些国家利用相对和平的环境,开放的经济、技术、市场和领先的科技实力,把发展科学技术作为重大战略之一,顺应科技革命和国际分工的要求调整自己的经济政策和产业结构,进入了社会经济迅速发展的时期。科学技术日新月异的进步,使其在社会经济发展中的地位空前提高,在社会生产力诸要素中所起的决定性作用日益显著。新成果、新技术不断涌现,科技成果商品化的周期进一步缩短,大大推动了社会经济的发展。在1978年全国科学大会上,邓小平就总结道:"当代的自然科学正以空前的规模和速度,应用于生产,使社会物质生产的各个领域面貌一新。特别是由于电子计算机、控制论和自动化技术的发展，正在迅速提高生产自动化的程度。同样数量的劳动力，在同样的劳动时间里，可以生产出比过去多几十倍几百倍的产品。社会生产力有这样巨大的发展，劳动生产率有这样大幅度的提高，靠的是什么？最主要的是靠科学的力量、技术的力量。"更值得提出的是，第二次世界大战后，一场新的科技革命在世界悄然兴起，并日益蓬勃发展，对世界产生了广泛的影响。对此，邓小平敏锐地指出："现代科学技术正在经历着一场伟大的革命。近三十年来，现代科学技术不只是在个别的科学理论上、个别的生产技术上获得了发展，也不只是有了一般意义上的进步和改革，而是几乎各门科学技术领域都发生了深刻的变化，出现了新的飞跃，产生了并且正在继续产生一系列新兴科学技术。"在科学技术革命的带动下，新的科学技术成果层出不穷，并迅速地产业化、商品化，极大地提高了社会劳动生产率，带来了新的经济繁荣。

世界进入20世纪80年代，科技进步推动社会经济发展的作用和效果更加显著。在西方一些发达国家中，科技进步因素在国民经济增长中所占的比重高达60%~80%。科学技术的突飞猛进，迅速改变着人类的物质生活和精神生活。随着新科学技术革命浪潮的发展，发展科学技术成为世界各国普遍重视的热点，世界范围内以科技为支柱的竞争日益激烈。正如1985年6月4日邓小平在军委扩大会议上的讲话中所说："世界新科技革命蓬勃发展，经济、科技在世界竞争中的地位日益突出，这种形势，无论美国、苏联、其他发达国家和发展中国家都不能不认真对待。"1983年，美国率先提出"战略防御计划"，即"星球大战"计划。紧随其后，西欧的"尤里卡"计划、经互会的《科技进步综合纲要》、日本的《振兴科技政策大纲》等相继出台。这些计划有些虽表现为军备竞争，但都是将"科学技术领先权"列为竞争的重点，企图从掌握最先进的科学技术入手，进而执世界经济政治之牛耳。现实已向人们表明，科学技术已成为现代生产力和社会经济发展的最主要的促进因素和支撑力量，是提高一个国家综合国力和国际地位的重大因素。

再次，"科学技术是第一生产力"是对我国改革开放和现代化建设实践的深刻总结。

社会主义的根本任务是发展生产力。在社会主义条件下，科学技术本应得到更快、更好的发展。然而，在很长时间内，我们对社会主义的本质认识不清楚，对科学技术是生产力这一马克思主义的基本观点也没有给予应有的重视。由于长期受到"左"的错误的影响，特别是在十年动乱期间，科学技术及其载体——知识分子在社会主义建设中的地位和作用问题,被搞得混乱不堪,科学技术和整个经济的发展,受到了严重的束缚。

粉碎"四人帮"以后,全国人民建设现代化的热情空前高涨。从中国当时的实际出发,邓小平指出,搞四个现代化,从哪里入手呢?要从科技、教育入手。他重新工作后,主动提出抓科技、教育工作,把科技、教育作为拨乱反正的一个突破口,解除了广大知识分子的精神枷锁,激发了他们的积极性,推动了社会生产力的发展。1978年,在全国科学大会上,邓小平对科学技术在实现现代化中的战略作用作了精辟的分析。他指出:"四个现代化,关键是科学技术的现代化。"可以看出,邓小平正是抓住了现代化建设的中心环节,揭示了我国社会主义现代化建设的规律和核心内容。

改革开放以来,我国的科学技术发展很快,大大推动了我国生产力的迅速发展,使我国经济面貌发生了重大变化,综合国力大大增加。在改革开放和现代化建设的实践中,人们越来越认识到科学技术的巨大力量,认识到依靠科学技术才能推动经济发展,所以越来越重视学习和掌握科学技术知识,重视科技投入和科技产业的发展。

改革开放以来我国经济有了突飞猛进的发展,这是同科学技术的发展分不开的。经济体制的改革和科技体制的改革,大大地解放和发展了生产力,促进了经济和科技的结合。科学技术和生产实践相结合,互相促进,既加速了科学技术本身的发展,又促进了生产力的发展。科技和经济的结合,有力地推动了我国现代化建设的巨轮。同时,我们还必须看到,由于我们过去的基础差、起点低,科学技术和经济发展的总体水平还处于落后的状况。当严峻的国内外形势要求我们加速发展时,我们的许多行业和企业,都因为科学技术发展程度不高而暴露出许多问题。要调整产业结构,加强技术改造,提高经济效益,实行科学管理,都有赖于科学技术的发展和全民族科学文化水平的提高。改革和建设的实践表明,科学技术在我国社会生产力发展中的地位更加突出和重要。1986年10月18日,邓小平在会见李政道等人时强调指出:"中国要发展,离开科学不行。""实现人类的希望离不开科学,第三世界摆脱贫困离不开科学,维护世界和平也离不开科学。"他反复告诫人们,要将科技和教育放在战略的高度去认识,否则后果不堪设想。

世界在变化,我们的思想与行动也要随之而变。正是从这种变化了的世界政治经济趋势和科学技术的作用出发,邓小平以其深邃的战略目光和卓越的科学胆识,用全新的视角,对科学技术在当代生产力和社会经济发展中的第一位变革作用,及时、果断地作了高度的理论概括,得出了"科学技术是第一生产力"的著名论断。邓小平"科学技术是第一生产力"的思想,突破了以往传统上人们对马克思主义关于生产力和科学技术的学说的认识,把马克思主义的生产力论发展到了一个崭新的高度,从而实现了马克思主义认识史上的一个重大飞跃。

教育是一个民族最根本的事业

1986年4月19日,人民大会堂,邓小平在这里会见了在内地捐资助学的香港知名人士包玉刚、王宽诚、霍英东、李兆基等,赞扬他们为国家教育事业所作的贡献。

★ 1983年6月,邓小平会见港澳知名人士霍英东(右一)、何贤(右二)。

邓小平在会见时说：教育是一个民族最根本的事业。四个现代化的实现要靠知识、靠人才。政策上的失误容易纠正过来，而知识不是立即就能得到的，人才也不是一天两天就能培养出来的，这就要抓教育，要从娃娃抓起。

科学技术是第一生产力，经济发展和社会进步离不开科学技术。然而，要发展科学技术，又有赖于全民族科学文化水平的提高。所以邓小平明确指出："发展科学技术，不抓教育不行""抓科技必须同时抓教育"。由此，他提出了教育是现代化建设的战略基础的思想。

教育作为培养和造就人才的社会活动，对人类文明和进步起着至关重要的作用。特别是现代经济生活是建立在高度发达的科学技术水平基础之上的，社会越进步，对科学技术，归根到底对教育的依赖性就越明显。

不论是在历史上，还是在当今国际舞台上，凡是文明程度高、经济发达的国家或地区，其教育状况，特别是全民受教育的程度，也都大大领先于落后国家和地区。所以，一个国家的教育状况，是其社会经济发达与否的主要标志之一。我国由于长期受到"左"的思想的影响和干扰，特别是经过"文化大革命"的严重破坏，全社会的教育水平和教育发展程度没有得到应有的提高，面对这种状况，邓小平在粉碎"四人帮"后不久就急切地说，没有知识，没有人才，怎么上得去？科学技术这么落后怎么行。他提出："我们国家要赶上世界先进水平，从何着手呢？我想，要从科学和教育着手。"由此，他提出，科学和教育，各行各业都要抓。他率先垂范，亲自抓我国的科技和教育工作。1977年，他恢复工作后主持召开的一个大的会议就是科学与教育工作座谈会，并对科学和教育工作发表了重要讲话。他亲自指导了教育战线的拨乱反正工作，推倒了"四人帮"炮制的"两个估计"，极大地解放了人们的思想，解放了受歧视、受迫害的教育工作者和广大的知识分子；他提出改革招生制度，在全国恢复高考，激发了全社会学习科学文化知识的积极性。随后，他又从我国的国情出发，提出了一系列具有鲜明的民族性和强烈时代精神的我国教育发展的指导方针。

科学技术人才的培养，基础在教育。

1977年邓小平在科学与教育工作座谈会上指出："我国科学研究的希望，在于它的队伍有来源。科研是靠教育输送人才的，一定要把教育办好。"科学技术是第一生产力，但科学技术只有被有文化知识的劳动者所掌握，并通过劳动者的能动作用，使其物化于生产过程之中，才能有效地发挥其作用。而劳动者要掌握科学技术，就离不开教育。所以，抓好教育，是出人才、出成果，促进生产力发展的根本途径，是带有战略意义的基础工程。正是认识到了教育的巨大作用，邓小平在粉碎"四人帮"后不久就提出，教育要狠狠抓一下，并表示他是要一直抓下去的。重要的政策、措施，也是方针性的东西，这些他是要管的。在1978年全国科学大会的讲话中，他说："科学技术人才的培养，基础在教育。我们要全面地正确地执行党的教育方针，端正方向，真正搞好教育改革，使教育事业有一个大的发展，大的提高。教育事业，决不只是教育部门的事，各级党委要认真地作为大事来抓。各行各业都要来支持教育事业，大力兴办教育事业。"建设社会主义现代化，需要各行各业的专家、各类技术人才、各种经营管理人员，尤其是需要全民族文化水平的提高。教育不仅要满足当前社会主义现代化建设的迫切需要，而且要为我国经济和社会的长远发展做准备。1985年5月，邓小平在全国教育工作会议上的讲话中，对这个问题作了充分的论述。他说："我们多次说过，我国的经济，到建国一百周年时，可能接近发达国家的水平。我们这样说，根据之一，就是在这段时间里，我们完全有能力把教育搞上去，提高我国的科学技术水平，培养出数以亿计的各级各类人才。我们国家，国力的强弱，经济发展后劲的大小，越来越取决于劳动者的素质，取决于知识分子的数量和质量。一个十亿人口的大国，教育搞上去了，人才资源的巨大优势是任何国家比不了的。有了人才优势，再加上先进的社会主义制度，我们的目标就有把握达到。"他还说："中央提出要以极大的努力抓教育，并且从中小学抓起，这是有战略眼光的一着。如果现在不向全党提出这样的任务，就会误大事，就要负历史的责任。"由此，他提出，全党全国工作重点的转移，这个重点本来就应当包括教育。一个地区，一个部门，如果只抓经济，不抓教育，那里的工作重点就是没有转移好，或者说转移得不完全。忽视教育的领导者，是缺乏远见的、不成熟的领导者，就领导不了现代化建设。他要求各级领导要像抓好经济工作那样抓好教育工作。

教育要面向现代化，面向世界，面向未来

1983年国庆前夕，刚刚度过79岁生日不久的邓小平在北京欣然提笔挥毫："教育要面向现代化，面向世界，面向未来。"

> 第七章 邓小平与科教兴国

教育要面向现代化，面向世界，面向未来。

邓小平 一九八三年国庆节

书赠 景山学校

写完这 16 个苍劲有力的大字之后，邓小平又写下了以下几个字："书赠景山学校。"

消息传来，不仅极大地鼓舞了教育改革的试点学校北京景山学校的全体师生，也鼓舞了全国所有的教育工作者。

如今，不仅景山学校，包括全国许多学校、教学研究机构内，都可以在最醒目的地方看到邓小平的题词。"三个面向"成为中国教育发展的指针和方向，体现了中国特色社会主义对教育的客观要求。

面向现代化，体现了我们党一贯倡导的教育与生产劳动相结合的方针。当前和今后很长时期内，搞好经济建设，加速现代化建设的步伐，是我们的中心任务和现实要求。邓小平提出：为了培养社会主义建设需要的合格人才，我们必须认真研究在新的条件下，如何更好地贯彻教育与生产劳动相结合的方针。现代经济和技术的迅速发展，要求教育质量和教育效率的迅速提高，要求我们在教育与生产劳动结合的内容上、方法上不断有新的发展。他强调，教育事业必须同国民经济发展的要求相适应，提高教育质量，多出人才，出好人才。要通过改革使教育在面向现代化的事业中蓬勃发展。

面向世界，体现了从全球战略的高度来认识和处理问题、制定政策和策略、

★ 1984年2月16日，邓小平在参观上海微电子技术及其应用汇报展览时，观看小学生操作计算机表演。他说："计算机的普及要从娃娃做起。"

争赶世界先进水平的气魄和胆略，也反映了开放的世界中各国相互学习、取长补短的客观要求。早在1977年，邓小平在两次会见外宾时就提出，要学习和借鉴外国先进的科学技术，要把世界先进的科学技术成果引进来，作为科学教育的基础。他多次指示：要引进外国先进技术、先进教材、先进方法，使我国科技、教育事业能更好更快地发展；要积极开展学术交流，请外国著名学者来我国讲学，还要利用外国智力搞建设、办教育；与此同时，要派人出国留学、进修，培养我国建设所急需的人才。

面向未来，就是要有长远的战略眼光。"百年大计，教育为本"；"十年树木，百年树人"。为了民族的腾飞，为了实现现代化，我们不仅要培养一大批现代化建设急需的人才，更要着眼于将来，造就一代又一代有理想、有道德、有文化、有纪律的新人，以确保我们的事业兴旺发达、后继有人。所以，邓小平十分重视基础教育和中小学教育，他强调要从娃娃抓起。他说："现在小学一年级的娃娃，经过十几年的学校教育，将成为开创二十一世纪大业的生力军。"邓小平十分重视素质教育问题，早在1984年，他就指出：我们现在教学上"满堂灌"的现象还存在，要多多鼓励学生自己的发展。他在讲到要学习世界上最先进的东西时指出，先要学会它们，在这个基础上创新，一开始就启发学生，向着更广更深走,这就有希望了。教育要跟上世界发展的潮流,还要预测科技、经济、社会在世界范围的发展前景,不断提出新对策,瞄准新起点,探索新路子。

"三个面向",是邓小平教育思想的核心内容,是新时期教育事业的基本指导方针。

在方针问题、认识问题解决之后,还要解决体制问题

邓小平在1992年初视察南方时,再次对科技和教育在社会经济发展中的作用作了精辟的论述。他指出:"经济发展得快一点,必须依靠科技和教育。""要提倡科学,靠科学才有希望。"

我国的现代化建设,是人类历史上一项巨大的工程。邓小平以其战略家的敏锐,反复告诫人们,必须充分认识科技和教育在我国社会经济发展中的战略地位,要实现现代化,关键是科学技术的现代化。没有现代科学技术,就不可能建设现代农业、现代工业、现代国防。没有科学技术的高速度发展,也就不可能有国民经济的高速度发展。

科学技术的迅速发展带动社会经济的迅速发展,是本世纪中叶以来世界经济发展最突出的特点。20世纪以前,科学、技术、生产三者之间的关系,往往是生产实际的需要刺激了技术的发展,是按照生产→技术→科学的顺序发展的,生产和技术的实践为科学理论的形成奠定了基础。而20世纪以来,特别是第二次世界大战以来,生产、技术、科学的相互关系发生了重大的变化,科学理论不仅走在技术和生产前面,而且为技术和生产的发展开辟了各种可能的途径,形成了科学→技术→生产的发展顺序。正如邓小平在1978年全国科学大会上所说:"现代科学为生产技术的进步开辟道路,决定它的发展方向。许多新的生产工具,新的工艺,首先在科学实验室里被创造出来。一系列新兴的工业,如高分子合成工业、原子能工业、电子计算机工业、半导体工业、宇航工业、激光工业等,都是建立在新兴科学基础上的。……大量的历史事实已经说明:理论研究一旦获得重大突破,迟早会给生产和技术带来极其巨大的进步。"现代科学技术所达到的成就和它所展示的前景,越来越显示出它在整个社会生活中的巨大力量。人们也越来越清楚地认识到,科学技术决定和影响着

一个国家的工农业生产的发展方向和规模,关系这个国家社会和经济能否持续稳定协调地发展,关系人民生活水平能否不断提高和改善。

现代科学技术的本质特征,在于它越来越迅速地转变为直接的生产力,经济和科技的结合更加紧密。作为发展生产力的整体,科技和经济是密不可分的,只有它们的有机结合,才会促进经济的高速增长。改革开放以来,全党和全社会对科学技术在社会经济发展中的重要作用的认识越来越深刻,全国人民的科技意识大大增强了。在解决了对科学技术重要性的认识和确立了发展科技的战略方针的基础上,邓小平又明确提出:"在方针问题、认识问题解决之后,还要解决体制问题。"我国以往的科技体制,在其建立之初还是基本适应我国生产力发展水平的,并在一定时间内为我国的社会经济发展作出了贡献。但是,那种高度集中统一的科技体制随着我国社会主义建设的发展日益暴露出严重的弊端,其中最突出、最集中的表现就是科技与经济的严重脱节。当然,这种科技体制是同我国以往那种集中过多、统得过死、缺少活力的经济体制相伴而行的,所存在的这些弊端,也是计划经济体制的必然反映。它不利于科学技术工作面向经济建设,不利于科学技术成果迅速转化为生产力,束缚了科学技术人员的智慧和创造才能的发挥,使科学技术的发展难以适应客观形势的需要。

继1984年党中央作出关于经济体制改革的决定之后,随即开始了科技体制改革和教育体制改革的部署。1985年邓小平在全国科技工作会议上《改革科技体制是为了解放生产力》的讲话中指出:"经济体制,科技体制,这两方面的改革都是为了解放生产力。新的经济体制,应该是有利于技术进步的体制。新的科技体制,应该是有利于经济发展的体制。双管齐下,长期存在的科技与经济脱节的问题,有可能得到比较好的解决。"在邓小平这个思想指导下,经过不断实践和探索,我们逐渐明确了改革的方向和目标。通过改革,要形成科研机构、高等院校和企业结合,研究开发与生产相结合的机制,推动科研院所面向市场,面向社会,同时大力推进企业形成技术创新机制,使企业真正成为技术开发的主体,以逐步建立起适应社会主义市场经济体制和科技、教育自身发展规律的新型科技、教育体制。我国的科技体制改革,在经济建设必须依靠科学技术、科学技术必须面向经济建设战略方针的指引下,不断向纵深发展。20世纪90年代,党中央又提出了"稳住一头,放开一片"的科技体制改革方针,既要稳定和保证重大基础研究、高技术研究和科技攻关任务,使之持续发展,又要调动大批科技力量进入经济建设主战场,促进社会主义市场经济发展,推动科技成果的商品化、产业化和国际化。要建立科研、开发、市场紧密结合的机制，提高开发创新能力，并进一步优化科研组织机构，合理分流人才。我国的教育体制改革，按照教育必须为社会主义建设服务、社会主义建设必须依靠教育的指导方针，不断优化配置和利用现有教育资源，探索与社会主义市场经济体制相适应的办学机制和模式。邓小平认为，教育体制改革的目的，归根到底就是要出人才、出成果。他反复强调，经济是核心，科技是关键，教育是基础，三者必须一起抓。经济体制改革、科技体制改革和教育体制改革的总目标是一致的，都是为了使我国消灭贫穷、走向富强，消灭落后、走向现代化，建设有中国特色的社会主义。

一定要在党内造成一种空气：尊重知识，尊重人才

科学技术是第一生产力，作为科学技术载体的知识分子在经济建设和社会发展中的作用和地位问题，培养和造就宏大的知识分子队伍的问题，是关系国家的盛衰、民族的强弱、现代化建设成败的大问题。邓小平以强烈的历史责任感和巨大的理论勇气和求实精神，澄清了长期以来封建思想和"左"的思想影响下在党内和社会上存在的一些错误认识，提出了尊重知识、尊重人才的思想观点。

十年动乱期间，"知识越多越反动"，广大知识分子被戴上了"反动学术权威"和"臭老九"的帽子。粉碎"四人帮"后，邓小平首先考虑的，就是对知识分子的正确评价问题，要把广大知识分子解放出来，让他们为现代化建设起骨干作用。1977年5月24日，他在与中央两位同志谈话时说："一定要在党内造成一种空气：尊重知识，尊重人才。要反对不尊重知识分子的错误思想。不论脑力劳动，体力劳动，都是劳动。从事脑力劳动的人也是劳动者。"他指出，靠空讲不能实现现代化，必须有知识，有人才。同年8月8日和9月19日，在科学与教育工作座谈会上的讲话和同教育部负责同志的谈话中，他冲破禁区，推翻了压在广大知识分子头上的"两个估计"。他明确指出，建国后十七年中，我们培养的绝大多数知识分子，是自觉自愿地为社会主义服务的。在党的领导下，他们辛勤劳动，努力工作，取得了很大成绩。我们要尊重知识

分子的劳动，尊重人才。他提出，知识分子的名誉要恢复，待遇要提高。除了精神上的鼓励，还要采取其他一些鼓励措施，包括改善他们的物质待遇。要珍视劳动，珍视人才。他语重心长地说，人才难得呀！在1978年全国科学大会上，他提出：科学技术正在成为越来越重要的生产力，那么，从事科学技术工作的人是不是劳动者呢？在讲话中，他从理论与实践上充分论证了我国的知识分子是工人阶级自己的一部分，是我们工人阶级自己的"又红又专"的科学技术队伍。这几个讲话，成为当时我国思想解放的先导。

要真正尊重知识，尊重人才，就必须努力建造宏大的掌握现代科学技术的知识分子队伍，要把这个问题提高到国家战略的位置去认识。邓小平提出的我国现代化建设"三步走"的战略步骤和战略目标，其根据之一，就在于这段时间内，我们完全有能力把教育搞上去，提高我国的科学技术水平，培养出数以亿计的各类人才。他指出，我们要在努力提高现有科学技术队伍的水平、充分发挥他们的作用的同时，大力培养新的科学技术人才。他要求各级党政领导部门和领导干部，做好人才的培养、选拔、使用和管理工作，真正发挥我国人才的巨大优势，以保证现代化建设的顺利进行。

★ 1979年7月13日，邓小平在游览黄山时与恢复高考后入学的复旦大学等校大学生相遇，并高兴地为她们签名留念和合影。

在人才问题上，必须打破常规，选拔和培养杰出人才。邓小平在 1978 年全国科学大会上提出，要把尽快培养出一批具有世界第一流水平的科学技术专家，作为我们科学、教育战线的重要任务。他指出，我国的科学技术事业需要一批杰出的科学家，在科学技术的各个领域起带头人的作用。也只有有了成批的杰出人才，才能带动我们整个中华民族科学文化水平的提高。1982 年 7 月 26 日，他在谈"六五"计划和长远规划时指出：怎样把现有的知识分子用起来，需要一套办法。人才，只有大胆起用，才能培养起来。1985 年他又说："人才是有的。不要因为他们不是全才，不是党员，没有学历，没有资历，就把人家埋没了。善于发现人才，团结人才，使用人才，是领导者成熟的主要标志之一。"

教育是现代化建设的战略基础。邓小平特别重视尊重教师的劳动，提高教师的质量。他指出，一个学校能不能为社会主义建设培养合格的人才，培养德智体全面发展、有社会主义觉悟的有文化的劳动者，关键在教师。因此，我们要提高人民教师的政治地位和社会地位。不但学生应该尊重教师，整个社会都应该尊重教师。

邓小平反复强调要为广大知识分子创造良好的工作和生活环境，要解决好知识分子，特别是杰出的知识分子的待遇问题，以调动他们的积极性，使他们能够专心致志地做研究和教学工作。他要求各级组织和干部少讲空话，多干实事，为科技人员做好后勤工作。他以身作则，多次表示愿给科技、教育部门的同志当后勤部长。他在 1988 年 9 月 12 日听取一次汇报时指出，要从战略高度考虑教育问题。他指出："要注意解决好少数高级知识分子的待遇问题。调动他们的积极性，尊重他们，会有一批人做出更多的贡献。""知识分子待遇问题要分几年解决，使他们感到有希望。北京大学一位老教授说：'我的工资从建国时候开始就是这么多，但是现在物价涨了，我的生活水平降了三分之二。'我们不论怎么困难，也要提高教师的待遇。这个事情，在国际上都有影响。""我们要千方百计，在别的方面忍耐一些，甚至于牺牲一点速度，把教育问题解决好。"他强调说，从长远来说，这个问题到了着手解决的时候了，要把"文化大革命"时的"老九"提到第一。

邓小平作为我国社会主义改革开放的总设计师，在改革过程中，考虑最多、最关心的是破除束缚、压制人才的旧体制，培养和造就人才，调动广大知识分子的积极性，提高我国的科学技术水平，加速经济建设的发展。1984 年 10 月

22日,他在谈《中共中央关于经济体制改革的决定》时说,《决定》最重要的是第九条,"概括地说就是'尊重知识,尊重人才'八个字,事情成败的关键就是能不能发现人才,能不能用人才。"次年3月,他在《改革科技体制是为了解放生产力》的讲话中说:"改革经济体制,最重要的、我最关心的,是人才。改革科技体制,我最关心的,还是人才。"他提出,每年要给知识分子解决一点问题,要切切实实解决,要见实效;要通过改革创造一种使拔尖人才脱颖而出的环境;善于发现人才,团结人才,使用人才,是领导者成熟的主要标志之一。

改革开放以来,为了快出人才,出好人才,在邓小平的关怀下,我国先后派出数万名青年学生和科技人员出国学习、深造,同时还有大批的自费留学人员出国学习。这批人是我国现代化建设的宝贵财富,邓小平始终对他们抱有厚望,热诚希望他们学成后回来报效祖国,并要求有关部门努力创造条件接待他们。1988年9月,他对留学人员回国后的工作条件和生活待遇问题又作了具体指示。他强调:"我们的留学生有几万人,如何创造他们回来工作的条件,很重要。"他深情地说:"这些人不回来,实在可惜啊。"1992年初,邓小平在视察南方重要谈话中又说:"希望所有出国学习的人回来。不管他们过去的政治态度怎么样,都可以回来,回来后妥善安排。这个政策不能变。告诉他们,要做出贡献,还是回国好。希望大家通力合作,为加快发展我国科技和教育事业多做实事。搞科技,越高越好,越新越好。越高越新,我们也就越高兴。不只我们高兴,人民高兴,国家高兴。对我们的国家要爱,要让我们的国家发达起来。"这语重心长、感人肺腑的话语,表达了邓小平尊重知识、尊重人才的崇高品格,不仅是对广大留学人员,也是对所有知识分子报效祖国,献身于改革和现代化事业的巨大鼓舞和鞭策。

李政道称邓小平为北京电子对撞机的"总设计师"

当今世界已进入高速发展的时代,科学技术的发展日新月异。

在新的科技革命的推动下,尖端技术被广泛应用,最新科学成果被有力推广,生产自动化程度不断提高,劳动生产率大幅度增长。科学与技术之间,科技与经济之间,乃至科技与整个社会发展之间的结合愈加密切。

自20世纪70年代起,世界主要的发达国家相继跨过高科技时代的门槛,使这些国家在国防、政治、经济生活中处于极为有利的位置。当今世界,高科技的发展水平,已成为国际间进行经济、军事乃至综合国力竞争的重大因素。

面对这样一个高科技发展的时代,抱有实现现代化宏愿的中国该怎么办?

中国必须在世界高科技领域占有一席之地!

邓小平,这位与历史和未来对话的战略家,发出了坚强有力的声音。

我国是一个发展中国家,尚处在社会主义初级阶段。因为我国基础差、人口多、底子薄,社会生产力的发展水平还不高,与发达国家相比差距还很大。在新科技革命的今天,我们面临着既要着重推动产业革命,又要迎头赶上世界新科技革命浪头的双重任务。邓小平高瞻远瞩,提出我们必须从长远的发展战略出发,积极发展高科技,为21世纪中国的全面发展抢占战略制高点。他审时度势,把握机遇,利用各种方式同有关方面和国内外专家学者商议我国高科技的发展规划,亲自领导了一系列重大项目的制定与决策。

1988年10月24日上午,刚刚过去的一场秋雨使北京更加舒爽宜人。位于北郊的北京正负电子对撞机国家实验室,一派节日景象。

10时整,邓小平前来视察这个在中国科技发展史上具有重要意义的工程,并向科技人员祝贺正负电子对撞成功。这个工程,是在邓小平的亲自关怀下上马和建造的。十年前,他曾亲自到这里为工程奠基,揭开了我国第一个高能加速器建设的序幕。十年里,他多次听取汇报,并在人力、物力、财力上亲自拍板,给予支持。在他关于必须如期甚至提前完成的指示下,各有关方面和近万名建设者通力合作,终于建成了这一在世界上具有领先水平的高科技工程,提前实现了正负电子对撞。

在休息室,邓小平亲切地同参加工程建设的科技人员见面。当见到美籍华裔学者李政道教授时,邓小平笑着对他说:"感谢你为这个工程做了许多工作。"

这个工程从提出到对撞成功,都得到了李政道教授等国际高能物理界朋友的支持和帮助。邓小平曾多次会见过李政道,听取他关于发展中国高科技事业的建议。

李政道对邓小平说:这个工程是在您的亲自关心下建设的,实际上您是这个工程的总设计师。

在听取了中国科学院院长周光召介绍工程情况后，邓小平以他独有的风格，作了简洁而极富说服力和号召力的讲话。

他首先对大家说："说起我们这个正负电子对撞机工程，我先讲个故事。有一位欧洲朋友，是位科学家，向我提了一个问题：你们目前经济并不发达，为什么要搞这个东西？我就回答他，这是从长远发展的利益着眼，不能只看到眼前。"

他接着说：

"世界上一些国家都在制订高科技发展计划，中国也制订了高科技发展计划。下一个世纪是高科技发展的世纪。"

"过去也好，今天也好，将来也好，中国必须发展自己的高科技，在世界高科技领域占有一席之地。如果六十年代以来中国没有原子弹、氢弹，没有发射卫星，中国就不能叫有重要影响的大国，就没有现在这样的国际地位。这些东西反映一个民族的能力，也是一个民族、一个国家兴旺发达的标志。"

望着在座的科学家们，邓小平满怀期望地说：

"现在世界的发展，特别是高科技领域的发展一日千里，中国不能安于落后，必须一开始就参与这个领域的发展。搞这个工程就是这个意思。还有其他一些重大项目，中国也不能不参与，尽管穷。因为你不参与，不加入发展的行列，差距越来越大。现在我们有些方面落后，但不是一切都落后。这个工程本身也证明了这一点。当然，有李政道和其他国际朋友的帮助，使我们少走弯路。但是这个工程不完全是照搬过来的，中间也还有我们自己的东西，有自己的技术，有自己的创造。""总之，不仅这个工程，还有其他高科技领域，都不要失掉时机，都要开始接触，这个线不能断了，要不然我们很难赶上世界的发展。"

邓小平的讲话，赢得了科学家们的热烈掌声。

讲话后，邓小平兴致勃勃地同其他中央领导人一起参观了对撞机实验室。他认真地听取周光召、李政道等人的介绍，并不时地提问。对我国拥有这样的高科技工程，这位84岁的老人脸上露出了满意的笑容。

邓小平"决断"中国的"尤里卡"——"863"计划

作为中国社会主义改革开放和现代化建设的总设计师，邓小平一直在关注着世界科技领域的动向和发展。早在1978年的全国科学大会上，他就指出，现代科学技术的各门领域都发生了深刻的变化，产生了而且正在继续产生着一系列新兴科学技术。面对这样一个高新科技发展的时代，邓小平要求全党必须清醒地看到我们的差距，坚定赶超世界先进水平的信心，迅速掌握世界最新、最高的科学技术。

世界新科技革命的蓬勃发展，使高科技领域的国际竞争日趋激烈。这种形势，不能不使国际舞台上的政治家们认真考虑和对待。

提起中国的高科技，中外人士都必然会想到"863"计划。有人称它是中国的"尤里卡"计划。那么，它是怎样诞生的呢？

1986年3月3日，一份"关于追踪世界高技术发展的建议"被呈送中南海。这一建议，是由王大珩、王淦昌、杨嘉墀、陈芳允四位著名科学家提出的。他们针对世界高科技的迅速发展和世界主要国家已制订了高科技发展计划的紧迫现实，向中央提出了要全面追踪世界高技术的发展和制订中国发展高科技计划的建设和设想。

也许这四位老科学家没有想到，时仅两天，即3月5日，邓小平就在这个建议上作了重要批示："这个建议十分重要""找些专家和有关负责同志讨论，提出意见，以凭决策。此事宜速作决断，不可拖延。"

由于邓小平的高度重视，中央立即组织有关部门和人员，开始制订高科技研究发展计划。

4月6日，邓小平针对选择高技术发展项目是以发展国民经济为主还是以增强军事实力为主的不同意见，作出明确批示："我赞成'军民结合，以民为主'的方针。"

10月6日，邓小平又在关于高技术研究发展计划的报告上批示："我建议，可以这样定下来，并立即组织实施。如有缺点和不足，在实施中可以修改和补充。"

10月18日,在会见美籍华裔学者李政道和意大利学者齐吉基时,邓小平对客人和在座的方毅、胡启立说:"发展高科技,我们还是要花点钱,该花的就要花。""在高科技方面,我们要开步走,不然就赶不上,越到后来越赶不上,而且要花更多的钱,所以从现在起就要开始搞。"

在邓小平的支持和推动下,这年11月,中共中央、国务院正式批转了《高技术研究发展计划纲要》(简称"863"计划)。中央在《通知》中指出:当代世界的新技术革命,将对人类社会的经济生活产生重大影响。在几个重要的高科技领域追踪世界水平,对我国20世纪末、21世纪初经济和科学技术的持续发展,对国防实力的增强,都具有极为重要的意义。"863"计划于1987年3月正式开始组织实施。它选择对中国未来经济和社会发展有重大影响的生物技术、航天技术、信息技术、先进防御技术(激光技术)、自动化技术、能源技术和新材料技术7个领域,确立了15个主题作为突破重点,以追踪世界先进水平。

正因为追踪高技术发展的建议和邓小平的批示发生在1986年3月,中国高科技发展计划被冠名为"863"计划。

"863"计划实施后,上万名科学家协同攻关,很快就取得了丰硕成果。1988年8月,与"863"计划相衔接的"火炬"计划开始实施,其目的是促进高新技术研究成果的商品化,推动我国高新技术产业的形成和发展。这几年来,我国在一些高科技领域的研究上,已取得了一大批有重大突破和达到国际先进水平的成果,有的已经或正在被开发成高技术产品。国家已相继批准建立了52个国家级高技术产业开发区,高技术成果商品化,高技术商品产业化,高技术产业国际化的体系正在逐步形成。这些,为推动我国经济的发展起了重大作用,同时也为21世纪我国的高科技发展奠定了基础,积蓄了知识和人才。

1991年4月,时刻关心着我国高科技发展的邓小平为"863"计划工作会议题词:"发展高科技,实现产业化。"再次为我国高科技的发展指明了方向。

东方风来满眼春。人们不会忘记,1992年初邓小平在中国改革开放和现代化建设的关键时刻,视察南方并发表了重要谈话。人们也不会忘记,这次南行中邓小平对发展我国高科技的期望和要求。

在这次南行中,邓小平不顾88岁高龄,每到一地,都要去高科技企业参观。他对科技人员说:"近一二十年来,世界科学技术发展得多快啊!高科技领域的一个突破,带动一批产业的发展。""每一行都树立一个明确的战略目标,一定要打赢。高科技领域，中国也要在世界占有一席之地。我是个外行，但我要感谢科技工作者为国家作出的贡献和争得的荣誉。大家要记住那个年代，钱学森、李四光、钱三强那一批老科学家，在那么困难的条件下，把两弹一星和好多高科技搞起来。应该说，现在的科学家更幸福，因此对他们的要求会更多。"

人们还不会忘记，邓小平在南行中，对发展我国的高科技，寄厚望于青年科技人员。他说："高科技项目要让年轻人干，希望在青年人身上。"1992年1月25日，他在珠海亚洲仿真公司参观时，看到年轻人在这家高科技企业所起的作用和取得的成果，感到十分欣慰。他深情地说：

"我很高兴，我们有这么年轻的科技队伍，我要握握年轻人的手。"

"一位老共产党员"情系"希望工程"

我国有两亿多少年儿童，他们是祖国的花朵，祖国的未来。在党和人民的关怀下，他们健康幸福地成长着，享受着受教育的基本权利。但是，在一些地区却还有一些孩子因家庭贫困而失学。为了使这些孩子重返校园，全社会都伸出了热情之手。1990年9月，邓小平欣然为旨在救助失学儿童的活动——"希望工程"题词。四个铿锵有力的大字，饱含着老一辈革命家对失学孩子的情与爱。1992年4月，中国青少年发展基金会推出的"希望工程——为了爱心行动"开始在全国实施，这一造福后代的善举为越来越多的人所关注。

北京东城区后圆恩寺胡同甲1号，中国青少年发展基金会就设在这里。1992年5月16日，一辆小车驶入胡同，停在了基金会的门前。车上下来两位军人，径直走进了基金会的办公室。

他们拿出3000元钱，说是受一位老人的委托，向"希望工程"捐款。放下钱后，他们转身就要走。基金会的工作人员拦住他们说：

"捐款有个登记手续，请填一下登记表。"

他们交换了一下眼色，便接过登记表。他们填写了登记表的主要项目，却不愿意留下捐款人的姓名。当基金会的工作人员告诉他们，一定要有捐款人的姓名时，他们说："捐款的老人不愿意透露姓名，如果你们一定要写，就写'一位老共产党员'吧！"

这年10月6日，同样是这两位同志，以同样的方式，再次以"一位老共产党员"的名义向"希望工程"捐款2000元。

这位不愿意透露姓名的"老共产党员"究竟是谁呢？基金会的同志经过多方查询，终于弄清楚前来捐款的两位同志原来是邓小平身边的工作人员，两次捐款共计5000元的"老共产党员"正是邓小平！

邓小平退休了，但这位为共产主义事业和国家的独立、统一、建设、改革事业奋斗了几十年的老共产党员，继续关注着党和人民的事业，关心着祖国的未来，惦记着贫困地区的孩子们。基金会工作人员们的心情难以平静。经过研究，他们决定把这5000元钱全部用于救助邓小平曾战斗过的革命老区——广西百色地区的失学孩子。

广西平果县凤梧乡仕仁村希望小学，是广西开办的第一所希望小学。当邓小平爷爷捐款的消息传到这里时，孩子们激动了，他们欢呼雀跃，用粉笔在教室的黑板上写下了这样一行大字："邓爷爷，我们非常想念您！"

曾因家庭困难而失学，以后又重返校园的六年级女学生周标亮，怀着感激的心情，代表全校受到资助的同学，执笔给邓小平写了一封感人至深的信。信中说：

敬爱的邓爷爷：

您好！我们是百色地区平果县希望小学的学生，当我们得知您以"一位老共产党员"的名义向希望工程捐赠了5000元钱，又知道中国青少年发展基金会把这笔款用于救助我们百色革命老区的失学孩子时，我们都激动得哭了。

……

邓爷爷，您的工作多忙呀，可您还在惦记着我们这些老区山里的娃娃。我们感到，虽然您住在北京，离我们很远很远，但您的心与我们贴得很近很近。

邓小平的心，与这些贫困地区的孩子们贴得最近，与人民贴得最近，与时代贴得最近。21世纪将是中华民族创造伟大辉煌的世纪，21世纪的辉煌，要靠现在的年轻人，特别是要靠亿万娃娃们去开创。邓小平对"希望工程"的关注，不仅在于他关心着这些贫困地区失学的孩子们，还在于他对实现社会主义现代化的战略基础——教育的高度重视，表现了他对跨世纪的青少年所寄托的无限希望。

>> 第七章　邓小平与科教兴国

党中央确立"科教兴国"战略

在邓小平科学技术是第一生产力思想的指引下，我们党对科技和教育的作用越来越重视，党的十二大确定将科技、教育作为经济发展的战略重点之一，党的十三大将科技和教育事业放在社会发展的首要位置，提出了使经济建设转移到依靠科技进步和提高劳动者素质上来的经济发展战略。这是继党的工作重点转移到经济建设上来之后又一个伟大的战略转移，是一场广泛而深刻的社会变革。1995年5月6日，中共中央、国务院作出《关于加速科学技术进步的决定》，提出在全国实施"科教兴国"战略。这是总结历史经验和我国现实情况所作出的重大部署。科教兴国，是指全面落实科学技术是第一生产力的思想，坚持教育为本，把科技和教育摆在经济、社会发展的重要位置，增强国家的科技实力及向现实生产力转化的能力，提高全民族的科技文化素质，把经济建设转移到依靠科技进步和提高劳动者素质的轨道上来，加速实现国家的繁荣强盛。这是顺利实现三步走战略目标的正确抉择。实施科教兴国战略，必将大大提高我国经济发展的质量和水平，使生产力有一个新的解放和更大的发展。

党的十一届三中全会以来，我国已初步具备了支撑经济和社会发展、参与国际竞争的科技实力，为加速全社会科技进步奠定了坚实的基础。同时应该看到，科学技术是第一生产力的思想尚未得到全面落实；在体制、机制以及思想观念等方面还存在许多阻碍科技与经济结合的不利因素；多数企业还缺乏依靠科技进步的内在动力；科技成果转化率和科技进步贡献率较低；旧体制下形成的科技系统结构不合理、机构重复设置、力量分散的状况仍然存在；全社会多元化的科技投入体系还未形成，投入过低的状况尚未改观。这些前进中的困难和问题，严重地制约着科技与经济的发展。

社会主义市场经济体制的确立，将为科技进步创造更为有利的环境和条件，也将对科技进步提出新的、更高的要求，实现国民经济持续、快速、健康发展，必须依靠科技进步解决好企业结构不合理、技术水平落后、劳动生产率低、经济增长质量不高等问题。面对国际经济、科技竞争的严峻挑战和人口多、底子薄、人均资源相对短缺的国情，加速国民经济增长从外延型向效益型的战略转变已迫在眉睫。实现这一战略转变必须依靠科技进步,大力解放和发展第一生产力,加速科技成果向现实生产力的转化,切实把经济建设转移到依靠科技进步和提高劳动者素质的轨道上来。为此,必须坚定不移地实施科教兴国战略。

科学技术是第一生产力,教育是基础,实施科教兴国战略是历史的必然选择。经济建设必须依靠科学技术,科学技术工作必须面向经济建设,努力攀登科学技术高峰。要从国家长远发展需要出发,制订中长期科学发展规划,通观全局,突出重点,加强基础性研究和高技术研究,加快实现高技术产业化。强化应用技术的开发和推广,促进科技成果向现实生产力转化,集中力量解决经济社会发展的重大和关键的技术问题。有重点有选择地引进先进技术、增强自主创新的能力。我国是发展中国家,应该更加重视运用最新技术成果,实现技术发展的跨越。教育必须面向现代化,面向世界,面向未来,致力于提高国民素质,在各个领域培养一批跨世纪的优秀人才。

深化科技和教育体制改革,促进科技、教育同经济的结合。充分发挥市场和社会需求对科技进步的导向和推动作用,支持和鼓励企业从事科研、开发和技术改造,使企业成为科研开发和投入的主体。有条件的科研机构和大专院校要以不同形式进入企业或同企业合作,走产学研结合的道路,解决科技和教育体制上存在的条块分割、力量分散的问题。鼓励创新、竞争和合作。实施保护知识产权制度。人才是科技进步和经济社会发展最重要的资源,要建立一整套有利于人才培养和使用的激励机制。积极引进国外智力。鼓励留学人员回国工作,或以适当方式为祖国服务。

实施科教兴国战略,是全面落实科学技术是第一生产力思想的战略决策,是保证国民经济持续、快速、健康发展的根本措施,是实现社会主义现代化宏伟目标的必然选择,也是中华民族复兴的必由之路。十一届三中全会以后,党的工作重点转移到以经济建设为中心上来,实施科教兴国战略,是这一转移的进一步强化和向更高阶段的发展,必将使生产力产生新的飞跃。

第八章 邓小平与新时期中国外交战略和祖国统一

邓小平是一位具有非凡的洞察力和创造精神的战略家和思想家。在新的历史时期，他以善于把握时机、驾驭全局的高超艺术和敢于探索新路子、开创新时代的宏伟气魄，以对中国和整个世界的历史和现实的深刻了解，从国内改革、建设的需要和国际形势的发展变化出发，及时指导我们党实现了对国际形势的判断的转变和对外政策的转变，提出了一系列指导对外关系的方针原则，形成了一个完整的、系统的外交战略思想体系。

为了创造一个社会主义改革开放和现代化建设的和平有利的国际环境，邓小平把握住和平与发展已成为当今世界两大主题这一时代特征，确立了我国独立自主的和平外交政策，调整了与世界许多国家之间的关系，扩大了中国的国际联系，增强了中国的国际地位。

1989年5月16日，邓小平在会见苏共中央总书记戈尔巴乔夫时这样说："我这一生只剩下一件事，就是台湾问题，恐怕看不到解决的时候了。已经做成的事情是，调整了与日本、与美国的关系，也调整了与苏联的关系，确定了收回香港，已经同英国达成协议。这是对外关系方面的参与。"

为了实现祖国统一的民族愿望，邓小平创造性地提出了"一个国家，两种制度"的伟大构想，主持解决了中英、中葡之间关于香港和澳门的历史遗留问题，推动了祖国和平统一的进程。

西方的政治家们纷纷猜测，邓小平究竟是个什么样的人物

1987年9月3日上午，人民大会堂福建厅，邓小平在这里会见了又一次来访的美国前国务卿基辛格。

基辛格：每次见到你，你都显得更年轻。

邓小平：你是我会见得最多的外国朋友之一。

基辛格深有感触地对邓小平说："当你第一次率领代表团出席联大特别会议时，美国专家都在猜测：邓小平到底是一个什么样的人物？现在我们都十分清楚了。""你一生中有几个时期是在集中思考一些问题，养精蓄锐，然后开始领导十亿中国人民走向未来，这是一项很了不起的工作。每次见到你，你上次所谈的一些事都已实现了。""我知道中国有人比你更年轻，但我不知道，在中国还有人比你更有活力。"

基辛格1995年在回忆1974年中国代表团参加联合国大会第六届特别会

★ 1974年4月，邓小平率中国政府代表团赴纽约，出席联合国大会第六届特别会议并在会上发言。

议的情景时说:"说实话,我那时不知道他是谁。因为他在中国的'文化大革命'中受到迫害。所以我们那时认为他是中国代表团的一名顾问,甚至不知道他是中国代表团的团长。我记不太清当时一些具体细节了,但我在纽约和他一起吃过晚饭。他处理事情的果断、能力以及对事物的洞察力给我留下了深刻印象。"

1974年4月,美国纽约联合国总部决定召开联合国大会第六届特别会议。

中国政府决定派代表团前往参加。这是中国在恢复联合国常任理事国席位后首次派遣高级代表团出席这样一个重要的会议,必须派出在外交和国际经验上卓有声望的人来率团参加。由谁担任代表团团长,在中央政治局会议上还是进行过一番争论的。当时,周恩来总理身染重病,不宜远行。刚刚恢复工作的邓小平,虽然担任国务院副总理职务,但他还不是中央政治局常委。江青极力反对他率团出席。最后,还是毛泽东点了邓小平的将,由邓小平担任中国政府代表团团长。4月6日,周恩来破例率领中央政治局委员和在京的党、政、军各部门负责人以及各界群众四千余人,在北京机场组织了一个盛大的欢送仪式,为邓小平和全体团员送行。

与此同时,世界都在关注着中国代表团的到来。西方的政治家们纷纷猜测,邓小平究竟是个什么样的人物?

4月10日下午,在一片关注的气氛中,中华人民共和国代表团团长、政府副总理邓小平健步走上联合国大会讲台,从容老练地摊开讲稿,面对一百多个国家的代表团和众多的记者,开始了他明快的发言。

邓小平精辟地阐述了毛泽东主席提出的"三个世界"的理论。他说:从国际关系的变化看,现在的世界实际上存在互相联系又互相矛盾着的三个方面、三个世界。美国、苏联是第一世界。亚非拉发展中国家和其他地区的发展中国家,是第三世界。处于这两者之间的发达国家是第二世界。

邓小平代表中国政府向国际社会提出建立国际经济新秩序的基本主张,也就是国家之间的政治和经济关系应当建立在和平共处五项原则的基础上。各国的事务应当由各国人民自己来管。发展中国家人民有权自行选择和决定他们自己的社会、经济制度。

邓小平还庄严声明:中国是一个社会主义国家,也是一个发展中的国家,中国属于第三世界。

邓小平的发言震动了整个会场,赢得了广大发展中国家的称赞。发言结束后，许多国家的代表纷纷与邓小平握手致意。世界各大报纸和电台也纷纷报道邓小平的发言。中国政府的外交影响又一次震动了全世界。

邓小平在这次联大特别会议期间所表现出的卓越外交才能为世界所瞩目。

4月14日，担任美国国务卿兼总统国家安全事务助理、美国政府代表团团长基辛格举行宴会，邀请邓小平参加。在这次宴会上，他们第一次相识，从此开始了他们长达十多年的交往。

十多年后，基辛格在与日本前首相中曾根康弘谈21世纪领导人素质时，曾这样说：

"领导人最重要的是勇气。领导人或政治家的任务，是把国民从现在引向未知的世界。能否上升到最高负责人地位的重要标志，是看其能否描绘出光明的未来。

"我在历史中读到的伟大的领导人，都曾在其人生的经历中有过沉思的时期。在此期间，了解自己，学习社会。戴高乐总统曾亡命他国，邓小平曾被监禁。

"邓小平是中国推行改革的领袖。他着手共产党领袖从未搞过的改革，解放了农村经济，把粮食进口国变成了粮食富余国。虽然他作为老一代的革命家，不允许共产党的地位下降，但他还要将经济改革搞下去。"

现代化建设需要一个稳定的国内环境，也需要一个和平的国际环境

科学观察和分析时代特征，正确估量和把握当今世界主题和国际形势的发展趋势，是制定正确的对内对外政策的重要依据。党的十一届三中全会以来，在邓小平倡导的解放思想、实事求是思想路线的指引下，全党和全国的工作重点从"以阶级斗争为纲"转到了"以经济建设为中心"的轨道上来。这一历史性的转变，同时也为对当代世界的形势与时代特征有一个清醒的、符合实际的认识提供了现实的基础和条件。

谋求一个和平的国际环境是邓小平外交战略思想的出发点。邓小平反复强调指出，要搞改革开放，进行社会主义现代化建设，需要一个稳定的国内环

境，也需要一个和平的国际环境，这就确定了新时期对中国外交的内在的客观要求。所以，我们的对外政策，就本国来说，是要寻求一个和平的环境来实现四个现代化。这不是假话，是真话。这不仅符合中国人民的利益，也是符合世界人民利益的一件大事。可见，邓小平在确定新时期外交的指导方针时，是以为改革开放和现代化建设谋求一个和平的国际环境为出发点的。

首先，要建设，没有和平环境不行。和平是建设的前提。新中国成立后，虽然我们党也曾提出要大规模地进行现代化建设，但是我们却未能真正将工作重点转到经济建设为中心的轨道上来。这除了指导思想上判断失误和"左"的干扰外，我们始终所面临的复杂严峻的国际形势，特别是紧张的周边环境，无疑是非常重要的原因。在当时的情况下，我们不得不以很大的精力和资源用于应付随时可能发生的战争，却严重地影响了国内的经济发展战略布局和制约了整个经济建设的发展。历史经验说明，没有一个和平的国际环境，我们就不可能安心地进行现代化建设。据此，邓小平指出：我们把争取和平作为对外政策的首要任务。争取和平是世界人民的要求，也是我们搞建设的需要。没有和平环境，搞什么建设！

其次，中国太穷，要发展自己，只有在和平环境里才有可能。邓小平经常说，在世界舞台上，中国算是一个大国，这个大国又是小国，是经济落后的穷国，是不发达国家或叫发展中国家。中国面临的首要任务就是发展和摆脱贫穷落后。要实现中华民族求富求强的雄心壮志，是一个长期的艰巨过程。据此，邓小平设计了"三步走"现代化发展战略的宏伟蓝图。要实现这个战略蓝图，我们至少需要70年甚至更长的和平时间。一打仗，这个计划就吹了，只好拖延。从现在到20世纪末是一个阶段，再加上30年至50年，就是说我们希望至少有50年到70年的和平时间。我们提出维护世界和平不是在讲空话，是基于我们自己的需要，当然也符合世界人民的需要。所以，中国的对外战略也只能是服从和服务于这个需要。

最后，关起门来搞建设是不能成功的，中国的发展离不开世界。在今天这样一个科技飞速发展、经济生活日趋国际化的社会里，国际关系中的经济因素比重大大增加，任何一个国家要发展，闭关自守是不可能的，不加强国际交往，不引进发达国家的先进经验、先进科学技术和资金，是不可能的。以前，由于某些国家和集团先后对我国实行封锁和压制政策，我们自己又没有学会利用国际条件，使我们处于隔绝、孤立状态，未能赶上世界经济发展的大潮。总结历史经验，邓小平指出，要实现现代化，必须有一个正确的开放的对外政策，必须争取和平的国际环境和学会利用有利的国际条件。开放是中国的希望。

细心的世界观察家们发现，中国对战争与和平的看法逐渐发生了变化

对战争与和平问题的认识，历来是一个国家制定内政外交方针的重要因素。

细心的世界观察家们发现，自从中国实行改革开放政策、一心一意从事现代化建设以来，中国对战争的看法和对国际形势的判断发生了重大转变。

进行社会主义现代化建设，需要一个稳定的国内环境，也需要一个和平的国际环境。那么，我们能不能争取到一个和平的国际环境呢？

原国防部部长秦基伟谈到了过去我们对战争与和平的看法：

"过去我们的观点，一直认为战争是不可避免的，而且是迫在眉睫。各方面工作的立足点，都是放在准备早打、大打、打核战争上。这样使我们军队也好，和其他的各个方面的工作，始终是处于一种临战状态。"

这种看法，有其深刻的历史渊源。

早在20世纪初，列宁曾提出了"帝国主义和无产阶级革命的时代"的著名论断。通过对资本主义的观察，他得出了生产资料私有制这种经济基础，使帝国主义战争绝对不可避免的结论。无产阶级的革命和帝国主义的战争都是不可避免的，不是战争引起革命，就是革命制止战争。列宁在当时的历史条件下得出的这个结论，曾为相继爆发的两次世界大战所证实。第二次世界大战结束后，斯大林仍然沿用列宁的观点，认为资本主义国家争夺市场、投资场所和原料产地的斗争，仍将导致新的冲突而引起战争。资本主义国家间的矛盾，将超过资本主义与社会主义国家之间的矛盾，资本主义国家间的战争仍将是不可避免的。由于种种原因，上述观点在很长一段时间内，主导了社会主义国家对当代战争与和平问题的看法。

新中国成立后，我们党在战争与和平问题上基本上维持了这样的判断，一直坚持"战争与革命"是时代主题，但在具体时期的认识还是有所不同的。

20世纪50年代初期，毛泽东虽然也强调"第三次世界大战的可能性依然存在"，但也指出："只要全世界共产党能够继续团结一切可能的和平民主力量，并使之获得更大的发展，新的世界战争是能够制止的。"在我国的对外政策中，保卫和维护世界和平是一项基本内容。

进入60年代以后，由于美国侵越战争的升级和中苏关系的恶化对中国形成威胁，加上党在指导思想上"左"的倾向日益严重，对新的世界大战的认识日感"不可避免"，而且"迫在眉睫"，认为整个世界形势"不是战争引起革命，就是革命制止战争"，提出了要准备早打、大打，打常规战争、打核大战的观点。与此相适应，我们国内建设中的一个重要考虑就是备战。我们好多的决策，包括一、二、三线的建设布局，"山、散、洞"（即靠山、分散、进洞）的方针在内，都是从这个观点出发的。

党的十一届三中全会以来，我们恢复了党的实事求是的思想路线，从而在指导思想上纠正了以往那种"以阶级斗争为纲"的立场和方法去观察国际国内事务、制定对内对外政策的"左"的错误。经过对国际形势的科学观察和深刻分析，邓小平明确指出：战争的因素还存在，但防止新的世界战争爆发的因素也在增长，战争有可能避免和制止，我们可以在争取一个和平有利的国际环境下，集中精力进行国内的改革开放和社会主义现代化建设。

1984年9月27日和10月10日，联邦德国前总理施密特和时任总理科尔相继访华，邓小平分别会见了他们。在会见中，邓小平在谈国际形势时，提到了科尔1974年访华和施密特1975年访华时双方在对战争问题的看法上的分歧。

科尔和施密特20世纪70年代访华时，邓小平作为副总理曾经会见过他们。在会谈中，当时中国曾坚持战争不可避免，而且迫在眉睫的观点，但德国客人则表示了不同意见。毛泽东在会见施密特时曾说，他知道苏联要干什么，将要发动一场战争。而施密特则认为大的战争不可能发生。当时陪同会见的邓小平一言未发。

十年过去了，中国和世界都发生了很大变化。

邓小平1984年会见这两位德国客人时说：那时你们来访问，我们曾经谈到战争危险。现在我们对这个问题的看法有一点变化。我们感到战争危险仍然存在，仍要提高警惕，但防止新的世界战争爆发的因素在增长。他表示，中国最不希望发生战争。中国太穷，要发展自己，只有在和平的环境里才有可能。要争取和平的环境，就必须同世界上一切和平力量合作。

邓小平关于战争与和平的新判断，是从20世纪70年代末期逐步形成的，主要经历了两个阶段。

第一个阶段，20世纪70年代末到80年代初，认为战争不可避免，但可以延缓，如果行动有力，争取较长时间的和平是可能的。十一届三中全会前后，邓小平虽然认为战争不可避免，但他观察到两个超级大国全球战略部署尚未准备好，战争一时还打不了，只要世界和平力量共同努力，破坏超级大国的全球战略部署，战争可以推迟和延缓爆发。进入80年代，邓小平就明确提出，争取较长的和平时间是可能的。1980年4月，他说：采取有效措施，80年代的危险可以渡过，不是不能渡过的。我们说争取20年的和平环境是可能的。1983年3月，他在分析了国际形势和美苏战略力量的变化后断言：战争十年内打不起来。

第二个阶段，从80年代中期起，认为战争的危险依然存在，但世界和平力量的增长超过了战争因素的增长，战争是可以避免的，和平是有希望的。邓小平1984年11月1日指出："讲战争危险，从毛主席那个时候讲起，讲了好多年了。粉碎'四人帮'后我们又讲了好久。现在我们应该真正冷静地作出新的判断。这个判断，对我们是非常重要的。""没有这个判断，一天诚惶诚恐的，怎么能够安心地搞建设？"1985年6月4日，他在军委扩大会议上讲对国际形势看法的转变时，精辟地概括了新的判断的客观依据：第一，美苏两个超级大国都具有毁灭对手、威胁人类的常规武器和核武器，要打世界战争，他们谁也不敢先动手；第二，美苏两家的全球战略部署都受到了挫折，都没有完成，因此谁都不敢动；第三，世界和平力量的增长超过了战争力量的增长，包括中国在内的广大第三世界国家最希望和平，是反对战争的主要力量。其他发达国家也不要战争。世界各国人民，包括超级大国的人民，是强烈要求和平、反对战争的；第四，世界新科技革命蓬勃发展，经济、科技在世界竞争中的地位日益突出，这种形势，无论美国、苏联、其他发达国家和发展中国家都不能不认真对待。由此，在较长时间内不发生大规模的世界战争是有可能的，维护世界和平是有希望的。依据这个新判断，邓小平又及时指导我们党相应地调整了对外政策。他说："这是我们的两个大变化。"

>> 第八章　邓小平与新时期中国外交战略和祖国统一

中央军委主席邓小平宣布：人民解放军裁减一百万

这话让我们先从 1984 年的国庆阅兵说起。

1984 年 10 月 1 日，金秋的北京一派喜庆景象，装饰一新的天安门更是金碧辉煌，雄伟壮丽。庆祝中华人民共和国成立 35 周年大会和阅兵式将在这里隆重举行。

上午 10 时，伴随着雄壮的国歌和隆隆的礼炮声，一辆黑色的红旗牌敞篷车缓缓驶出天安门，越过金水桥，停在桥头。站在这辆敞篷车上的是中央军委主席邓小平。

与此同时，天安门广场东头的一辆敞篷车向金水桥头驶来，在距桥头五米处停下。站在车上的北京军区司令员秦基伟。他向三军统帅行了一个庄严的

★ 1984 年 10 月 1 日，在国庆 35 周年盛典上，邓小平乘车在天安门广场检阅中国人民解放军陆海空三军。

军礼后报告：

  军委主席：庆祝建国 35 周年阅兵式，受阅部队列队完毕，请你检阅。

阅兵总指挥：秦基伟

  新中国成立以来最大的一次阅兵开始了。"同志们好！""同志们辛苦了！"——邓小平以亲切、有力的声音向三军官兵致以问候；"首长好！""为人民服务！"——三军官兵以嘹亮、坚定的回答向统帅和人民表达敬意。朴素、真挚的话语一下就拉近了统帅、士兵和人民之间的距离。

  整齐的方队、崭新的装备，依次经过天安门城楼，接受党和人民的检阅。望着这威武之师、正义之师的英姿，邓小平的脸上露出了满意的笑容。

  1984 年国庆节的阅兵，无疑是振奋了海内外中国人的心。祖国的强盛和繁荣，使他们感到无比的兴奋和自豪。然而，此时站在天安门城楼上的邓小平，却想得更多、更远……

  1 个月后，1984 年 11 月 1 日，在北京京西宾馆召开的军委座谈会上，邓小平高度评价了这次阅兵。他指出，这次阅兵，国内外反映都很好。要说有个缺陷，就是 80 岁的人来检阅部队，本身就是个缺陷。同时他着重强调了军队要服从整个经济建设的大局，提出了进一步"消肿"的问题。这次座谈会所要讨论的主要问题，就是准备实施一个惊人的战略决策——裁减人民解放军员额一百万。

  1985 年 6 月 4 日，中国人民解放军的高级将领云集北京京西宾馆。军委主席邓小平在这里举行的军委扩大会议上发表重要讲话。他宣布：中国人民解放军决定裁减员额一百万！

  邓小平说：

  "我们下这样大的决心，把中国人民解放军的员额减少一百万，这是中国共产党、中国政府和中国人民有力量、有信心的表现。它表明，拥有十亿人口的中华人民共和国，愿意并且用自己实际行动对维护世界和平作出贡献。"

  正当美苏两个超级大国在裁军问题上争论不休，并将军备竞赛由地面引向太空时，中国却单方面宣布了庞大的裁军计划，这是世界裁军史上前所未有的重大举措，是对世界和平进程的巨大推动。

  《美洲华侨日报》和《波恩评论报》说，现在世界上都在谈裁军，可是迄今为止只有中国人言行一致。

  中国百万大裁军的壮举，在国际、国内引起了巨大的反响。人们在赞叹邓小平的果断和魄力的同时，也在分析和议论，是什么原因促使邓小平和中国最高领导层作出这样的重大决策。

邓小平回答得很明确：我们是从全局着眼，从国际大局和国内大局着眼来看问题的。

那么，国际大局和国内大局是什么呢？

原中共中央政治局常委、中央军委副主席刘华清说：

"小平同志在和平时期第一个大的贡献，就是对国际形势作了透彻的分析，判断世界大战相当一段时间不可能发生，所以对我们解放军的战略指导思想作了很大的转变，转变为和平建设时期的建军。"

时任中央军委副主席、国防部长迟浩田这样说：

"我们军队的方向就是服从和服务于经济建设的大局。大家知道1984、1985年小平同志讲这个话讲得最多，突出地强调军队要在大局下行动。我们的经济上不去，我们国家不能富强，人民的生活不能改善。因此，军队工作的同志一定要有全局观念。按照这个要求，所以军队一系列的工作都有一个全局观念，贯穿于我们一切实践中。再一点就是注意质量建军，就是说我们军队的建设，数量和质量的关系优先考虑质量，走一条精兵之路。"

1985年是中国的"裁军年"。邓小平在1975年那次未能完成的军队整顿和在1982年那次有很大成效的军队精简整编基础上，终于在1985年开始了彻底"消肿"，实行百万大裁军。这一年，中央军委所属的总参、总政、总后三总部机关人员分别精简了60%、30.4%、52%，处以上机构减少了近六分之一。原有11个大军区精简合并为7个；军级以上单位减少31个，师、团级单位撤销4054个；解放军军事学院、政治学院、后勤学院合并为国防大学。各县、市人民武装部不再归军分区管辖，改为地方建制，干部和战士退出现役；军队内部管理的76种干部职务改由战士担任，官兵比例达到了1∶3.3。从1985年起，3年内将有60万名干部退出现役转业到地方。上述行动的结果，使我军在精兵、装备、合成和效能上达到了一个新水平。

邓小平领导的中国裁军百万的战略性行动，在1986年"国际和平年"到来之际已经从总体上完成，到1987年，这一浩繁的有口皆碑的"工程"胜利完成。

中国以自己的实际行动为维护世界和平所作出的努力，赢得了世界舆论的普遍赞誉。

和平与发展是当今世界两大问题

第二次世界大战以来,特别是20世纪七八十年代以来,国际形势发展变化很大。邓小平是怎样认识和判断的呢?

时任国务院副总理钱其琛说:

进入80年代以后,国际形势出现了重要的、新的变化。我国那时已经同美国建立了外交关系,同时也正在改善同苏联的关系。我们需要有一个和平的国际环境,而且在客观上讲也可以争取到一个和平、稳定的周边环境。当时世界各国人民和一切爱好和平的国家,也都渴望世界能够和平和安宁。其次,在世界范围之内出现了一种新的科技革命迅猛发展的高潮,经济在国际关系中的地位日益突出。同时旧的国际经济秩序极大地妨碍了、损害了发展中国家的经济发展,许多国家都遇到了严重的经济困难,南北差距在扩大。在这样大的背景下,小平同志根据实事求是的原则,从中国人民和世界人民的根本利益出发,站在世界全局的高度,抓住了全球性的战略问题,提出了和平与发展是当今世界两大问题的科学论断。

第二次世界大战后,世界政治在战后到20世纪50年代出现了资本主义和社会主义两大阵营对立的格局。60年代后的"大动荡、大分化、大改组"又形成了美苏争霸和第三世界崛起的格局。与此同时,世界经济以前所未有的速度迅速发展。战后兴起的第三次科学技术革命,对世界经济的发展以及对国际政治经济关系的变化,产生了深刻的影响,它推动了主要资本主义国家生产力的发展和生产关系的调整,加深了生产、资本国际化的进程和国家间的经济联系,同时也造成了南北差距的扩大。到了80年代,世界和平与发展的问题日趋突出。发达国家需要进一步发展经济,发展中国家也普遍面临着发展民族经济、巩固政治独立的重任。共同的发展愿望对保持世界的稳定与和平也提出了新的要求。现实表明,这个时候的国际社会中的主要矛盾已集中反映在东西南北关系上面。面对这样一个新的国际态势,旧的国际经济秩序极大地妨碍、损害了广大发展中国家的经济发展,造成世界上北方发达、富裕,南方不发达、贫困的局面,而且相对地说,南北差距在不断拉大,富的越来越富,穷的越来越穷。这种状况，既反映了南北之间经济发展的不平衡，经济关系不平等，也极大地影响了世界的和平和稳定。

和平和发展的问题，共同影响着人类的前途。没有和平，难有发展，而世界经济的繁荣，尤其是发展中国家的发展，又是维护世界和平的根本。据此，邓小平多次强调，必须改变目前这种不合理的世界经济秩序，10亿人口的发达国家的继续发展，是不能够建立在有30亿人口的继续贫困的基础上的。解决南北问题，首先是要加强南北合作与对话。一方面，发达国家应采取积极主动的态度，负起历史的责任，但是，单靠南北对话还不行，发展中国家必须加强"南南合作"，这是推动"南北合作"的最可靠途径。

对于时代特征的认识，是一个国家制定整个国际战略与外交政策的依据和基石。根据国际形势的发展变化和我国现代化建设的客观实际，邓小平引导我们纠正了以往对世界主要矛盾"左"的估计，对当代国际形势和时代主题有了一个清醒的、符合实际的认识。对当今时代主题的把握，实现了一个由"战争与革命"到"和平与发展"的重大转变。

邓小平经过长期的观察和科学的分析，透过世界政治、经济、社会制度、意识形态等的差异，从错综复杂、瞬息万变的诸种国际矛盾中，抓住了战争与和平、落后与发展这两对制约、影响其他矛盾的主要矛盾，明确提出了"和平与发展是当今世界两大问题"这一科学论断。

1984年5月29日，在会见巴西总统菲格雷多时，邓小平指出：现在世界上问题很多，有两个比较突出。一是和平问题。要争取和平就必须反对霸权主义，反对强权政治。二是南北问题。这个问题在目前十分突出。这个问题不解决，就会对世界经济的发展带来障碍。

1984年10月31日，邓小平在会见缅甸总统吴山友时说：国际上有两大问题非常突出，一个是和平问题，一个是南北问题。还有其他许多问题，但都不像这两个问题关系全局，带有全球性、战略性的意义。

1985年3月4日，邓小平在会见日本商工会议所访华团时进一步明确指出：现在世界上真正大的问题，带全球性的战略问题，一个是和平问题，一个是经济问题或者说发展问题。和平问题是东西问题，发展问题是南北问题。概括起来，就是东西南北四个字。南北问题是核心问题。面对纷繁复杂的国际局势，特别是冷战结束后，世界格局由两大集团对峙向多极化趋势发展。面对北约东扩等问题，邓小平在1992年南方谈话中强调指出："世界和平与发展这两大问题，至今一个也没有解决。社会主义中国应该用实践向世界表明，中国反对霸权主义、强权政治，永不称霸。中国是维护世界和平的坚定力量。"

邓小平对当代世界形势和国际问题的科学分析和精辟论述，反映了当今世界发展变化的本质特征，体现了现代国际关系的基本内容，是马克思主义关于国际问题学说在当今世界的重大发展。这一新的科学论断，为我们党和国家调整对内对外政策，维护和争取和平，集中精力进行社会主义现代化建设，提供了科学的理论指导。

"和平与发展是当今世界两大问题"这一科学论断，在党的十三大和十四大上，被准确地、规范化地概括为"和平与发展是当代世界两大主题"，成为邓小平理论的重要内容。把握住这一时代主题，正确认识世界发展潮流，制定与这一主题相适应的国内外政策，才能使中国这样一个发展中的社会主义大国，在改革开放和现代化建设的实践中，从复杂多变、错综纷乱的世界中清醒地认识世界，牢牢抓住各种机遇，不断发展和壮大自己，为人类的和平与发展事业作出中华民族应有的贡献。

改变"一条线"战略，实行独立自主的和平外交政策

邓小平是一个战略家、政治家，他的最伟大之处，在于每临时代的呼唤和历史的要求，他都能站在战略的高度，拨开笼罩在人们眼前的层层迷雾，指出一条解决问题的新路好路。这一点，不仅表现在内政方面，而且也表现在外交方面。

对外政策是对内政策的延续。党的十一届三中全会决定把全国工作重点转移到经济建设上来，实行改革开放的政策之后，邓小平又及时根据国际形势新的变化和国内现代化建设任务的需要，对中国的外交作了重大的调整，从而发展和完善了独立自主的和平外交政策，全面开创了新的外交局面，使中国外交进入了一个新的历史时期。

1985年6月4日，邓小平在军委扩大会议上发表了重要讲话。讲话的主要内容是关于国际形势、中国的国际地位和对外政策。这个仅限于军队高级领导层的讲话内容，在党内也只是很小范围内知晓。直到1993年11月《邓小平

文选》第三卷出版时,才得以公开发表。邓小平在讲话中说:"粉碎'四人帮'以后,特别是党的十一届三中全会以后,我们对国际形势的判断有变化,对外政策也有变化,这是两个重要的转变。"

第一个转变,是对战争与和平问题的认识。邓小平说:根据对国际形势和我们周围环境的分析,我们改变了原来认为战争的危险很迫近的看法。

第二个转变,是我们的对外政策。邓小平指出:过去有一段时间,针对苏联霸权主义的威胁,我们搞了"一条线"的战略,就是从日本到欧洲一直到美国这样的"一条线"。现在我们改变了这个战略,这是一个重大的转变。

"一条线"战略有其复杂的历史原因和特殊的国际背景。

从20世纪50年代后半期起,中苏两党两国关系严重恶化。苏联领导集团在处理两党两国关系上,从大国沙文主义出发,表现出严重的霸权主义,甚至不惜以战争威胁来达到其控制中国的目的。在这种情况下,使中国面对两面夹击的严峻形势,必须进行两条战线的斗争。一条战线是反对当时称之为国际修正主义和社会帝国主义的苏联及其集团,一条战线是反对以美国为首的国际帝国主义集团。

毛泽东曾把这种形势形象地比作"夹肉面包",即我们被夹在了美苏两个大国之间。

然而,毛泽东毕竟是能把握全局、纵横捭阖的国际战略大师。面临严峻的战略态势,他清醒地意识到问题的严重性,开始探求打破被动局面的策略。一方面,他提出了"三个世界"划分的理论和美苏之间存在着"中间地带"的论断;另一方面,他确定了利用矛盾,争取多数,孤立少数的策略方针,并谋求建立世界反霸统一战线,以维护世界和平和保障中国的国家安全。20世纪60年代末,中美之间开始接触,有了一些改善关系的迹象。经过对世界主要矛盾的分析和对战争可能性的预测,我们党开始认为,美苏联合反华的可能性不大,在中、美、苏三大力量之间的斗争中,中苏矛盾大于中美矛盾,美苏矛盾大于中苏矛盾。这种形势使我们存在着利用美苏矛盾的可能性。70年代初,在经过深思熟虑和慎重的外交接触以后,毛泽东断然决定打开中美关系。

1973年2月,毛泽东在他中南海的书房里会见了第四次访华的时任美国国务卿的基辛格。

毛泽东对国际形势的深刻分析令基辛格赞叹不已。在这次会见中,毛泽东提出了他关于"一条线""一大片"的战略设想。即按照大致的纬度画一条联结从美国到日本、中国、巴基斯坦、伊朗、土耳其和欧洲的战略线,并团结这条战略线以外的国家("一大片"),以共同抗衡霸权主义和侵略野心最大的苏联。这一战略是毛泽东提出的,但是真正形成则是在1979年邓小平访美和苏联入侵阿富汗之后。

"一条线"战略在当时对缓和中国在国家安全问题上所面临的极度紧张形势,使中国摆脱长期腹背受敌、孤立无援的状态,遏制苏联的扩张霸权,起了重要作用。对此,邓小平在1985年9月14日会见来访的奥地利总统基希施莱格时这样说:毛主席当时提出的国际战略有当时的历史条件。那时苏联在各方面都占优势,美国加上西欧都处于很大的劣势。不是小的劣势,是很大的劣势。苏联从赫鲁晓夫到勃列日涅夫都采取进攻的战略,而且非常积极。我们面对着十分严重的威胁。1969年发生了珍宝岛事件。我们当时面临的形势是,从美苏力量对比来看,苏占优势,而且张牙舞爪,威胁中国。面临这样的形势,我们的判断是,苏联处于进攻性态势,全球性进攻。毛主席当时从力量对比中作出了这样的判断。为了制止战争的危险,毛主席提出了建立从日本经欧洲到美国的"一条线"战略,以对付苏联的挑战。这有个好处,促进了美国和欧洲的联合。美国和欧洲在军备上赶上来了。美国同中国的关系改善了,日本、欧洲同中国的关系也赶上来了。

实行"一条线"战略,有它当时的历史条件,在当时也是必要的。但是,这一战略也有其缺陷。它与我国50年代实行的向苏联"一边倒"的战略一样,以战略关系画线,不利于独立自主原则的贯彻,使我们的外交活动失去了一些必要的灵活性和主动性。特别是这一战略容易被霸权主义所利用。

进入20世纪80年代以来,国际形势发生了重大变化。苏联由于陷入阿富汗战争而国力减弱;美国在医治侵越战争创伤后国力有所恢复,美国和西欧的联合进一步加强,卡特后期和里根上台后对苏联采取了强硬政策,美苏争霸态势转入均衡、僵持阶段。在国际事务中,美苏既争夺,又对话,是世界霸权主义的最主要代表。在这种情况下,继续实行"一条线"战略,不仅已无必要,而且对中国不利。因为占世界人口四分之一的中国,不仅块头大,分量重,而且在反对霸权主义、维护世界和平的斗争中,已经发展成为独立于美苏之外的一支重要力量,中国如同美苏任何一国结盟或建立战略关系,都会影响世界战略力量的平衡,不利于国际形势的稳定,必将干扰中国的维护世界和平、促进人类进步这一外交的根本目标。现实表明,"一条线"战略已不能适应一心一意搞现代化建设的中国的国际地位和建立正常的对外关系的需要。

求实和创新,是邓小平观察思考问题的鲜明特征。时代在变化,思想和行动也要随之而变。从国际形势的变化和国内建设的实际出发,邓小平把握全局,高瞻远瞩地及时指导我们党改变了"一条线"战略,代之以更为实际、更为灵活、更具原则性的战略政策方针,即独立自主的和平外交政策方针。

新时期独立自主的和平外交方针,酝酿于党的十一届三中全会,确立于党的十二大。

在中国对外政策的转变过程中,美国人也给我们上了重要的一课。

中美建交后,两国关系有所发展。但是两国关系中一直存在着阴影。这是因为,美国虽然承认中华人民共和国政府是代表中国唯一的合法政府,只有一个中国,台湾是中国的一部分。但是两国建交后不久,美国又通过了一个违反两国建交公报原则的《与台湾关系法》,并继续向台湾出售武器,把台湾作为一个独立的政治实体看待。特别是里根在竞选和当选总统后,多次声称要大力发展与台湾"老朋友"的关系,扬言中国无权过问美国对台湾的政策,主张向台湾出售性能有所提高的武器。这种侵犯中国主权、干涉中国内政的行为,再次暴露了美国霸权主义的本质,破坏了中美两国之间的战略关系。

1981年1月4日,邓小平在会见美国客人时,阐述了关于发展中美关系

★ 1987年5月11日,邓小平会见联合国秘书长德奎利亚尔。邓小平指出,我们关心的问题,一个是和平问题,一个是发展问题。

的原则立场。他说：要明确一点，即在台湾问题上如果需要中美关系倒退的话，中国只能面对现实，不会像美国有些人所说的那样，中国出于反对苏联的战略会把台湾问题吞下，这不可能。

1982年9月1日，秋风送爽，庄严的人民大会堂里回荡着邓小平那铿锵有力的声音：走自己的路，建设有中国特色的社会主义！

中国共产党第十二次全国代表大会在这里召开，邓小平的开幕词不时把代表们的情绪引向高潮。

在谈到对外政策时，邓小平坚定地说：中国的事情要按照中国的情况来办，要依靠中国人自己的力量来办。独立自主，自力更生，无论过去、现在和将来，都是我们的立足点。中国人民珍惜同其他国家和人民的友谊和合作，更加珍惜自己经过长期奋斗而得来的独立自主的权利。任何外国不要指望中国做他们的附庸，不要指望中国会吞下损害我国利益的苦果。

党的十二大明确了我们实行的是独立自主的外交政策，并确立了在处理国际问题和双边关系上的基本原则。十二大之后，邓小平关于外交战略的思想又进一步发展，并指导中国外交作出了一系列重大调整。

1984年5月29日，邓小平在会见巴西总统菲格雷多时，对中国的外交政策进行了精辟的概括。他说："中国的对外政策，主要是两句话。一句话是反对霸权主义，维护世界和平，另一句话是中国永远属于第三世界。"

对中国外交政策的原则和目标，邓小平指出："中国的对外政策是独立自主的，是真正的不结盟。中国不打美国牌，也不打苏联牌，中国也不允许别人打中国牌。中国对外政策的目标是争取世界和平。在争取和平的前提下，一心一意搞现代化建设，发展自己的国家，建设具有中国特色的社会主义。"

邓小平爱好打桥牌，这是众人皆知的。但邓小平经常在会见客人时这样说："我个人爱好打桥牌，但中国在政治上不爱好打牌。"我们不搞政治游戏和语言游戏，我们不打别人的牌，也不允许别人打中国的牌，中国不能成为霸权主义争雄称霸中的筹码。他反复向世界表明：我们坚决站在世界和平力量，特别是广大第三世界国家一边，谁搞霸权主义就反对谁，谁搞战争就反对谁，不称霸，不结盟，不对抗，不当头，不计较历史恩怨，不计较意识形态的差别，在和平共处五项原则的基础上同世界上一切国家建立、发展外交关系和经济文化关系，其中包括同美国和苏联的关系。邓小平认为，这个政策很重要。这是一个维护和平的最好的政策。我们说仗打不起来，包括我们这个政策的作用。

>> 第八章 邓小平与新时期中国外交战略和祖国统一

我们决不能同这一家那一家搞什么战略关系。过去我们搞过，效果并不好。最好的是我们现实的政策，这个最有力量，最有分量，最有利于和平和国际局势的稳定。

反对霸权主义、维护世界和平是我们对外政策的纲领

维护世界和平，促进人类发展，是中国人民和世界人民的共同要求，而霸权主义的存在是当今世界不得安宁的根源。所以，邓小平在考虑和制定中国的外交战略时，首先提出的基本方针就是：反对霸权主义，维护世界和平。

反对霸权主义、维护世界和平，是新中国的一贯立场。邓小平曾指出：毛泽东思想在世界上是同反对霸权主义的斗争分不开的。中国在毛泽东主席和周恩来总理领导的时候，就强调反对超级大国的霸权主义，并认为霸权主义是

★ 1984年10月10日，邓小平会见德意志联邦共和国总理科尔。邓小平指出，我们的对外政策是反对霸权主义，维护世界和平。

战争的根源。他认为，毛泽东提出的三个世界划分的理论为世界反霸斗争创造了新的条件。在新的历史时期，邓小平继承和发展了毛泽东关于反霸斗争的思想，并根据变化了的新形势，从全人类的战略高度，将维护世界和平与反对霸权主义联系在一起作为中国外交战略的基本方针，并提出了一系列与之相适应的策略、原则。

20世纪80年代一开始，邓小平就将反对霸权主义、维护世界和平作为80年代的三大任务之一，摆在了中国人民面前。他指出，霸权主义是世界和平的主要威胁。要争取较长时间的和平，寻求一个和平的国际环境来进行改革开放和现代化建设，就必须反对霸权主义。这是中国的一项基本国策。1982年8月，他在会见联合国秘书长德奎利亚尔时郑重地说："反对霸权主义、维护世界和平是我们真实的政策，是我们对外政策的纲领。"邓小平经常将中国的外交政策概括为三句话：反对霸权主义，维护世界和平，加强同第三世界的团结与合作。强调第三世界这一点，是因为反对霸权主义、维护世界和平对第三世界有特殊意义。第一，第三世界都面临严重的发展本国经济、逐渐摆脱贫穷落后状况的问题，所以他们最希望和平；第二，霸权主义的直接受害者是第三世界国家和人民，这就决定了有切身利益的第三世界是反霸、维和的主力军；第三，中国永远属于第三世界，中国和第三世界国家的命运是相同的，加强与第三世界的团结与合作，最有利于维护世界和平。

把反对霸权主义、维护世界和平作为中国对外政策的纲领，也是由中国在国际上的地位和作用决定的。中国是一个占世界人口五分之一的发展中国家，是一个和平大国，又是一个经济相对落后的穷国。在整个世界战略格局中，中国具有特殊的地位和作用。第一，中国是维护世界和平和稳定的力量。中华民族是一个爱好和平、不畏强暴的民族，反对霸权主义、维护世界和平，是中华民族传统的体现。特别是我们现在一心一意搞现代化建设，最需要和平，最不希望战争；第二，中国发展得越强大，世界和平越靠得住。中国是一个具有巨大潜力的发展中国家，在当今这样一个主要依靠经济、科技竞争的世界里，随着在整个世界经济中经济地位的不断上升，中国对亚太地区的经济繁荣乃至整个世界经济发展的推动将更趋显著，对国际局势的稳定以及世界和平的保障作用会日益增强；第三，中国永远不称霸。无论是以前人们称之为"中美苏战略大三角"时期，还是现在世界政治多极化发展时期，中国在国际事务中都具有举足轻重的地位。我们既不能把自己与霸权主义绑在一起，也不能自己搞霸权主义。"如果十亿人的中国不坚持和平政策，不反对霸权主义，或者是随着经济的发展自己搞霸权主义，那对世界也是一个灾难，也是历史的倒退。"所以，中国永远不称霸。我们要把中国人民的利益同世界大多数国家和人民的利益结合起来，高举反对霸权主义旗帜，为人类的和平进步事业作出应有的贡献。

希望双方都珍视经过十年积累来之不易的中美关系

  1972年，以当时的美国总统尼克松访华为标志，中美两国结束了长达二十多年的敌对状态。从毛泽东、周恩来到邓小平，都为中美关系的发展倾注了大量的心血。但是，中美关系的发展道路并不平坦。毛泽东似乎预感到了什么，他曾对身边的工作人员说："我是看不到中美建交的那一天了。"

  中国首任驻美大使柴泽民回忆：

  "尼克松在1972年看到毛主席和周总理的时候，就讲到，说是在我的第二任总统期间，我一定要实现中美关系正常化。但是以后由于水门事件这个任务就没有实现。这以后他的继任者福特总统就职。当时见到毛主席和周总理的时候，他也讲，说在我第二届总统当选之后，要实现中美关系正常化，结果在竞选过程中他失败了。所以卡特总统一就任，他就提出来，要在第一任，就是四年之内，要完成中美关系正常化。"

  卡特1977年就任美国总统后，面对当时苏联的进逼之势，想借重中国力量，在战略上谋求均衡，以对抗苏联。他宣布，中美关系是"美国全球政策的一个中心因素"，决心实现中美关系正常化。1977年8月，他派美国国务卿万斯到中国，提出美国方面的态度和条件，核心问题是如何处理与台湾的关系问题。

  邓小平会见了万斯。他明确地告诉美国客人，如果要解决，干干脆脆就是三条：废约（美台《共同防御条约》）、撤军、断交。为了照顾现实，我们可以允许保持美台间非官方的民间往来。至于台湾同中国统一的问题，还是让中国人自己来解决，我们中国人是有能力解决这个问题的，奉劝美国朋友不必为此替我们担忧。

  当时曾参加过中美建交谈判工作的朱启祯对我们说：

  "七十年代后期，小平同志回到中央的主要领导岗位以后，一直关心着对美国的工作。每当一个关键的时刻,中美关系的关键时刻,他都用他的远见卓识,提出了一系列的重要方针政策。在中美关系正常化的谈判中,小平同志不仅关心谈判进程,而且对每一轮的谈判都是给予一些具体的指示,甚至于在最后谈判的关键时刻,小平同志自己亲自三次会见了美国的谈判代表。"

然而,中美建交的谈判不时跌宕起伏。柴泽民回忆:

"谈判到最后,一个问题卡住了,就是美国卖武器给台湾这个问题。我们是三大原则,这三大原则美国接受了,与台湾断交、废约、撤军,但是在出售武器给台湾这个问题上,美国不让步。"

朱启祯回忆:

"当时如果坚持要美国停止向台湾出售武器的话,我们就可能丧失了在当时的情况下和美国建交的时机。但是,如果我们为了求得同美国建交,对武器问题就放过去的话,这个问题将来就成为一个长期解决不了的遗留问题,所以最后邓小平同志跟美国谈判代表谈判的时候,就提到了这个问题:是不是我们双方同意发表建交公报,建立外交关系。但这个武器问题就留在双方建交以后两国政府继续商谈来解决。因为有了这句话,才有了后来的"八一七公报"。这个联合公报的基本内容,简单说来就是美国承诺逐步减少向台湾的武器销售,而且在数量上和质量上不超过建交时向台湾出售的水平,一直到最后完全停止。"

美国前总统卡特回忆:

"1978年,美中两国举行了建交谈判。在谈判过程中,邓小平总是很坦率,不回避困难,并与我们一起设法解决这些困难。我深感荣幸的是,在我担任美国总统期间,邓小平与我实现了中美建交。"

1979年1月28日,是中国农历正月初一。象征着吉利的"羊年"一开始,邓小平即飞赴太平洋的彼岸——美国。

这是新中国领导人第一次正式访问这个国家。第二天上午美国政府在白宫南草坪,以隆重礼仪热烈欢迎他的到来。邓小平在致词中说:

"中美两国正处在一个新的起点,世界形势也在经历着新的转折。中美两国是伟大的国家,中美两国人民是伟大的人民,两国人民的友好合作必将对世界形势的发展产生积极深远的影响。"

邓小平高度评价了中美关系正常化的意义,并意味深长地说:"世界人民的当务之急,就是要加倍努力维护世界和平、安全和稳定。我们两国有不可

>> 第八章 邓小平与新时期中国外交战略和祖国统一

★ 1979年1月1日，中美建交。1月28日至2月5日，应美国总统吉米·卡特的邀请，邓小平前往美国进行正式访问。这是中华人民共和国成立后中国领导人第一次访问美国，对中美两国乃至世界产生了深远影响。图为邓小平夫妇由卡特夫妇陪同，在白宫阳台上向美国人民致意。

推卸的责任，通过共同的努力对此作出应有的贡献。"

欢迎仪式后，邓小平和卡特走进白宫椭圆形办公室，开始进行会谈。

虽然以前从未见过面，但经过短时间的相处，卡特就对邓小平有了很深刻的印象：在这个身材矮小却很健壮的人身上，机智、豪爽、魄力、风度、自信、友善，都和谐完美地体现了出来。

卡特在他的日记中有这样的记述："邓身材矮小，坐在内阁会议室的一把大椅子上，几乎看不到他这个人了。他在出神地听我说话。他接二连三地吸着烟卷，一对明亮的眼睛常常东转西看。当译员把我的话译给他听时，他时而发出笑声，时而对其他中国人员频频点头。"

当天晚上，卡特总统在华盛顿举行盛大国宴，欢迎邓小平的到来。卡特致词后，邓小平发表了富有个性的答词。他说：

"我们两国曾在三十年间处于相互隔绝和对立状态，现在这种不正常的局面终于过去了。在这个时刻，我们特别怀念生前为实现中美关系正常化开辟了道路的毛泽东主席和周恩来总理。我们也自然地想到前总统尼克松先生和福特先生、基辛格博士、美国参众两院的许多议员先生和各界朋友所作的努力。我们高度评价卡特总统、万斯国务卿和布热津斯基博士为两国关系正常化所作出的宝贵贡献。

"我们两国社会制度不同，意识形态不同。但是，两国政府都意识到，两国人民的利益和世界和平的利益要求我们从国际形势的全局，用长远的战略观点来看待两国关系。正是因为这样，我们双方顺利地达成了实现关系正常化的协议。不仅如此，双方还在关于建交的联合公报中庄严地作出承诺，任何一方都不应当谋求霸权，并且反对任何其他国家或国家集团建立这种霸权的努力。这一承诺既约束了我们自己，也使我们对世界的和平和稳定增添了责任感。"

邓小平的访问在全美国引起轰动。美国三大全国性电视网的黄金时间全都变成了"邓小平时间"，两百多名新闻记者跟踪采访和报道了邓小平的活动。美国的一位新闻评论员说：邓小平说话坚强有力并富于幽默感，他使你不能不有所反应。可以毫不夸张地说，邓小平每到一处，都给当地人民带来愉快和欢乐。在有名的国会山上，那些见惯世面的议员们，也纷纷拿着邓小平肖像为封面的《时代周刊》排队请他签名留念。

在德克萨斯州竞技场，女骑手向邓小平赠送了一顶崭新的牛仔帽，邓小平高兴地戴在了头上。他的这个举动，赢得了全场暴风雨般的掌声。这一天，竞技场周围的牛仔帽生意大为兴隆，成百上千顶牛仔帽很快就被抢购一空。

卡特在1979年1月29日的日记中记述了这么一段："在肯尼迪中心看了一场精彩表演，表演结束后，邓和我还有他的夫人卓琳女士、罗莎琳和艾米走上舞台同演员见面，当他拥抱美国演员，特别是在拥抱唱了一支中国歌曲的儿童时，确实全场激动。他吻了许多演员，报纸后来说，许多观众流下了眼泪。"

访美期间，邓小平参观了许多科学研究机构和企业，并签订了具有重要意义的中美科技协定和文化协定，两国在高能物理方面的合作协议，两国在教育、农业、空间方面的谅解的换文等，大大推动了中美之间的了解、交流与合作。

为期八天的访问结束了。访问结束前一天，邓小平在被称为"通向东方大门的城市"西雅图，出席美国联合公司举行的午餐会上说："太平洋再也不应该是隔开我们的障碍，而应该是联系我们的纽带。"

从这以后，邓小平一直是美国各界，特别是新闻界关注的对象。

中美建交后，中美关系的发展呈现出在曲折中前进的特点。台湾问题仍

第八章 邓小平与新时期中国外交战略和祖国统一

然是妨碍中美关系发展的主要障碍。

1979年3月26日，美国参、众两院通过了卡特总统提交的关于美台关系的"立法调整"法案——《与台湾关系法》。4月10日，卡特正式签署了这个法案。这个法案的实质，就是要把台湾置于美国的"保护"之下，把台湾当做一个国家对待。这种干涉中国内政的行径，理所当然地受到了中国政府和人民的强烈反对和抗议。4月19日，邓小平在接见美国参议院外委会访华团时指出：中美两国关系正常化的基础就是只有一个中国，现在这个基础受到了干扰。中国对美国国会通过的《与台湾关系法》是不满意的。这个法案最本质的一个问题，就是实际上不承认只有一个中国。

里根执政后，声称要"充分实施《与台湾关系法》，包括其中向台湾出售武器的条款"，主张向台湾出售性能有所提高的武器。这无疑大大地伤害了中国人民的感情。1981年6月，邓小平在会见美国国务卿黑格时严正地指出：我们对美售台武器的容忍有限度，干扰太厉害会使中美关系停滞甚至后退。希望美国政府从更广的角度考虑这个问题。

针对美国干涉中国内政和霸权主义的行径，邓小平多次表明了关于发展中美关系的原则立场，指出中国绝不会吞下侵害国家利益的"苦果"。为此，邓小平指示有关部门，为可能出现的中美关系倒退做出预案和准备。经过艰苦的谈判，中美于1982年8月15日达成协议，并于8月17日公开发表了联合公报，即《八一七公报》。在公报中，双方重申了中美建交公报中确认的各项原则。美国政府承诺：它向台湾出售武器，在性能和数量上将不超过中美建交后几年内供应的水平，并准备逐渐减少，经过一段时间导致这一问题的最后解决。

8月17日，在中美《八一七公报》发表前，邓小平会见了美国驻华大使恒安石。他首先对《中美联合公报》即将发表表示祝贺。他说：我们很高兴公报的发表。有人把它称为第二个《上海公报》，这说明它是一个重要的声明，有极大的可能带来中美关系的继续发展。但在执行这一公报中如果出现新的阴影，就会旧话重提。双方都已确定发表这个声明，在声明即将发表时，有些话说一说有好处。希望双方都珍视经过十年积累来之不易的中美关系。他宣读了致里根总统的信，并说：我这个人讲话从来不用稿子，但为了郑重其事，这次外交部还是给我写了这么一个稿子，是我的意思就是了。我想讲三点：一、公报只是一个良好的新的开端，但重要的还要看今后美国的实际行动。根据《中美建交公报》规定的指导两国关系的准则，美国本来早就应该完全停止向台湾出售武器。由于考虑到这是历史遗留问题，中方才同意逐步予以解决，希望售台武器能够逐步地但是明显地减少，能够尽早地停止，这对保持和发展中美关系，都将有直接关系。二、关于台湾问题，这完全是中国的内政；在公报里，中国重申了争取和平解决台湾问题的政策，决不意味中国向美国或任何人作出什么承诺，也决不允许曲解为美国停止售台武器要以台湾问题的和平解决为前提。三、中国重视中美关系，愿为两国关系的健康发展与美方一起作出努力；但在两国关系问题上存在着一片乌云，这就是《与台湾关系法》，希望美国能正视这个问题。

但是，在中美关系的发展中，美国却未能始终信守以前中美三个联合公报确定的各项原则，制造了许多困难和障碍，其中突出的是美国继续向台湾出售高性能的先进武器,美国政府和国会利用所谓人权和西藏问题干涉中国内政。对此，邓小平反复强调，美国应该正视中美之间存在的问题，不要人为地制造障碍，要以增加信任、减少麻烦的精神进一步发展中美关系。

邓小平为期一周的访日，掀起了一场令人激动的"邓旋风"

创造一个长期的和平国际环境和处理好与周边国家的关系，是改革开放和现代化建设的重要条件。时任中国人民对外友好协会会长齐怀远专门谈了邓小平关于处理与周边国家关系和"共同开发"的思想。他说：

"我认为小平同志在外交上最关心的莫过于为改革开放和现代化建设创造一个长期的和平国际环境，那么处理好周边关系自然也是很重要了。中国是世界上邻国最多的国家之一，有历史遗留下来的问题，也有新产生的问题。发生过摩擦、冲突，也有过战争。在小平同志外交思想的指导之下，这些问题得到了妥善处理。"

日本是中国一衣带水的近邻，也是当今世界重要的经济强国。发展中日关系，是邓小平外交战略中的一个重点。

中日两国之间，有两千年友好交往的历史和保持世代友好的愿望，也有以往战争造成的痛苦回忆。第二次世界大战后，两国关系又多年处于不正常状态。改善和发展中日两国和两国人民的友好关系，从毛泽东、周恩来那个时候就开始了，邓小平作为中国第二代领导集体的核心，也花费了大量的心血。

1978年10月，邓小平应邀访问日本，前去出席他曾给予极大重视和关心的《中日和平友好条约》互换批准书仪式。这是新中国成立以来主要领导人首次访日。

为期一周的访日，掀起了一场令人激动的"邓旋风"。

10月22日，邓小平乘坐的专机刚刚降落在日本东京羽田机场，迎来的第一句话，是园田直外相的"欢迎词"："您给我们带来了难得的艳阳天。"

出席《中日和平友好条约》批准书互换仪式后，邓小平与日本各界人士进行了广泛的接触，对中日关系的发展发表了看法。访问前，日中双方曾约定，邓小平这次访日不讨论诸如钓鱼岛归属这样的有争议问题。

25日下午4时，东京日比谷的日本记者俱乐部挤满了世界各大新闻社的四百多名记者，记者招待会的主角是邓小平。面对西方记者一连串尖刻的提问，邓小平回答自如。日本《朝日新闻》评论说，邓小平显示了真不愧伟大人物的风度。

记者招待会上，一位日本记者突然向邓小平提出了钓鱼岛的归属问题。会场气氛顿时紧张了起来，人们屏住呼吸，等待着邓小平的回答。

邓小平神态镇定，望着在场的记者们，从容地回答道：

"我们叫钓鱼岛，这个名字就有叫法不同。这点双方确实有不同的看法。我们实现中日邦交正常化的时候，我们双方约定，不涉及这样的问题。这次谈《中日和平友好条约》的时候，我们也约定不涉及。就中国人的智慧来说，就只能想出这样的办法。倒是有些人想利用这些问题挑些刺，来阻碍中日关系的发展，所以我们认为两国政府把这个问题避开是比较明智的。这样的问题放一下不要紧，等十年也没有关系。我们这代人智慧不够，这个问题谈不拢，我们下一代人总比我们聪明一些，总会找到一个大家都能够接受的方式来解决这个问题。"

就在邓小平巧妙地回答日本记者提问的时候，一个重要的思想开始在他脑海中酝酿：解决国际争端，应该按照新情况和时代特点提出新思路和新办法，使之不要成为爆发点，可不可以暂时搁置争议，共同开发那里的资源？

齐怀远说：

"后来小平同志就把这个思想延伸引用到南沙群岛问题。在1984年10

★ 1978年10月，邓小平访问日本，出席《中日和平友好条约》批准书互换仪式。图为邓小平在日本首相福田赳夫陪同下检阅仪仗队后向欢迎人群招手。

月举行的中央顾问委员会全体会议上，小平同志结合一国两制，就把共同开发的思想比较完整地提出来了。他当时说：处理国际问题要根据新的情况，新的问题，提出新的办法。南沙群岛历来世界地图上就把它划到中国，是属于中国的。现在除了台湾占了一个岛以外，菲律宾占了几个岛，越南占了几个岛，马来西亚占了几个岛。那么将来怎么办呢？一个办法就是我们用武力把这些岛屿统统收回来，另一个办法就是搁置主权问题，共同开发。这样就可以消除一些历史遗留下来的问题。现在世界上这类问题不少，我们中国是主张和平的，希望通过和平的途径来解决争端。小平同志说他这个思想时，外宾听了都感觉到很新鲜，很有意思。现在中国同东盟国家，同印支国家的关系发展都很好。"

邓小平一直关心着中日关系的发展，并提出了发展中日关系的基本原则立场。他多次向日本客人强调,要把中日关系放在长远的角度来考虑,来发展。

1984年3月25日,在会见当时的日本首相中曾根康弘时,邓小平说:"看得远些广些,有利于我们之间的合作。这种合作不是只对一方有利,而是对双方、对两国、对两国人民都有利。"

中日建交以来,中日关系的发展基本上是顺利的,特别是在两国经济、技术合作与交流方面,双方优势互补,交往十分活跃,两国都成为各自重要的贸易伙伴。在政治上,政府间和民间的往来不断增加,加深了了解。但是,在两国政治关系中还存在着一些问题,主要表现在日本如何看待过去发动的侵略战争和当前军国主义势力不断抬头等问题。对此,邓小平指出,必须警惕日本极少数人复活军国主义。

1987年5月,在会见宇都宫德马等日本朋友时,邓小平强调说:"一个多世纪以来,日本军国主义的所作所为,受害的不仅是中国人民和亚洲其他国家的人民,日本人民也是受害者。我们赞赏日本舆论界、政治界的许多人士对这种倾向持批评态度,持警惕态度。对付这种军国主义倾向,不仅要加强批评、揭露,而且要扎扎实实地做一些发展我们两国和两国人民之间友好关系的事情,加深我们之间的友谊,加深我们之间的了解,加深我们之间的感情。"

1988年8月26日,邓小平专门从北戴河海滨赶回北京,会见日本首相竹下登。他对客人说:

"我昨天晚上赶回北京,专门欢迎阁下。我们两国都在差不多同时政府换了届,中国完成了这个事情,日本也完成了这个事情。我是换下来的,所以我很悠闲地在海上活动。我因为是热心于中日友好合作的一个人,所以你来,我也非常热烈地欢迎你,这种热情欢迎,使我们能够建立一个新型的,不低于田中(首相)、大平(首相)时代的新的关系。"

推动中苏关系的"解冻"和正常化

苏联曾经是一个超级大国,它与中国有着七千多公里的共同边界。由于历史的原因,中苏之间经历了一个20世纪50年代的联盟到六七十年代的敌对状态的过程。中苏关系的状况如何,直接影响着中国现代化建设的进程,影响着世界的和平与稳定。80年代初，苏联仍在中苏边界和蒙古人民共和国驻扎重兵，入侵阿富汗，又支持越南入侵柬埔寨，从北、西、南三个方向对我国形成威胁，这就是阻碍中苏关系正常化的三大障碍。

从1979年9月，中苏就开始了副外长级的国家关系谈判。后被这年年底苏联入侵阿富汗事件所隔断。1982年，中苏两国领导人都不同程度地表达了改善国家关系的意愿。

1982年8月，中美《八一七公报》发表后，中国驻苏联大使迎来了一位来自国内的"特殊客人"。

在此之前，苏联驻中国大使也曾接待过一位以自己的"客人"身份到中国的人，他就是苏联外交部远东司司长贾丕才。

这两位"客人"，当时确实没有引起人们多大注意。

中国大使的"客人"是外交部苏欧司司长于洪亮。他是受邓小平的派遣，前往莫斯科，向苏联方面传递信息，表示中国领导人关心中苏关系的改善，现在是应该也有可能在这方面认真开始做些实际事情的时候了。中方建议，双方开始就消除两国关系的障碍问题进行磋商。

由于邓小平的决策和推动，从1982年10月开始，中苏两国政府派出特使（副外长级），就消除中苏关系中的三大障碍，轮流在北京和莫斯科，进行了长达6年，一共12轮的磋商。

1985年10月，邓小平托罗马尼亚领导人齐奥塞斯库给戈尔巴乔夫传递口信，表示如果能消除三大障碍，他愿意去苏联同戈尔巴乔夫会见。

1986年7月20日，戈尔巴乔夫在海参崴发表讲话表示，苏联愿意"在任何时候和在任何级别上"同中国讨论建立睦邻关系问题。

1986年9月2日，美国哥伦比亚广播公司"六十分钟"节目记者迈克·华莱士，在北京对邓小平进行了独家电视采访。

大型电视文献纪录片《邓小平》剧组专门向美国方面购买了这次采访中以下珍贵镜头的使用权。

迈克·华莱士：邓主任，您对戈尔巴乔夫最近在海参崴的讲话有何看法？

邓小平：戈尔巴乔夫在海参崴的讲话有点新东西，所以我们对他的新的带积极性的东西表示了谨慎的欢迎。但戈尔巴乔夫讲话也表明，他的步子迈得并不大。在戈尔巴乔夫发表讲话后不久，苏联外交部官员也讲了一篇话，调子同戈尔巴乔夫的不一样。这就说明，苏联对中国政策究竟怎么样，我们还要观察。

>> 第八章 邓小平与新时期中国外交战略和祖国统一

★ 1989年5月16日，邓小平与苏联最高苏维埃主席团主席、苏共中央总书记戈尔巴乔夫举行会谈，宣布中苏关系实现正常化。

迈：您以前有没有见过戈尔巴乔夫？

邓：没有。

迈：您是否想见见他？因为他说过，他愿意同你们在任何时候、任何级别上谈任何问题。您愿意同他进行最高级会晤吗？

邓小平：如果戈尔巴乔夫在消除中苏间三大障碍，特别是在促使越南停止侵略柬埔寨和从柬埔寨撤军问题上走出扎扎实实的一步，我本人愿意跟他见面。……我可以告诉你，我现在年龄不小了，过了八十二了，我早已经完成了出国访问的历史任务。我是决心不出国的了。但如果消除了这个障碍，我愿意破例地到苏联任何地方同戈尔巴乔夫见面。我相信这样的见面对改善中苏关系，实现中苏国家关系正常化很有意义。

政治交往打破了僵局，中苏间接触日益增多，文化、教育、科技等领域的往来迅速恢复，经贸关系日趋密切。随着两国高级官员的互访和两国关系正常化的障碍逐渐消除。1989年5月，苏联最高苏维埃主席团主席、苏共中央总书记戈尔巴乔夫对中国进行了正式友好访问。

5月16日，一个历史性的时刻来到了。

这天上午10时5分，戈尔巴乔夫来到人民大会堂东大厅，邓小平迎上前去，两人面对着100多位中外记者热烈握手，大厅内响起一阵热烈祝贺的掌声。这一历史瞬间标志着中苏两国、两党关系的正常化。

在会晤中，邓小平提到了三年前请人转达的关于希望中苏之间消除三大障碍，实现关系正常化的口信。戈尔巴乔夫表示记得此事，并说，这对我们的思考是一个促进。

整个会晤持续了近三个小时，主要是邓小平在发言。邓小平说，国家与国家要平等。中国不会侵犯别国，对任何国家不构成威胁。他回顾了外国列强对旧中国的侵略、压迫和掠夺的历史，以及中苏两国、两党关系在过去所走过的一段曲折历程，强调谈历史是为了在更坚实的基础上前进。

邓小平说，这次高级会晤可以概括为八个字：结束过去，开辟未来。

戈尔巴乔夫表示赞同，并阐述了关于历史问题的看法，认为重点在于向前看。

外交学会会长刘述卿在接受采访时这样说：

小平同志为中苏两国关系的发展奠定了一个良好的基础，尽管后来苏联解体了，那么我们同俄罗斯，同其他的独立的共和国建立和保持了正常的国家关系。

长达20年的紧张对峙结束了，7000多公里边界线两边的人们又恢复了传统的友谊，这对稳定国际局势，维护世界和平，产生了重要影响。

邓小平敏锐地预见到战后形成的世界政治格局行将结束，提出了建立国际新秩序的主张

邓小平从推动中国的现代化建设、保证国家的独立和主权、缓和世界紧张局势、促进人类进步和发展的角度出发，提出了许多以和平的方式稳定世界局势的新办法和新思路。这些新办法和新思路的核心，就是以和平共处五项原则为基础处理国与国之间的关系，解决国际争端和建立国际政治、经济新秩序。

我国是和平共处五项原则的倡导国。四十多年来，我们一贯恪守和平共处五项原则，始终坚持国家不分大小、贫富、强弱，不论社会制度、意识形态和发展道路如何，都一律平等、友好相处，妥善解决了许多双边争议问题，推动和加深了国际间的相互理解和合作，提高了我国的国际地位，赢得了广泛的赞誉。总结国际关系的实践，邓小平指出："处理国与国之间的关系，和平共处五项原则是最好的方式。其他方式，如'大家庭'方式，'集团政治'方式，'势力范围'方式，都会带来矛盾，激化国际局势。总结国际关系的实践，最具有强大生命力的就是和平共处五项原则。"应当用它作为指导国与国关系的基本准则。

随着新时期中国外交战略的调整，我们在坚持和贯彻和平共处五项原则方面又有了新的发展。在邓小平的指导下，我国在以和平共处五项原则处理国家关系时，不计较社会制度和意识形态的差别，不计较历史的恩怨，同所有的周边国家实现了全面的睦邻友好，而且也同世界上所有愿意同中国交往的国家和地区建立和发展了各个领域的友好合作关系。与此同时，我们在国际舞台上，积极参与国际事务，以和平共处五项原则为准绳，主持公道，伸张正义，不谋私利，树立了良好的国家形象。为了稳定国际局势，解决国际争端，邓小平创造性地提出，运用和平共处五项原则，可以消除国际争端中的一些热点、爆发点。他认为，解决国际争端，要根据新情况、新问题，提出新办法。这个新办

法，只能是合情合理的办法，所以也只能是和平共处的办法。他提出的"一国两制"的办法，不仅是和平统一祖国的唯一可靠途径，同时也有利于消除中英、中美关系中的障碍，维护地区和世界的和平与稳定。他关于"共同开发"的设想，不仅有利于中国和一些邻国用和平手段解决一些领土的争议，而且也为世界各国解决历史遗留问题提供了一个新的方法和思路。

20世纪80年代后期，从复杂动荡的国际形势中，邓小平敏锐地预见到战后形成的两极政治格局行将结束，世界将进入一个新旧交替的转折时期。他指出，国际形势由对抗转为对话，由紧张转向缓和，出现了许多新的情况，"各国都在考虑相应的新政策，建立新的国际秩序"。万千世界，不同的利益倾向代表着不同的选择。世界向何处去，现实要求政治家们作出回答。1988年9月，邓小平在会见斯里兰卡总理普雷马达萨时指出，现在需要建立国际经济新秩序，也需要建立国际政治新秩序。要建立新秩序，和平共处五项原则最经得住考验。此后，邓小平又反复阐述了他关于以和平共处五项原则为准则建立国际新秩序的主张。他强调，建立国际政治新秩序和建立国际经济新秩序这两件事要同时做，以相互适应。关于建立国际政治新秩序，邓小平指出，霸权主义和强权政治是行不通了，应当用和平共处五项原则作为指导国际关系的准则。关于国际经济新秩序，邓小平说，他早在1974年联合国发言时就谈了这个问题。现在这个问题仍很突出。他指出，应当把发展问题提到全人类的高度来认识，这样便会明白，发展问题既是发展中国家自己的责任，也是发达国家的责任。既要加强南北合作，也要加强南南合作，建立一种公正合理、平等互利的国际经济新秩序。

邓小平提出的以和平共处五项原则为准则建立国际新秩序的主张，有其鲜明的时代特征和现实的客观依据。第一，和平与发展是当今世界两大主题，是全世界人民的共同要求，也是世界各国的根本利益所在。旧的国际秩序是冷战和殖民主义的产物，它不利于世界和平，阻碍了世界大多数国家和人民的发展。所以，建立新的国际秩序，是时代的呼唤、历史的必然；第二，和平共处五项原则概括了最基本的国际关系准则，完全符合联合国的宪章和原则，经受了长期的历史考验，且为世界上最广泛的国家所接受。以和平共处五项原则为基础建立的国际新秩序的核心，应该是各国不论大小、强弱、贫富，都是独立平等的，都有参与国际事务的权利和责任，都有根据本国国情选择自己的社会制度、意识形态、经济模式和发展道路的自由和权利，任何国家都不能把自己的选择强加于别国,并以此干涉别国内政,谋求霸权;第三,以和平共处五项原则建立的国际新秩序,摆脱了旧的国际秩序中那种不平等、不公正、不合理的因素。在政治上,它最符合现代国际关系的民主精神,最适应于多极化的世界政治格局和多样化的世界国家形态。在经济上,它最能体现公正合理、平等互利的原则,适应于国际经济一体化的趋势,有利于缩小南北差距,促进世界各国的共同发展。

世界正如邓小平预料的那样,进入了新旧交替的历史时期,但是建立新的国际政治新秩序和国际经济新秩序仍是一个漫长的行程。邓小平坚信,和平共处五项原则是最有生命力的,是最经得住考验的。用它来作为建立国际新秩序的基础,是世界历史发展的必然,也是邓小平确定的中国外交战略中的一个重要内容。

邓小平新时期外交战略思想的鲜明特点

邓小平新时期的外交战略思想及其指导下的中国外交实践,是时代的产物,是实事求是思想路线的体现,具有许多鲜明的特点。

一、主张和平的社会主义。邓小平指出:我们搞的是有中国特色的社会主义,是不断发展社会生产力的社会主义,是主张和平的社会主义。把和平与社会主义统一起来,是邓小平在把握时代特征的基础上对社会主义本质认识的一个重要组成部分,是对过去"世界革命"观念的重大突破。早在1980年4月29日,邓小平在接受卢森堡记者采访时就明确地说:"中国是社会主义国家,这个制度的性质决定了我们奉行和平外交政策。""我们认为,一个国家的人民革命取得胜利,主要靠自己的力量。革命是不能像商品那样随意输出和输入的。"邓小平认为,在国与国、党与党之间的关系上,应尊重对方的选择,他人不应指手画脚。社会主义是与霸权主义相背离的,社会主义国家如果损害别国主权,搞霸权主义,那就既损害社会主义在世界上的形象,又损害本国的社会主义事业。

二、超越社会制度和意识形态的差别来处理国际关系。邓小平指出,中国观察问题,不是看社会制度如何,不计较意识形态的差别,而是根据具体情况决定的。在外交原则上,中国是在和平共处五项原则基础上发展同世界各国的友好合作关系;在对外开放上,中国是向世界所有国家和地区的全方位开放。在和平与发展为主题的时代,社会主义和资本主义两种社会制度并存将是一个长期的客观现实,我们不放弃意识形态领域的斗争,但在处理国家关系上,我们不以意识形态画线,而是寻求普遍的对话与合作。两种制度在政治上和平共处,在经济上和平竞赛,无论对于维护世界和平,还是对于国家的发展都是有利的。

三、完全的独立自主、真正的不结盟。中国奉行独立自主的和平外交政策,高举反对霸权主义、维护世界和平的旗帜,坚定地站在和平力量一边。我们不允许任何国家和组织干涉中国内政、侵害中国的独立和主权;不参加任何集团组织,同任何国家没有结盟关系,同谁都来往,同谁都交朋友,不打别人的牌,也不允许别人打中国牌。在国际事务中,一切从中国人民和世界人民的根本利益出发,说公道话、办公道事,按照是否有利于世界和平、发展各国友好往来、促进世界经济繁荣为标准,独立自主地作出判断和决定自己的立场和态度。

四、原则性和灵活性相结合。早在20世纪50年代,毛泽东在评价邓小平时就说:"这个人既有原则性,又有灵活性,是难得的人才。"新时期邓小平的外交战略思想与实践,更是体现了原则的坚定性和策略的灵活性的结合和统一。例如,反对霸权主义问题上,在坚持原则的前提下,我们也不使正常的国家关系僵化。我们不会因为反对他们的霸权主义,就不同他们改善关系;不会因为要同他们改善关系,就放弃反对霸权主义的立场;在处理诸如南沙群岛等问题时,我们在坚持主权在我的前提下,灵活地提出了搁置争议、共同开发的主张;在反对复活日本军国主义倾向的同时,又特别强调发展正常、友好的中日关系;特别是在1989年北京政治风波后,我们一方面坚决反对以美国为首的西方世界的强权政治和干涉我国内政的行径,另一方面又积极争取打破封锁和制裁,改善和发展同这些国家的关系。原则性和灵活性的结合,使我国取得了外交上的主动,改善了国际环境,维护了国家的独立和主权。

五、根据新情况,新问题,提出新办法。世界在变,我们的思想和行动也要随之而变。和平与发展是当今世界两大主题,但天下并不太平。这就要求我们根据不断变化的新情况和出现的新问题,提出新办法。新办法比老办法好。从实际出发,邓小平提出了许多解决历史遗留问题和现实问题的新思路和新办法。如:用"共同开发"的办法解决与一些邻国的领土争端问题;用"结束过去、开辟未来"的办法实现与东欧各国和苏联的关系正常化问题；倡导在和平共处五项原则基础上建立国际政治经济新秩序以代替冷战时期形成的旧的国际秩序的问题；等等。还有针对一些国家和国际组织运用自己庸俗的人权观，假借人权问题干涉别国内政的情况，提出要维护人权概念的完整性，国权比人权更重要，人权对发展中国家来说首先是实现独立权、生存权和发展权。这些都是邓小平求实创新思想特征在外交战略上的具体反映。

六、根本的问题是中国的自身发展问题。邓小平的外交战略思想是中国人民最根本利益的体现，所以他特别强调自身的发展问题。他反复指出，现代化是中国面临的核心问题，是我们的总任务，是解决国际问题、国内问题的基础。包括外交工作在内的各项工作都要服从服务于这个总任务。"先把经济搞上去，一切都好办。"只要我们经济搞上去了，实现了我们的发展目标，我们就可以在世界上理直气壮地说，从十二亿人的中国的角度看，社会主义就会优于资本主义。中国在国际上的地位和作用就会提高，对世界和平和人类的进步就会有较大的贡献。

"一国两制"是富有天才的创造

1986年9月2日，美国哥伦比亚广播公司"六十分钟"节目记者迈克·华莱士在采访邓小平时问道："台湾有什么必要同大陆统一？"邓小平回答说："这首先是个民族问题，民族的感情问题。凡是中华民族子孙，都希望中国能统一，分裂状况是违背民族意志的。"他强调：中国的统一是全中国人民的愿望，是一百几十年的愿望，一个半世纪了嘛！从鸦片战争以来，中国的统一是包括台湾人民在内的中华民族的共同愿望，不是哪个党哪个派，而是整个民族的愿望。

纵观历史，我们中国是一个统一的多民族国家，反对分裂，维护和追求国家的统一和民族的团结，是自古以来中华民族的传统，是我们国家历史发展的主流，是我们源远流长的中华优秀传统文化的根本体现，是一切爱国者的奋斗目标，因此也就形成了整个中华民族的共同意志和精神追求。

如果说，我们为中华民族曾在世界上创造了灿烂的古代文明而自豪的话，那么，我们却为近代中国的落后挨打和遭受侵略瓜分而痛苦。从19世纪的那场鸦片战争起，中华民族被推入了苦难的深渊。列强入侵，国土沦丧，独立主权横受侵害，江山社稷满目疮痍；人民大众惨遭奴役，骨肉同胞被迫分离。帝国主义通过侵略战争强迫腐败的清政府签订不平等条约，侵占了包括香港、澳门和台湾等地在内的大片神圣领土。一百多年来，争取国家独立和获得民族解放，结束四分五裂和实现祖国统一，摆脱贫穷落后和走向繁荣富强，是我们梦寐以求的民族夙愿。为了实现这一夙愿，中国人民前仆后继，进行了长期艰苦卓绝的斗争，多少志士仁人不惜抛头颅、洒热血，献出了宝贵的生命。从20世纪之初中国革命的先行者孙中山宣布不承认外国强加的一切不平等条约，提出统一祖国、振兴中华的口号，直到1949年中华人民共和国成立，中国人民才真正站了起来，中华民族独立的目标才得以实现。但是，由于种种历史的原因，香港、澳门、台湾和祖国大陆还处于分离的状态，国家统一的任务还没有完成。

香港、澳门、台湾自古以来就是中国的固有领土。港、澳、台同胞都是中华民族的优秀子孙，他们与大陆同胞有共同的文化传统、共同的生活习惯、共同的民族情感和共同的血脉联系。海水悠悠，相思不尽。骨肉要团聚，国家要统一，这是海内外同胞的共同心声。完成祖国的统一大业，是顺应历史潮流，合乎人民要求的大事。中国共产党代表中国人民的最根本利益，一直致力于早日完成祖国的统一大业。一代伟人毛泽东为祖国的统一思虑了一生，1974年他在会见英国首相希思时曾不无遗憾地说：中国统一这件事，我恐怕看不到了。他把这一历史性的任务交给了他的事业继承人和开拓者邓小平。几年后，邓小平说：我们是要完成前人没有完成的统一事业。当然，实现和平统一需要一定时间。如果说不急，那是假话，我们上了年纪的人，总希望早日实现。他还说，不做这件事，后人写历史要责备我们。他坚信，中国肯定要统一，一百年不统一，一千年也要统一。从中国人民的根本利益和愿望出发，从各方面的实际情况出发，邓小平为祖国统一提出了最好的方法，设计了最理想的道路，反映了一位伟大的爱国者的宽阔胸怀和杰出的政治家的远见卓识。

香港、澳门、台湾与祖国内地近在咫尺，但是，多少年来却天各一方，处于分离的状况，这是历史造成的悲剧。要改变这种状况和结束这种悲剧，是一个艰巨的过程。解决香港、澳门问题，实质上就是中国恢复对这两个地区行使主权，维护国家的主权和领土完整；解决台湾问题，实质上就是找一个最好的途径结束敌对和分裂,实现海峡两岸的统一。从新中国成立之日起,中国共产党就开始寻找和设计解决港、澳、台问题,实现祖国统一的方法和途径。

台湾问题是实现祖国统一中的最主要问题。作为中国的宝岛,台湾在历史上饱受沧桑。中日甲午战争后日本强行割去了台湾及澎湖列岛,直到抗日战争胜利后,台湾才重返祖国怀抱。1949年国民党在内战中失败后退踞台湾,挟美国财力、武力的支持与大陆对抗,使海峡两岸又处于分离隔绝的状态。在很长一段时间里,由于国际上严峻的冷战局面和国内对阶级斗争问题的认识,我们党在解决台湾问题上主要是立足于以武力解放台湾。同时,毛泽东、周恩来等党的第一代中央领导人也曾坚持不懈地努力探索用和平方式来解决台湾问题。1955年4月,当周恩来率团参加万隆会议时,毛泽东就发出指示:"可相机提出在美国撤退台湾和台湾海峡的武装力量的前提下,和平解放台湾的可能。"5月13日,周恩来在全国人大常委会第15次会议上提出:"中国人民解放台湾有两种可能的方式,即战争的方式和和平的方式,中国人民愿意在可能的条件下,争取用和平的方式解放台湾。"次年,毛泽东又提出了"和为贵""爱国一家""爱国不分先后""以诚相见"和"来去自由"等政策主张。随后,我们党又进一步提出了关于第三次国共合作的倡议,提出台湾是我们的内政问题,只要回归祖国,一切可以照旧。除外交必须统一于中央外,所有军政大权、人事安排大权均由台湾当局掌握,所有军政建设费用不足之数悉由中央拨付,双方互约,不派人员做破坏对方的事情。这些和平统一的重要设想和主张,由于当时严峻的国际、国内形势而无法进一步发展,更不可能付诸实施,但是对我们党以后和平统一方针政策的形成、确立和发展奠定了基础。

香港、澳门问题具有历史的特殊性。香港和澳门都是鸦片战争以后帝国主义通过武力强迫清政府签订不平等条约而从中国获取的。中国人民从来就不承认这些不平等条约。新中国成立后,我国政府曾多次阐明对香港、澳门问题的立场,并主张在适当时机通过谈判解决这一问题,未解决前维持现状。考虑到这两个地区长期受殖民统治,形成了独具特色的资本主义制度,加上他们与资本主义世界的紧密联系,所以我们党对港、澳确定了"长期打算、充分利用"的八字方针。目的是为了利用这里的资本主义市场,打破帝国主义的封锁,为国内经济的恢复和发展创造条件。但是,通过什么样的途径来解决国与国之间的历史遗留问题,收回香港、澳门主权并保持那里的长期繁荣和稳定,党的十一届三中全会以前尚未提上日程。

20世纪70年代后期,特别是进入80年代以后,国际、国内形势发生了巨大变化。二战后形成的冷战"铁幕"一步步被撕开,新的政治格局在酝酿之中。世界新科技革命不断蓬勃发展,大大推动了经济社会的发展和世界各国的联系。和平与发展成为时代的主题。中国此时已与资本主义世界改善了关系,与日本、美国等国逐步实现了关系正常化,在世界上的交往开始增多。党的十一届三中全会重新确立了党的实事求是的思想路线,开创了以改革开放为主要特征的历史新时期。在新时期,我们面临的任务是多方面的。但是,邓小平抓住了关系全局的主要矛盾,明确提出社会主义现代化建设、维护世界和平和实现祖国统一是我们的最主要任务。时代发展了,世界变化了,冷战思维和方式行不通了,那么,我们用什么方法和途径实现祖国统一呢?这是萦绕在邓小平心中的大问题。他后来这样说道:世界上有许多争端,总要找个解决问题的出路。我多年来一直在想,找个什么方法,不用战争手段而用和平方式,来解决这种问题。求实和创新,是邓小平思考和解决问题的最典型特征。他以既尊重历史又着眼未来,既继承前人又开拓前进的气魄和胆略,以全新的视角进行规划和设计,"一国两制"、统一祖国的构想应运而生了。

党的十一届三中全会前后,与我们党酝酿党和国家工作重点的转移和中美建交谈判取得进展相同步,邓小平关于和平统一祖国的构想也更趋成熟。1978年底,他在多次会见外国客人时都明确指出:我们希望用和平的方式解决台湾问题,但不作不使用武力的承诺;在解决台湾问题时,我们会尊重台湾的现实,可以保留其资本主义社会,经济制度和生活方式;外国投资可以不动,但祖国要统一;在实现祖国统一问题上,要实现第三次国共合作;统一后,台湾军队变成地方武装。可以看出,此时邓小平关于和平统一构想的思路已相当清晰。正是根据邓小平的思想,1979年元旦,全国人大常委会发表了《告台湾同胞书》,正式表达了和平统一的意愿和建议。同一天,邓小平在全国政协举行的新年茶话会上郑重宣布,台湾回归祖国,完成祖国统一大业的事情已经提到具体日程上来了。一个月后,邓小平访美期间谈到台湾问题时公开表示:"我们不再用'解放台湾'这个提法了。"这表明,我们党的对台工作方针发生了重大变化。经过一段时间的酝酿,1981年国庆前夕,全国人大常委会委员长叶剑英向海内外详细阐述了关于实现海峡两岸和平统一的方针,就是人们所知道的"叶九条"。1982年1月11日,邓小平在会见一位海外朋友时指出:九条方针是以叶剑英委员长名义提出来的,实际上就是"一个国家,两种制度"。

两制是可以允许的,他们不要破坏大陆的制度,我们也不破坏他那个制度。不只是台湾问题,还有香港问题,大体也是这几条。这是邓小平第一次明确使用"一国两制"这一崭新的概念。

继"叶九条"之后,1983年6月26日,邓小平在会见美籍华裔学者杨力宇时,将"一国两制"构想进一步系统化,提出了著名的"邓六条",指出解决台湾问题的核心是祖国统一,不是我吃掉你,也不是你吃掉我。后来,邓小平在一系列谈话中,对"一国两制"的定义、内涵、来源和意义都作了全面的阐述,使之成为既具有完整系统的理论形态,又有切实可行的政策措施的科学构想。按照这一构想,邓小平指出:"统一后,台湾仍搞它的资本主义,大陆搞社会主义,但是是一个统一的中国。一个中国,两种制度,香港问题也是这样,一个中国,两种制度。"

"一国两制"是根据中国的实际情况而提出的科学构想,是一个伟大的创造。正如邓小平所说:"一国两制"是个新事物。这个新事物不是美国提出来的,不是日本提出来的,不是欧洲提出来的,也不是苏联提出来的,而是中

★ 1983年6月26日,邓小平在会见美国新泽西州西东大学教授杨力宇时,明确阐述了中国大陆和台湾和平统一的设想。这就是海内外广为传颂的"邓六条"。

国提出来的,这就叫做中国特色。"一国两制"构想提出后,受到了世界舆论的普遍理解、支持和赞誉。就连英国前首相撒切尔夫人也赞誉说:"'一国两制'是富有天才的创造。"这一伟大创造随着和平统一大业的推进而不断丰富。

香港、澳门问题的解决,是邓小平"一国两制"伟大构想的成功实践

"一国两制"构想本来是邓小平首先为解决台湾问题而提出来的,但同样适用于解决香港、澳门问题。历史的发展使香港、澳门先于台湾实践了这一伟大构想。

在20世纪80年代开始的解决香港问题、争取香港顺利回归的过程中,邓小平倾注了大量的心血,表现出了一代伟人的非凡智慧和雄伟胆略。回顾这一过程,在每一个关键时刻,都是由邓小平亲自掌舵,确立了处理历史遗留问题和解决现实问题的基本方针和原则。所以说,邓小平是这场成功实践的奠基人和总设计师。

在我们党提出把完成祖国统一大业提到具体日程上来的时候,主要还是针对台湾而言的。可不久,香港问题提前摆在了我们面前。20世纪70年代末80年代初,随着"新界"租约1997年期满的时间日渐临近,英国朝野人士纷纷前来"投石问路"。1979年3月29日,邓小平在会见港督麦理浩时明确表示:香港是中国的一部分,这个问题本身不能讨论。但可以肯定的一点,就是到那时解决这个问题时,我们也会尊重香港的特殊地位。随后,根据情况的发展,邓小平即向有关部门指示:香港问题已摆上日程,我们必须有一个明确的方针和态度。与此同时,他亲自做调查研究工作,多次征询香港同胞的意见,并在此基础上确定了借鉴对台方针、用"一国两制"的构想来解决香港问题的基本原则立场。

1982年9月24日,邓小平会见了来华访问前声称"有关香港的三个条约仍然有效"的英国首相撒切尔夫人。挟英阿马岛之战胜利之威,撒切尔夫人似乎很自信。但是,在与邓小平的谈话中,"铁娘子"的自信在"钢铁公司"的坚定面前却是那样的苍白无力。邓小平镇定自若,坚持原则,明确表达了中国

>> 第八章　邓小平与新时期中国外交战略和祖国统一

★ 1982年9月24日,邓小平向来访的英国首相撒切尔夫人阐述了中国解决香港问题的基本立场。邓小平指出,主权问题不是一个可以讨论的问题。如果在1997年还不把香港收回,任何一个中国领导人和政府都不能向中国人民交代,甚至也不能向世界人民交代。

对香港的基本立场。他谈了三个问题。一是主权问题。邓小平郑重指出,主权问题不是一个可以讨论的问题。1997年中国将收回香港。如果这时还不把香港收回,任何一个中国领导人和政府都不能向中国人民交代,甚至也不能向世界人民交代。二是保持香港的繁荣问题。邓小平说,香港要继续保持繁荣,根本上取决于中国收回香港后,在中国的管辖下,实行适合于香港的政策。三是在15年过渡期内香港不出现大的波动问题。邓小平强调,中英双方抱着合作的态度来解决这个问题,就能避免大的波动。这次会谈双方"针锋相对",但最终还是达成了解决香港问题的基本共识:双方同意本着维护香港繁荣和稳定的共同目标,在这次访问后通过外交途径进行商谈。邓小平后来说,解决香港问题,我们的调子就是那时定下来的,以后实际上是按照这个调子走的。

　　香港问题是历史遗留问题,解决这个问题比较复杂,既要坚持在主权问题上的原则立场,又要充分尊重香港的历史和现状,还要争取英国的合作并适当照顾英方的利益。香港问题的特殊性决定了只能用特殊的办法来解决。所以,邓小平说,三方面都能接受的只能是"一国两制"。按照"一国两制"的构想,

★ 1986年10月,邓小平在北京钓鱼台国宾馆会见英国女王伊丽莎白二世。

>> 第八章 邓小平与新时期中国外交战略和祖国统一

中英双方就香港回归中国问题进行了艰巨的谈判。从"三个条约有效论"开始，到"以主权换治权"，还有什么"经济牌""民意牌""民主牌"，等等。由于邓小平维护国家主权的坚定立场和有理、有利、有节的斗争，这些障碍都一一被中国政府排除。在坚持原则的基础上，邓小平和我国政府从香港问题的实际出发，也表现出了极大的灵活性，提出对香港恢复行使主权后，将采取一系列特殊政策：在体现主权原则的前提下，设立直辖于中央人民政府的香港特别行政区，除外交和国防事务属中央人民政府管理外，实行"港人治港""高度自治"；香港现行的社会、经济制度不变，生活方式不变，法律基本不变；保持香港的"自由港"地位、财政独立地位、独立关税区地位和国际金融中心地位；英国和其他国家在香港的经济利益将得到照顾。香港回归以后，中央不干预香港特别行政区的具体事务，除派驻军队体现主权外，不派干部去香港，而是由以爱国者为主体的港人来治理香港。邓小平指出，我们对香港的政策是坚定不移的，这些政策50年不变，50年以后也不会变。

1984年12月19日，中英关于香港问题的联合声明正式签字，宣布中国政府决定于1997年7月1日对香港恢复行使主权，届时将设立香港特别行政区，保持香港原有的资本主义制度和生活方式50年不变。随后，我国就开始了《香港特别行政区基本法》的起草工作。邓小平十分关注这部决定香港未来法律的制定，要求起草委员会"要非常认真地从实际出发来制定"基本法，"真正体现'一国两制'的构想，使它能够行得通，能够成功"。经过4年多时间的努力，这个基本法于1990年4月4日由七届全国人大三次会议通过并颁布。《基本法》将用"一国两制"构想解决香港问题的方针政策具体化、法律化，为落实"一国两制"的伟大构想、保持香港的长期繁荣和稳定提供了法律依据。邓小平高兴地称《基本法》是一部具有历史意义和国际意义的法律。

随着香港问题的解决，中国和葡萄牙政府关于澳门问题的谈判也取得了进展。1987年4月13日，中葡关于澳门问题的联合声明签字，宣布中国政府决定于1999年12月20日对澳门恢复行使主权。1993年3月31日，八届全国人大一次会议通过并颁布了《澳门特别行政区基本法》。

1997年7月和1999年12月，香港和澳门分别回归祖国。香港、澳门问题的解决，是邓小平"一国两制"伟大构想的成功实践，它对中国和世界历史发展的进程产生了重大影响。

★ 1987年4月13日,邓小平出席《中华人民共和国政府和葡萄牙共和国政府关于澳门问题的联合声明》签字仪式。图为邓小平和葡萄牙总理席尔瓦举杯庆贺。

第八章 邓小平与新时期中国外交战略和祖国统一

"一国两制"是一个全新的理论概念和科学的战略思想

邓小平关于实行"一国两制"、和平统一祖国的光辉思想，是他从实际出发，在开创中国特色社会主义的伟大实践中的一个伟大创造，是一个全新的理论概念和科学的战略思想，是邓小平理论的一个重要组成部分。正如邓小平指出的：我们的社会主义制度是有中国特色的社会主义制度，这个特色，很重要的一个内容就是对香港、澳门、台湾问题的处理，就是"一国两制"。这是个新事物。随着在香港、澳门问题解决上的成功实践，这一思想更显示出了强大的生命力和感召力，显示出了重大的理论意义。

第一，它是马克思主义思想路线的具体体现。党的十一届三中全会以来，我们党恢复了实事求是的马克思主义思想路线。邓小平指出：正是在这种情况下，我们才提出用"一个国家，两种制度"的办法来解决香港和台湾问题。如果"一国两制"的构想是一个对国际上有意义的想法的话，那要归功于马克思主义的辩证唯物主义和历史唯物主义，用毛泽东主席的话来讲就是实事求是。这个构想是在中国的实际情况下提出来的。中国面临的实际问题就是如何和平统一祖国的问题，要和平统一祖国，就要考虑到各方面的实际情况，解决问题的办法要使各方面都能接受。

第二，它是科学社会主义理论中的新概念。邓小平说，我们提出"一国两制"这个构想时，人们都觉得这是个新语言，是前人未曾讲过的。根据"一国两制"的战略构想，在统一的中华人民共和国内，祖国内地这个主体实行社会主义，香港、澳门、台湾这些特殊地区实行资本主义，中央人民政府代表统一的国家主权。国家宪法和有关法律允许并保障在小地区和小范围内长期实行资本主义，不会损害国家主体实行社会主义，而且还有利于社会主义经济的发展。实行这样的战略构想和方针，是由各方面的实际情况所决定的，是由我们还处在社会主义初级阶段这一最基本的国情所决定的，是有中国特色社会主义制度的一个重要内容。

第三，它是马克思主义国家学说的新突破。允许在一个国家里存在社会主义和资本主义两种性质不同的社会、经济制度，这在马克思主义经典著作中找不到现成的答案。"一国两制"的构想，根据马克思主义国家学说中有关国家调和阶级矛盾和缓和阶级冲突的职能以及国家的民族属性，把国家的独立、统一和主权放在第一位，既符合马克思主义的基本原理，也符合人民的要求和愿望，是马克思主义国家学说在和平与发展为主题的时代新的突破和新的发展。

第四，它是和平共处原则的灵活运用。和平共处是社会主义国家处理国与国之间关系的重要原则，最早提出这一原则的是列宁，一般指的是国与国之间，特别是两种不同社会制度国家的和平共处。邓小平指出：和平共处原则用之于解决一个国家内部的某些问题，恐怕也是一个好办法。根据中国自己的实践，我们提出"一个国家，两种制度"的办法来解决中国的统一问题，这也是一种和平共处。在一个国家内，两种制度长期共存，和平共处，是尊重历史和现实，照顾各方面的利益，有法律保障的好办法，是对和平共处原则的灵活运用和重要补充。

第五，它是学习和利用资本主义的战略思想的新发展。十月革命胜利后，列宁曾提出过学习和利用资本主义来促进社会主义建设的战略思想。邓小平继承并发展了这一思想，"一国两制"的构想就是具体和集中的体现。邓小平指出，在小地区、小范围内容许资本主义存在，更有利于发展社会主义。港、澳、台地区资本主义发展水平比较高，与资本主义世界有着密切的联系。实行"一国两制"，这些地区不仅可以为祖国内地社会主义建设提供资金和可以借鉴的技术和经验，而且可以成为我们对外开放的窗口和与国际市场联系的桥梁，促进我国社会主义改革开放和现代化建设的发展。

第六，它是解决国际争端、稳定世界局势的新途径。"一国两制"构想在解决香港问题上的成功实践，为国与国之间解决历史遗留问题提供了范例，还为解决当今国际争端提供了启示和新的途径。邓小平说：我们提出"一个国家，两种制度"的构想，也考虑到国际争端采取什么办法，因为世界上这里那里有很多疙瘩，很难解开。我认为有些国际争端用这种办法解决是可能的。从"一国两制"构想延伸，邓小平对处理与周边国家关系中的领土争端问题，提出了"共同开发"的重要思想。世界上有许多争端，总要找解决问题的出路。"一国两制""共同开发"的思想也是为化解疙瘩，消除爆发点，稳定世界局势而提出来的。

第九章 邓小平与20世纪80年代末90年代初的中国

20世纪80年代末90年代初，中国和世界都很不平静。国内国际相继发生政治风波，中国的社会主义事业面临着严峻的挑战。

中国能不能经受得住这场严峻的挑战和考验？中国能不能保持稳定，在社会主义的道路上继续走下去？中国能不能顶住外来的巨大压力？中国的改革开放能不能坚持下去？中国能不能把握住世纪之交大发展的良好机遇？这些问题，不容回避地摆在了人们面前。国内外都把目光投向了邓小平。

在这个重大历史关头，历史又一次选择了邓小平。

邓小平以其伟大政治家的宏伟气魄和卓越胆略，把握全局，力挽狂澜，带领我们党紧紧依靠人民，坚定不移地坚持四项基本原则，维护国家的独立、安全和稳定，毫不动摇地坚持经济建设这个中心，继续大力推进改革开放，胜利地经受住了一场政治领域风险的严峻考验。

为了保证党和国家的长治久安，在邓小平的主持下，中国共产党建立了以江泽民为核心的第三代领导集体，从而为把中国特色社会主义事业继续推向前进提供了最可靠的政治保证。

1992年，邓小平发表了著名的南方谈话，这是深刻回答长期束缚人们思想的许多重大认识问题，把改革开放和现代化建设推进到新阶段的又一个解放思想、实事求是的宣言书。同年召开的党的十四大，确立了邓小平建设有中国特色社会主义理论在全党的指导地位，确定我国经济体制改革的目标是建立社会主义市场经济体制，强调必须抓住机遇，加快我国经济社会的发展。以邓小平南方谈话和党的十四大为标志，中国社会主义改革开放和现代化建设进入了一个新阶段。

要放出一个信号：中国不允许乱

坚持四项基本原则，邓小平讲得最多，而且也最坚持。他曾反复向人们阐述了反对资产阶级自由化、坚持四项基本原则与改革开放的关系。在1986年9月召开的党的十二届六中全会上，当讨论是否将反对资产阶级自由化的内容写入《中共中央关于社会主义精神文明建设指导方针的决议》时，与会代表出现了不同意见。邓小平坚决而果断地说：实际情况是，搞自由化就是要把我们引导到资本主义道路上去，所以我们用反对资产阶级自由化这个提法。现实政治要求我们在决议中写这个。我主张用。他指出：看来，反对自由化，不仅这次要讲，还要讲十年二十年。

正如邓小平所预言的那样，反对资产阶级自由化是长期的斗争。1986年底，由于资产阶级自由化的泛滥，发生了波及不少城市的学潮。12月30日，邓小平同中央几位领导同志谈话，指出要旗帜鲜明地反对资产阶级自由化。由于中央采取了及时果断的措施和有力的疏导，学潮很快平息了。随后，邓小平在一系列的讲话中强调，我们必须排除干扰，有领导有秩序地进行社会主义建设。

1987年3月3日，邓小平在会见美国国务卿舒尔茨时说，所谓资产阶级自由化，就是要中国全盘西化，走资本主义道路。他强调指出，中国只能走社会主义道路。中国要搞四个现代化建设，没有一个稳定的政治形势不行。

要有一个稳定的政治形势，要靠改革开放，同时也要靠坚持四项基本原则。现实使人们更加认识了四项基本原则的地位和作用。1987年7月4日，邓小平在会见孟加拉国总统艾尔沙德时就我国的方针政策进行了明确的阐述。他说："搞社会主义现代化建设是基本路线。要搞现代化建设使中国兴旺发达起来，第一，必须实行改革、开放政策；第二，必须坚持四项基本原则。"他还进一步说明了实行改革开放与坚持四项基本原则之间相互依存的辩证关系。同年10月召开的中共十三大进一步把"一个中心、两个基本点"概括为党在社会主义初级阶段的基本路线，并对"两个基本点"的关系作了全面的阐述。

稳定，对于发展中的中国来说，实在是太重要了。然而，树欲静而风不止。改革发展的道路并非一帆风顺。

>> 第九章 邓小平与20世纪80年代末90年代初的中国

★ 1989年2月,邓小平会见美国总统乔治·布什。邓小平指出,中国的问题,压倒一切的是需要稳定……民主是我们的目标,但国家必须保持稳定。

1988年末到1989年初，由于种种因素，致使资产阶级自由化再次泛滥，在若干大城市，特别在北京，搞资产阶级自由化的人陆续举行意在根本改变国家制度的政治集会、政治上书和其他活动，一场政治风波在酝酿之中。

作为敏锐的政治家，邓小平已洞察到了这场动乱。

1989年2月，美国总统乔治·布什访华。一些搞资产阶级自由化的头面人物妄图借机制造事端。邓小平在26日会见布什时谈话的中心内容，就是讲中国的问题中压倒一切的是需要稳定。

面对既是朋友又是对手的乔治·布什总统，邓小平明确地告诉对方，中国的问题，压倒一切的是需要稳定。没有稳定的环境，什么都搞不成，已经取得的成果也会失掉。中国一定要坚持改革开放，这是解决中国问题的希望。但是要改革，就一定要有稳定的政治环境。中国正处在特别需要集中注意力发展经济的过程中。如果追求形式上的民主，结果是既实现不了民主，经济也得不到发展，只会出现国家混乱、人心涣散的局面。民主是我们的目标，但国家必须保持稳定。

3月4日，邓小平又同中央几位负责同志谈话。他说："我们搞四化，搞改革开放，关键是稳定。""中国不能乱，这个道理要反复讲，放开讲。""要放出一个信号：中国不允许乱。"他强调指出，四项基本原则不能丢。没有四个坚持，中国就乱了。

在资产阶级自由化重新抬头的同时，20世纪80年代后期我国的经济生活中也出现了一些值得重视的问题。

党的十一届三中全会以后，我国的改革开放事业取得了巨大的成就，但随着经济的发展，也出现了不少问题和困难，特别是从1984年下半年开始，经济出现过热等现象，到1988年表现更加明显，严重影响了经济的正常健康发展。1988年9月召开的党的十三届三中全会全面地分析了当时的形势，认为"当前，我国总的经济形势是好的，但存在的困难和问题不少，突出的是物价上涨幅度过大。为了创造理顺价格的条件，为了经济建设持续、稳步、健康地发展，必须在坚持改革、开放总方向的前提下，认真治理经济环境和整顿经济秩序"。

会议明确提出治理经济环境、整顿经济秩序、全面深化改革的方针，并决定把1989、1990两年改革和建设的重点突出地放到治理经济环境和整顿经济秩序上来。

第九章 邓小平与20世纪80年代末90年代初的中国

经济工作中的问题，同当时党的领导和思想政治工作的削弱也是分开的。

由于当时一度忽视党的建设、精神文明建设和思想政治工作，对一些党员，特别是极少数领导干部利用手中的职权倒买倒卖，以及其他一些相当严重的腐败现象，没有采取有力措施加以遏制和解决，一时间，党在群众中的威信有所降低，党的战斗力受到削弱。这严重地影响了党的治理整顿方针的贯彻执行。

随着物价的大幅度上涨和经济秩序的混乱，引起群众的不满，治理整顿的暂时困难也使人们发生了某些误解和忧虑。党内外一些热衷于搞资产阶级自由化的人利用党和政府工作中的失误和人民群众对物价上涨的焦虑，对党的领导进行攻击。他们直接要求取消四项基本原则，全盘西化，实行资本主义的经济制度和政治制度。由于极少数反共反社会主义的阴谋分子长期策划和背后操纵，特别是赵紫阳的纵容、鼓励和支持，从少数学生悼念胡耀邦逝世活动开始，逐步引发了一场全国性的政治动乱。

政治风波之后，世界的目光再一次聚集到了邓小平身上

1989年春夏之交，中国历史记下了沉重的一页。

这年4月15日，曾担任中共中央总书记的胡耀邦不幸逝世。党中央充分肯定胡耀邦在60年的革命生涯中，为中国革命、建设、改革事业作出的卓越贡献。广大人民群众以各种形式表达自己的哀思。在悼念活动期间，极少数人乘机散布谣言，煽动闹事，蛊惑群众举行示威游行，北京发生聚集冲击中南海新华门的严重事件，并且波及全国其他一些城市，最终酿成了大规模的政治风波。在关系党和国家生死存亡的关键时刻，中共中央政治局在邓小平和其他老一辈革命家坚决有力的支持下，依靠人民，在6月4日采取果断措施，平息了这场风波。

风波过后，中国的改革将向什么方向发展？人们都在观望着，充满了迷惘和不安。此时，世界的目光再一次聚集到了总设计师邓小平身上。

当时的中国社会，各种"小道消息"不断，邓小平在哪里？他在想什么？

1989年6月9日上午，中南海怀仁堂里气氛异乎寻常，首都戒严部队军以上将领们在这里等待着一个重要的时刻。

邓小平步入了接见会场，随同他一起参加接见的中央领导同志还有李鹏、乔石、姚依林、杨尚昆、万里、李先念、彭真、王震、薄一波等。

那用浓重的四川口音道出的深沉话语，我们今天听起来仍回味无穷。邓小平没有讲稿，经历了这场风波后的思考脱口而出，他说：

"这场风波迟早要来。这是国际的大气候和中国自己的小气候所决定了的，是一定要来的，是不以人们的意志为转移的，只不过是迟早的问题，大小的问题。

…………

"这次事件爆发出来，很值得我们思索，促使我们很冷静地考虑一下过去，也考虑一下未来。也许这件坏事会使我们改革开放的步子迈得更稳、更好，甚至于更快，使我们的失误纠正得更快，使我们的长处发扬得更好。今天我不可能展开来讲，只是提出课题。

"第一个问题，党的十一届三中全会制定的路线、方针、政策，包括我们发展战略的'三部曲'，正确不正确？是不是因为发生了这次动乱，我们制定的路线、方针、政策的正确性就发生问题？我们的目标是不是一个'左'的目标？是否还要继续用它作为我们今后奋斗的目标？这些大的问题，必须作出明确、肯定的回答。我们第一个翻一番的目标已经完成了，第二个翻一番的目标计划用十二年完成，再往后五十年，达到一个中等发达国家的水平。这就是我们的战略目标。对此，我想我们做出的不是一个'左'的判断，制定的也不是一个过急的目标。因此，对第一个问题的回答，应当说，我们所制定的战略目标，现在至少不能说是失败的。在六十一年后，一个十五亿人口的国家，达到中等发达国家的水平，是了不起的事情。实现这样一个目标，应该是能够做到的。不能因为这次事件的发生，就说我们的战略目标错了。

"第二个问题，党的十三大概括的'一个中心、两个基本点'对不对？两个基本点，即四个坚持和改革开放，是不是错了？我最近总在想这个问题。我们没有错。四个坚持本身没有错，如果说有错误的话，就是坚持四项基本原则还不够一贯，没有把它作为基本思想来教育人民，教育学生，教育全体干部和共产党员。这次事件的性质，就是资产阶级自由化和四个坚持的对立。四个坚持、思想政治工作、反对资产阶级自由化、反对精神污染，我们不是没有讲，而是缺乏一贯性，没有行动，甚至讲得都很少。不是错在四个坚持本身，而是错在坚持得不够一贯，教育和思想政治工作太差。一九八〇年元旦，我在政协

第九章 邓小平与20世纪80年代末90年代初的中国

★ 1989年6月,邓小平多次发表重要讲话。面对国内国际的政治风波,邓小平强调,党的十三大概括的"一个中心,两个基本点"没有错,要坚定不移地干下去,基本路线和基本方针、政策都不变。

讲话,讲了'四个保证',其中有一条叫'艰苦奋斗的创业精神'。艰苦奋斗是我们的传统,艰苦朴素的教育今后要抓紧,一直要抓六十至七十年。我们的国家越发展,越要抓艰苦创业。提倡艰苦创业精神,也有助于克服腐败现象。新中国成立以来我们一直在讲艰苦创业,后来日子稍微好一点,就提倡高消费,于是,各方面的浪费现象蔓延,加上思想政治工作薄弱、法制不健全,什么违法乱纪和腐败现象等等,都出来了。我对外国人讲,十年最大的失误是教育,这里我主要是讲思想政治教育,不单纯是对学校、青年学生,是泛指对人民的教育。对于艰苦创业,对于中国是个什么样的国家,将要变成一个什么样的国家,这种教育都很少,这是我们很大的失误。

"改革开放这个基本点错了没有？没有错。没有改革开放，怎么会有今天？这十年人民生活水平有较大提高，应该说我们上了一个台阶，尽管出现了通货膨胀等问题，但十年改革开放的成绩要充分估计够。当然，改革开放必然会有西方的许多坏的影响进来，对此，我们从来没有估计不足。八十年代初建立经济特区时，我与广东同志谈，要两手抓，一手要抓改革开放，一手要抓严厉打击经济犯罪，包括抓思想政治工作。就是两点论。但今天回头来看，出现了明显的不足，一手比较硬，一手比较软。一硬一软不相称，配合得不好。讲这点，可能对我们以后制定方针政策有好处。还有，我们要继续坚持计划经济与市场调节相结合，这个不能改。实际工作中，在调整时期，我们可以加强或者多一点计划性，而在另一个时候多一点市场调节，搞得更灵活一些。以后还是计划经济与市场调节相结合。重要的是，切不要把中国搞成一个关闭性的国家。实行关闭政策的做法对我们极为不利，连信息都不灵通。现在不是讲信息重要吗？确实很重要。做管理工作的人没有信息，就是鼻子不通，耳目不灵。再是绝不能重复回到过去那样，把经济搞得死死的。我提出的这个建议，请常委研究。这也是个比较急迫的问题，总要接触的问题。

"这是总结我们过去十年。我们的一些基本提法，从发展战略到方针政策，包括改革开放，都是对的。要说不够，就是改革开放得还不够。我们在改革中遇到的难题比在开放中遇到的难题要多。在政治体制改革方面有一点可以肯定，就是我们要坚持实行人民代表大会的制度，而不是美国式的三权鼎立制度。实际上，西方国家也并不都是实行三权鼎立式的制度。美国骂我们镇压学生，他们处理国内学潮和骚乱，还不是出动了警察和军队，还不是抓人、流血？他们是镇压学生和人民，而我们则是平息反革命暴乱。他们有什么资格批评我们！今后，在处理这类问题的时候，倒是要注意，一个动态出现，不要使它蔓延。

"以后我们怎么办？我说，我们原来制定的基本路线、方针、政策，照样干下去，坚定不移地干下去。除了个别语言有的需要变动一下，基本路线和基本方针、政策都不变。这个问题已经提出来了，请大家认真考虑一下。……

"要坚定不移地执行党的十一届三中全会以来制定的一系列路线、方针、政策，要认真总结经验，对的要继续坚持，失误的要纠正，不足的要加点劲。总之，要总结现在，看到未来。"

这篇重要讲话就是人们以后时常提及的"六九"讲话。讲话高瞻远瞩，高屋建瓴，既回答了国内外一些人的种种猜测，也解除了党内不少同志的迷惘和疑虑，为中国未来的改革和发展指明了方向。

那一年的夏天，邓小平照例去了海边。

那一年，他已85岁高龄。

9月16日，会见美籍华裔学者李政道教授时，他说："我的身体还好，头脑还清楚，记忆力还不错。在北戴河每天游泳一个小时，我不喜欢室内游泳池，喜欢在大自然里游泳，自由度大一些，有股气势。"

游泳可以锻炼人的身体，但更为重要的是磨炼人的意志，尤其是置身于无边无际的大海，搏击汹涌的海浪，可以增强人们征服自然、战胜各种困难的决心，坚定人的意志和信念。

邓小平对李政道教授说：请你相信，中国在十年改革开放中制定的各项方针政策不会改变。十三大制定的路线不能改变，谁改变谁垮台。

他还说，有一点是肯定的，那就是中国一定要发展，改革开放一定要继续，生产力要以适当的速度持续增长，人民生活要在生产发展基础上一步步改善。

邓小平的话给海外人士一个信息：中国社会主义的改革开放路线不会改变。

邓小平告诉尼克松，结束严峻的中美关系要由美国政府采取主动

1989年是中美建交以来关系紧张的一年。

发生在这一年春夏之交北京的那场政治风波之后，以美国为首的西方国家制裁中国，使中国的社会主义制度、改革开放和现代化建设事业、国家的主权和安全都面临着严峻的挑战。

6月5日，美国总统乔治·布什就中国局势发表讲话，宣布采取以下对华制裁：

1. 暂停政府对政府的一切武器销售和商业性出口；
2. 暂停美国和中国军事领导人之间的互访；
3. 对中国留美学生延长逗留时间的要求给予同情的考虑。

6月20日，布什指示美国政府采取以下措施：

1. 暂停同中国政府高级官员的互访；
2. 美国将力求推迟考虑国际金融机构向中国提供新的贷款。

与此同时，美国国会也酝酿并通过了制裁中国的修正案，仅经济制裁就有七个方面的内容。紧随美国，欧共体和西方各国也对华采取了一系列制裁措施。7月14日至16日，西方七国首脑和欧共体主席在法国巴黎举行会议，在其发表的政治宣言中"谴责"中国平息反革命暴乱是所谓"中国违反人权的暴力镇压"。宣称要采取中止对华高层政治接触及延缓世界银行的贷款等制裁措施。

由此，中美关系降到了建交以来的最低点。

在这样的情况下，邓小平明确指出：中国绝对不会接受任何国家干涉中国的内政。中国不怕制裁，外国也没有权力制裁中国。

面对国际形势的变化和西方的制裁，这位老人从容而有力地指出：中国的社会主义是变不了的。中国肯定要沿着自己选择的社会主义道路走到底，谁也压不垮我们。只要中国不垮，世界上就有五分之一的人口在坚持社会主义。我们对社会主义的前途充满信心。同时，邓小平和他的老朋友美国总统布什都有一个默契和底线，那就是中美关系不能回到隔离和对抗的老路上去。

前中国驻美大使朱启祯说：

"在这样的情况之下，也是小平同志出来掌舵，确定当时对美国的一个总方针。第一个思想就是对美国方面强调：国与国之间的关系应该遵循不干涉内政的原则，而且这个原则都在双方公报中间表明了的，所以中国绝对不会接受任何国家干涉中国的内政。另外一个思想是我们绝对不会乞求美国来取消制裁。因此中美关系的改善应该由美国采取主动，如果我们乞求美国取消制裁，我们中国就站不住，我们就要丧失我们的国格。第三个思想就是任何两国之间的关系，都要首先考虑到自己本国的战略利益，同时要尊重对方利益，而不应该让价值观念和社会制度的差异来干扰两国之间的关系。"

对于一个有十多亿人口并且正在崛起的大国，美国不能无视中国的存在。1989年下半年，美国相继派出前总统尼克松和布什总统的特使斯考克罗夫特访问中国。邓小平分别会见了他们。

这年10月31日，邓小平会见了老朋友、美国前总统尼克松。他对尼克松说：你是在中美关系非常严峻的时刻到中国访问的。我们都是以自己的国家利益为最高准则来谈问题和处理问题的。他告诉尼克松，结束严峻的中美关系要由美国政府采取主动。西方有一些人要推翻中国的社会主义制度，这只能激起中国人民的反感，使中国人民奋发图强。人们支持人权，但不要忘记还有一个国权。谈到人格，但不要忘记还有一个国格。特别是像我们这样第三世界的发展中国家，没有民族自尊心，不珍惜自己的独立，国家是立不起来的。

12月10日，邓小平会见美国总统特使、总统国家安全事务助理斯考克罗夫特。

邓小平：欢迎你，欢迎你，非常高兴看到你，欢迎你作为布什总统的特使到这里来。应该对此表示感谢。

斯考克罗夫特：非常感谢。

邓小平：你这个行动是个很重要的行动，重要的意义就是说中美尽管有些纠葛，有这样或那样的问题、分歧，归根到底，中美要好起来才行。这是世界和平和稳定的需要。

邓小平对斯考克罗夫特说："中国在国际上有特殊的重要性，关系到国际局势的稳定与安全。如果中国动乱，问题就大得很了，肯定要影响世界。这不是中国之福，也不是美国之福。"

邓小平请斯考克罗夫特转告布什总统：在东方的中国有一位退休老人，关心着中美关系的改善和发展。

1989年是中美关系紧张且危险的一年。中国国内的政治动乱，是受到美国一些政治势力煽动和支持的，他们的目的就是要让中国变质和中美关系倒退。对此，中国政府坚决反对干涉中国内政的行径，谴责和反对对我国进行的所谓制裁，同时，也保持了一定的克制，防止中美关系出现严重倒退。邓小平通过各种机会和渠道，为化解这场危机作出了极大的努力，既坚持捍卫国家主权和安全的原则性，又掌握维护中美正常国家关系、避免走上对抗的灵活性，争取中美关系尽快转危为安。

在1989年那场政治风波和苏东剧变之后，在邓小平"冷静观察、稳住阵脚、沉着应付、韬光养晦、有所作为"的战略方针指导下，我国一方面坚决反对以美国为首的西方世界的强权政治和干涉我国内政的行径；另一方面又积极争取打破封锁和制裁，在和平共处五项原则的基础上从容地改善和发展同这些国家的关系。原则性和灵活性的结合，使我国取得了外交上的主动，改善了国际环境，维护了国家的独立和主权。随着中国国内形势的稳定和改革开放的进一步深入，美国和西方国家的所谓制裁也逐步被化解和打破。

冷静观察、稳住阵脚、沉着应付、韬光养晦、有所作为

伴随西方世界对华制裁的另一冲击波是东欧和苏联局势的急剧变化。

像翻倒的多米诺骨牌，从1989年中期开始，东欧各国和苏联国内形势相继发生了战后以来最为剧烈的变化并导致重大转折。其速度之快，来势之猛，范围之广，令人震惊。

1989年6月，波兰议会举行大选，团结工会获胜；9月，组成了以团结工会为主体的东欧第一个非共产党领导的政府。

1989年10月，匈牙利社会主义工人党改名为匈牙利社会党，国家实行议会民主和多党制。1990年春，在议会选举中获胜的匈牙利民主论坛、小农党和基督教民主人民党组成联合政府。

1989年11月，保加利亚共产党领导人日夫科夫被迫辞职，接着，保共同意组织联合政府。1990年保共改名为社会党。

1989年11月，捷克斯洛伐克共产党领导层发生分裂，联邦议会选举产生了"民主谅解政府"，由"民众论坛"领导人哈韦尔出任总统，次年6月成立了排斥捷共的新政府。

1989年12月，罗马尼亚政府倒台，原总统齐奥塞斯库被处死，罗共处于瘫痪状态，救国阵线接管政权后宣布罗共非法。

1990年初，南斯拉夫实行多党制，战后执政四十多年的南共联盟解体。南各共和国先后举行多党制议会选举。大选后，斯洛文尼亚、克罗地亚、波黑、马其顿四个共和国原共盟失去执政地位，并先后宣布国家脱离南联盟独立。

1991年，苏联局势发生剧变。"八一九"事件后，各加盟共和国纷纷独立并取得国际社会的承认。12月25日，戈尔巴乔夫发表电视讲话，宣布辞去苏联总统职务。在回顾他担任苏联最高领导人近七年的经历时，他承认这些年来进行的种种改革都失败了，国家失去了前途。戈尔巴乔夫的讲话结束后，飘扬在克里姆林宫上空的苏联国旗悄然降下。

面对这突如其来的骤变，有人忧虑，有人迷惘，有人欣喜，也有人清醒。

发生在共和国首都北京的那场政治风波平息之后，邓小平6月9日在接

第九章 邓小平与20世纪80年代末90年代初的中国

见首都戒严部队军以上干部时的讲话中说："这场风波迟早要来。这是国际的大气候和中国自己的小气候所决定了的，是一定要来的，是不以人们的意志为转移的，只不过是迟早的问题，大小的问题。"

何谓国际大气候？6月16日邓小平在同江泽民、李鹏、乔石、姚依林、宋平、李瑞环、杨尚昆等同志谈话时说："整个帝国主义西方世界企图使社会主义各国都放弃社会主义道路，最终纳入国际垄断资本的统治，纳入资本主义的轨道。"继而，他坚定地说："现在我们要顶住这股逆流，旗帜要鲜明。因为如果我们不坚持社会主义，最终发展起来也不过成为一个附庸国，而且就连想要发展起来也不容易。现在国际市场已经被占得满满的，打进去都很不容易。只有社会主义才能救中国，只有社会主义才能发展中国。在这一点上，这次暴乱对我们的启发十分大，十分重要，使我们头脑更加清醒起来。""现在国际舆论压我们，我们泰然处之，不受他们挑动。"9月16日，他在会见美籍华裔学者李政道教授时说："西方世界确实希望中国动乱。不但希望中国动乱，也希望苏联、东欧都乱。美国，还有西方其他一些国家，对社会主义国家搞和平演变。美国现在有一种提法：打一场无硝烟的世界大战。我们要警惕。资本主义是想最终战胜社会主义，过去拿武器，用原子弹、氢弹，遭到世界人民的反对，现在搞和平演变。别国的事情我们管不了，中国的事情我们就得管。中国不搞社会主义不行，不坚持社会主义不行。如果没有共产党的领导，不搞社会主义，不搞改革开放，就呜呼哀哉了，哪里能有现在的中国？用二十多年流血斗争赢得的人民共和国，用几十年艰苦奋斗特别是十年来改革开放赢得的社会主义建设成就，中国人民不会把它轻易丢掉。"

中国的社会主义制度、改革开放和现代化建设事业、国家的主权和安全都面临着严峻的挑战。一方面，是以美国为首的西方世界借1989年北京的那场政治风波对我们施加的"制裁"；一方面，是苏联、东欧变化所造成的巨大冲击。社会主义的中国能否抓住和利用世界经济一体化发展的良好机遇，能否顶住霸权主义、强权政治的压力，把改革开放和现代化建设事业坚定地搞下去，是世界普遍关注的大问题。在这关键性的时刻，邓小平综观全局，坚定而有力地指出，中国的社会主义是变不了的。中国肯定要沿着自己选择的社会主义道路走到底。谁也压不垮我们。他说，党的十一届三中全会以来制定的基本路线、方针、政策，都是对的，要坚定不移地干下去。这其中也包括我们对国际形势的判断和我们的对外政策。1989年后，他在同几次中央负责同志的谈话中，明确提出了看待国际形势、处理对外关系的方针：冷静观察、稳住阵脚、沉着应付、韬光养晦、有所作为。此后，他又反复阐明和论述了这一方针，并提出了许多具体的策略原则。

冷静观察。这是马克思主义实事求是思想路线的一个基本方法论。在急剧变化的国际形势中，不可测的因素很多，矛盾越来越突出，只有冷静观察，才能透过现象看到国际局势发展变化的本质。邓小平指出，现在旧的格局在改变中，新的格局还没有形成。和平与发展两大问题，和平问题没有解决，发展问题更加严重。国际上有些问题不是一下子就能看得清楚，但是不能看成一片漆黑，不能认为形势恶化到多么严重的地步，不能把我们说成是处在多么不利的地位。要坚持辩证唯物主义的"两点论"，看到对我有利的因素。邓小平提醒说，世界上矛盾多得很，大得很，一些深刻的矛盾刚刚暴露出来。我们可以利用的矛盾存在着，对我们有利的条件存在着，机遇存在着，问题是要善于把握。

稳住阵脚。这是马克思主义者原则性和坚定性的体现。邓小平认为，苏联、东欧的变化对我们来说并不感到意外，迟早要出现的。这个变化首先出在内部。他强调指出，发达国家欺侮落后国家的政策没有变。西方国家不喜欢中国坚持社会主义道路。在这种情况下，中国自己要稳住阵脚，否则，人家就要打我们的主意。我们自己要提高警惕，放松不得。要维护我们独立自主、不信邪、不怕鬼的形象。首先中国自己不要乱，认真地把改革开放搞下去，中国稳住了，而且实现了发展目标，社会主义就会显示出优越性。

沉着应付。这是对待新的国际形势和复杂的国际关系的策略原则。在新的国际形势下，中国如何在维护世界和平、促进经济发展中发挥应有的作用，如何发展国际间的交往，打破西方世界的封锁压制政策，继续为我国的现代化建设创造良好的外部环境，是至关重要的问题。邓小平指出，我们的对外政策还是两条，第一条是反对霸权主义、强权政治，维护世界和平；第二条是建立国际政治新秩序和经济新秩序。这两条要反复讲。在国际交往中，要从国家和民族的根本利益出发，始终把国家的独立和主权放在第一位。我们反对制裁，也不怕制裁。但是，不管怎么样，我们还是友好往来。朋友还要交，但心中要有数。过头的话不讲，过头的事不做。坚持同所有国家都来往，在和平共处五项原则的基础上同他们从容地发展关系，不搞意识形态的争论。

韬光养晦。这是新形势下我们必须坚持的一个重要方针。邓小平指出，过去两霸争夺世界，现在比那个时候要复杂得多、乱得多。怎么收拾，谁也没有个好主张。我们谁也不怕,谁也不得罪。对我们有利的条件存在着,要利用矛盾,集中力量发展自己,善于守拙。第三世界有一些国家希望中国当头,但是我们千万不要当头,这是一个根本国策。这个头我们当不起,自己力量也不够。当了绝无好处,许多主动都失去了。中国永远站在第三世界一边,永远不称霸,也永远不当头。

有所作为。这是变化中的世界对中国的客观要求。中国是世界上举足轻重的和平大国,在国际上具有广泛的影响力和号召力。邓小平说:过去,世界上都说苏、美、中大三角。我们不讲这个话,我们对自己的力量的估计是清醒的,但是我们也相信中国在国际事务里面是有足够分量的。随着改革开放和现代化建设的进程,中国在不长时间内将会成为一个经济大国,现在已经是一个政治大国了。邓小平指出,世界政治格局在变化之中,不管怎么变,中国算一极。中国不要自己贬低自己,怎么样也算一极。他强调,中国要在国际事务中有所作为,要以自己不称霸、不当头、坚持独立自主的和平外交政策在世界上树立一个好的榜样,积极推进国际新秩序的建立。

在坚持以上方针、策略的基础上,我们要做好一件事——我们自己的事。邓小平指出,综观全局,不管怎么变化,我们要扎扎实实地抓好建设工作。他反复强调,要抓住时机,大力发展自己,尽快把中国经济搞上去,这是我们解决所有问题的关键。

邓小平关于"二十字"的方针,是他外交战略思想的最新发展。这一方针的提出,使我们避免了20世纪60年代曾出现过的那种"左"的偏差。60年代初,中苏关系恶化后,我们曾一度把自己作为共产主义运动"正确路线代表",把中国作为"世界革命中心",在意识形态领域里举起了"反帝""反修"两面旗帜,进行了两条战线的斗争,使中国陷入了极其被动的国际环境之中。然而这次我们有了以往的历史经验,有了邓小平提出的二十字方针,才使我们避开了国际斗争的风口浪尖,避免了意识形态领域的争论和与西方世界的对抗,维护了我国良好的国家形象,顶住了苏东剧变和霸权主义、强权政治的压力,在复杂多变的国际形势下,坚持原则,务实灵活,很快就打开了新的外交局面,使改革开放和现代化建设得以顺利进行。

要聚精会神地抓党的建设,这个党该抓了,不抓不行了

1989年春夏之交的那场政治风波,使我们党、国家和人民经受了严峻的考验。这场风波值得我们思索,促使我们冷静地考虑过去,也考虑未来。

作为社会主义改革开放和现代化建设的总设计师,邓小平是怎样考虑的呢?这年6月16日,他在同几位负责同志谈话时指出,我们中国共产党现在要建立起第三代的领导集体。在谈第三代领导集体的当务之急时,邓小平语重心长地说:常委会的同志要聚精会神地抓党的建设,这个党该抓了,不抓不行了。

实际上,在新时期邓小平关于党的建设有大量丰富的论述,这些论述集中地反映在《邓小平文选》第二卷、第三卷中,构成了新时期党的建设的主要内容。邓小平关于党的建设的思想,是邓小平理论的重要组成部分。

中国共产党在中国革命和建设中的领导地位和作用,是历史形成的,是中国人民前仆后继、艰苦奋斗所做出的历史选择。1979年,邓小平指出:"在中国,在五四运动以来的六十年中,除了中国共产党,根本不存在另外一个像列宁所说的联系广大劳动群众的党。没有中国共产党,就没有社会主义的新中国。"新中国成立后,我国社会主义革命和建设的成就,就是在中国共产党的领导下取得的。党的十一届三中全会以来,我国改革开放和社会主义现代化建设更是成绩斐然,令世界瞩目,这也只有在中国共产党的领导下才能获得。对此,邓小平指出:中国没有共产党的领导、不搞社会主义是没有前途的。这个道理已经得到证明,将来还会得到证明。他反复强调要坚持四项基本原则,在四项基本原则中,党的领导是关键的一条。

为了坚持和加强党的领导,邓小平根据党的现状和所面临的任务,反复强调必须努力改善党的领导。改革开放以来,党的领导和党的建设也遇到了许多新的问题,需要用新的办法去解决。邓小平1980年8月在《党和国家领导制度的改革》的讲话中说:"社会主义现代化建设的极其艰巨复杂的任务摆在我们的面前。很多旧问题需要继续解决,新问题更是层出不穷。党只有紧紧地依靠群众,密切地联系群众,随时听取群众的呼声,了解群众的情绪,代表群众的利益,才能形成强大的力量,顺利地完成自己的各项任务。现在群众中需

>> 第九章 邓小平与20世纪80年代末90年代初的中国

要解决的思想问题很多,党内需要解决的思想问题也很多。""因此,为了做好思想政治工作,也要求改善党的领导,改善党的领导制度。"邓小平关于坚持和改善党的领导的论述,体现了辩证统一的思想。一方面,他指明了只有坚持党的领导,才能谈得上改善党的领导;另一方面,他告诉人们只有改善党的领导,才能真正坚持和加强党的领导。要坚持和加强党的领导,必须在改善党的领导上下工夫。他强调:怎样改善党的领导,这个重大问题摆在我们面前。不好好研究这个问题,不解决这个问题,坚持不了党的领导,提高不了党的威信。

党的十一届三中全会以来,邓小平认真研究了如何改善党的领导和加强党的建设问题,从思想建设、组织建设、作风建设等多方面提出了一系列重要思想,对坚持和改善党的领导、加强党的建设起了重大作用。

在邓小平关于党的建设的论述中,关于加强党的思想建设占有显著位置。他向全党发出号召:必须重视学习。

党的十一届三中全会重新确立了我们党解放思想、实事求是的思想路线。党的思想建设的核心,就是要使每个党员都要从思想上认识和理解这条思想路线,在实践中遵循这条思想路线。我们的改革开放和现代化建设是一项崭新的伟大事业,没有现成的模式可循,我们只能以马克思主义的基本原理为指导,一切从实际出发,在实践中学习,在实践中探索,在实践中提高,在实践中检验真理和发展真理,抛弃那些对马克思主义的某些原则、某些本本的教条式理解,抛弃那些对社会主义不科学的甚至扭曲的认识,抛弃那些超越社会主义初级阶段的不正确思想,坚决反对那些根本否定马克思主义的错误观点,坚持用辩证唯物主义和历史唯物主义的世界观、方法论去分析和解决问题。

在实行改革开放之初,邓小平就告诉全党:实现四个现代化是一场深刻的伟大的革命。在这场伟大的革命中,我们是在不断地解决新的矛盾中前进的。因此,全党同志一定要善于学习,善于重新学习。

1985年9月23日,在党的全国代表会议上,邓小平再次提出了理论学习问题。他说:"我们现在要建设有中国特色的社会主义,时代和任务不同了,要学习的新知识确实很多,这就更要求我们努力针对新的实际,掌握马克思主义基本理论。因为只有这样,才能提高我们运用它的基本原则基本方法,来积极探索解决新的政治经济社会文化基本问题的本领,既把我们的事业和马克思主义理论本身推向前进,也防止一些同志,特别是一些新上来的中青年同志在日益复杂的斗争中迷失方向。因此,我希望党中央能作出切实可行的决定,使全党的各级干部,首先是领导干部,在繁忙的工作中,仍然有一定的时间学习,熟悉马克思主义的基本理论,从而加强我们工作中的原则性、系统性、预见性和创造性。只有这样,我们党才能坚持社会主义道路,建设和发展有中国特色的社会主义,一直达到我们的最后目的,实现共产主义。"

邓小平非常重视党的理论建设,注重从中国的实践和时代的特征出发继承和发展马克思主义。1989年他在会见苏联最高苏维埃主席团主席、苏共中央总书记戈尔巴乔夫时这样说:"世界形势日新月异,特别是现代科学技术发展很快。现在的一年抵得上过去古老社会几十年、上百年甚至更长的时间。不以新的思想、观点去继承、发展马克思主义,不是真正的马克思主义者。"改革开放以来,我们党在理论上取得的最大收获,就是邓小平把马克思主义的基本原理同中国实际相结合,集中全党智慧,创立了建设有中国特色社会主义的新理论。这是新时期党的思想理论建设的最大成果。

坚持民主集中制、加强党的纪律,也是邓小平党建思想的重要内容。

民主集中制是我们党的根本组织制度和领导制度。邓小平认为,坚持民主集中制,是实现社会主义现代化的一个重要条件。他指出,我们实行的民主集中制是民主基础上的集中和集中指导下的民主相结合。根据民主集中制的要求,一方面必须充分发扬民主,调动党员和人民群众的积极性、创造性;另一方面,该集中的就要集中。他强调,在党内生活和国家政治生活中,要真正实行民主集中制和集体领导。一言堂、个人说了算,集体做了决定少数人不执行等等毛病,都要坚决克服。同时,还要重申和强调个人服从组织、少数服从多数、下级服从上级、全党服从中央的原则。在这几条里面,最重要的是全党服从中央。邓小平特别强调,要加强中央的权威,全党必须在政治上与党中央保持高度的一致,不允许对党中央的路线、方针、政策任意散布不信任、不满和反对的意见。只有全党严格地服从中央,党才能领导全体党员和全国人民为实现现代化的伟大任务而奋斗。邓小平还反复强调,必须严格维护党的纪律,极大地加强纪律性,对于那些无视党的纪律,损害人民利益,破坏全党政治上统一的倾向要坚决地进行斗争。

20世纪80年代末90年代初,国际政治风云突变,社会主义运动在世界遇到了严重挫折,一些社会主义国家的党组织涣散以至瓦解,究其原因,放弃民主集中制是重要的一条。在这个国际背景下,邓小平再次明确强调,我们仍要坚持民主集中制,这个原则不能丢。

第九章 邓小平与20世纪80年代末90年代初的中国

在抓党的作风建设上,邓小平特别强调要发扬党的优良传统和作风,反对腐败。

我们党在长期的革命与建设的实践中,形成了理论联系实际、密切联系群众、批评和自我批评,以及谦虚谨慎、不骄不躁、艰苦朴素、艰苦奋斗、反对官僚主义等优良的传统和作风。这些优良传统和作风,是我们的传家宝,是党领导人民从胜利走向胜利的可靠保证。

在这些优良传统中,邓小平特别注重发扬艰苦朴素、密切联系群众的传统和作风。他反复告诫党员和干部,特别是领导干部,要一切从人民的利益出发,不要脱离群众,群众是我们力量的源泉,脱离群众就会被时代和人民所抛弃。在改革开放和发展商品经济的情况下,更是要保持这些优良传统和作风,发扬大公无私、服从大局、艰苦奋斗、廉洁奉公的精神,坚持共产主义理想和共产主义道德。

由于十年动乱的影响及其他因素,改革开放以来,部分党员干部搞特殊化、以权谋私的现象越来越严重,少数人甚至参与各种犯罪活动。党风不正严重地带坏了社会风气,给改革开放和现代化建设造成了危害。对此,邓小平从改革开放一开始,就提出要坚决反对和严肃对待党内不正之风。1986年1月,他在中央政治局常委会上的讲话中说:"现在党中央的路线政策都好,改革和开放的方针必须坚持。但是管理工作和其他工作中的漏洞也不少,有些党员干部的作风和社会风气实在太坏了。"他非常赞成陈云提出的执政党的党风是有关党的生死存亡的问题的观点,指出端正党风,是端正社会风气的关键。端正党风,就是要恢复和发扬我们党延安时期的那种优良传统和作风,纠正脱离群众、搞特殊化和搞官僚主义的作风。他强调,党有党纪,国有国法,对于那些违反党纪国法的人和事必须严肃查处,毫不留情。

邓小平反复强调要坚持反腐败斗争,搞好党的廉政建设。1989年5月31日,他对中央两位负责同志说:"要扎扎实实做几件事情,体现出我们是真正反对腐败,不是假的。"他提出,对腐败的事情,要雷厉风行地抓,该怎么处理就怎么处理,一定要取信于民。他告诫说:不惩治腐败,特别是党内高层的腐败现象,确实有失败的危险。

在1992年初的南方谈话中,邓小平再次强调说:"在整个改革开放过程中都要反对腐败。对干部和共产党员来说,廉政建设要作为大事来抓。"

要坚持党对改革开放和现代化建设的领导,邓小平还特别注重党的组织建设问题。

邓小平认为，中国的稳定，社会主义现代化的实现，要有正确的组织路线来保证，要有真正坚持马克思列宁主义、毛泽东思想和党性强的人来接班才能保证。

培养和选拔德才兼备的领导干部是关系党的生命力的重大问题，这也是邓小平最重视、论述最多的问题之一。

1992年初的南方谈话中，邓小平指出："中国的事情能不能办好，社会主义和改革开放能不能坚持，经济能不能快一点发展起来，国家能不能长治久安，从一定意义上说，关键在人。"

在新的历史时期，邓小平提出了选拔干部要德才兼备的原则和干部队伍"革命化、年轻化、知识化、专业化"的要求。强调要把政治上好的，能够针对新的实际掌握马克思主义理论的人；有革命精神和专业知识的年轻干部；人民公认的是坚持改革开放路线并有政绩的人，大胆地吸收进领导机构。他提出，要制定一系列制度鼓励年轻人，创造一个人才脱颖而出的环境。他强调，认真选好接班人，是一个战略问题，是关系党和国家长远利益的大问题。是他首先提出要废除实际存在的干部领导职务终身制，是他身体力行、率先垂范，主持建立了以江泽民为核心的中国共产党第三代领导集体，完成了党中央最高领导层的新老交替，实现了第二代领导集体向第三代领导集体的顺利过渡。

在选好接班人的同时，邓小平认为，还要加强党的制度和党的基层组织建设，加强和健全党内监督，发扬党内民主。

邓小平认为，作为中国社会主义事业的核心力量，中国问题的关键还是在于如何把党建设好。

要两手抓，两手都要硬

1989年政治风波的发生，自然有其国际的大气候和国内的小气候，但也与我们党内一些领导干部，甚至在中央的一些领导干部没有认真领会和运用邓小平"两手抓，两手都要硬"的指导方针有直接的关系。

1989年6月9日，邓小平在接见首都戒严部队军以上干部的讲话中指出：

>> 第九章　邓小平与20世纪80年代末90年代初的中国

80年代初建立经济特区时，我与广东同志谈，要两手抓，一手抓改革开放，一手抓严厉打击经济犯罪，包括抓思想政治工作。就是两点论。但今天回头来看，出现了明显的不足，一手比较硬，一手比较软。一硬一软不相称，配合得不好。讲这点，可能对我们以后制定方针政策有好处。

改革开放以来，邓小平说过一系列的两手抓：一手抓建设，一手抓法制；一手抓改革开放，一手抓打击各种犯罪活动；一手抓物质文明，一手抓精神文明；一手抓改革开放，一手抓惩治腐败。这一系列的两手抓，体现了唯物辩证法的基本原则，是建设有中国特色社会主义的一个重要指导思想和科学的领导方法、工作方法。

1979年6月28日，邓小平在会见日本客人时指出："民主要坚持下去，法制要坚持下去。这好像两只手，任何一只手削弱都不行。"

1982年4月，为了打击日益猖獗的经济领域中的犯罪活动，确保正常的经济秩序，中央决定采取果断的措施。4月10日，在中共中央政治局讨论《中共中央、国务院关于打击经济领域中严重犯罪活动的决定》的会议上，邓小平坚决地说："打击经济犯罪活动的斗争，是我们坚持社会主义道路和实现四个现代化的一个保证。这是一个经常的斗争，经常的工作。否则，社会主义道路怎么坚持呀？如果不搞这个斗争，四个现代化建设，对外开放和对内搞活经济的政策，就要失败。所以，我们要有两手，一手就是坚持对外开放和对内搞活经济的政策，一手就是坚决打击经济犯罪活动。"

1982年7月4日，邓小平在军委座谈会上再次强调说："我们必须坚持对外开放、对内搞活经济这一手。但是为了保证这个政策在贯彻执行过程中能够真正有利于四化建设，能够不脱离社会主义方向，就必须同时还有另外一手，这就是打击经济犯罪活动。没有这一手，就没有制约。"

1986年1月17日，在中央政治局常委会上，邓小平在谈抓精神文明建设、抓党风、抓社会风气好转问题时提出："搞四个现代化一定要有两手，只有一手是不行的。所谓两手，即一手抓建设，一手抓法制。"

1989年6月16日，邓小平在同中央负责同志谈话时又指出："我们一手抓改革开放，一手抓惩治腐败，这两件事结合起来，对照起来，就可以使我们的政策更加明朗，更能获得人心。"

1992年1月20日，高耸入云的深圳国贸大厦显得格外挺拔。这天上午，在这座大楼53层的旋转餐厅，中国社会主义改革开放的总设计师邓小平俯瞰了深圳市容，领略了在他的关心下成长起来的深圳特区的发展变化，并与当时领导干部侃侃而谈。

"要坚持两手抓，一手抓改革开放，一手抓打击各种犯罪活动。这两只手都要硬。打击各种犯罪活动，扫除各种丑恶现象，手软不得。"

邓小平还特别强调要抓好精神文明建设。他提出，两个文明都搞好，才是有中国特色的社会主义。只要我们的生产力发展，保持一定的经济增长速度，坚持两手抓，社会主义精神文明就可以搞上去。

实现从领导岗位上退下来的夙愿

实现党中央领导层的新老交替，是邓小平最为关注的一个问题。20世纪80年代以来，他一直致力解决这个问题。

中外人士都知道，邓小平是中国社会主义改革开放和现代化建设的总设计师，是新时期中国内政外交的主要决策人。他在新时期的巨大作用是历史性的。尽管十一届三中全会以来党内外都期望他能出任中央主席或总书记职务，但他都力排众议，坚持不当第一把手，而是推荐相对年轻的同志到党和国家的主要领导岗位，其目的就是要尽快建立起一个坚强有力、有朝气的新一代中央领导集体。

1989年春夏之交的那场政治风波之后，这个问题更加突出地摆在了他的面前。

这年的5月31日，邓小平在与李鹏、姚依林的谈话中说，动乱平息之后，我们确实有些事情需要向人民作出交代。主要有两条：第一，要改换领导层。新的中央领导机构要使人民感到面貌一新，感到是一个实行改革的有希望的领导班子。这是最重要的一条。这是向人民亮相啊！第二，要扎扎实实做几件事情，体现出我们是真正反对腐败，不是假的。他说，要组成一个实行改革的有希望的领导集体，要真正建立中国共产党历史上的第三代领导。他语重心长地指出，新的领导机构，眼界要非常宽阔，胸襟要非常宽阔，这是对我们第三代领导人最根本的要求。我们的第一代领导人前期是胸襟宽阔的，我们第二代基本上也是胸襟宽阔的，对第三代领导以及以后的领导都应该有这样的要求。

第九章 邓小平与 20 世纪 80 年代末 90 年代初的中国

在这次谈话最后,邓小平这样说:"新的领导班子一经建立了威信,我坚决退出,不干扰你们的事。希望大家能够很好地以江泽民同志为核心,很好地团结。只要这个领导集体是团结的,坚持改革开放的,即使是平平稳稳地发展几十年,中国也会发生根本的变化。关键在领导核心。我请你们把我的话带给将要在新的领导机构里面工作的每一个同志。这就算是我的政治交代。"

半个月后,邓小平同中央负责同志又进行了一次重要谈话。

6月16日,他在谈话中指出,我们中国共产党现在要建立起第三代的领导集体。

邓小平说:在历史上,遵义会议以前,我们的党没有形成过一个成熟的党中央。从陈独秀、瞿秋白、向忠发、李立三到王明,都没有形成过有能力的中央。我们党的领导集体,是从遵义会议开始逐步形成的,也就是毛刘周朱和任弼时等同志,弼时同志去世后,又加了陈云同志。到了党的八大,成立了由毛刘周朱陈邓六个人组成的常委会,后来又加了一个林彪。这个领导集体一直到"文化大革命"。

谈到第二代领导集体,邓小平指出:党的十一届三中全会建立了一个新的领导集体。在这个集体中,实际上可以说我处在一个关键地位。这个集体一建立,我就一直在安排接班的问题。虽然两个接班人(指胡耀邦和赵紫阳——编者)都没有站住,但在当时,按斗争的经验、按工作的成就、按政治思想水平来说,也只能作出那样的选择。况且人是在变化的。

邓小平强调说:任何一个领导集体都要有一个核心,没有核心的领导是靠不住的。第一代领导集体的核心是毛主席。第二代实际上我是核心。第三代的领导集体也必须有一个核心,就是大家现在同意的江泽民同志。要注意树立和维护这个集体和这个集体中的核心。

邓小平指出:中国的事情,关键在共产党要有一个好的政治局,特别是有一个好的常委会。国家的命运、党的命运、人民的命运需要有这样一个领导集体。

1989年11月9日,居住在首都北京的人们与往常一样,各自忙碌着。

清晨,点点雪花随风飘落,路边的树干披上了薄薄的银装,初冬的一场瑞雪给这座美丽的城市又增添了新的景色。

正在举行的中国共产党第十三届五中全会上,宣读着这一年邓小平写给中央政治局的一封信:

"我向中央请求辞去现在担任的中共中央军事委员会主席职务。

"一九八〇年我就提出要改革党和国家的领导制度，废除干部领导职务终身制。近年来，不少老同志已相继退出了中央领导岗位。一九八七年，在党的第十三次全国代表大会召开以前，为了身体力行地废除干部领导职务终身制，我提出了退休的愿望。当时，中央反复考虑我本人和党内外的意见，决定同意我辞去中央政治局常委、中央政治局委员、中央顾问委员会主任的职务，退出中央委员会和中央顾问委员会；决定我留任党和国家的军委主席的职务。此后，当中央的领导集体就重大问题征询我的意见时，我也始终尊重和支持中央领导集体多数同志的意见。但是，我坚持不再过问日常工作，并一直期待着尽早完成新老交替，实现从领导岗位完全退下来的愿望。

"党的十三届四中全会选出的以江泽民同志为首的领导核心，现已卓有成效地开展工作。经过慎重考虑，我想趁自己身体还健康的时候辞去现任职务，实现夙愿。这对党、国家和军队的事业是有益的。恳切希望中央批准我的请求。我也将向全国人民代表大会提出辞去国家军委主席的请求。

"作为一个为共产主义事业和国家的独立、统一、建设、改革事业奋斗了几十年的老党员和老公民，我的生命是属于党、属于国家的。退下来以后，我将继续忠于党和国家的事业。我们党、我们国家和我们军队所取得的成就是几代人努力的结果。我们的改革开放事业刚刚起步，任重而道远，前进中还会遇到一些曲折。但我坚信，我们一定能够战胜各种困难，把先辈开创的事业一代代发扬光大。中国人民既然有能力站起来，就一定有能力永远岿然屹立于世界民族之林。"

80多年的人生生涯，60余年的革命历程，对任何人来说，都不会是轻而易举。

退休，是邓小平多年来的心愿。从他第二次复出领导改革开放以来，就在着手安排接班人；从20世纪80年代开始，他就力排众议，带头退出一些领导职务：

1980年8月，在全国人大五届三次会议上，他辞去了国务院副总理职务；

1983年6月，在全国政协六届一次会议上，他辞去了全国政协主席职务；

1987年10月，在中国共产党第十三次全国代表大会上，他辞去中央政治局委员、常委和中央顾问委员会主任职务。

邓小平多次说过，一个党、一个国家的命运，如果建立在一两个人的声

第九章 邓小平与20世纪80年代末90年代初的中国

望上是很不健康、很危险的。人老了,总有一天会糊涂,也难免说错话、办错事。他多次表示要在自己身体还健康、脑子还清醒的时候从领导岗位上退下来。并且多次说过,他的任务就是逐渐在政治舞台上消失。

邓小平在主持建立党的第三代中央领导集体的过程中,明确表示:新的领导班子一经建立了威信,我坚决退出,不干扰你们的事。

1989年政治风波之后,以江泽民为核心的党中央,在短短的几个月内,作出一系列深得人民拥护的重大决策,国内政局逐渐平稳。全国人民从周围的实际变化中感受到了党中央的英明正确。人民对党中央的信任和拥护,化作巨大的力量,推动着社会主义的改革开放和经济建设的伟大事业不断向前。

邓小平目睹了这一切,他对十三届四中全会产生的以江泽民为核心的新的领导集体在短时期内所作出的政绩表示满意。他决定完全引退,把担子完全交给以江泽民为核心的第三代领导集体。他认为这对党、国家和军队的事业是有益的。

1989年9月4日,邓小平与江泽民、杨尚昆、李鹏、万里、乔石、姚依林、宋平、李瑞环等同志谈话,商谈他退休的问题。

他说,现在看来,对新的领导班子这一段的活动,国际国内反映至少是很平静,感到是稳妥的,没有什么怪话,证明我们这个新的领导班子是能够取得人民的信任和国际上的信任的。如果再加上我们这些人退出去,人家再看上两三个月或半年,我们的局面真正是稳定的,是一个安定团结的政治局面,中国还在继续发展,继续执行原有的路线、方针、政策。到那时,我们这些人的影响就慢慢消失了。消失了好!

开始的时候,江泽民等常委考虑,目前我国的建设和改革正处在关键的时刻,又面临着复杂的国际形势,很需要小平同志继续为我们掌舵,恳切希望他迟一点退下来。

但邓小平觉得要想等一个多么合适的时候再退,是等不到的,每次都总有一点因素说退不得,而即将召开的十三届五中全会就是一个时机。他说,如果不退休,在工作岗位上去世,在世界上会引起什么反响很难讲。如果我退休了,确实不做事,人又还在,就还能起一点作用。考虑到中国的安全,现在退比发生了事情退或在职位上去世有利,退的决心我已经下了好几年了。我曾多次提出,是真心的。

在谈到具体退休时间时,邓小平认为,如果正式退,差不多还要一个半月,有了四五个月，政治局面就比较平静了，这是个时机。我过去多次讲，可能我最后的作用是带头建立退休制度，我已经慢慢练习如何过退休生活，工作了几十年，完全脱离总要有个过程。他明确提出，我退休的时间是不是就确定在五中全会。犹豫了这么几年，已经耽误了。这个事情就这样定下来吧。

在这次谈话的同一天，邓小平郑重地致信中央政治局，提出了辞职和退休的请求。

根据邓小平的请求和中央政治局的安排，1989年11月召开的党的十三届五中全会，把邓小平退休的问题作为会议的主要议题之一。

全会认真地讨论了邓小平的辞职信，认为邓小平高瞻远瞩，应该尊重他的意愿，同意他的请求。全会讨论并通过的《中国共产党十三届五中全会关于同意邓小平同志辞去中共中央军事委员会主席职务的决定》，全会高度评价了邓小平对党和国家建立的卓著功勋。

11月9日，会议进入最后一天。下午3时，参加会议的全体同志在人民大会堂举手通过一项特殊决定：同意邓小平辞去中共中央军事委员会主席职务。

同时，会议根据邓小平的建议并在充分酝酿的基础上，决定江泽民任中共中央军事委员会主席。

人民大会堂。邓小平来到了参加党的十三届五中全会的同志们中间。他与江泽民等中央领导同志握手致意，然后一同步入会见大厅，同大家会见、合影。

"一句话，感谢同志们的理解和支持，全会接受了我退休的请求。衷心地感谢全会，衷心地感谢同志们。"邓小平满怀激情地说。

当邓小平离开大会堂的时候，江泽民一直把他送到门口，紧紧握着他的手说："我一定鞠躬尽瘁，死而后已。"

1990年3月4日，七届人大三次会议在北京召开。会议批准邓小平辞去中华人民共和国中央军事委员会主席的职务，选举江泽民为中华人民共和国中央军事委员会主席。

邓小平是中国人民的儿子，他把自己的一生都献给了祖国和人民。当他的祖国按照他所设计的现代化建设宏伟蓝图走向世界，走向未来时，他却退休了。他实现了自己的诺言，率先垂范,完成了中国共产党最高领导层的新老交替。

与参加五中全会的同志们见面后，邓小平又回到了家中。家人们忙碌了一天，精心准备了一个特殊的家庭晚宴。孙辈们向爷爷送上了亲手赶制的贺卡，上面写道:"愿爷爷永远和我们一样的年轻!"餐厅淡蓝色的墙壁上高高地贴着一排鲜红的字:1922—1989—永远。望着这蕴意深刻的字,老人脸上浮现出了深深的笑容。

邓小平身体力行,推动了干部队伍的年轻化和废除领导职务终身制的进程

邓小平身体力行,在自己身体还健康的时候从领导岗位上退下来,在当时是震惊中外的一件大事。实际上,实现干部队伍的年轻化和废除领导职务终身制,是他领导和设计中国改革中的一个重要内容。

这项重要的工作,20世纪80年代初就开始了。

1980年2月召开的党的十一届五中全会第三次会议上,邓小平就向全党发出呼吁:当前最重要的还是选好接班人,时间紧迫,再不及早妥善解决这个问题不行。他感慨万千地说道:五年以后,再开党的全会,在座的相当一部分人不能工作了,那时再考虑接班人问题就晚了。对于一些优秀分子为什么不能上来,怎样解决挡路的问题,就非常需要认真地想一想,采取有效的措施。我们这些老同志,包括我在内,要是办不好这件事,就交不了账了。叶剑英也在会上提醒大家:培养接班人,尤其是中央的接班人,的确是摆在我们面前的十分重要的紧迫的战斗任务。

邓小平等老一辈革命家已经把培养接班人,实现干部队伍年轻化提上了议事日程。

党的十一届五中全会,提出了废除领导干部实际存在的终身制问题。全会决定成立中央书记处,相对年轻的胡耀邦当选为中央委员会总书记。会后,中央政治局会议又通过了《关于丧失工作能力的老同志不当"十二大"代表和中央委员候选人的决定》,以便为一批年富力强的干部进入中央领导层腾出台阶,逐步实现领导干部年轻化的目标。

1980年8月18日至23日,中共中央政治局召开了扩大会议,专门讨论党和国家领导制度的改革及有关问题。邓小平代表中央政治局常委会在会上作了《党和国家领导制度的改革》的讲话,系统地阐述了我国政治体制改革的指

导思想和基本思路，再次发出了加快培养接班人的号召。要求党政领导要"打破那些关于台阶的过时的观念，创造一些适合新形势新任务的台阶，这才能大胆破格提拔。而且不管新式老式的台阶，总不能老是停留在嘴巴上说。一定要真正把优秀的中青年干部提拔上来，快点提拔上来。提拔干部不能太急，但是太慢了也要误现代化建设的大事。现在就已经误了不少啊！特别优秀的，要给他们搭个比较轻便的梯子，使他们越级上来"。

他号召各级党委和组织部门，"坚决解放思想，克服重重障碍，打破老框框，勇于改革不合时宜的组织制度、人事制度，大力培养、发现和破格使用优秀人才，坚决同一切压制和摧残人才的现象作斗争"。

1981年6月召开的党的十一届六中全会解决了中央最高领导层的调整问题，但是，就全国范围来说，老同志让路、中青年干部接班的问题还没解决，还存在一定阻力。六中全会刚刚降下帷幕，邓小平想到让路接班的问题太迫切、太重要了，7月2日，又特意把各省、市、自治区党委书记留下来开会，讨论陈云关于选拔培养中青年干部和老干部离退休问题。邓小平在会上专门作了题为《老干部第一位的任务是选拔中青年干部》的讲话，再次指出，选拔培养中青年干部这个问题太大了，这是个战略问题，是决定我们命运的问题。现在解决这个问题已经是十分迫切了，再过三五年，如果不解决这个问题，那就可能造成一种混乱。解决这样一个大问题，我们老同志要开明，要带头。

在这个重要讲话中，邓小平点名表扬了原电力部部长刘澜波。为什么呢？李鹏介绍了这个情节：

"我是1981年担任电力部的部长，当时可以说在中国的政坛上还是引起了一番轰动，因为算是最年轻的吧，当时我们原来的老部长刘澜波同志推荐我，当时我才51岁，算是相对年轻了。小平同志在一次宣布这件事情的会议上，他曾经表扬了刘澜波同志是开明人士，党内的开明人士。因为当时在我们党内风气还是论资排辈的，比我资格老的还有很多。有长期的实际工作经验，而且具有一定的理论水平的同志当时在电力部还有好几位，如果是论资排辈，排不上我，所以小平同志在干部大会上，我记不得了，好像是'七一'的大会上，还是在这前后，他公开表扬了刘澜波同志为开明人士,是我们党内的开明人士。"

李鹏深有感触地说：

"从这个具体的事情，就说明当时他已经看出来干部要年轻化，是高瞻远瞩的，考虑到了中国的革命事业和建设事业后继有人的问题，逐渐逐渐地，经过小平同志的提倡,干部的'四化'逐渐深入人心,并且形成制度,我想这是保证我们事业能够一代代相传很重要的一个战略步骤。"

邓小平在倡导和推进选拔培养年轻的接班人的同时,首先碰到的一大难题是如何妥善解决老干部的离职问题,以便顺利地实现干部队伍的新老交替。

多年以来,我们党和国家在干部人事制度上存在的主要弊端之一,是实际上存在着的领导干部职务的终身制。"干部领导职务终身制现象的形成,同封建主义的影响有一定关系,同我们党一直没有妥善的退休解职办法也有关系。"

为了解决这个问题,邓小平又在1981年7月各省、市、自治区党委书记座谈会上提到设立顾问委员会以容纳一些老同志的设想,并说"这是为后事着想"。这样,在邓小平的倡导和关心下,顾问委员会的设立就开始提上了党中央的议事日程,成了我党完成新老领导干部交接班的特殊形式。

真正考虑成熟并下定决心决定设立顾问委员会是在十二大召开前夕。1982年2月18日,邓小平在会见诺罗敦·西哈努克亲王和夫人时说:干部老化问题已到了非解决不可的地步了。7月4日,邓小平在军委座谈会上强调了提拔青年人才的重要性,他说:"干部年轻化,军队提了多年,要求选拔比较优秀的、年轻的,台阶可以上快一点。""这个问题如果不解决,我们这些人就交不了账。"他在谈到老干部压在上面,中青年干部上不来的问题时,特意转述了聂荣臻的一句话:"聂荣臻同志提出步子要稳当,我赞成。他有一个好意见,就是要结合,老的一下丢手不行。老的要结合中、青。"

1982年9月,党的十二大拉开了帷幕。会议审议和通过了《中国共产党章程》(修改草案),正式宣布在中央和省级设立顾问委员会,并规定了各自的性质和权限。"党的中央顾问委员会是中央委员会的政治上的助手和参谋""中央顾问委员会在中央委员会领导下进行工作,对党的方针、政策的制定和执行提出建议,接受咨询"。大会根据新党章的规定,选举了中央顾问委员会委员172人。9月13日,中顾委召开第一次全体会议,选举邓小平为顾问委员会主任,薄一波、许世友、谭震林、李维汉为副主任;选举了25名常务委员。会上,邓小平就中顾委的性质和任务作了重要讲话。他说:这是解决党的中央领导机构新老交替的一种组织形式,目的是使中央委员会年轻化,同时让一些老同志在退出第一线之后继续发挥一定的作用。我们的国家也好,党也好,最根本的应该是建立退休制度。可以设想,再经过十年,最多不超过十五年,取消这个顾问委员会。这就明确了这个组织的过渡性。随后，各省市自治区也设置了省级顾问委员会。

顾问委员会作为中国特定历史条件下的产物，对于发挥部分老干部的作用，废除领导干部职务终身制，保证党和国家的长治久安，作出了历史性的贡献。

党的十二大选出的348名中央委员和候补中央委员中，有64人是年轻的党员代表。李鹏、乔石、田纪云、吴学谦、胡启立等相继进入了中共中央政治局，平稳地开始了新老干部的交替。1985年9月，党的全国代表会议的召开，加快了中央领导班子的年轻化进程。先后有141名老领导退出政治局、中央委员会、顾问委员会；在全国范围内有180多万老干部退休，330万年轻干部被提拔到各级领导岗位。军队系统提升了一大批年轻的军官担任各级指挥员，各大军区的指挥员的平均年龄年轻了七岁。军队营一级指挥员基本上都由军事院校毕业的年轻军官担任。

以邓小平为首的中央顾问委员会，凭借着他们崇高的政治威望和率先垂范的榜样作用，带动了政治体制的改革。从党的十二大到1987年党的十三大前夕，许多党的老干部又先后给中央写了请退信，要求不再担任中央委员或中顾委、中纪委委员。十三大上，邓小平辞去了中央政治局委员和常委、中央委员及中央顾问委员会主任的职务，1989年又辞去了中共中央军事委员会主席的职务，完全从党、国家和军队的领导岗位上退了下来，为废除领导干部职务的终身制起了良好的表率作用，使干部离退休制度在我国基本确立。到1991年底，全国离退休干部已达656万人。干部离退休制度的建立和推行，为实现各级领导班子的新老交替和促进整个干部队伍的革命化、年轻化、知识化、专业化建设创造了条件。

作为党的第二代领导集体的核心，邓小平从党和国家的前途和命运着眼，身体力行，推动了废除领导职务终身制和干部队伍年轻化的进程。1989年，他主持建立了以江泽民为核心的党的第三代领导集体，实现了自己从领导岗位上完全退下来的夙愿，完成了党的第二代领导集体向第三代领导集体的顺利交接，揭开了我国政治体制改革的新的一页。

>> 第九章 邓小平与20世纪80年代末90年代初的中国

退休以后，我最终的愿望是过一个真正的平民生活

1989年11月9日，在北京景山后街米粮库胡同的一处院落里，有一家人中午吃饭的时候围坐在桌旁，席间的话题围绕着两个字"退休"。

这一天，中国共产党中央委员会正在召开十三届五中全会，而讨论的一个重要内容也是"退休"。

要退休的主人公是邓小平。

邓小平要退休了。在他家的饭桌旁，邓楠说：咱们家应该庆祝一下。邓朴方说：我捐献一瓶好酒。卓琳说：如果身体好，我也想去参加下午的照相活动。邓小平则说："退休以后，我最终的愿望是过一个真正的平民生活，生活得更加简单一些，可以上街走走，到处去参观一下。"大孙女眠眠笑着说："爷爷真是理想主义！"

邓小平退休的愿望终于实现了。党的十三届五中全会接受了他辞去中共中央军事委员会主席职务的请求。

邓林说：爸爸老了，这才和子女的话多一点，也爱听我们讲话。我们也越来越感觉到他是一位内向的、含蓄的、感情不外露的人。

邓小平退休了，他与家人在一起的时间更多了，与晚辈们的交流也多了，有时还经常和小孙子、外孙女逗乐呢。

邓小平一生爱好很多，但最让他钟情的，还是看足球、打桥牌和游泳。

看足球，是邓小平在法国勤工俭学时染上的一个嗜好，而且终生兴趣盎然。在法国，他没有钱，有一次为了看一场国际足球比赛，花了5个法郎买了一张最便宜的门票。从那以后，邓小平就与足球结下了不解之缘。前些年，有人写文章时，称他为"超级球迷"，这话有点道理。在领导岗位上时，由于工作繁忙，有时赶不上看电视转播，就让人为他录下来慢慢欣赏。1990年在罗马举行世界杯足球赛时，他正好已经退休，这下有时间了，连实况带录像，一共转播了52场，他看了总共50场，可算是过足了瘾了。

桥牌，是邓小平进军西南后在重庆才学会的，后来就一直成为他的一大业余爱好。到了晚年，他的桥牌技艺更加精湛和高深。打桥牌本是一项高度紧

张的智力运动，但却成为邓小平休息的最好方式。他曾经说："唯独打桥牌时，我才什么都不想，专注在牌上，头脑能充分休息。"在牌桌上，邓小平所显示的运筹帷幄的非凡气度令人叹服。他习惯用精确叫牌法，打牌时思路敏捷，出牌果断，攻守自如，出奇制胜。1981年，他曾被国际桥牌报协提名为该年度的桥牌名人。退休后，打桥牌更是他的一个重要生活内容，而且时间上有了保障。1992年1月2日，中国桥牌协会名誉主席万里将第九届"运筹与健康"桥牌赛冠军奖杯授予这位退休老人。

邓小平喜欢游泳，更喜欢在大海中游泳。大海能陶冶人的情操，大海能锻炼人的意志。迎着海风、搏击海浪，才能真正领略大自然的无限魅力，才能完全体会天人一体的美妙神韵。1989年9月16日，刚刚从渤海湾北戴河海滨返回北京的邓小平，在会见美籍华裔学者李政道时说："我不喜欢室内游泳池，喜欢在大自然里游泳，自由度大一些，有股气势。"

中国围棋队总教练聂卫平曾是邓小平的"牌友"之一。他说："小平同志退休以后他的桥牌水平没有下降，他自己多次在打牌的时候跟我们也讲过，他说，我能游泳，说明我身体还行，我能打桥牌呢，说明我脑子还行。他有一个可能是我永生难忘的表情，就是他一笑啊，虽然咱们说是像慈祥的老人，但我觉得更像是一个很天真幼稚的孩子似的，笑得非常的天真和纯洁。"

退休后的邓小平，希望像普通人一样，上街走一走，看一看。

1990年7月3日，距第十一届亚运会开幕只有2个月时间了，邓小平来到北京京广大厦，在第40层楼上俯瞰北京市容，并连声称赞：北京建设得好，亚运会建筑搞得好。

在视察国家奥林匹克体育中心场馆时，这位退休老人满怀激情地说：我这次来看亚运体育设施，就是来看看到底是中国的月亮圆，还是外国的月亮圆？看来中国月亮也是圆的。他语重心长地指出：现在有些年轻人总以为外国的月亮圆，对他们要进行教育。

>> 第九章　邓小平与 20 世纪 80 年代末 90 年代初的中国

邓小平打出一张"王牌"：把上海搞起来是一条捷径

80 年代末 90 年代初，在国际形势日趋复杂，国内经济发展趋缓的情况下，如何善于利用时机解决中国自身的发展问题，是摆在我们面前的主要问题。

1990 年 3 月 3 日，邓小平与几位中央负责同志谈话，围绕着国际形势和经济问题发表了重要意见。他指出：现在特别要注意经济发展速度滑坡的问题。要实现适当的发展速度，不能只在眼前的事务里面打圈子，要用宏观战略的眼光分析问题，拿出具体措施。

拿出什么样的措施呢？邓小平的心中已有了一个设计。

邓小平说：比如抓上海，就算一个大措施。上海是我们的王牌，把上海搞起来是一条捷径。

邓小平打出了 20 世纪 90 年代中国改革与发展的一张"王牌"。

上海，在中国近现代史上曾是远东最大的贸易金融中心和中国最大的工业城市。

上海，邓小平对它有着特殊的感情。

1920 年的夏天，16 岁的邓小平第一次来到这座城市。正是在这里，他和其他 80 多位四川子弟一起乘坐法国邮船"鸯特莱蓬"号赴法勤工俭学，开始了他革命生涯的第一站。

1927 年大革命失败后，邓小平随中共中央机关由武汉迁至上海，并担任中共中央秘书长，开始在这里从事革命斗争。当时的中共中央机关工作人员回忆说："1927 年以后同 1927 年以前情况有不同，中央从武汉搬到上海来，情况变了，那时白色恐怖厉害，我们中央各部门就不来往了。邓小平和中央秘书处住的地方我从来没去过，并且也不许去。"黄介然也回忆道："那个时候，就是在上海的云南路，中央有一个办公接头的地方。那个地方就是中央政治局在那里开会的，邓小平是秘书长，当然他在那里。"为了在白色恐怖的上海站住脚跟，邓小平在这里当过杂货店的老板，当过古董店的老板，以此为掩护。也就是在这期间，他和在莫斯科中山大学的同学张锡瑗结婚了。

解放战争时期，邓小平作为渡江战役的总前委书记，亲自拟定了《京沪杭战役实施纲要》，并率领千军万马解放了大上海，担任第一任中共华东局第一书记。

全国解放后，邓小平曾多次视察上海，上海的建设与发展留下了他的足迹。

改革开放以来，邓小平时刻关心着上海的发展，特别是从1988年起，他连续7年在上海过春节，对上海的重新崛起倾注了大量心血。

1990年初他来上海过春节时非常关心浦东开发这件事。他说，上海和浦东开发，不是上海一个地方的事，是全国的事。浦东开发，可以带动长江三角洲和长江流域的发展。回到北京后，邓小平向中共中央政治局的同志说，我已经退下来了，但还有一件事我要说一下，那就是上海的浦东开发，你们要多关心。他还特意要求李鹏负责抓一下浦东的开发和上海的发展问题。这一年4月，中共中央和国务院作出开发、开放浦东的战略决策。同时宣布20世纪90年代中国改革开放的重点，就是浦东开发。从那时起，上海的发展进入了一个新的阶段。

1991年2月，邓小平来到上海。他对上海市党政领导同志说："上海开发晚了，要努力干啊！""如果当时（指1979年7月中共中央和国务院同意在深圳、珠海、汕头、厦门四市试办出口特区，1980年5月决定将出口特区改为经济特区——作者注。）就确定在上海也设经济特区，现在就不是这个样子。"在视察南浦大桥工程时，他又说，上海这么大，不搞几座大桥不行，要加快交通和基础设施的建设。"能早上的就集中资金早上，早上一年早得利一年，不然要拖到下个世纪去了。"这年的年底，他来上海，看到上海有了点变化，非常高兴。提出思想要更解放一点，胆子要更大一点，步子要更快一点。他说："上海民心比较顺，这是一股无穷的力量，目前完全有条件搞得更快一点""上海改革开放胆子要大一些，看准了的就大胆地试，大胆地闯。"

1992年年初，邓小平视察南方，上海是其中重要的一站。他对上海的发展提出了新的要求，这就是：要抓住机遇，加快发展。上海要一年一个样，三年大变样。

他自责地说：回过头看，我的一个大失误就是搞四个经济特区时没有加上上海，要不然，现在长江三角洲，整个长江流域，乃至全国改革开放的局面，都会不一样。

在1992年视察南方过程中，邓小平看了深圳、珠海，心里又惦着上海。在结束广东的视察时，珠海的同志看到他一路劳顿，希望他能留下来在珠海过春节,然而,邓小平却说,我还想着上海,惦着浦东啊!我要去上海过春节。

1993年新春佳节之际,邓小平第6次与上海人民共迎全国各族人民的传统节日。身穿深灰色中山装的邓小平同志精神焕发,稳健地步入会见厅。吴邦国和黄菊迎上前,首先转达了江泽民总书记向小平同志的电话问候。邓小平笑着说:"请代我向江泽民同志和各位中央同志拜年。"他还说:"实践证明,以江泽民同志为核心的党中央领导集体工作做得是好的,是可以信任的。"

在接受1300万上海人民向他拜年之后,邓小平热情洋溢地说:"我向大家拜年,祝你们春节快乐,并通过你们向全体上海人民,首先是上海工人阶级拜年。上海工人阶级长期以来一直是中国工人阶级的带头羊。"他还说:"希望你们不要丧失机遇。对中国来说,大发展的机遇并不多。中国与世界各国不同,有着自己独特的机遇。比如,我们有几千万爱国同胞在海外,他们对祖国作出了很多贡献。"

1994年,是邓小平最后一次在上海过年。这是他在上海逗留时间最长的一次,也是他一生中最后一次外出视察。那年他视察了浦东,当时正下着雨,但小平同志仍然兴致勃勃地登上杨浦大桥。他站在雄伟的大桥上,四处远眺,显得非常高兴,还上前握着大桥建设总指挥的手称赞说:"这是上海工人阶级的胜利,我向上海工人阶级致敬!"在视察了内环线浦东段及罗山路、龙阳路立交桥后,他笑吟道:"喜看今日路,胜读百年书。"并说:"这是出自我内心的话。"

上海人民没有辜负邓小平的期望,上海的发展充分证明了邓小平这张"王牌"的威力。

邓小平打出这张"王牌"绝非仅仅就上海一地的发展提出的具体工作要求,而是站在历史的高度,环视世界政治经济形势,对中国发展的全局作出的战略思考,是确立上海在20世纪90年代乃21世纪全国经济发展大格局中的一种全新的战略地位。1991年邓小平明确指出:"开发浦东,这个影响就大了,不只是浦东的问题,是关系上海发展的问题,是利用上海这个基地发展长江三角洲和长江流域的问题。"根据邓小平的这一战略构想,党的十四大作出了要把上海建成"一个龙头,三个中心"的重大战略决策。这既为上海的振兴和发展带来了机遇,又为上海扩大对内对外开放,更好地服务全国、面向世界指明了方向。正是邓小平高瞻远瞩的构想和党中央、国务院的重大决策,使上海这条航船在改革开放的大潮中驶入了一条宽阔的航道。浦东开发开放大踏步推进,现已进入了基础开发和功能开发并举的新阶段,在出形象、出功能的基础上开始出效益。1996年新区国民生产总值达到510亿元,占全市的比重达到17.7%,比1992年上升了9.6个百分点,一个外向型、多功能、现代化的浦东新区的雏形开始形成。同时,上海坚持打"长江牌""中华牌"和"世界牌",积极发挥浦东开发开放的"龙头"作用和"辐射"效应,充分利用国内外两种资源和两个市场,使上海初步成为全国资金流、商品流、技术流、人才流和信息流的集散地和交汇枢纽。

计划与市场之争又起波澜,"皇甫平"引起全国轰动

1988年9月,因为我国经济生活中出现的一些问题,党的十三届三中全会提出了"治理经济环境、整顿经济秩序、全面深化改革"的方针,开始了治理整顿。

从当时我国的实际情况来看,治理整顿是完全必要的、正确的,是我国经济能够持续、健康发展的前提,但并不是要改变改革的方向和我们的基本政策。

然而,有些人借治理整顿又重新挑起了计划和市场的争论。他们认为这几年国民经济中的问题,都是由改革一开始就出现"方向错误",选择了市场取向,削弱了计划经济。这些人的观点很明确,既然现在经济生活中出现的问题都归因于市场取向,出路就只能是计划取向,应该回到过去计划经济的老路上去,只是在老体制的基础上进行一些枝节的改良。

应该说,这些人的观点和挑起的争论,为一些别有用心的人煽动动乱提供了一个借口。

1989年政治风波之后,中国的改革到底怎么走,世界在看,全国人民在看。5月31日,邓小平在与李鹏、姚依林谈话时指出:改革开放政策不变,几十年不变,一直要讲到底。国际国内都很关心这个问题。要继续贯彻执行十一届三中全会以来的路线、方针、政策,连语言都不变。十三大政治报告是经过党的代表大会通过的,一个字都不能动。这个我征求了李先念、陈云同志的意见,他们赞成。

>> 第九章 邓小平与20世纪80年代末90年代初的中国

总设计师心中明白,计划与市场问题又将不可避免地引起一场新的争论。

在著名的"六一九"讲话中,邓小平就指出:我们要继续坚持计划经济和市场经济相结合,这个不能改。实际工作中,在调整时期,我们可以加强或者多一点计划性,而在另一个时候多一点市场调节,搞得灵活一些。

这一年6月16日,邓小平在与几位中央负责同志谈第三代领导集体的当务之急时告诫说:如果在这个时候开展一个什么理论问题的讨论,比如对市场、计划等问题的讨论,提出这类问题,不但不利于稳定,还会误事。

但是,1989年风波之后,在批判了资产阶级自由化问题的同时,有些人又将这个批判引入了经济领域,把"经济市场化"与"政治西方化""言论自由化"等同起来。他们把计划和市场的问题同社会主义基本制度的存废直接联系起来,提出这是一个姓"社"还是姓"资"的问题。他们断定"社会主义经济只能是计划经济",而"把改革的目标定位在市场取向上,把市场经济作为我们社会主义的目标模式,就把资本主义生产方式的经济范畴同社会主义生产方式的经济范畴混淆了"。进而,他们断言,市场经济就是取消公有制,就是要否定共产党的领导,否定社会主义制度,搞资本主义。

一时间,"经济市场化"被说成是"资本主义和平演变"的一项主要内容。这严重地干扰了改革的方向,对在治理整顿中尽快理顺经济关系和秩序,进一步深化改革,恢复国民经济的快速发展造成了不利影响。

对于出现的这种情况,邓小平甚为焦虑。为了改革进一步顺利推进,他不得不再次从理论上和认识上来澄清这个问题。

1990年12月24日,邓小平与几位中央负责同志谈话,强调要抓住时机解决发展问题。他指出:我们必须从理论上搞懂,资本主义与社会主义的区分不在于是计划还是市场这样的问题。社会主义也有市场经济,资本主义也有计划控制。资本主义就没有控制,就那么自由?最惠国待遇也是控制嘛!不要以为搞点市场经济就是资本主义道路,没有那么回事。计划和市场都得要。不搞市场,连世界上的信息都不知道,是自甘落后。

一个多月后,邓小平又去了上海。1991年一二月间,他在上海视察时又说到了计划与市场的问题。他指出:不要以为,一说计划经济就是社会主义,一说市场经济就是资本主义,不是那么回事,两者都是手段,市场也可以为社会主义服务。

邓小平在上海的谈话,当时未公开发表,而是由上海《文汇报》根据他的谈话精神以讨论的形式发表文章，阐述了"市场也可以为社会主义服务"这一重要观点。《解放日报》1991年3月2日也发表了署名皇甫平的文章《改革开放要有新思路》。这篇文章指出："有些同志总是习惯于把计划经济等同于社会主义经济，把市场经济等同于资本主义，认为在市场调节背后必然隐藏着资本主义的幽灵。随着改革的进一步深化，越来越多的同志开始懂得：计划和市场只是资源配置的两种手段和形式，而不是划分社会主义与资本主义的标志。资本主义有计划，社会主义有市场，这种科学认识的获得，正是我们在社会主义商品经济问题上又一次重大的思想解放。在改革深化、开放扩大的新形势下，我们要防止陷入某种'新的思想僵滞'。"《文汇报》《解放日报》的文章在思想理论界和社会各界引起了强烈反响，许多读者表示赞同，但反对者也不乏其人。

皇甫平的文章触到了某些市场经济批判者的痛处，连同《解放日报》2月15日和3月22日、4月22日发表的皇甫平的另外三篇评论文章，都成为"口诛笔伐"的目标。一些中央和地方的报刊公开发表文章，对"皇甫平"展开了批判，重谈姓"社"姓"资"老调。

这就是全国轰动一时的"皇甫平"事件。

改革开放十多年历经风风雨雨，虽然我们的改革一开始就是以市场为取向的，并且取得了举世瞩目的成就，但实践中也不断出现新的情况和新的问题。旧的传统体制受到巨大冲击，但其强大的惯性在起相当大的作用，特别是支撑国家经济命脉的国有大中型企业在传统体制下步履蹒跚，效益低下。新的机制虽表现出了生机活力，但还很不成熟，很不稳固，需要进一步完善和提高。要进一步深化改革，就必须在市场和计划这一关键性问题上正视现实，做出历史的抉择。而每当面临这一问题的提出，又会引发人们观念上的撞击和引经据典的激烈争论。到了20世纪90年代初期，改革中出现的新情况和严峻的国际形势突出地向我们表明，这个问题已成为改革实践向前发展的主要障碍，突破它已不再仅仅是个理论问题，而且是一个十分紧迫的实践问题。我们再没有时间去进行那些无谓的争论，我们不能再次丧失中华民族大发展的良好机遇，这层窗户纸到了该捅破的时候了。

>> 第九章　邓小平与20世纪80年代末90年代初的中国

邓小平南方谈话——重大历史关头又一个解放思想、实事求是的宣言书

20世纪80年代末90年代初，中国和世界都发生了很大变化。

1989年国内那场政治风波之后，国内外有人曾预言，更大的风波很快会在中国出现。

苏联、东欧发生剧变后，国际共产主义运动进入低潮，中国的社会主义事业面临巨大压力和考验。当时，国内外也曾有人预言，社会主义的旗帜在中国很快也会倒下。

中国的社会主义旗帜会不会倒下，中国的社会主义改革开放能不能继续下去，中国能不能把握住世纪之交中华民族大发展的良好机遇？

我们既面临着巨大的压力和严峻的挑战，也有着前所未有的大好机遇。

世界旧的政治格局消失之后，向着多极化的方向发展，全球经济联系日趋紧密，科学技术的飞速发展推动着世界经济一体化进程，为中国的发展提供了机遇。中国经过十多年改革开放后，综合国力显著增强，已经积累了一定的物质基础，创造了继续发展的有利条件。

中国能不能在这样一个重要的历史关头，抓住机遇，迎接挑战，排除来自国外的压力和来自国内"左"的和右的干扰，在改革开放中加快发展，以社会主义现代化建设的事实来宣告国内外那些预言家们的破产？

著名经济学家，当时担任国务院发展研究中心主任的孙尚清对那时中国面临的形势说了自己的认识：

"我们中国的改革开放进入八十年代末九十年代初的时候，经济的发展中遇到了一些新问题，主要是经济结构不合理，还有一个就是当时的物价上涨的幅度过高，物价上涨幅度过高对改革开放和人民生活还有经济增长都是不利的，所以中央及时提出要进行治理整顿，目的是为了更好地深化改革和扩大开放，使我们的国民经济能进入一种良性发展的循环，走上持续的快速的健康发展的道路。

"在国际方面来看呢，那个时候，就是八十年代末九十年代初国际经济

发展的重心明显地向亚太地区转移，特别是向东南亚地区转移，而我们中国呢，是东南亚地区经济快速增长和西方那种衰退成为鲜明对比的这种形势的一个重要的组成部分。从当时的国际经济和国内治理整顿以后的经济态势来看，我们是进入了一个千载难逢的历史性的发展机遇。那么当时谁能够抓住这个机遇呢？"

1992年1月，邓小平像往年那样，去了南方。

从1月18日到2月21日，途经武昌，邓小平来到深圳、珠海、上海等地，进行具有历史意义的南方视察，发表了震撼世界的又一个解放思想、实事求是的宣言书——南方谈话。

邓小平的谈话高屋建瓴、总揽全局，科学地总结了党的十一届三中全会以来党的基本实践和基本经验，明确地回答了这些年经常困扰和束缚我们思想的许多重大认识问题。

邓小平指出，革命是解放生产力，改革也是解放生产力。过去，只讲在社会主义条件下发展生产力，没有讲还要通过改革解放生产力，不完全。应该把解放生产力和发展生产力两个讲全了。他强调，要坚持党的十一届三中全会以来的路线、方针、政策，关键是坚持"一个中心、两个基本点"。基本路线要管一百年，动摇不得。只有坚持这条路线，人民才会相信你，拥护你。在这短短的十几年内，我们国家发展得这么快，使人民高兴，世界瞩目，这就足以证明三中全会以来路线、方针、政策的正确性，谁想变也变不了。

邓小平提出，改革开放胆子要大一些。看准了的，就大胆地试，大胆地闯。改革开放迈不开步子，不敢闯，说来说去就是怕资本主义的东西多了，走了资本主义道路。要害是姓"资"还是姓"社"的问题。判断的标准，应该主要看是否有利于发展社会主义社会的生产力，是否有利于增强社会主义国家的综合国力，是否有利于提高人民的生活水平。计划多一点还是市场多一点，不是社会主义与资本主义的本质区别。计划经济不等于社会主义，资本主义也有计划；市场经济不等于资本主义，社会主义也有市场。计划和市场都是经济手段。社会主义的本质，是解放生产力，发展生产力，消灭剥削，消除两极分化，最终达到共同富裕。社会主义要赢得与资本主义相比较的优势，就必须大胆吸收和借鉴人类社会创造的一切文明成果，吸收和借鉴当今世界各国包括资本主义发达国家的一切反映现代社会化生产规律的先进经营方式、管理方法。他指出：对改革开放，一开始就有不同意见，这是正常的。不搞争论，是我的一个发明。

不争论,是为了争取时间干。现在,有右的东西影响我们,也有"左"的东西影响我们,但根深蒂固的还是"左"的东西。右可以葬送社会主义,"左"也可以葬送社会主义。中国要警惕右,但主要是防止"左"。

邓小平强调:抓住时机,发展自己,关键是发展经济。低速度就等于停步,甚至等于后退。我国的经济发展,总要力争隔几年上一个台阶。看起来我们的发展,总是要在某一个阶段,抓住时机,加速搞几年,发现问题及时加以治理,尔后继续前进。他以1984年到1988年五年的加速发展为例,说:那五年的加速发展功劳不小,这是我的评价。如果不是那几年跳跃一下,整个经济上了一个台阶,后来三年治理整顿不可能顺利进行。从根本上说,手头东西多了,我们在处理各种矛盾和问题时就立于主动地位。邓小平由此得出结论:"发展才是硬道理。"经济发展得快一点,必须依靠科技和教育。科学技术是第一生产力。高科技领域,中国也要在世界占有一席之地。

邓小平说,要坚持两手抓,一手抓改革开放,一手抓打击各种犯罪活动。这两只手都要硬。在谈到广东20年赶上亚洲"四小龙"时,他说:两个文明建设都要超过他们,这才是有中国特色的社会主义。邓小平提出:在整个改革开放过程中都要反对腐败。对干部和共产党员来说,廉政建设要作为大事来抓。在整个改革开放的过程中,必须始终注意坚持四项基本原则。资产阶级自由化泛滥,后果极其严重。运用人民民主专政的力量,巩固人民的政权,是正义的事情,没有什么输理的地方。我们搞社会主义才几十年,还处在初级阶段。巩固和发展社会主义制度,还需要一个很长的历史阶段,需要我们几代人、十几代人,甚至几十代人坚持不懈的努力奋斗,决不能掉以轻心。

邓小平指出:正确的政治路线要靠正确的组织路线来保证。中国的事情能不能办好,从一定意义上说,关键在人。中国要出问题,还是出在共产党内部。对这个问题要清醒,要注意培养人,要按照"革命化、年轻化、知识化、专业化"的标准,选拔德才兼备的人进班子。我们说党的基本路线要管一百年,要长治久安,就要靠这一条。真正关系到大局的是这个事。十一届三中全会确立的这条中国的发展路线,是否能够坚持得住,要靠大家努力,特别是要教育后代。邓小平强调:学马列要精,要管用的。实事求是是马克思主义的精髓。我们改革开放的成功,不是靠本本,而是靠实践,靠实事求是。

邓小平还说:我坚信,世界上赞成马克思主义的人会多起来的,因为马克思主义是科学。它运用历史唯物主义揭示了人类社会发展的规律。一些国家出现严重曲折,社会主义好像被削弱了,但人民经受锻炼,从中吸收教训,将促使社会主义向着更加健康的方向发展。如果从新中国成立起,用一百年时间把我国建设成中等水平的发达国家,那就很了不起!从现在起到下世纪中叶,将是很要紧的时期,我们要埋头苦干。我们肩膀上的担子重、责任大啊!

离开深圳前,88岁的邓小平在仙湖植物园种下了一棵四季常青的高山榕。外电评论,它所象征的意义和影响已远远超过了植树本身。

东方风来满眼春。邓小平的南方重要谈话,在国内外引起了巨大反响。

1992年2月,江泽民和中央政治局常委在讲到党的十四大报告起草的指导思想时明确指出:报告要通篇体现小平同志今年年初视察南方重要谈话的精神,以小平同志建设有中国特色社会主义的理论为指导,很好地总结十一届三中全会以来14年的基本实践和基本经验,坚持党的基本路线不动摇;要认真规划今后一个时期的战略部署,强调进一步解放思想,把握有利时机,加快改革开放和现代化建设的步伐,努力建设有中国特色的社会主义。同月28日,中共中央以2号文件向全党传达了邓小平南方重要谈话。3月9日和10日两天,中共中央政治局在北京召开全体会议,讨论中国改革和发展的若干重大问题。会议认真学习了邓小平在南方的谈话,一致认为邓小平的谈话对于中国的改革和建设具有重要的指导意义。

邓小平南方谈话发表后,国际舆论普遍认为,中国的改革开放、经济发展的"春天又回来了",对我国经济发展和腾飞表示乐观。

邓小平的南方谈话发表后,立即在中国改革开放实践中产生了巨大的影响,在中国大地上产生了强烈的时代效应。这次谈话给全党全国人民以极大的鼓舞,给我国的改革和建设以巨大的推动,也为开好党的十四大做了思想上、理论上的准备。

"一九九二年,又是一个春天,有一位老人在中国的南海边写下诗篇……"

邓小平的南方谈话,以新的观点和新的论述丰富和发展了建设有中国特色社会主义的理论,标志着这一理论已形成了更加完整的科学体系,发展到了一个新的高度。

邓小平的南方谈话,号召人们解放思想、实事求是,提出并回答了经常困扰和束缚人们思想的许多重大认识问题和理论问题,推动了全党又一次的思想大解放;

邓小平的南方谈话,冲破了姓"社"姓"资"的阴霾,新一轮的改革开放带来了中国经济的又一次腾飞，使1992年成为中国既轰轰烈烈又扎扎实实的改革开放年；

邓小平的南方谈话，向全世界昭告中国的改革开放政策不会改变，当社会主义在一些国家遭受挫折之后，再次树立了中国特色社会主义新的信心和新的形象。

江泽民说：我比较倾向于使用"社会主义市场经济体制"这个提法

关于中国经济体制改革的目标模式，也就是计划和市场的问题这张"窗户纸"，在邓小平南方谈话中终于被捅破了。这也是形势所需，形势所迫，已经到了该有个了断的时候了。

邓小平在视察南方时，直接面对群众，直截了当地阐述了他关于计划和市场问题的基本观点：计划多一点还是市场多一点，不是社会主义与资本主义的本质区别，计划经济不等于社会主义，资本主义也有计划；市场经济不等于资本主义，社会主义也有市场。计划和市场都是经济手段。

这就对社会主义可不可以搞市场经济这个长期争论不已、阻碍我们前进的问题，作了一个清楚、透彻、精辟的总回答，从根本上解除了把计划经济和市场经济看作属于社会基本制度范畴的思想束缚。

邓小平的南方重要谈话，是我国改革开放和市场经济体制确立过程中新的里程碑。邓小平一系列精辟的论述，是他的社会主义市场经济理论的新概括和新发展，为后来召开的党的十四大确立社会主义市场经济体制目标奠定了思想理论基础。"南方谈话"之后，国内各方面有关经济体制改革的意见，逐步趋于一致，建立一种适合中国国情的、有利于生产力发展的、新的经济运行体制已成为全党的共识。

根据邓小平南方谈话精神，在党的十四大召开前夕，1992年6月9日，江泽民在中共中央党校省部级干部进修班上发表了《深刻领会和全面落实邓小平同志重要谈话精神，把经济建设和改革开放搞得更快更好》的重要讲话。他指出："加快经济体制改革的根本任务，就是要尽快建立社会主义的新经济体制。而建立新经济体制的一个关键问题，是要正确认识计划与市场问题及其相互关系，就是要在国家宏观控制下，更加重视和发挥市场在资源配置上的作用。"

江泽民的讲话是不久后召开的党的十四大的一个前奏曲。

江泽民说："过去，我们往往只看到市场的自发性方面所带来的一些消极作用，而很少看到市场对激励企业竞争、推动经济发展的积极作用，特别是看不到市场也是一种配置资源的方式，看不到它对优化资源配置所起的促进作用。这显然是一种认识上的片面性。""最近经过学习小平同志的重要谈话，在对计划与市场和建立新经济体制问题的认识上，又有了一些新的提法。大体上有这么几种：一是建立计划与市场相结合的社会主义商品经济体制，二是建立社会主义有计划的市场经济体制，三是建立社会主义的市场经济体制。""上述这几种提法，究竟哪一种更切合我国的经济实际，更易于为大多数同志所接受，更有利于促进我们经济建设的发展，还可以继续研究，眼下不必忙于做出定论。不过，我想在十四大报告中，总得最后确定一种大多数同志都赞同的有关经济体制的比较科学的提法，以利于进一步统一全党同志的认识和行动，以利于加快我国社会主义的新经济体制的建立。我个人的看法，比较倾向于使用'社会主义市场经济体制'这个提法。有计划的商品经济，也就是有计划的市场经济。社会主义经济从一开始就是有计划的，这在人们的脑子里和认识上一直是清楚的，不会因为提法中不出现'有计划'三个字，就发生是不是取消了计划性的疑问。而且，前面已讲到资本主义经济也并不是无计划。所以，我觉得使用'社会主义市场经济体制'是可以为大多数干部和群众所接受的。虽然这是我个人的看法，但也和中央一些同志交换过意见，大家基本上是赞成的。当然，这还不是定论。"

在1992年10月召开的党的第十四次全国代表大会，是我党历史上又一次具有历史意义的大会。在这次大会上，江泽民代表党中央明确宣布："我国经济体制改革的目标是建立社会主义市场经济体制，以利于进一步解放和发展生产力。""我们要建立的社会主义市场经济体制，就是要使市场在社会主义国家宏观调控下对资源配置起基础性作用，使经济活动遵循价值规律的要求，适应供求关系的变化；通过价格杠杆和竞争机制的功能，把资源配置到效益较好的环节中去，并给企业以压力和动力，实现优胜劣汰；运用市场对各种经济信号反应比较灵敏的优点，促进生产和需求的及时协调。"

十四大关于社会主义市场经济的论述，集中体现了十一届三中全会以来我们党对计划经济与市场经济的探索成果。在这个过程中，我们党不断破除旧的传统观念的束缚，逐步从过去社会主义只可以搞计划经济的模式中摆脱出来。从陈云、李先念提出计划经济和市场调节相结合到邓小平提出社会主义也可以搞市场经济，经过改革实践的发展和十二大、十二届三中全会、十三大的理论探索，特别是经过1992年邓小平的南方谈话和江泽民在中央党校的讲话，十四大确定我国经济体制改革的目标是建立社会主义市场经济，这是一个影响深远的伟大创举，对于我国的社会主义现代化建设事业，具有极其重大的意义。

1993年11月14日，党的十四届三中全会审议通过了《中共中央关于建立社会主义市场经济体制若干问题的决定》。《决定》提出了建立社会主义市场经济的具体实施方案：

一、我国经济体制改革面临的新形势和新任务；

二、转换国有企业经营机制，建立现代企业制度；

三、培育和发展市场体系；

四、转变政府职能，建立健全宏观经济调控体系；

五、建立合理的个人收入分配和社会保障制度；

六、深化农村经济体制改革；

七、深化对外经济体制改革，进一步扩大对外开放；

八、进一步改革科技体制和教育体制；

九、加强法律制度建设；

十、加强和改善党的领导，为本世纪末初步建立社会主义市场经济体制而奋斗。

以上各项内容，共同构成了社会主义市场经济体制的基本框架。

这一《决定》指明了向社会主义市场经济体制前进的具体步骤和途径，它标志着我国由计划经济体制向市场经济体制转轨迈出了坚实的一步。

1997年9月，江泽民在党的十五大报告中明确指出："建设有中国特色社会主义的经济，就是在社会主义条件下发展市场经济，不断解放和发展生产力。这就要坚持和完善社会主义公有制为主体、多种所有制经济共同发展的基本经济制度；坚持和完善社会主义市场经济体制，使市场在国家宏观调控下对资源配置起基础性作用。"并将此作为社会主义初级阶段的基本纲领之一。

至此，经过党内外人士长期不断的探索，对于确立社会主义市场经济体制的目标模式已有了一致和明确的定论。社会主义市场经济理论已经深入人心，已成为全党和全国人民发展经济、进行改革的行动指南。

同党的七大一样，党的十四大在我们党的旗帜上又书写了新的内容

1982年9月1日，在中国共产党第十二次全国代表大会上，邓小平提出了建设有中国特色社会主义这一理论命题。他说：

"把马克思主义的普遍真理同我国的具体实际结合起来，走自己的道路，建设有中国特色的社会主义，这就是我们总结长期历史经验得出的基本结论。"

党的十二大以后，经过党的十三大，邓小平根据改革开放和现代化建设的实践，不断丰富和发展了这一思想。到1992年邓小平南方谈话和党的十四大，建设有中国特色社会主义的理论进一步系统化。以江泽民同志为核心的党的第三代领导集体，作出了用这一理论武装全党的历史性决定。

1992年2月，江泽民和中央政治局常委在讲到党的十四大报告起草的指导思想时明确指出：报告要通篇体现小平同志今年年初视察南方重要谈话的精神，以小平同志建设有中国特色社会主义的理论为指导。

1992年7月，邓小平在对党的十四大报告送审稿上发表了意见。他说："改革开放中许许多多的东西，都是由群众在实践中提出来的。报告中讲我的功绩，一定要放在集体领导范围内，绝不是一个人的脑筋就可以钻出什么新东西来，是群众的智慧，集体的智慧。我的功劳是把这些新事物概括起来，加以提倡。要写得合乎实际。"

三个月后，具有历史意义的中共十四大在人民大会堂隆重开幕，江泽民在大会报告中向全党提出了用邓小平建设有中国特色的社会主义理论武装全党的历史性任务：

"建设有中国特色社会主义的理论，是马克思主义同中国实际相结合的最新成果，是当代中国的马克思主义，是指引我们实现新的历史任务的强大思想武器。学习马克思列宁主义毛泽东思想，中心内容是学习建设有中国特色社会主义的理论。党员领导干部首先是高级干部要带头学好用好。要认真学习邓

第九章 邓小平与20世纪80年代末90年代初的中国

小平同志的战略思想和理论观点,认真学习他运用马克思主义立场、观点和方法研究新情况、解决新问题的科学态度和创造精神。"

伟大的实践需要伟大的理论,伟大的理论来自于伟大的实践。

理论思想的成熟是党成熟的一个重要标志。改革开放以来,我们党在理论上取得的最大收获,就是在马克思主义基本原理与中国实际相结合的第二次历史性飞跃中,创立了建设有中国特色社会主义的理论。这一理论,第一次比较系统地初步回答了中国这样的经济文化比较落后的国家如何建设社会主义、如何巩固和发展社会主义的一系列基本问题,用新的思想、观点,继承、丰富和发展了毛泽东思想,是马克思主义同中国实际相结合的最新成果,是当代中国的马克思主义。毛泽东同志曾经指出:"主义譬如一面旗子。"中国共产党成立之初,就郑重地把马克思列宁主义写在自己的旗帜上。经过延安整风和党的七大,又郑重地把马克思列宁主义与中国革命的实践相统一的思想——毛泽东思想写到自己的旗帜上。从十一届三中全会开始,经过十二大、十三大到十四大,我们党又郑重地把邓小平建设有中国特色社会主义的理论写到了自己的旗帜上。这是我们党付出了巨大代价获得的极为珍贵的精神财富,是我们党和人民进行新的历史创造的科学总结,是我们发展社会主义事业的伟大旗帜,是我们实现伟大民族复兴的强大精神支柱。

江泽民在报告中,从社会主义的发展道路、发展阶段、根本任务、发展动力、外部条件、政治保证、战略步骤、领导和依靠力量、实现祖国统一九个方面,对邓小平建设有中国特色社会主义的理论进行了科学概括。

江泽民指出:建设有中国特色社会主义的理论,是在和平与发展成为时代主题的历史条件下,在我国改革开放和社会主义现代化建设的实践过程中,在总结我国社会主义胜利和挫折的历史经验并借鉴其他国家社会主义兴衰成败历史经验的基础上,逐步形成和发展起来的。它是马克思列宁主义基本原理与当代中国实际和时代特征相结合的产物,是毛泽东思想的继承和发展,是全党全国人民集体智慧的结晶,是中国共产党和中国人民最可珍贵的精神财富。邓小平同志是我国社会主义改革开放和现代化建设的总设计师。他尊重实践,尊重群众,时刻关注最广大人民的利益和愿望,善于概括群众的经验和创造,敏锐地把握时代发展的脉搏和契机,既继承前人又突破陈规,表现出了开辟社会主义建设新道路的巨大政治勇气和开拓马克思主义新境界的巨大理论勇气,对建设有中国特色社会主义理论的创立做出了历史性的重大贡献。

江泽民在十四大报告中,还从事关全局的高度,提出加速改革开放,推动经济发展和社会全面进步的十大任务:

第一,围绕社会主义市场经济体制的建立,加快经济改革步伐。

第二,进一步扩大对外开放,更多更好地利用国外资金、资源、技术和管理经验。

第三,调整和优化产业结构,高度重视农业,加快发展基础工业、基础设施和第三产业。

第四,加速科技进步,大力发展教育,充分发挥知识分子的作用。

第五,充分发挥各地优势,加快地区经济发展,促进全国经济布局合理化。

第六,积极推进政治体制改革,使社会主义民主和法制建设有一个较大的进展。

第七,下决心进行行政管理体制和机构改革,切实做到转变职能、理顺关系、精兵简政、提高效率。

第八,坚持两手抓,两手都要硬,把社会主义精神文明建设提高到新水平。

第九,不断改善人民生活,严格控制人口增长,加强环境保护。

第十,加强军队建设,增加国防实力,保障改革开放和经济建设顺利进行。

党的十四大把邓小平建设有中国特色社会主义的理论这一"当代中国的马克思主义"写在自己的旗帜上,确立了"社会主义市场经济体制"的改革目标,提出了加速改革开放、推动经济发展和社会全面进步的新任务。从此,中国的社会主义改革开放和现代化建设事业,进入了一个新的阶段。

面向 21 世纪的历史性嘱托:《邓小平文选》

党的十四大确定了用邓小平建设有中国特色社会主义理论武装全党的战略任务,为了落实这一任务,中共中央决定,出版《邓小平文选》第三卷。

1993 年 11 月 2 日,中共中央文献编辑委员会编辑的《邓小平文选》第三卷,由人民出版社出版。

《邓小平文选》第三卷是邓小平 1982 年 9 月至 1992 年这段时间内的重要著作,共 119 篇。很大一部分是第一次公开发表。曾经在《建设有中国特色的社会主义》（增订本）、《邓小平同志重要谈话》（1987年2月—7月）等小册子和报纸上发表过的著作，这次编入文选时，又作了文字整理，许多篇幅根据记录稿增补了重要内容。编辑工作在作者亲自指导下进行，全部文稿都经作者逐篇审定。

邓小平虽然89岁高龄，但仍亲自主持、指导编成《邓小平文选》第三卷，这是一个奋斗了几十年的老共产党员忠于、关注党和国家的事业、关注党的十一届三中全会以来所形成的正确路线和理论，向新的领导集体交班的体现。

邓小平把这一部极为重要的著作，郑重地献给新的中央领导集体和各级领导干部，献给全党和全国人民，希望这部著作能够帮助党和人民更好地掌握和坚持党的基本路线，不论发生什么风波，预计到的和没有预计到的、国际的和国内的、政治的和经济的风波，都不动摇，一百年不动摇，直到下世纪中叶基本实现社会主义现代化的战略目标。所以，《邓小平文选》第三卷的编定和出版，如江泽民所说，表达了"老一辈无产阶级革命家对后辈的殷切期望和谆谆嘱托。这是历史性的嘱托，是面向现实、面向二十一世纪的历史性嘱托"。

《邓小平文选》第三卷出版的同时，中共中央作出了关于学习《邓小平文选》第三卷的决定，并在人民大会堂举行学习报告会，江泽民在会上发表了重要讲话。江泽民代表党中央号召全党，在改革开放和社会主义现代化建设的新形势下，努力学习《邓小平文选》第三卷，把十四大提出的用建设有中国特色社会主义理论武装全党的任务认真落到实处。

对于《邓小平文选》第三卷的出版及其意义，时任中共中央政治局委员、中宣部部长丁关根说：

"《邓小平文选》第三卷出版，这是我国各族人民盼望已久的，是我们党和国家政治生活中的一件大事。第三卷的出版对落实十四大提出的用邓小平同志建设有中国特色社会主义理论武装全党提供了最好的教材。在《邓小平文选》第三卷编辑过程中，小平同志以89岁的高龄亲自审定了全部文稿，体现了小平同志对党的事业的高度负责。文选内容丰富，博大精深，洋溢着鲜明的时代精神和民族精神，记载着我国改革开放和现代化建设的奋斗历程，凝结着小平同志领导改革和建设事业的心血和卓越的智慧。

"学习小平同志的这部著作，我们感到非常亲切，他在果断的决策中表现出非凡的胆略，在朴实的语言中蕴含着深邃的哲理，小平同志的理论非常正确，确确实实是我们各项工作的根本方针。"

继《邓小平文选》第三卷之后，1994年11月2日，1989年出版的《邓小平文选（一九三八——一九六五年）》和1983年出版的《邓小平文选（一九七五——一九八二年）》，经邓小平同意，经中共中央文献编辑委员会增订和修补，改称《邓小平文选》第一卷、第二卷，由人民出版社出第二版。

《邓小平文选》三卷是一个整体，集中体现了作者在马克思主义同中国具体实践相结合的过程中所取得的理论成果。特别是《邓小平文选》第二卷和第三卷，是邓小平理论这个当代中国马克思主义的奠基工作。

通过学习《邓小平文选》第二卷和第三卷，我们可以深切地体会到，这些光辉的著作是对改革开放伟大实践的深刻总结，是对当代世界特征和发展趋势的深刻总结，是对我国社会主义建设历史经验的深刻总结。这些著作讲的东西，都不是从小角度讲的，而是从大局讲的。只有认真学习、领会和掌握这些著作的科学体系、精神实质和基本观点，我们才能把握大局，把建设有中国特色社会主义伟大事业推向前进。

《邓小平文选》一、二、三卷出版后，全国范围内迅速掀起了认真学习邓小平建设有中国特色社会主义理论的热潮。

与此同时，各种文字和版本的《邓小平文选》，以及介绍邓小平生平业绩的书籍也在世界各国发行。世界舆论高度评价邓小平。

1994年，参加国际行动理事会年会的一些国家和组织的前领导人高度评价了邓小平。

英国前首相卡拉汉说：

"我们怀着敬佩的心情阅读有关著作，注视着中国的一切。他（邓小平）经历了中国国内那么多思想意识形态领域的巨变，并且幸存下来了，他领导改革，给中国人民带来物质上的收获。通过几次对华访问，我看到中国的生活水平有了巨大的提高。"

加拿大前总理特鲁多曾多次和邓小平见过面。他这样评价邓小平：

"他是个革新者，他想建设一个强大的中国。他对中国的历史和文化了如指掌，他总是强调稳定的必要性，他知道开放市场会导致一些不稳定，但他是个实干的政治家，他对中国的爱和想看到中国发达强盛的愿望从未动摇过。"

世界银行前行长麦克纳马拉谈道：

"邓小平知识渊博，富有远见，他清楚他想让中国走向何方。他拥有一种情感，我认为这种情感十分重要。他认为中国的经济和社会发展都依赖于中国人民和中国自己的领导人。他说外援是好的，我们需要，但他不管是否有外援都决心达到自己的目标。他的这种依赖自身、自己国家、自己的资源、自己的人民的意愿是至关重要的，是你们成功的根本。"

他是中国人民的儿子，他为共产主义事业和国家的独立、统一、建设、改革事业奋斗了几十年，赢得了全党、全国人民的衷心爱戴。

大型电视文献纪录片《邓小平》一开始，有这样一幅重要画面：1995年3月9日，中共中央总书记、国家主席江泽民在接受采访时，对邓小平的历史功绩作了高度的评价。江泽民说：

"邓小平同志是中国共产党第一代的中央领导集体的重要成员和第二代中央领导集体的核心，是我国各族人民公认的、享有崇高威望的杰出领导人，他在中国革命和建设的各个历史时期都做出了重大贡献。十一届三中全会以后，在以邓小平同志为核心的党中央坚强领导下，我们党实现了伟大的历史转折，开创了以改革开放为主要标志的社会主义事业发展的新时期。十几年来，邓小平同志以对当代中国和世界的深刻了解，以实事求是的科学态度和创造精神研究新情况，解决新问题，建树的历史功绩是多方面的。其中最重要的，是正确解决了关系我们党和国家前途命运的两个重大课题，从而建立了两个伟大的历史功绩，这就是：科学地评价了毛泽东同志，维护了毛泽东思想的历史地位；成功地找到中国实现社会主义现代化的正确道路，创立了建设有中国特色社会主义的理论。这个理论是对马克思主义理论宝库的新的重大贡献，是当代中国的马克思主义。

"邓小平同志不愧为杰出的马克思主义者和坚定的共产主义者，不愧为中国社会主义改革开放和现代化建设的总设计师。"

党的十五大以高举邓小平理论的伟大旗帜为标志载入史册

1997年2月19日，邓小平与世长辞。在历史转折的重大关头，历史和人民选择了他，他深情地讲述了一场"春天的故事"。随后，他将骨灰撒向了大海，把挚爱种在了大地。在悼念这位改变了中国、影响了世界的世纪伟人的同时，中外人士都在观察和思考，邓小平之后的中国会向何处去，中国共产党会

★ 邓小平在北戴河眺望大海。

举什么旗、走什么路？

这年9月12日，举世瞩目的中共十五大在北京人民大会堂开幕。江泽民代表第十四届中央委员会在中共十五大上作题为《高举邓小平理论伟大旗帜，把建设有中国特色社会主义事业全面推向二十一世纪》的报告。

人民大会堂在今天显得格外庄严、雄伟。大礼堂主席台正上方悬挂着"中国共产党第十五次全国代表大会"的巨幅会标。鲜艳的党旗簇拥着由镰刀和锤子组成的党徽。主席台前摆放着盛开的鲜花。大礼堂二楼和三楼的眺台上分别挂着"高举邓小平建设有中国特色社会主义理论伟大旗帜，把建设有中国特色社会主义事业全面推向二十一世纪！""伟大的、光荣的、正确的中国共产党万岁！"字样的巨幅横幅。

江泽民在报告一开始就指出，中国共产党第十五次全国代表大会是一次极为重要的大会，是在世纪之交，承前启后，继往开来，保证全党继承邓小平同志的遗志，坚定不移地沿着十一届三中全会以来的正确路线胜利前进的大会。大会的主题是：高举邓小平理论伟大旗帜，把建设有中国特色社会主义事业全面推向二十一世纪。

第九章 邓小平与20世纪80年代末90年代初的中国

党的十五大对邓小平理论的历史地位、指导意义、科学体系和时代精神作了新的阐述,创造性地运用邓小平理论解决我国经济、政治、文化发展的一系列重大问题并取得了新的成果。这表明我们党对建设有中国特色社会主义的认识达到了新的高度。

"我们这次大会的灵魂,就是高举邓小平理论的伟大旗帜。十五大无疑将以这一点标志载入史册。"

江泽民在党的十五大报告说的这段话,向全世界说明了十五大的精神和意义。江泽民说:旗帜问题至关紧要。旗帜就是方向,旗帜就是形象。坚持十一届三中全会以来的路线不动摇,就是高举邓小平理论的旗帜不动摇。邓小平同志逝世后,全党在这个问题上尤其要有高度的自觉性和坚定性。

我们党建党前夕,毛泽东就指出:革命的人们要实行"主义的结合"。他说:"主义譬如一面旗子,旗子立起了,大家才有所指望,才知所趋赴。"有所指望,回答向何处去;知所趋赴,回答走什么路。中国共产党人立起的旗子,就是马克思列宁主义。在中国共产党之前,许多仁人志士寻觅和立起过多种旗子,都没有能够指引人们找到救中国的正确方向和道路。中国人民找到马克思列宁主义,中国革命的面貌为之一新。然而,要把马克思列宁主义的理论同中国革命的实践结合起来,形成中国革命自己的理论,开辟中国革命自己的道路,还需要中国共产党人作出努力和牺牲,经历艰难和曲折。从党的二大到六大,各次大会都为此作出过贡献,都还没有能够解决这个历史性课题。

党的七大是以高举毛泽东思想的旗帜为标志载入党的史册的。毛泽东思想,按照七大的提法,就是"马克思列宁主义的理论与中国革命的实践之统一的思想"。七大作出把毛泽东思想确立为党的指导思想写进党章的决策,是以建党以来二十四年的历史经验作为基础的。在这二十四年中,党经历了大革命的胜利和失败,土地革命的胜利和失败,从遵义会议实现党的历史的伟大转折以后,毛泽东领导我们党在抗日战争中得到空前规模的胜利发展。胜利和失败的比较教育了中国共产党人,经过延安整风和总结历史,毛泽东思想逐渐在全党取得共识。七大高举毛泽东思想的旗帜,绝不是意味着抛弃或贬低马克思列宁主义,而是强调马克思列宁主义必须同中国革命实践相结合,这个结合已经产生了科学的理论成果——毛泽东思想。马克思列宁主义、毛泽东思想是统一的科学体系。在中国,坚持毛泽东思想,就是真正坚持马克思列宁主义;高举毛泽东思想的旗帜,就是真正高举马克思列宁主义的旗帜。在毛泽东思想旗帜下，党领导中国人民在取得抗日战争胜利之后，又取得了解放战争的胜利，建立了中华人民共和国，并且在中国建立起社会主义的基本制度。

从十一届三中全会前后开始，邓小平领导我们党进行拨乱反正。总结历史，开创了改革开放和集中力量进行社会主义现代化建设的历史新时期，形成和发展建设有中国特色社会主义的新理论。十五大作出高举邓小平理论的旗帜的决策，正是十一届三中全会以来历次党的全国代表大会在理论旗帜问题上的决策的进一步发展。

历史证明，举起毛泽东思想的正确旗帜，给党和人民带来伟大的胜利。"文化大革命"的错误，给党和人民带来巨大的灾难。纠正"文化大革命"实践和理论的错误，在新的历史条件下继承和发展毛泽东思想，举起邓小平理论的正确旗帜，中国社会主义事业从危难中重新奋起，取得改革开放和现代化建设的新的伟大胜利。这样一种大跨度的历史比较，鲜明地显示出旗帜问题、指导思想的理论问题，对于我们事业的兴衰成败具有何等重要的意义。

在每一个历史时期，党的中央都必须有鲜明的旗帜，使全党"有所指望""知所趋赴"。坚持邓小平理论，在实践中创造性地运用、丰富和发展这个理论，这就是中国共产党的历史责任。

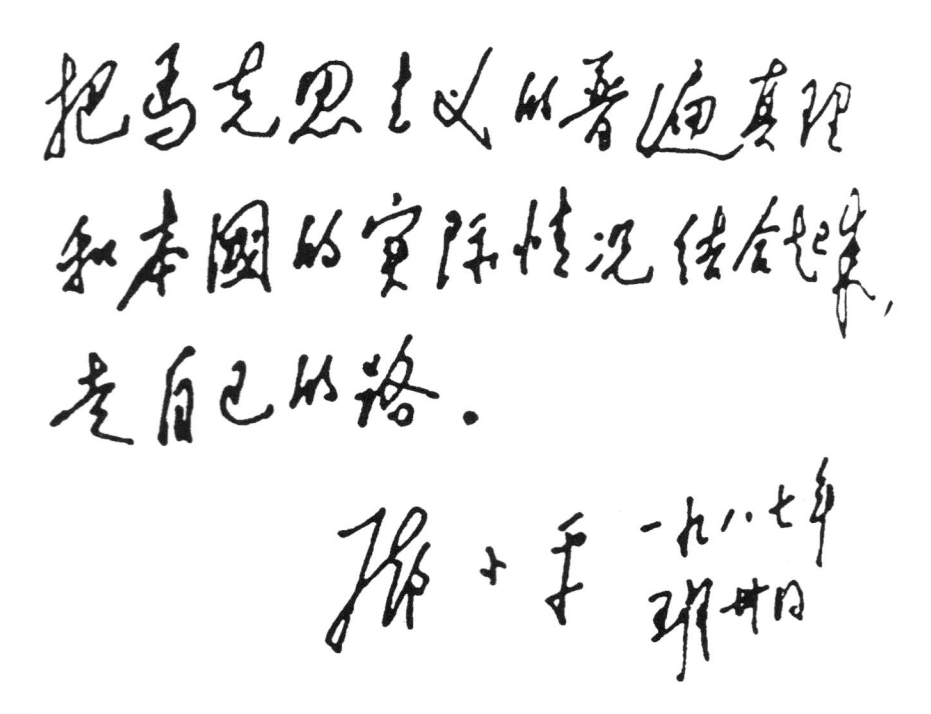

>> 第九章　邓小平与 20 世纪 80 年代末 90 年代初的中国

党的十五大明确提出邓小平理论是党的指导思想，并将其在党章中确立下来，明确规定：中国共产党以马克思列宁主义、毛泽东思想、邓小平理论作为自己的行动指南。这是我们党经过近二十年改革开放和社会主义现代化建设的成功实践作出的历史性决策。作出这个决策，表明以江泽民为核心的党中央第三代领导集体和全党把邓小平开创的建设有中国特色社会主义事业全面推向新世纪的决心和信心，也反映了全国人民的共识和心愿。这也是我们党对邓小平理论历史地位的认识逐步深化的必然结果。

伟大的事业，必须有伟大的理论指导。科学的革命理论是共产党人的灵魂和指南。中国共产党是非常重视理论指导的党。中国人民找到了马克思列宁主义，中国革命的面貌为之一新。从诞生之日起，就把马克思列宁主义确立为自己的指导思想。经过遵义会议和延安整风，党的七大又把马克思列宁主义的理论与中国革命的实践之统一的思想——毛泽东思想，确立为党的指导思想。现在，在十一届三中全会和十二大、十三大，特别是在十四大的基础上，党的十五大又把马克思主义同中国改革开放实践和时代特征结合起来的邓小平理论确立为党的指导思想。

确立邓小平理论为党的指导思想有一个过程。党的十一届三中全会以后，在邓小平理论形成和发展过程中，全党逐渐认识到它是我们党领导改革开放和现代化建设的指导思想。党的十三大报告在第一次使用"建设有中国特色的社会主义理论"概念的同时，也第一次指出马克思主义与中国实践的结合有两次历史性的飞跃。党的十三届四中全会形成以江泽民为核心的党中央后，我们党对这一理论及其历史地位的认识更加深刻。1989 年，江泽民在国庆 40 周年大会上指出："邓小平同志关于建设有中国特色社会主义的理论，是经过十年实践检验而为亿万人民所认识和接受的科学理论，是指引我们继续前进的旗帜。"经过党的十三届五中全会、七中全会、江泽民在建党 70 周年庆祝大会上的讲话和 1992 年 6 月 9 日在中央党校的讲话，对邓小平建设有中国特色社会主义理论作了进一步的总结和概括，指出这一理论"是在新的历史条件下对马列主义、毛泽东思想的重大发展""标志着我们的社会主义事业进入了一个新的发展阶段，标志着我们党对社会主义的科学认识实现了一个新的飞跃"。党的十四大比较系统地概括了这一理论的主要内容及其贡献，明确提出了"用邓小平同志建设有中国特色社会主义的理论武装全党"的战略任务，指出"学习马克思列宁主义毛泽东思想，中心内容是学习建设有中国特色社会主义的理论"，实际上确立了这一理论在全党的指导地位。这是十四大最大的历史性贡献之一。十四大之后，在落实用科学理论武装全党的历史性任务的过程中，我们进一步认识到邓小平理论是指导中国人民建设有中国特色的社会主义事业的"主心骨"，是保证中国在改革开放中胜利实现社会主义现代化的唯一正确的理论。1993年11月2日，江泽民在学习《邓小平文选》第二卷报告会上的讲话中指出，邓小平建设有中国特色社会主义理论，是马克思主义同中国实际相结合的最新成果，是我们党付出了巨大代价获得的极为珍贵的精神财富，是我们党和人民进行新的历史创造的科学总结，是我们发展社会主义的伟大旗帜。党的十四届六中全会决议在论述精神文明建设的形势时，把这一理论的形成和发展，说成是"党的指导思想"的"历史性飞跃"。这是党的文献中第一次直接使用"指导思想"的提法。邓小平同志去世后，在《告全党全军全国各族人民书》和江泽民同志在邓小平追悼大会上致的悼词中，更加直接明确地指出这一理论"是中国共产党的指导思想和中华民族的精神支柱"，同时号召全党全国人民"更高地举起邓小平建设有中国特色社会主义理论的伟大旗帜"。1997年5月29日，江泽民在中央党校的重要讲话中，对邓小平去世后人们普遍关注和思考的一个重要问题：我们能否继续坚持由邓小平创立的建设有中国特色社会主义理论，能否继续走由邓小平开创的建设有中国特色的社会主义道路，作出了明确肯定的回答。他指出，邓小平同志创立的建设有中国特色社会主义理论和在这个理论指导下制定的党的基本路线，是我们必须遵循的行动指南。他对邓小平理论的历史地位作了深刻的阐述，强调我们一定要高举邓小平建设有中国特色社会主义理论的伟大旗帜，用这个理论来指导我们的整个事业和各项工作。这是党从历史和现实中得出的不可动摇的结论。经过十四大到十五大，邓小平理论日益深入人心。在这种情况下，党的十五大对我们党的这一基本理论作了进一步的概括和总结，第一次在党的正式文献中使用了"邓小平理论"这一更为醒目、更为简明、更为准确的新提法，强调邓小平理论是"马克思主义在中国发展的新阶段"，确立其我们党的指导思想的地位，并将其载入党章，这是我们党对这一理论认识发展的结果，是党中央作出的重大历史性决策。

第十章 邓小平的战略思维

邓小平离开了我们,邓小平又永远和我们在一起。他对中国共产党和中国人民的贡献,是历史性的,也是世界性的。正是由于邓小平的卓越领导,正是由于他大力倡导和全力推进改革开放,中国特色社会主义才能欣欣向荣,中国人民才能过上小康生活,中华民族和中华人民共和国才能以新的姿态屹立于世界东方。在迈向中华民族伟大复兴的新的长征路上,邓小平永远以他辉煌的人生和伟大的贡献激励着我们,以他光辉的思想和务实的作风引领着我们,以他鲜明的品格和崇高的风范感召着我们。人民永远不会忘记邓小平,因为从他那里,我们可以汲取营养和智慧,增加信心和力量。

习近平总书记在纪念邓小平诞辰110周年座谈会上的讲话,回顾了邓小平伟大、光辉、战斗的一生,指出邓小平的贡献,不仅改变了中国人民的历史命运,而且改变了世界的历史进程。邓小平崇高鲜明又独具魅力的革命风范,将激励我们在实现"两个一百年"奋斗目标、实现中华民族伟大复兴中国梦的征程上奋勇前进。讲话从六个方面,要求全党和全国人民学习邓小平的崇高风范:学习他对共产主义远大理想和中国特色社会主义信念无比坚定的崇高品格;学习他对人民无比热爱的伟大情怀;学习他始终坚持实事求是的理论品质;学习他不断开拓创新的政治勇气;学习他高瞻远瞩的战略思维;学习他坦荡无私的博大胸怀。

习近平总书记强调,战略思维,是邓小平同志一生最恢宏的革命气度,也永远是中国共产党人应该树立的思维方式。

在中国特色社会主义进入新时代,国内外形势复杂多变的今天,学习邓小平高瞻远瞩的战略思维,具有十分重要的战略意义。

邓小平的战略思维是在长期革命、建设和改革的实践中磨砺而成的

　　站得高、看得远、行得准、拿得稳，是古今中外伟大战略家的基本素质。邓小平战略思维除此之外，还具有其鲜明个人风范和特色。习近平总书记在纪念邓小平同志诞辰 110 周年座谈会上深刻指出："邓小平同志思想敏锐、目光远大，多谋善断、举要驭繁，总是站在国内大局和国际大局相互联系的高度审视中国和世界的发展，善于从全局上思考问题，善于在关键时刻作出战略决策。"这是对邓小平战略思维特质的精辟概括。

　　毛泽东同志指出，人的正确思想，只能从社会实践中来。那么邓小平的战略思维，也不是从天上掉下来的，是有其鲜明的时代特征和实践基础的。伟大时代造就伟大人物。邓小平从诞生的时候，中华民族就面临着两大历史任务：一是求得民族独立和人民解放；一是实现国家强盛和人民富裕。而两大任务的归宿只有一个，就是赶上世界历史发展的潮流，走上现代化的道路。为了实现现代化，中华民族进行了不懈的努力和探索。16 岁那年，邓小平离开家乡去寻找救国救民的真理，投身于中国革命的伟大洪流。在留欧勤工俭学和留苏学习期间，他看到了一个不一样的世界，接受了马克思主义，走上了职业革命家的道路。1929 年，年仅 25 岁的邓小平作为中央代表领导了百色起义，建立了左右江革命根据地，显示出卓越才华和能力。由此，在长期的革命斗争和建设实践中，其战略思维得以磨砺和升华。在为实现中华民族伟大复兴的追求和实践中，邓小平展示了作为领袖人物的雄才大略，体现了作为大政治家、大战略家的宽阔胸怀。

　　中国革命、建设和改革的伟大实践，是邓小平的战略思维形成与施展的丰厚土壤和宽阔舞台，也赋予了邓小平战略思维独特的品质和风格。

　　善于了解和关注人民群众的利益和愿望，支持人民群众的创造。全心全意为人民服务是我们党的性质和根本宗旨的集中体现，也是邓小平一生的奋斗和思想观点的集中体现。他来自于人民，又将自己植根于人民的土壤。他了解他所处的时代人民的愿望和需求。他认为，社会主义的最终目标就是要让全体

人民群众共同富裕。1978年9月,在视察东北时,他指出,我们要想一想,我们给人民究竟做了多少事情呢?社会主义要表现出他的优越性,大力发展社会生产力是最大的政治,这是社会主义和资本主义谁战胜谁的问题。他十分重视调查研究,了解人民群众的呼声,尊重人民群众的首创精神。以家庭联产承包为主体的农村改革和乡镇企业的异军突起,都是人民群众在改革实践中的产物,邓小平及时加以支持并得以推广。他反复指出,正确的政治领导的成果,归根结底要表现在社会生产力的发展上,人民物质文化生活的改善上。我们一定要根据现在的有利条件加速发展生产力,使人民的物质生活好一些,使人民的文化生活、精神面貌好一些。所以,他总是把"人民拥护不拥护""人民赞成不赞成""人民高兴不高兴""人民答应不答应"作为观察和思考一切问题、制定各项方针政策的出发点和归宿,把是否有利于提高人民的生活水平作为判断一切工作是非得失的根本标准之一。

善于总结历史的经验教训和实践中的新鲜经验。总结经验、修正错误,是指导新的实践的可靠途径,所以,总结经验也是实践的过程。毛泽东指出:"善于总结经验,就是领导者的任务。"邓小平十分重视历史和现实的经验总结,他主持指导我们党制定的《关于建国以来党的若干历史问题的决议》,就是总结历史,着眼未来的范例。在此基础上,他在党的十二大上深刻指出:"把马克思主义的普遍真理同我国的具体实际结合起来,走自己的道路,建设有中国特色的社会主义,这就是我们总结长期历史经验得出的基本结论。"总结历史经验,他提出,如果不改革,社会主义事业将会被葬送;关起门来搞建设是不能成功的。他认为,历史经验是财富,历史教训也可以成为财富,包括像"文化大革命"那样的深刻教训。他说:"善于总结'文化大革命'的经验,提出一些改革措施,从政治上、经济上改变我们的面貌,这样坏事就变成了好事。"在改革开放新的实践中,邓小平一方面强调要大胆地试,大胆地闯,一方面要求不断地总结经验,正确的就坚持,不对的就赶紧改正。正是在总结经验的基础上,邓小平领导我们党把握时代发展的脉搏和契机,从中国的现实和当代世界发展的特点出发去了解新情况,解决新问题,总结新经验,创造新办法,探索新路子,成功开创了通过改革开放建设中国特色社会主义的新事业。

善于站在战略高度与全局角度观察、思考和决策问题。从百色起义前委书记到中央军委主席,长期的军事战略指挥生涯,造就了邓小平多谋善断、决胜千里的魄力和胆略;"三落三起"的特殊人生经历,磨砺了邓小平愈挫愈奋、不屈不挠的品格和气度;半个多世纪对世界和中国的深刻了解,活跃在国际国内两大政治舞台的不凡经历,赋予了邓小平目光远大、胸襟宽阔的风范和胸怀。在改革开放新时期,邓小平提出和回答问题,都不是从小的角度讲的,而是从大局讲的,是站在国内大局和国际大局相互关联的角度讲的。国际大局就是日新月异的科学技术对经济、政治、社会生活产生的巨大影响,和平与发展是当今世界两大主题的时代特征,要创造和利用和平有利的国际环境;国内大局就是我国现在处于并将长时期处于社会主义初级阶段这一基本国情和解放生产力、发展生产力是社会主义的根本任务,要通过改革开放实现社会主义现代化。每临国际形势的重大变化和国内改革开放的重要关头,他总是立足当前,把握全局,放眼世界,放眼未来,敏锐洞察国内外发展大势,及时果断作出重大战略决策,把社会主义改革开放和现代化不断引向深入。

邓小平的战略思维是辩证唯物主义与历史唯物主义立场观点和方法的生动体现

邓小平是一个坚定的马克思主义者,邓小平的战略思维是深刻把握马克思主义本质和精髓的结果,是坚持和运用辩证唯物主义与历史唯物主义世界观、方法论的体现。

彻底的唯物主义者的宽阔胸怀。在邓小平故居陈列馆有这样一个画面,邓小平正在吹小孙子手中的蒲公英,配的文字是邓小平留给家人的一句话:"我哪天去,哪天走,不关紧要。自然规律违背不得,你们要想透这个问题。"人们驻足于此,感受到一个彻底的唯物主义者的强大气场。邓小平一生坚持马克思主义,坚持辩证唯物主义和历史唯物主义,不信神、不造神、不居功、不诿过,不拘泥传统、不固守本本,解放思想、实事求是,坚持一切从实际出发,理论联系实际,在实践中检验和发展真理。他把实事求是当作马克思主义的精髓,与解放思想一道,重新确立为我们党的思想路线。邓小平是解放思想、实事求是的典范。改革开放以来,邓小平一系列战略思想观点的提出,党和国家每一项改革开放重大决策的制定,无不都是解放思想、实事求是的结果。邓小平始终能够正确地对待自己,正确地对待个人与党和人民的关系问题,从不计较个人得失。在改革开放的成就面前，他总是强调集体的作用，反对夸大个人的作用；对于我们党在探索社会主义建设道路的过程中所出现的失误，他又主动承担自己的责任。他说："我个人做了一点事，但不能说都是我发明的。其实很多事是别人发明的，群众发明的，我只不过把它们概括起来，提出了方针政策。"这些，表现出唯物主义者无私无畏的宽阔胸怀。

善于按辩证法办事的思想工作方法。毛泽东曾经多次这样评价过邓小平：这个人善于按辩证法办事。在长期的社会活动实践中，邓小平自觉按照唯物辩证法观察形势、认识事物、思考问题、作出决断，形成了独特的辩证思想工作方法，特别是在改革开放新时期的战略设计和运筹中，"善于按辩证法办事"得到了充分的发挥，体现出高超的艺术。例如，具体问题具体分析，是马克思主义活的灵魂，是唯物辩证法的基本方法，邓小平改革开放时期具体分析了国际国内的具体情况和发展趋势，作出了最伟大的两个判断，一是根据中国国情和社会主义发展阶段，提出中国当前并将长期处于社会主义初级阶段，社会主义制度的巩固和发展，需要几代人、十几代人，甚至几十代人坚持不懈地努力；二是根据国际形势的变化和发展趋势，提出"和平与发展是当代世界的两大问题"，需要建立国际经济政治新秩序。依据这两个判断，我们党确定了社会主义初级阶段的基本路线和独立自主的和平外交路线。例如，客观规律是实践的内在联系和必然趋势，邓小平反复强调要尊重社会发展的客观规律，按照客观规律办事。他认为，我们以前犯错误，就是不尊重客观规律，"例如搞'大跃进'、人民公社，就没有按照社会经济发展的规律办事"。进入改革开放新时期，邓小平和我们党根据我国社会发展的实际对国情进行了再认识，提出我们想问题、办事情、做决策，都不能脱离客观规律、超越社会主义初级阶段。在绘就了中国现代化发展宏伟目标后，邓小平指出："目标确定了，从何处着手呢？就要尊重社会经济发展规律，搞两个开放，一个对外开放，一个对内开放。""我们的工作要扎实，效果要实实在在。所谓鼓实劲，不鼓虚劲，拿科学的语言来说，就是按客观规律办事。"例如，一分为二的两点论，是辩证法的一个重要方法。邓小平运用这一方法，解决了关系党和国家前途命运的一系列重大问题，特别是在否定了"文化大革命"和"无产阶级专政下继续革命的理论"的同时，科学地评价了毛泽东的历史地位和毛泽东思想的科学体系，把党和国家引导到符合中国实际的正确轨道上来。坚持两点论，邓小平提出要"两手抓，两手都要硬，一手抓改革开放，一手抓坚持四项基本原则；一手抓精神文明，一手抓物质文明；一手抓社会主义民主，一手抓社会主义法制；一手抓改革开放，一手抓惩治腐败，等等。在苏东剧变、世界社会主义面临前所未有的困难时刻，邓小平泰然自若，指出不要把局势看成一团漆黑，世界上不可测的因素很多，对我们有利的因素存在着，只要中国不倒，社会主义就垮不了。例如，既要坚持两点论，邓小平还坚持重点论。坚持重点论，就是抓主要矛盾、抓关键。邓小平第三次复出后，首先以抓科技教育和恢复高考为拨乱反正的突破口，继而抓解放思想，恢复党的实事求是的思想路线这一关键，拉开了改革开放的大幕。邓小平分析了新时期我国社会的主要矛盾，提出社会主义的根本任务是发展生产力，必须坚持以经济建设为中心，坚持改革开放。1992年南方谈话中讲的更加明白："抓住时机，发展自己，关键是发展经济。"他还提出了中国的问题能不能办好，"关键在党"，现代化建设科技教育是关键，经济建设要以农业、能源和交通为重点等思想，以重点带动全局，推动现代化建设。这些，都是邓小平战略思维中创造性运用辩证法的杰出体现。

原则性和灵活性相结合的高超战略艺术。原则的坚定性和策略的灵活性相结合，是唯物辩证法的一个重要方法，是一切从实际出发、坚持实事求是具体体现。邓小平在大是大非的原则问题上是有名的"钢铁公司"，坚持根本原则任何时候都不动摇，但在实现原则的过程中，他又十分注重运用适合实际的策略，正如毛泽东所说"既有原则性，又有灵活性"。他是一个坚定的马克思主义者，又是一个灵活的马克思主义者，他坚持"老祖宗"不能丢，又强调根据现在的情况认识、继承和发展马克思主义；他强调我国坚持社会主义制度和坚持中国共产党的领导是"要害"，决不能动摇，同时他又强调我们是适合中国国情的有中国特色的社会主义，要加强党的领导和改善党的领导。在涉及到国家的主权和安全、领土完整和民族尊严问题上，不信邪、不怕鬼，毫不退让，"不要指望中国会吞下损害我国利益的苦果。"而在具体问题的解决上，又依据历史和现实的实际，重视运用适合的方法和策略。例如，在"主权问题是不能谈判的"前提下，提出用"一国两制"解决台湾、香港问题；在"主权在我"的前提下，提出中日钓鱼岛问题"放一放不要紧"，南海诸岛争端可以"搁置争议，共同开发"。他认为，和平的方式比战争的方式好，新办法比老办法好，从而为和平解决国际争端和历史遗留问题提供了新的思路和成功的范例。例如，面对1989年以美国为首的西方国家制裁我们，邓小平泰然处之，强调我们坚决反对别国干涉我国内政，反对制裁，也不怕制裁。同时又强调，还要友好往来，朋友还要交。"结束严峻的中美关系要由美国采取主动""中美关系终归要好起来才行"。这些，都显示出邓小平高超的战略智慧和策略技巧。

全局性、预见性、创造性、开放性思维方式的光辉典范。邓小平的战略思维，是一个系统的战略思想方法体系，他强调领导干部不能单打一，要学会弹钢琴。有学者说他就像打桥牌时的表现一样，"只想把摸在手的牌打好"。他总是站在全局的高度和时代的前沿，用独具慧眼的洞察力观察国际国内发展大势，举重若轻、从容应对，驾驭全局，在纷繁复杂的国内外矛盾和环境中抓住机遇，应对挑战，从实际出发果断作出战略决策。例如，1979年中美建交和邓小平访美是影响中国和世界发展路径的重大事件，邓小平从国际国内战略全局的角度出发，克服重重困难，推动了这场大戏。他在访美前会见美国时代出版公司总编辑多诺万时指出："我们相信，中美关系正常化能为美国用先进的东西帮助我们实现四个现代化创造更有利的条件。这点对美国来说也是有利的。"在邓小平看来，中国要搞现代化建设，离不开美国这个条件。同时，作为大战略家的敏锐，他清醒地告诫我们对美国也不要抱大的幻想，美国其实从内心讲不愿意看到中国发达起来，一旦中国强大了，美国人是会害怕的。例如，他强调现在的世界是开放的世界。"社会主义要赢得与资本主义相比较的优势，就必须大胆吸收和借鉴人类社会创造的一切文明成果，吸收和借鉴当今世界各国包括资本主义发达国家的一切反映现代社会化生产规律的先进经营方式、管理方法。"根据世界科学技术迅猛发展的形势，他预见到未来世界经济社会发展的趋势，强调中国一定要在世界高科技领域占有一席之地，指出许多重要科技项目从一开始就要参与，不然以后就很难赶上。要"发展高科技，实现产业化"。他还捕捉到在信息化在未来社会发展的方向，提出要开发信息资源，服务现代化建设。他强调发展科技，必须发展教育，"计算机要从娃娃抓起""足球要从娃娃抓起"。在他看来，科技教育从"娃娃"抓起，是影响长远的大战略。这些，都反映了他目光高远、思想敏捷、把握全局、面向未来的战略思维能力。

邓小平的战略思维是成功开辟中国特色社会主义道路和推动改革开放的定海神针

习近平同志指出:"进入改革开放新时期,邓小平同志洞察国内外发展大势,作出了一系列事关党和国家事业长远发展、事关社会主义前途命运的重大战略决策。"

邓小平指导我们党作出一系列重大战略决策,最主要的,应该是体现在"两个宣言书""两大历史性贡献",对内对外两个"两大转变"上。

"两个宣言书":"1978年邓小平《解放思想,实事求是,团结一致向前看》这篇讲话,是在'文化大革命'结束以后,中国面临向何处去的重大历史关头,冲破'两个凡是'的禁锢,开辟新时期新道路、开创建设有中国特色社会主义新理论的宣言书。1992年邓小平南方谈话,是在国际国内政治风波严峻考验的重大历史关头,坚持十一届三中全会以来的理论和路线,深刻回答长期束缚人们思想的许多重大认识问题,把改革开放和现代化建设推进到新阶段的又一个解放思想、实事求是的宣言书。"

"两大历史性贡献":在我国社会主义建设新时期,邓小平以实事求是的科学态度和创造精神,非凡的胆略和勇气,作出了关系党和国家前途命运的两大历史性贡献:一个是领导全党总结新中国成立以来的历史经验,纠正"文化大革命"的错误,科学认识和评价毛泽东同志的历史地位和毛泽东思想的科学体系;一个是创立邓小平理论,领导全党制定党在社会主义初级阶段"一个中心、两个基本点"的基本路线和一整套政策,成功地开辟了在改革开放中实现社会主义现代化的新道路。

对国内国际的两个"两大转变":对国内,从"以阶级斗争为纲",转变到以经济建设为中心;从关起门来搞建设,转变到改革开放的道路上来。对国际,第一个转变,是对战争与和平的认识。从战争不可避免而且迫在眉睫转变到和平与发展是当今世界两大问题,战争可以避免,维护世界和平是有希望的。第二个转变,是从"一条线"战略转变到不结盟、不当头的独立自主的和平外交政策上来。

第十章 邓小平的战略思维

"两个宣言书""两大历史性贡献",对内对外两个"两大转变"是邓小平战略思维最根本的运筹,是中国改革发展的战略大方向,在不同时期和不同层面具体的战略展开过程中,邓小平的战略思考和决策也十分独到和精彩。

他提出了"改革是中国的第二次革命"的战略思想、他把改革作为决定中国命运的"一招",推动了我国从农村改革到经济体制改革到全面改革波澜壮阔的改革进程;

他提出了"中国的发展离不开世界"的战略思想。是他带领我们党打开中国大门,"杀出一条血路"创办经济特区,开放沿海城市,形成了全方位、宽领域、多层次全面对外开放的战略大格局;

他设计绘制了中国现代化发展战略的宏伟蓝图。他从"小康社会""中国式的现代化",到"三步走"基本实现现代化,规划了现代化建设的美好前景,为我们党提出"两个一百年"的奋斗目标奠定了科学的战略指引;

他提出了"社会主义也可以搞市场经济"的战略思想。指导中国经济体制从"计划经济"到"有计划的商品经济"再到"社会主义市场经济"的转型,使中国经济焕发出前所未有的旺盛活力;

他提出了"科学技术是第一生产力"的战略思想。他指出现代化建设离不开科学技术,要"尊重知识、尊重人才""教育是一个民族最根本的事业""教育要面向现代化,面向世界,面向未来"。敏锐地抓住了世界发展的脉动,带来了迎赶世界潮流的"春天"。

他提出了"一个国家、两种制度"的战略思想。这个"天才的构想",是实现祖国和平统一的可靠途径,成功地运用于收回香港、澳门主权的伟大实践,为解决台湾问题提供了现实的方向,也为世界解决领土争端和历史遗留问题提供了办法和借鉴。

他提出了中国实行独立自主的和平外交战略思想。从"战争与革命",转到"和平与发展",这是一个革命性的转变,据此他指导调整了对美、对日、对欧、对苏和对周边国家的关系,确定了坚持反对霸权主义、维护世界和平的独立自主和平外交方针,为中国现代化建设创造了和平有利的国际环境。

他提出了应对国内外形势发展变化的战略方针。在上个世纪80年代末90年代初的国内国际政治风云变化中,预见到苏联东欧变化不可避免,提出社会主义的中国谁也动摇不了,对国际形势要冷静观察、稳住阵脚、沉着应付、韬光养晦、善于守拙、决不当头、有所作为,干好自己的事,坚持改革开放,这是我们解决所有问题的关键。从而保证了国家的稳定和持续发展。

他晚年提出了解决发展起来后问题的战略思考。他1993年9月16日说："十二亿人口怎样实现富裕，富裕起来以后财富怎样分配，这都是大问题。题目已经出来了，解决这个问题比解决发展起来的问题还困难。分配的问题大得很。我们讲要防止两极分化，实际上两极分化自然出现。要利用各种手段、各种方法、各种方案来解决这些问题。"以上这些，是邓小平战略思维打出的一张张"好牌"，是邓小平在关键时刻、关键问题上，作出的一个个关键性战略决策，也是党和人民在民族伟大复兴的道路努力奋斗的生动实践，是引领我们改革开放不断前进的指针。

"你一生中有几个时期是在集中思考一些问题，养精蓄锐，然后开始领导十亿中国人民走向未来，这是一项很了不起的工作。每次见到你，你上次所谈的一些事都已实现了。"经历了不少国际风云变幻和中美关系发展变化的美国前国务卿基辛格1987年9月访华时对邓小平说出的话，应该是他发自内心的感叹。

邓小平的战略思维永远是中国共产党人应该树立的思维方式

习近平同志深刻指出："战略问题是一个政党、一个国家的根本性问题。战略上判断得准确，战略上谋划得科学，战略上赢得主动，党和人民事业就大有希望。"

改革开放40多年，中国发生了翻天覆地的历史性变化。党的十八大结束后，习近平总书记就到了深圳，他指出："如果没有邓小平同志指导我们党作出改革开放的历史性决策，我们国家要取得今天的发展成就是不可想象的。"中国的发展变化已经充分证明，改革开放以来我们党在邓小平战略思维指引下，在推进中国特色社会主义伟大事业中，战略判断是准确的，战略谋划是科学的，赢得了战略主动，党和人民的事业大有希望。

邓小平离开我们已经20多年了，他把一个充满活力和希望的中国留给了我们，我们从来没有像今天这样接近实现中华民族的伟大复兴。但是，我们要清醒地认识到，国内外形势又发生了很大的变化，国际环境趋紧、国内矛盾凸显,我们所面临的机遇和挑战都前所未有。在这样的情况下,习近平总书记要求我们学习邓小平高瞻远瞩的战略思维是有深刻意蕴的。

邓小平1989年曾对新一代中央领导人提出,眼界要非常宽阔,胸襟要非常宽阔,"我们政治局、政治局常委会、书记处的同志,都是管大事的人,考虑任何问题都要着眼于长远,着眼于大局。许多小局必须服从大局,关键是这个问题。""领导这么一个国家不容易呀!责任不同啊!最重要的问题是要胸襟开阔。要从大局看问题,放眼世界,放眼未来,也放眼当前,放眼一切方面。"这是邓小平对新的中央领导集体提出的要求,也是他作为开创一个时代的伟人的真实写照。我们就是要学习他大政治家、战略家的世界眼光和战略思维,学习他彻底的唯物主义者的宽阔胸怀,学习他善于"按辩证法办事",善于抓住关键、纲举目张的思想方法和工作方法,学习他一切从实际出发,勇于探索、敢于斗争、求实创新、决策果断的战略风范。像邓小平那样,站在时代前沿观察思考问题,紧紧把握国内国际两个大局,以小见大、见微知著,立足当下、谋划长远,少说空话、多干实事,扎实推进中国特色社会主义伟大事业的各项工作。

我们学习邓小平高瞻远瞩的战略思维,把它作为永远是中国共产党人应该树立的思维方式,因为我们的伟大实践已经证明邓小平战略思维是正确的、英明的、鲜活的、管用的,是我们党、国家和民族极为宝贵的精神财富;因为从那里我们可以吸收营养,得到鼓舞,增加智慧和力量。邓小平理论和邓小平战略思维是一个有机联系的整体。邓小平理论是一个博大精深的思想理论体系,是我们党的指导思想;邓小平战略思维是在长期革命、建设和改革实践中形成的智慧和品格、气度和风范,是最具邓小平特质的思想方法和工作方法。时代在发展,形势在变化,实践在深入,"真正的马克思列宁主义者必须根据现在的情况,认识、继承和发展马克思列宁主义。"我们学习邓小平,要像他那样坚持马克思主义,发展马克思主义。我们要坚持邓小平理论的指导地位,但是我们必须全面准确地把握和理解邓小平理论的科学思想体系,不能要求邓小平去世20多年后为我们提供解决今天一切具体问题的现成答案。中国特色社会主义的伟大实践的发展,要求我们按照邓小平战略思维这种科学的思维方式去观察新事物、了解新情况、研究新问题、提出新办法、解决新矛盾,而不是只停留在以往某一具体问题的过程和认识上,这也是邓小平战略思维一个不可或缺的内容。正如邓小平为1981年英国培格曼出版公司出版的《邓小平副主席文集》所写的《序言》中所说:"我同意照讲话当时的样子全文编入文集,不做任何改动。如果有一天这些讲话失去重新阅读的价值,那就证明社会已经飞快地前进了。那有什么不好呢?"

> 我是中国人民的儿子。
> 我深情地爱着我的祖国和人民。
> 邓小平

再版后记

在中国历史上，一场前所未有的改革开放，发生于20世纪70年代。迄今为止，这场改革开放所引起的巨大社会变迁，是革命性的、历史性的。发起和领导这场改革开放的是邓小平，实现当年历史转折和历史选择的标志是党的十一届三中全会。《中共中央关于党的百年奋斗重大成就和历史经验的决议》指出："四十多年来，党始终不渝坚持这次全会确立的路线方针政策。"改革开放使中国成功地走上了一条中国特色社会主义的崭新道路，中华大地焕发出前所未有的生机和活力。习近平同志在庆祝改革开放40周年大会上的讲话中深刻指出：改革开放是我们党的一次伟大觉醒，正是这个伟大觉醒孕育了我们党从理论到实践的伟大创造。改革开放是中国人民和中华民族发展史上一次伟大革命，正是这个伟大革命推动了中国特色社会主义事业的伟大飞跃！

在实现中华民族伟大复兴的征程上，在中国共产党百年奋斗的历史中，毛泽东带领我们站起来，邓小平带领我们富起来，习近平带领我们强起来，是时代的标志、人民的呼唤、历史的选择。

习近平同志在纪念邓小平诞辰110周年座谈会上的讲话中指出："邓小平同志对党和人民的贡献，是历史性的，也是世界性的。正是由于有邓小平同志的卓越领导，正是由于有邓小平同志大力倡导和全力推进的改革开放，中国特色社会主义才能欣欣向荣，中国人民才能过上小康生活，中华民族和中华人民共和国才能以新的姿态屹立于世界东方。""邓小平同志的贡献，不仅改变了中国人民的历史命运，而且改变了世界的历史进程。"今天，中国特色社会主义进入了新时代，在实现党的第二个百年奋斗目标、建设中国式现代化的新征程上，我们要记住和进一步认识邓小平，从改革开放和中国特色社会主义发展的历史中汲取营养、增加智慧和力量。

《历史选择了邓小平》这本书，是我从事邓小平著作编辑和生平思想研究工作中学习心得和研究成果的一个汇集。自1999年由武汉出版社出了第一版后，又分别于2004年和2012年出了第二版和第三版。这次增订再版，算是第四版。在2012年版的基础上，我与出版社的同志协商，根据新的历史决议和新的研究成果，又作了一些修订和部分内容的增加、调整。能为读者认识和了解改革开放历史，认识和了解邓小平的思想和贡献，提供一己之言，是我和出版社同志的朴素心愿。在这里，我要特别感谢人民出版社、武汉出版社为本书所作的努力和支持。另外，还要感谢尹力、王力群等同志在本书创作过程中提供的支持。由于本人水平有限，书中难免有不少不足之处，恳请各位专家、学者和广大读者批评指教。

高　屹

2022年10月于北京